Baedeker
Allianz Reiseführer

Golf von Neapel
Ischia · Capri

www.baedeker.com
Verlag Karl Baedeker

TOP-REISEZIELE ★★

Der Golf von Neapel verspricht ein vielseitiges Vergnügen: eine glanzvolle Geschichte, Kunstreichtum und hinreißende Landschaftsbilder. Hier sind die Höhepunkte auf einen Blick zusammengestellt. Darüber hinaus gibt es noch Salerno, die ewige Rivalin Neapels, die Städte Benevent und Avellino mit ihrem grünen Umland sowie Sorrent und die gleichnamige Halbinsel.

1 ★★ Neapel
Die quicklebendige Metropole hat eine lange und spannende Vergangenheit sowie ein interessantes Umland. Daran erinnern einzigartige archäologische Ausgrabungen in der Stadt und zwischen Pozzuoli und Cuma, weltberühmte Museen sowie eine Altstadt, die noch heute ihren Bewohnern gehört.
► **Seite 185**

2 ★★ Ischia
Drei Insel-»Perlen« zieren den Golf und jede ist eine Welt für sich. Ischia steht für seine heilkräftigen Thermen. ► **Seite 172**

3 ★★ Caserta
Die Reggia di Caserta, das in einem wahrhaft königlichen Park gelegene prachtvolle Schloss, ist das Versailles des Südens.
► **Seite 155**

4 ★★ Vesuv
Auf sein Konto gehen verheerende Ausbrüche, z. B. der von 79 n. Chr., als Pompeji und Herculaneum zerstört wurden. Heute brodelt das Magma in 5 – 7 km Tiefe. In 1281 m Höhe kann man dem schlafenden Vulkan in den Schlund schauen.
► **Seite 327**

5 ★★ Herculaneum
Auf über 2000 Jahre alten, mit Lavasteinen gepflasterten Straßen spaziert man in die Vergangenheit: Herculaneum und Pompeji, einst blühende Städte, sind heute Freilichtmuseen der Antike. ► **Seite 162**

6 ★★ Pompeji
Die Ruinen bieten einzigartige Einblicke in städtebauliche Strukturen und vor allem ins Alltagsleben der Antike. ► **Seite 265**

7 ★★ Amalfi und die Amalfitana
Knapp 40 gewundene, aussichtsreiche Kilometer misst die Traumstraße entlang der Costa Divina, der göttlichen (Fels-)Küste an der Südseite der Sorrentiner Halbinsel mit

Agropoli im Cilento
Ob an der Küste oder im Hinterland, im zweitgrößten Nationalpark Italiens erlebt man noch den Rhythmus des süditalienischen Alltags.

ihren in Terrassen angelegten Zitronenhainen, Schluchten und pastellfarbenen Städtchen. Eine der Hauptsehenswürdigkeiten ist die alte Seerepublik Amalfi.
▸ **Seite 118**

8 ✶✶ Ravello
Das zauberhafte Städtchen mit stimmungsvollen Palazzi in schönen Gärten liegt hoch über der amalfitanischen Küste. Für viele ist es das schönste Belvedere der Costa Divina und idealer Ausgangsort für Bergwanderungen im Hinterland.
▸ **Seite 301**

9 ✶✶ Capri
Der nur 10 km² große Felsblock vor der Sorrentiner Halbinsel zieht seit über 2000 Jahren vor allem »exklusive« Besucher an.
▸ **Seite 135**

10 ✶✶ Paestum und Cilento
Drei grandiose Tempel erinnern an die Blütezeit der Griechenstadt. Außerdem geht es von hier in den Cilento: Das bewaldete Hügel- und Bergland lockt mit geheimnisvollen Grotten und kleinen Bergdörfern. An der nahen Küste mit ihrem glasklaren Wasser haben Meer, Wind und Flüsse herausragende Kaps, Grotten, bizarre Felsformationen und feine Sandstrände hinterlassen. ▸ **Seite 245**

DIE BESTEN BAEDEKER-TIPPS

Von allen Baedeker-Tipps in diesem Buch haben wir hier die interessantesten für Sie zusammengestellt. Erleben und genießen Sie den Golf von Neapel von seiner schönsten Seite!

! Der Liebhaber des Vesuvs
Das Neapel unter Ferdinand IV., literarisch verarbeitet von Susan Sontag
► **Seite 30**

! Im Schatten Pompejis
Pompeji ist das meistbesuchte antike Reiseziel Italiens. Die Schwesterstadt Herculaneum ist viel weniger überlaufen, dabei ebenso interessant. ► **Seite 109**

! Abseits der Touristenpfade
Kleine Bergstädtchen und überwältigende Ausblicke in fast vollkommener Einsamkeit, nur wenige Kilometer von der viel besuchten Amalfitana entfernt
► **Seite 124**

! Ein schwebendes Vergnügen
Aus Anacapri mit dem Sessellift in zwölf Minuten auf den höchsten Inselgipfel
► **Seite 138**

! Gelato al limone
Auf der Zitroneninsel muss man das erfrischende Zitroneneis probiert haben.
► **Seite 141**

! Friedhof mit Ausblick
An einem der stimmungsvollsten Orte des ganzen Golfs sind vor allem Vergessene versammelt. ► **Seite 146**

Cilento
Der Südosten Kampaniens ist ein Paradies für Naturfreunde.

Moderne Kunst im Schloss
Zeitgenössische Kunst in barockem Rahmen – die Sammlung Lucio Amelios in den schönen Räumen der Reggia in Caserta
► **Seite 159**

Sicherheit
Wenn man einige Tipps berücksichtigt, ist Neapel nicht gefährlicher als jede andere westeuropäische Großstadt.
► **Seite 185**

Immer informiert
Aktuelle Hinweise über Veranstaltungen, Öffnungszeiten etc. pp., online oder in einer Zeitschrift nachzulesen
► **Seite 188**

Neapel fährt ab auf Kunst
In Neapels Untergrund geht es bunt zu, seitdem renommierte Künstler für die Gestaltung der neuen Metrostationen verantwortlich zeichnen. ► **Seite 197**

Götter und Caffè
Ein kleiner Altar erinnert an Diego Maradona, nebenan gibt es köstlichen Caffè. ► **Seite 214**

Schnäppchen-Käufer aufgepasst
Vor dem Kauf kopierter Luxuslabels sei dringend gewarnt. Nicht nur die Verkäufer werden bestraft! ► **Seite 223**

In Neapel Italienisch lernen
Kleine Klassen, engagierte Lehrer und ein tolles Begleitprogramm ► **Seite 225**

Cilento aktiv
Eine Einladung, den Cilento sportlich und kulinarisch zu entdecken, außerdem gibt es Erholungstipps. ► **Seite 258**

Pompeji-Schmöker
Der Untergang Pompejis, präzise recherchiert und spannend zu lesen
► **Seite 275**

Vesuv
Er birgt Tod und Zerstörung, mit seinem fruchtbaren Boden aber auch unerschöpflichen Reichtum.

Fischrestaurants zu moderaten Preisen
Sehr gute Fischgerichte direkt neben dem »Supermarkt aus der Antike« und das zu moderaten Preisen ► **Seite 290**

Luxus in der Antike
Besuch in einem Gesamtkunstwerk aus Architektur, kompliziert gestalteter Landschaft und Naturpanorama
► **Seite 326**

Vesuv virtuell
Brandaktuelle Infos über den Vesuv und die Phlegräischen Felder ► **Seite 331**

Nur in Kampanien gibt es die »echte«, aus Büffelmilch gewonnene Mozzarella.
► Seite 72

HINTERGRUND

PREISKATEGORIEN

► **Hotels (Doppelzimmer)**
Günstig: bis 80 €
Komfortabel: 80 bis 190 €
Luxus: ab 190 €

► **Restaurants (3-Gänge-Menü ohne Getränke)**
Preiswert: unter 20 €
Erschwinglich: 20 bis 35 €
Fein & teuer: ab 35 €

PRAKTISCHE INFORMATIONEN

Vor dem Eingang der eleganten Galleria Umberto I. ist Neapel ganz süditalienische Metropole.
► **Seite 185**

TOUREN

REISEZIELE VON A BIS Z

Hintergrund

WISSENSWERTES ÜBER DEN GOLF VON NEAPEL, ÜBER WIRTSCHAFT, POLITIK, GESCHICHTE, KULTUR UND ALLTAG.

IM MEZZOGIORNO

Als Sehnsuchtsziel vor allem nordeuropäischer Reisender ist der Golf von Neapel seit Jahrhunderten Inbegriff des Südens. Die Inseln Capri und Ischia sowie die Küsten von Amalfi und Sorrent gehören seit jeher zu den Höhepunkten einer Süditalienreise.

Dabei besteht Kampanien, wie die Region zwischen Latium, Molise, Apulien, Basilikata und Tyrrhenischem Meer genannt wird, aus mehr als nur landschaftlichen Naturwundern. Am Golf von Neapel ist die Antike allgegenwärtig: Rund 1200 Jahre, von der Ankunft der Griechen in Cuma bis zum Untergang des römischen Reiches, war Kampanien ein Zentrum der antiken Welt im Mittelmeerraum. Die Spuren dieser Vergangenheit sind einzigartig. Der Golf von Neapel ist noch vor Rom und Latium die Region mit den bedeutendsten archäologischen Ausgrabungen Italiens.

Die vom Vesuv verschütteten Städte Pompeji und Herculaneum, die griechischen Tempel in Paestum oder das von Mythen umwobene Cuma sind zentrale Orte europäischer Kultur- und Zivilisationsgeschichte. Hinzu kommen die vielen kleineren archäologischen Parks Kampaniens wie die Thermenanlagen von Baia mit ihren einmaligen Kuppelbauten oder die kaiserliche Villa Oplonti im heutigen Torre Annunziata.

Neapel *Kampaniens Hauptstadt zu Füßen des Vesuv*

Neapel

Auch Neapel, Hauptstadt Kampaniens und Metropole Süditaliens, ist trotz zahlreicher Vorurteile nicht nur wegen seiner Kunstschätze besichtigenswert. Der zum UNESCO-Weltkulturerbe gehörende Centro storico verläuft auch 2500 Jahre nach der Gründung der Stadt noch immer auf dem Straßensystem des antiken Neapolis. Die Dynamik der Stadt ist manchmal erschreckend, erklärt sich aber schnell aus der oft dramatischen Geschichte Neapels in Sichtweite des unberechenbaren Vesuv. Baudenkmäler aus spätem Mittelalter, Renaissance und Barock machen die Altstadt zu einem großen Freilichtmuseum. Dazu gehören die gotischen Kirchen aus der Zeit der angiovinischen Könige, die Renaissancebauten der Aragonesen und vor allem die barocke, das Stadtbild prägende architektonische Pracht

← Fresko in der Villa dei Misteri, Pompeji

Pompeji
79 n. Chr. brach der Vesuv aus und begrub Pompeji in einem Meer von Schlacke und Asche. Um 1750 wurden die Überreste der Stadt entdeckt, darunter das Fresko aus dem Haus des Meleagro, heute im Archäologischen Museum in Neapel.

Vesuv
In der Antike war der Vesuv schlicht »der Berg«. Heute erregt Neapels Hausberg sowohl Furcht als auch Faszination. Seine Aktivität wird ständig überwacht.

Benevent
Der arabisch-normannische Kreuzgang aus dem 12. Jh. ist Teil der von Langobarden im 8. Jh. gegründeten Kirche Santa Sofia.

Capri
Die von Wind und Wetter modellierten Faraglioni-Felsen im Südosten Capris sind ein Kennzeichen der Insel.

Paestum
Seit über 2500 Jahren trotzen sie dem Zahn der Zeit, die schönsten Tempel Großgriechenlands.

Cilento
Eine der schönsten Regionen Italiens mit Bergen, Wäldern, Olivenhainen, Felsenküsten, Sandstränden und Meer

der spanischen Vizekönige. Unter den bourbonischen Herrschern erlebten Neapel und Kampanien im 18. Jh. einen Kultur- und Zivilisationsschub, wovon vor allem mit der Reggia di Caserta das nach Versailles und dem Escorial größte Schloss des Absolutismus zeugt. Mit der Gemäldegalerie des Schlosses von Capodimonte und dem Archäologischen Nationalmuseum verfügt Neapel zudem über zwei weltweit berühmte Museen. Größte Attraktion Neapels sind jedoch seine Bewohner. Die Neapolitaner sind ebenso temperamentvoll wie liebenswürdig und das alltägliche Chaos in den Straßen ist, wenn auch gewöhnungsbedürftig, so doch oftmals einfach nur mitreißend. Neapel lässt sich zwar besichtigen, aber vor allem im konkreten Wortsinn erleben.

Die Inseln im Golf

Ischia und Capri überwältigen nach wie vor mit mediterraner Inselschönheit. Ischias Thermalquellen sind seit 200 Jahren eine der großen Attraktionen am Golf von Neapel, während sich das mondäne Capri am besten in den Monaten der Nebensaison besuchen lässt. Procida wiederum, die dritte Insel im Golf von Neapel, ist noch immer zu entdecken und für einen geruhsamen Badeurlaub ideal.

Wunderglaube
Auch das Bedürfnis nach Heiligen und Wundern wird bedient wie hier auf dem Monte Gelbison.

Was es sonst noch gibt

Die Halbinsel von Sorrent und Amalfi werben mit der schönsten Küstenstraße der Welt, aber auch die Wanderwege zwischen Sorrent, Positano oder zur Punta Campanella suchen ihresgleichen. Fast noch unbekannt ist das Hinterland Kampaniens mit seinen noch ganz bäuerlich geprägten Ortschaften in den Provinzen von Benevent und Avellino. Wer sich von den touristischen Zentren am Golf von Neapel nur ein wenig wegbewegt, erlebt hier ein Italien, wie es unberührter und gastfreundlicher kaum sein kann. Empfehlenswert ist auch die Landschaft des Cilento: Weite Strände, glasklares Wasser und ein zum Wandern einladendes hügeliges Hinterland machen diesen südlichen Zipfel Kampaniens zu einem Urlaubserlebnis.
Wo auch immer Sie in Kampanien einen längeren Urlaubsaufenthalt planen, von jedem Standort aus lassen sich auch in Tagesausflügen interessante Exkursionen unternehmen.

Zahlen und Fakten

Der Golf von Neapel gehört mit dem kampanischen Hinterland zu den landschaftlich abwechslungsreichsten Regionen Italiens. Berggipfel wechseln sich ab mit hügeligem Bauernland und den berühmten Küsten der Sorrentiner Halbinsel. Dabei dominiert der Vesuv mit seinem charakteristischen Doppelgipfel die Landschaft des Golfs.

Natur und Umwelt

Geografische Lage

Kampanien erstreckt sich von den westlichen Ketten des Apennin bis zum Tyrrhenischen Meer. Die Region und Landschaft in Süditalien wird von vier Regionen begrenzt: nordwestlich von Latium, nordöstlich von Molise, östlich von Apulien und südöstlich von der Basilicata. 50,7 % der Fläche Kampaniens sind hoch-, 34,6 % mittelgebirgig, nur 14,7 % sind wirkliches Flachland. Die Küste entlang des Tyrrhenischen Meers zieht sich vom Golf von Gaeta im Norden bis zum Golf von Policastro im Süden; im Golf von Neapel liegen die drei Inseln Capri, Ischia und Procida.

Die **Campania felix** der römischen Antike war wegen der Fruchtbarkeit des Bodens und der Schönheit ihrer Küsten als »glückliches Kampanien« eine bevorzugte und dicht besiedelte Landschaft. Der Name bezeichnete ursprünglich die Ebene rund um Capua, der heutigen »Terra di lavoro« zwischen Capua und Caserta. Der Reichtum natürlicher Thermalquellen machte wiederum den Küstenstreifen zwischen Pozzuoli und Baia in der Antike zu einem der ersten touristischen Reiseziele überhaupt. Die Geschicke des römischen Imperiums wurden zumindest während der Sommermonate von diesem Landstrich aus gelenkt. Für die römische Oberschicht war der Besitz eines kampanischen Landguts und einer Villa am Golf von Baia, Pozzuoli oder Neapel gesellschaftliche Verpflichtung.

Kampanischer Apennin

Eigentlich ist die italienische Halbinsel ein großes, im Meer liegendes Gebirge, das als **Apennin** ca. 1500 km lang von der Po-Ebene bis ins südliche Kalabrien hinein das Landschaftsbild prägt und dabei zwei Drittel Italiens einnimmt. Tektonische Bewegungen der Eurasischen und Afrikanischen Erdplatte haben vor ca. 65 Millionen Jahren begonnen und diese Gebirgskette aufgefaltet. Mit dem Beginn der Eiszeiten vor 2 Millionen Jahren waren auch die Gipfel des Apennin von Gletschern bedeckt. Ausläufer des kampanischen Apennin sind die bis zu 2050 m hohen **Monti del Matese** in der Provinz Benevent. Aber auch die Halbinsel von Sorrent und selbst die ins Meer hinausgeschobene Insel Capri gehören geologisch zu diesem Gebirgszug.

Drei ganzjährig Wasser führende Flüsse münden ins Tyrrhenische Meer: der Garigliano im Norden, der Volturno in der Provinz Caserta und der Sele südlich von Salerno.

Vulkanismus und Bradyseismus

Der Golf von Neapel und die Inseln Ischia und Procida sind **vulkanischen Ursprungs**, was die allgegenwärtige Präsenz des Vesuv eindrucksvoll bezeugt (►3D S. 18). Entlang der Bruchzone des Apennin auf der tyrrhenischen Meeresseite zieht sich vulkanisches Gebiet vom sizilianischen Ätna über die Äolischen Inseln, den Golf von Neapel

←Großstädtisches Flair unter einem Stahl- und Glasdach: die Galleria Umberto I aus dem 19. Jh. in Neapel

bis in die Toskana hinauf. Neapel selbst liegt zwischen zwei vulkanischen Gefahrenzonen, dem zur Zeit ruhenden Vesuv und den Phflegräischen Feldern mit dem aktiven Flachkrater der Solfatara. Neueste Untersuchungen internationaler Vulkanologen haben die lang vermutete Existenz einer riesigen, bis zu 8 km unter der Erdoberfläche liegenden Magmakammer bestätigt, die sich in ganzer Länge unterhalb des Golfes erstreckt.

Das Phänomen des **Bradyseismus** (► S. 284) wiederum führt vor allem im Gebiet der Phlegräischen Felder zu einer zwar unendlich langsamen, doch immerwährenden Auf- und Abwärtsbewegung des Untergrunds. Diese zeitlupenhaft verlaufenden Erschütterungen haben schon in der Spätantike den Küstenstreifen von Baia im Meer versinken lassen. In Pozzuoli werden diese Erdbewegungen seit 1905 wissenschaftlich erfasst und ausgewertet. Zwischen 1905 und 1945 senkte sich hier der Boden um ca. 50 cm, während er in den Jahren bis 1951 wiederum um 38 cm anstieg. 1970 kam es zu den bislang stärksten bradyseismischen Bewegungen: Zwischen dem 24. und 26. Februar jenes Jahres hob sich die Erde in Pozzuoli um 85,7 und selbst noch im entfernten Bagnoli um 19 cm. Ende 1972 lag das Bodenniveau an einigen Stellen in Pozzuoli um unvorstellbare 170 cm höher als im Jahr 1953. Anfang der 1980er-Jahre musste die Altstadt von Pozzuoli wegen der andauernden bradyseismischen Bewegungen endgültig evakuiert werden. Zwischen 1985 und 2001 hat sich der Boden erneut um 90 cm abgesenkt, in den letzten Jahren ist mit moderaten 1,5 cm jährlicher Aufwärtsbewegung wieder eine gewisse Beruhigung eingetreten.

Flora und Fauna

Der Bedrohung durch den Vulkanismus verdankt der Golf von Neapel seine landschaftliche Schönheit und die Fruchtbarkeit seines Bodens. Seit der Antike wird in Kampanien intensiv Landwirtschaft betrieben, an den Hängen des Vesuv wie vor 2000 Jahren Wein angebaut. Das Kernland der einstigen Campania felix rund um Capua ist Gemüseanbaugebiet. Ab Ende Juli werden hier vor allem Tomaten geerntet und in den Kleinbetrieben der Lebensmittelindustrie zu Konserven verarbeitet. Trotz des noch immer wenig ausgeprägten italienischen Verständnisses für Naturschutz gibt es in Kampanien zwei **Naturschutzreservate**, den Parco Nazionale del Vesuvio und den Parco del Cilento e Vallo di Diano. Auch der italienische World Wildlife Fund (WWF) engagiert sich für schützenswerte Naturreservate. Schon in der Antike hat sich das **Landschaftsbild** Süditaliens entscheidend verändert, da die einst von riesigen Wäldern bedeckten Berge von den Römern abgeholzt wurden. Heute dominieren in den küstennahen Bergen Kampaniens Steineichen, Pinien und die allgegenwärtige Macchia als Bodensträucher die Landschaft. Immer noch waldreich ist dagegen die Bergwelt in den Provinzen Benevent und Avellino, dem natürlichen Wasserreservoir Kampaniens. Hier finden sich noch große zusammenhängende Mischwälder mit Eichen und Buchen.

Häuserkaskaden über dem Meer: Positano an der Amalfiküste

Kampaniens Tierwelt ist vor allem im Golf von Neapel zu Hause. Den überraschenden Artenreichtum des Meeres erforscht seit mehr als 100 Jahren das Meeresbiologische Institut von Neapel. Im berühmten Aquarium ist ein Querschnitt der Meeresbewohner zu betrachten. In den rauen Bergen des Benevent soll es Wölfe geben und im geschützten Cilento streifen Wildschweine durchs Dickicht.

Klima

Ideale Reisemonate sind April, Mai und Juni sowie die Herbstmonate bis in den Dezember hinein. Juli/August eignen sich mehr für einen Badeurlaub, die hohen Temperaturen machen Exkursionen mühsam. In Neapels Straßen staut sich dann die Sommerhitze. In den Monaten Januar, Februar und März entpuppt sich die Vorstellung vom immer warmen Süden schnell als Irrtum. Diese Monate sind zwar ohne Frost, aber regnerisch und vor allem feucht-kalt. Da süditalienische Zentralheizungen selten nordeuropäischen Standards entsprechen, können dann einfachere Hotelzimmer schnell klamm sein.

Bevölkerung · Politik · Wirtschaft

Einwohner und Verteilung

Mit 13 590 km² Fläche ist Kampanien unter den 20 Regionen der Halbinsel zwar nicht die größte, aber mit 426 Einwohnern/km² die am dichtesten besiedelte Region Italiens. Ein Großteil der ca. 5,8 Millionen Einwohner lebt in den Ballungszentren rund um Neapel

◄ weiter auf S. 20

DER VESUV

Die Neapolitaner nennen ihren »Hausberg« – fast möchte man sagen, liebevoll – »il scartellato« (der Buckelige), doch er hat's in sich. Der Vulkan schlummert schon seit über 60 Jahren, aber wenn er das nächste Mal ausbricht, könnte auch die kampanische Metropole betroffen sein.

Öffnungszeiten:
Im Sommer ist der Zugang zum Kraterrand von 9.00 bis 18.30 Uhr geöffnet.

① Der Krater
Der unheimliche Schlund des heutigen Vesuv hat einen Durchmesser von rund 600 m, einen Umfang von 12 km und ist etwa 200 m tief.

② Immer am Abgrund
Mit festem Schuhwerk kann man auf dem Kraterrand entlangspazieren und immer mal wieder einen Blick in den schlummernden Vulkan riskieren.

③ In 5–8 km Tiefe brodelt es
Die Magmakammer, aus der die feurige Fracht beim Ausbruch nach oben geschleudert wird, befindet sich ca. 5 km unterhalb des Kraterrandes. Etwa 2 km weiter oben »verstopft« ein Pfropfen den Schlot.

④ Nicht nur Zerstörung
Die rasche Zersetzung der Lava zu fruchtbarer Erde sorgt seit Jahrtausenden für reichhaltige Wein-, Obst- und Olivenernten am Vesuv. Die erkaltete Lava wird gerne beim Bau neuer Häuser verwendet.

⑤ Der Rand um den Rand
Bohrungen in bis zu 1300 m Tiefe haben gezeigt, dass der Vesuv mindestens 400 000 Jahre alt ist. Der Vulkan besteht eigentlich aus zwei Teilen: Der eine ist der viel ältere und später eingestürzte Somma-Kraterrand, der jüngere ist der Vulkankegel des heutigen Vesuv. Wahrscheinlich brach beim Ausbruch 79 n. Chr. der zentrale Kegel ein und bildete eine Kaldera, nämlich den Somma-Rand. In der Mitte baute sich seitdem der heutige Vulkan auf.

⑥ Wegziehen vor dem Notfall
Rund 550 000 Menschen leben am Fuß des Vesuv, in Siedlungen, die im Laufe der Jahrzehnte immer weiter die fruchtbaren Hänge emporgekrochen sind. Bei einem Ausbruch sind sie durch pyroklastische Ströme und heißen Bimsstein- oder Ascheregen gefährdet. Die Regionalregierung hat Evakuierungspläne ausgearbeitet. In der am meisten gefährdeten Zone sollen 150 000 Menschen mit Geldprämien zum Wegzug motiviert werden, bisher jedoch ohne Erfolg. Im Gegenteil, laut der Umweltorganisation »Legambiente« wurden in den letzten 20 Jahren allein in der »roten Zone« illegal 50 000 Häuser neu gebaut.

Pompeji im Schatten des Vesuv. Heute ist die Stadt etwa zu zwei Dritteln ausgegraben und ein Besuchermagnet.

tirrenia

Von 1631, als beim Ausbruch des Vesuv 4000 Menschen starben, bis 1944, dem Datum seines letzten großen Ausbruchs, erfolgten rund 20 weitere Eruptionen, die heftigste davon in der Nacht vom 7. auf den 8. April 1906. Dabei wurde der Krater rund 200 m tiefer.

aik, das in Pompeji
urde, sieht man den
Ausbruch 79 n. Chr.,
bildete Berg hat nur
Dieser ist stark von
erwachsen. Bacchus,
Weines, symbolisiert
tbarkeit und Idylle
. Die Schlange stellt
»Genius Loci«, den
geist des Ortes, dar.

Als der Vesuv am 24. August 79 n. Chr. ausbrach, wurde die Stadt Pompeji unter einer sechs Meter dicken Ascheschicht begraben. Viele Menschen wurden vom Ascheregen überrascht und verschüttet. Später verwesten ihre Körper, zurück blieben Hohlräume, die man mit Gips ausfüllte.

1

2

6

Die Honoratioren aus der Region weihten 1880 die erste Bahn auf den Vesuv ein. Beim Ausbruch 1944 wurde das praktische Gefährt allerdings zerstört, lediglich am Kraterrand sind noch ein paar Metallreste von ihm zu sehen.

Auf einem Mo
ausgegraben v
Vesuv vor dem
denn der abg
einen Gipfe
Weinreben ü
der Gott des
die Fruc
der Regio
vermutlich de
Schu

3

und Salerno. Neapel selbst hat nach einer jüngsten Erhebung zwar nur noch 983 000 Einwohner bei sinkender Tendenz, doch ist die Dunkelziffer der hier lebenden Immigranten aus afrikanischen und osteuropäischen Ländern ohne Permesso di soggiorno (Aufenthaltsgenehmigung) groß.

Regierungsform Seit dem Volksentscheid vom 2. Juni 1946 ist Italien eine parlamentarische Republik. Beim äußerst knappen Ergebnis zugunsten der Republik votierte Kampanien damals mit 76,5 % (höchster Wert sämtlicher italienischer Regionen) für die Beibehaltung der Monarchie. Nachdem die Nachkriegsjahrzehnte geprägt waren von christdemokratischen Regierungen, wird Kampanien seit Beginn der 1990er-Jahre von Politikern des Mitte-Links-Bündnisses regiert. Einen Neubeginn für die Region bedeutete 1993 der Wahlsieg **Antonio Bassolinos** über Alessandra Mussolini als Bürgermeister Neapels. Er hatte dieses Amt bis 2000 inne. Von 2000 bis 2010 war er dann Präsident der Region Kampanien. Seine Nachfolgerin als Sindaco (Bürgermeister/in) Neapels ist seit 2001 **Rosa Russo Iervolino**. Im Frühjahr 2011 wird in Neapel ein neuer Bürgermeister gewählt.

Wirtschaft

Einige Fakten Italiens seit jeher aufgeblähter Verwaltungsapparat und eine undurchdringliche Bürokratie lähmen vor allem die wirtschaftliche Entwicklung Kampaniens. Die Kommunen sind die größten Arbeitgeber. Aber schon die **Müllabfuhr** mit ihren Tausenden von Angestellten scheitert seit Jahren an einer fehlenden umweltfreundlichen Entsorgung. Dabei wird nirgendwo in Italien mehr Müll produziert als in Kampanien, und das ohne jeden Ansatz einer Mülltrennung. Die Deponien sind seit Langem überfüllt. Bis heute ist die illegale Abfallentsorgung eines der einträglichsten Geschäfte der **Camorra**, wie die Mafia in Kampanien heißt. Auch hoch belasteter Sondermüll wird seit Jahrzehnten skrupellos in der Landschaft Kampaniens entsorgt. Der Bau von Müllverbrennungsanlagen scheitert dabei paradoxerweise am Protest einiger Naturschützer und vor allem am korrupten, von camorristischen Interessen geprägten politischen System.

Das Problem mit dem Müll ▸

Die **Arbeitslosenzahlen** schwanken zwischen 20 und 30 % und sind, nicht zuletzt wegen der Bedeutung der Camorra und der Existenz eines zweiten illegalen Arbeitsmarkts (Schattenwirtschaft) wenig zuverlässig. In den Kommunen rund um den Vesuv und vor allem in der Provinz Caserta sind zwischen 45 und 60 % der Jugendlichen ohne Beschäftigung und berufliche Perspektive. Das **Jahresdurchschnittseinkommen** einer Familie in der Provinz Caserta liegt knapp unter 10 000 € (im Vergleich dazu liegt die Arbeitslosigkeit in Norditalien bei unter 6 % und das durchschnittliche Pro-Kopf-Jahreseinkommen bei ca. 14 000 €).

Zahlen und Fakten Kampanien

Fläche und Bevölkerung

► 13 590 km²
5,8 Mio. Einwohner, 426 Einw./km²

Verwaltung

► Kampanien ist in fünf Provinzen und diese in 551 Kommunen eingeteilt.

Regierungsform

► Seit Beginn der 1990er-Jahre wird Kampanien von einem Mitte-Links-Bündnis regiert. Präsident der Region ist seit 2010 Stefano Caldoro. Bürgermeisterin (sindaco) Neapels ist seit 2001 Rosa Russo Iervolino. 2011 wird ein neuer Bürgermeister gewählt.

Name

► Der Name Kampanien leitet sich von Campus (lat. = Feld, Ebene) ab. Zur Campania felix (= glückliches Kampanien) wird die fruchtbare und landschaftlich reizvolle Gegend ab dem 3. Jh. v. Chr. mit der endgültigen Vertreibung Hannibals aus Süditalien.

Wirtschaft

► Arbeitslosenquote: 20 – 30 % (Norditalien: 6 %); Familien-Einkommen: knapp 10 000 Euro im Jahr (Norditalien: 14 000 Euro)

Universitäten

► sechs insgesamt in Neapel, Salerno und Sannio

KAMPANIENS PROVINZEN

Napoli

► Fläche: 1 171 km²
Einwohner: ca. 3 – 3,5 Mio.
(2561 Einw./km²)

Salerno

► Fläche: 4 917 km²
Einwohner: ca. 1,1 Mio. (224 Einw./km²)

Caserta

► Fläche: 2 639 km²
Einwohner: ca. 880 000 (333 Einw./km²)

Benevento

► Fläche: 2 071 km²
Einwohner: ca. 300 000
(144 Einw./km²)

Avellino

► Fläche: 2 792 km²
Einwohner: ca. 440 000
(157 Einw./km²)

? WUSSTEN SIE SCHON ...?

- Die heutigen Grundnahrungsmittel Kampaniens, Pasta, Pizza und Pomodori, waren in der Antike unbekannt. Brot, Hülsenfrüchte und Garum, eine Sauce aus vergorenem Fisch und Standardgewürz in der römischen Küche, waren die Hauptnahrungsmittel. Garum gab es, ähnlich wie Olivenöl, in den unterschiedlichsten Qualitäten, frischer Fisch war ebenso wie Fleisch ein Luxusartikel.

Industrie Obwohl Kampanien neben Apulien durch die Milliardeninvestitionen der Cassa per il Mezzogiorno zu den am höchsten industrialisierten Regionen Süditaliens gehört, ist ein wirtschaftlicher Schub bislang ausgeblieben, die meisten Bemühungen zur ökonomischen Belebung der Region sind versandet. Bestes Beispiel sind die verwaisten Stahlwerke in Bagnoli bei Neapel. Größte Bedeutung für die regionale Wirtschaft hingegen haben **Kleinstbetriebe und mittelständische Unternehmen**. Produktionsstätten sind dabei meist textilverarbeitende Familienbetriebe. Gerade in Vesuvgemeinden wie San Giuseppe Vesuviano gibt es Hunderte kleiner **Nähereien**, die seit Jahren allerdings mit der chinesischen Konkurrenz zu kämpfen haben. Ebenfalls traditionell ist in Kampanien die **Lebensmittel verarbeitende Kleinindustrie** ansässig. Die Tomatenkonserven in der EU stammen zu einem Großteil aus dem Hinterland Neapels. Auch die **Nudelproduktion** in den Fabriken rund um Gragnano (bei Castellammare di Stabia) ist ein wichtiger Wirtschaftsfaktor der Region. 2008 wurde das Dienstleistungszentrum Interporto-Cis in der Nähe von Nola eröffnet. Dieses größte und modernste Einkaufszentrum Europas soll, in alle Richtungen mit Hochgeschwindigkeitszügen verbunden, zu einem Wirtschaftszentrum des Mittelmeerraums werden.

Die echte Mozzarella aus Kampanien wird aus Büffelmilch hergestellt.

Landwirtschaft Die Landwirtschaft spielt in Kampanien nach wie vor eine wesentliche Rolle, allein in der Provinz Neapel arbeiten noch ca. 5 % der Erwerbstätigen in diesem Bereich. Die wirklichen Zahlen jedoch werden wesentlich höher sein, denn nicht nur die Tomaten- und Tabakfelder in der Provinz Caserta werden zum größten Teil von osteuropäischen Arbeitskräften bewirtschaftet. Die ehemaligen feudalen Latifundien Kampaniens wurden nach 1860 enteignet und neu verteilt. Doch kann heute – im Unterschied zu vor zwei Generationen – kein einfacher Landbesitzer mehr allein von der Bewirtschaftung seines Bodens leben. In der ehemals ertragreichsten Landschaft Kampaniens, der Terra di Lavoro (Land der Arbeit) bei Caserta, sind fast nur noch schlecht bezahlte Lohnarbeiter tätig, während die

Nachkommen der einstigen Bauern in Norditalien ihren Lebensunterhalt verdienen und nur noch in den Ferien in die alte Heimat reisen. Der seit der Antike betriebene **Weinanbau** spielt seit einigen Jahren wieder eine Rolle, auch für den Export außerhalb der Region, u. a. mit den Qualitätsweinen Falanghina oder Greco di Tufo aus den Bergen der Irpinia. Der Süden Kampaniens, die Region um Paestum, wiederum ist für **Mozzarella** berühmt; der aus Büffelmilch hergestellte Frischkäse muss allerdings so frisch verzehrt werden, dass er kaum exportiert werden kann. Der **Fischfang** am Tyrrhenischen Meer, über Jahrtausende Lebensgrundlage der Küstenbevölkerung, ist seit Langem kein Wirtschaftsfaktor mehr, sondern nur noch lokale Tradition.

Tourismus

Seit dem 18. Jh. ist der Fremdenverkehr am Golf von Neapel eine **wesentliche Einnahmequelle**. Das kleine Fischernest Pozzuoli konnte schon zu Zeiten von Goethes Vater (1740) dank seiner Thermalquellen fast vom Fremdenverkehr leben. Heute ist der Tourismus in Kampanien ein Milliardengeschäft, das sich jedoch fast ausschließlich auf die Inseln Capri, Ischia und die Halbinsel von Sorrent beschränkt. Laut ENIT kamen 2005 ca. 4,5 Mio. Gäste nach Kampanien, darunter 247 000 Deutsche. Aber auch hier sind die Zahlen rückläufig. Allein Capri ist noch immer das favorisierte Ziel, während Neapel nicht nur nach der Einführung des Euros, sondern auch wegen seines schlechten Images rapid sinkende Übernachtungszahlen beklagt. Bauspekulation, Umwelt- und damit Wasserverschmutzung sowie eine nach wie vor fehlende touristische Infrastruktur machen das Festland des Golfs von Neapel als Reisedestination im europäischen Vergleich weiterhin nicht wettbewerbsfähig. Eine Ausnahme ist der zum Weltnaturerbe der UNESCO gehörende Naturpark des Cilento südlich von Salerno.

Seit vier Generationen Kunsthandwerker in Neapel: die Di Vigilios mit Pulcinella

Geschichte

Für die Römer war die fruchtbare schöne Landschaft die »Campania felix«, das glückliche Kampanien. Das 18. Jahrhundert verklärte den Golf von Neapel mit seinen antiken Ruinen zu einem romantischen Arkadien. Eine Jahrhunderte andauernde Fremdherrschaft hat jedoch nicht nur kunsthistorisch bedeutsame Spuren, sondern auch ein schwieriges Erbe hinterlassen.

Von den Anfängen bis zum Untergang Roms

7000–2000 v. Chr.	Jungsteinzeitliche Besiedlung
Ab 2000 v. Chr.	Einwanderung indogermanischer Stämme
Ab 900 v. Chr.	Die ansässigen Osker geraten unter etruskischen Einfluss.
Um 730 v. Chr.	Griechische Kolonisten gründen Kyme (Cuma) und besiedeln die Küsten Süditaliens – die Magna Graecia entsteht.
Um 500 v. Chr.	Neapel wird gegründet.
474 v. Chr.	Niederlage der Etrusker gegen die Griechen in der Seeschlacht vor Cuma.
342 – 290 v. Chr.	Die Römer erobern ganz Kampanien.
79 n. Chr.	Ausbruch des Vesuv. Trotz der Naturkatastrophe blieb der Golf von Neapel favorisierte Sommerfrische der römischen Oberschicht.
1./2. Jh. n. Chr.	Mit dem Bau des Hafens von Ostia bei Rom verlieren die kampanischen Häfen an Bedeutung.
476 n. Chr.	Zerfall des Weströmischen Reiches. Der letzte weströmische Kaiser stirbt bei Neapel.
5. – 8. Jh.	Goten, Byzantiner und Langobarden herrschen in Süditalien.

Erste Spuren

Eine vor wenigen Jahren in der Nähe von Nola entdeckte bronzezeitliche Siedlung wurde von den Archäologen in die Zeit um 1800 v. Chr. datiert. Ohne Zweifel aber war der Golf von Neapel schon lange zuvor besiedelt. Prähistorische Knochen- und Waffenfunde in den Höhlen Capris und Keramikfunde auf der Insel Ischia zeugen von einer langen Siedlungsgeschichte. Zu Beginn des 2. Jt.s v. Chr. wanderten verschiedene Volksstämme ins heutige Kampanien ein, darunter die Osker, Lukaner und Samniten. Von noch größerer Bedeutung war der etruskische Einfluss. Als griechische Siedler um 730 v. Chr. **Kyme** (das heutige Cuma) gründeten, war der Golf von Neapel wenn auch nicht dicht, aber schon seit Jahrtausenden besiedelt.

Die Griechen am Golf von Neapel

Bis auf vereinzelte Ausfälle der immer konfliktbereiten Samniten verlief das Nebeneinander der unterschiedlichen Volksstämme friedlich, ohne dass vorerst die griechische Kultur dominierte. Pompeji, Herculaneum und Capua waren zwar oskische Gründungen, gerieten

←Detail des Trajansbogens in Benevent. Sein Reliefschmuck rühmt Kaiser Trajan (98 – 117 n. Chr.) als Wohltäter Italiens.

aber später unter etruskischen oder griechischen Einfluss. Und das nicht kriegerisch, sondern anscheinend durch selbstverständliche Assimilation. Von Kyme aus gründeten Griechen weitere Städte entlang der Küste des heutigen Golfs von Neapel. So entstanden **Parthenope** (die Vorgängerstadt Neapels), **Dikaiarcheia** (das heutige Pozzuoli) und um 500 v. Chr. die neue Stadt **Neapolis**, das heutige Neapel. Paestum und Elea (Velia) waren weitere Póleis einer griechischen Kolonisierung, die vor allem die Küsten Siziliens und Unteritaliens betraf und schon seit dem 3. Jh. v. Chr. »Magna Graecia«, **Großgriechenland**, genannt wurde. Rege Handelsbeziehungen in alle Teile der damals in Europa bekannten Welt und eine Vermischung der Kulturen und religiösen Kulte sind früheste Form einer **Globalisierung**. Mit dem Sieg der Griechen über die Etrusker in der Seeschlacht von Kyme (474 v. Chr.) verschoben sich dann die Kräfteverhältnisse. Die weniger von Kultur inspirierten, als vielmehr pragmatischen **Samniten** nutzen die Gunst der Stunde und eroberten von ihren Bergfestungen aus die griechisch-etruskisch-oskischen Städte. Ende des 5. Jh.s war fast ganz Kampanien in samnitischer Hand.

Gründung Neapels ►

Magna Graecia ►

Kampanien und der Aufstieg Roms

Der Aufstieg Roms zur Weltmacht ist mit der kampanischen Landschaft nicht nur engstens verbunden, der Golf von Neapel und sein Hinterland spielten eine entscheidende Rolle beim Entstehen des Imperiums. Drei teilweise verlustreiche Kriege mussten gegen die Samniten geführt werden, bevor 338 v. Chr. endlich Capua eingenommen werden konnte. Der schnell folgende Bau der **Via Appia** (312 v. Chr.), der ersten römischen Heerstraße, ermöglichte eine **Expansion in den Süden**. Mit Puteoli (dem heutigen Pozzuoli) entstand ab 194 v. Chr. an der Stelle des griechischen Dikaiarcheia der bis dahin **größte Hafen des römischen Reichs**.

Capri – Mittelpunkt des Imperiums

Machtzentrum des Imperiums wurde 27 v. Chr. – 37 n. Chr. das im Golf von Neapel liegende Capri. **Kaiser Augustus** schätzte die Insel als Sommerresidenz, sein Nachfolger **Tiberius** verließ sogar die Hauptstadt Rom, um von Capri aus das Reich zu regieren. Misenum (Miseno) wurde zum **Stützpunkt der römischen Kriegsflotte** ausgebaut. Vor allem die landschaftliche Schönheit des Golfs von Neapel und die Fülle an vulkanischen Heilquellen (die Kultur der römischen **Thermalbäder** hat hier ihren Ursprung) machten den Küstenstreifen zu einer bevorzugten Sommerfrische der römischen Aristokratie.

Spätantike und frühes Christentum

Mit dem langsamen Untergang Westroms nach der Teilung des Imperiums (395 n. Chr.) begann auch die **Zerstörung Kampaniens** durch die ins wankende Riesenreich einfallenden Goten und Vandalen. 476 brach das Weströmische Reich endgültig zusammen, sein letzter Kaiser, Romulus Augustulus, starb im Exil in Miseno. Neapel wurde zu einem **byzantinischen Herzogtum** (ab 763), nachdem es zuvor den Belagerungen der germanischen Langobarden hatte standhalten können.

Der südliche Teil des italienischen **Langobardenreichs** etablierte sich mit den Herzogtümern Capua, Benevent und Salerno in Kampanien. Ravello und Amalfi wurden zu selbstständigen Seerepubliken.

Normannen, Staufer, Anjou und Aragonesen

1030	Aversa – erstes normannisches Herzogtum Süditaliens.
1189	Die deutschen Staufer erben das normannische Süditalien.
1194–1250	Friedrich II. ist Kaiser des Heiligen Römischen Reiches deutscher Nation.
1268	Sein Enkel Konradin wird 16-jährig auf der Piazza del Mercato hingerichtet. Karl I. von Anjou macht Neapel zu seiner Residenz.
1282	Sizilianische Vesper. Die Anjou verlieren Sizilien an das katalanische Haus Aragon.
1442	Alfons von Aragon zieht in Neapel ein und vereinigt das zukünftige Königreich Beider Sizilien.

Normannen und Staufer

Die normannisch-staufische Herrschaft (1030–1266) war eine der glanzvollsten Perioden Süditaliens. Kühnheit, Glück und geschickte Heiratspolitik machte das nordische Wikingervolk zu **Königen Süditaliens** und den eigentlichen Begründern des späteren Königreichs Beider Sizilien. Dem normannischen Söldner Rainulf Drengot, verheiratet mit der Herzogin von Gaeta, gelangen wichtige militärische Erfolge gegen die Langobarden. Das im Hinterland des Golfs von Neapel gelegene Aversa wurde 1030 als ein ihm überlassenes Lehen zur ersten normannischen Grafschaft. Die eigentliche Eroberung Süditaliens erfolgte ab 1091 mit päpstlicher Unterstützung durch Tankred de Hauteville und dessen Söhne Robert Guiscard und Roger I. Dessen Sohn **Roger II.** wurde der erste König von Sizilien, Kalabrien und Apulien. Allein das stolze und eigensinnige Neapel widersetzte sich bis 1139 dem neuen Herrscher Süditaliens. Erbe dieses Zauberreichs wurde der Gemahl der normannischen Prinzessin Konstanze von Sizilien, der Staufer Heinrich VI. und nach ihm sein Sohn Friedrich.

◄ Friedrich II.

Der »Erstaunen der Welt« (stupor mundi) genannte Friedrich II. verwandelte sein süditalienisches Reich in einen effizienten Beamtenstaat und gründete 1224 die neapolitanische Universität. Die italienischen Besitztümer des **Heiligen Römischen Reiches deutscher Nation** umfassten die heutigen Regionen Kampanien, Kalabrien, Apulien, Abruzzen, Molise, Basilikata und Sizilien.

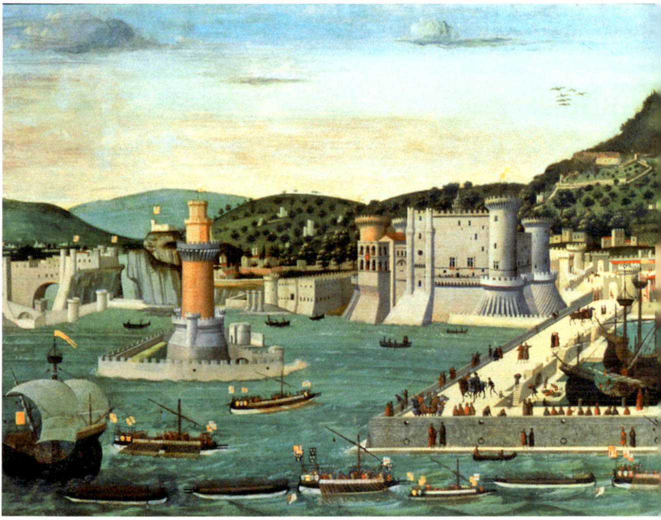

Tavola Strozzi, 15. Jh.: Rückkehr der Flotte Ferrantes I. in den Hafen von Neapel 1465 (Museo Capodimonte)

Anjou und Aragon

Der Konflikt zwischen der staufischen Dynastie und dem Papst eskalierte nach dem Tod Friedrichs. Papst Innozenz IV. unterstützte **Karl von Anjou** in dessen Ambitionen, Süditalien zu erobern. 1266 wurde König Manfred von angiovinischen Truppen bei Benevent besiegt, zwei Jahre später der letzte der Hohenstaufer, der 16-jährige **Konradin**, auf der Piazza del Mercato in Neapel hingerichtet.

Neapel wird Residenz ►

Mit dem Königshaus Anjou begann die **glanzvolle Epoche der angiovinischen Gotik** in Neapel und der Ausbau der Stadt zur Residenz. Unter Karl I. entstanden das Castel Nuovo und einige der wichtigsten Kirchen der Stadt. Infolge der Sizilianischen Vesper, einer gegen die Franzosen gerichteten blutigen Volksrevolte 1282, geriet Sizilien unter die Herrschaft des katalanischen Hauses Aragon. Der Beginn der eigentlichen aragonesischen Herrschaft in Süditalien begann 1442 mit dem prachtvollen Einzug **Alfons von Aragons** in Neapel.

Die spanischen Vizekönige

Neapel wird Metropole ►

Katastrophen des 17. Jh.s ►

1503 geriet das Königreich Neapel in den Herrschaftsbereich des spanisch-habsburgischen Weltreichs und es begann für mehr als zwei Jahrhunderte die Ära der spanischen Vizekönige. Neapel verwandelte sich in dieser Zeit zur drittgrößten Metropole Europas und hatte Mitte des 17. Jh.s rund 350 000 Einwohner. Zuvor hatten städtebauliche Eingriffe, vor allem der Bau der Via Toledo unter dem Vizekönig **Pedro di Toledo**, das Bild der Stadt nachhaltig verändert. Um die schnell wachsende Bevölkerung mit Wohnraum zu versorgen, entstanden die **ersten Hochhäuser Europas**. Auch die drei großen Katastrophen des 17. Jh.s, **Vesuvausbruch** (1631), **Masaniello-Aufstand** (1647) und **Pest** (1654), konnten diese Entwicklung nicht aufhalten.

Neapel im 18./19. Jahrhundert

1735	Karl III. wird König von Neapel.
1748	Erste systematische Ausgrabungen in Pompeji.
1759	Ferdinand IV., Il Re Nasone, besteigt den Thron.
1799	Parthenopäische Republik, Rückkehr der Bourbonen.
1806–1815	Napoleonische Könige regieren das Königreich Neapel.
1816	Restitution der Bourbonendynastie, Ferdinand IV. kehrt als Ferdinand I. zurück auf den Thron.
1860	Der letzte Bourbonenkönig Franz II. flieht vor den Truppen Garibaldis.
1884	Cholera. Das Bild der Stadt ändert sich.

Glanzvolle Residenz der Bourbonen

Das Jahrhundert des Absolutismus und der Aufklärung hat wie kaum eine andere Epoche zuvor das Bild der Stadt geprägt. Zugleich begann im reisefreudigen 18. Jh. die bis heute anhaltende **Romantisierung und Mythologisierung** der Stadt, die, obwohl neben London und Paris eine der großen europäischen Metropolen, schon ihren damaligen Besuchern weniger ein urbaner Lebensraum als vielmehr ein chaotischer Zustand vor traumhafter Naturkulisse zu sein schien.

Infolge des Spanischen Erbfolgekriegs (1701–1714) hatten sich die Kräfteverhältnisse der europäischen Großmächte neu geordnet. **Phi-**

lipp V. aus dem französischen Hause Bourbon wurde König von Spanien. Sein Sohn **Don Carlos**, Urenkel des französischen Königs Ludwig XIV., bestieg 1735 als Karl III. den Thron des neapolitanisch-sizilianischen Königreichs und löste die wenig glücklich agierenden österreichischen Vizekönige ab.

Karl III. ►

Karl III. war als König ein historischer Glücksfall für den **Regno di Napoli e di Sicilia**. Mit absolutistischem Machtanspruch verwandelte er Neapel in eine prächtige Residenzstadt. Öffentliche Gebäude entstanden, wesentliche Verkehrsverbindungen wurden angelegt und die Gründung zahlreicher Manufakturen führte zu einer **ersten Industrialisierung** Süditaliens. Der Bau des Teatro San Carlo machte Neapel zudem zu einer **europäischen Musikmetropole**. Nach jahrhundertelanger Regentschaft durch Vizekönige war Karl III. der erste in Neapel auch residierende Souverän.

Neapel wird Höhepunkt der Grand Tour ►

Vor allem die Entdeckung der verschütteten Vesuvstädte **Pompeji** und **Herculaneum** machte den Golf von Neapel zu einem Höhepunkt der »Grand Tour«. Karl III. und seine Gemahlin Maria Amalia von Sachsen förderten nicht nur die Ausgrabungen der antiken Städte, sondern wussten die sensationellen Funde auch für die Selbstdarstellung ihres Königreichs zu nutzen. Im Schloss von Portici entstand das **erste Antikenmuseum** der Welt.

Ferdinand IV.

1759 verließ Karl III. Neapel, um König von Spanien zu werden. Da die Verträge des Spanischen Erbfolgekriegs eine Vereinigung der spanischen und der neapolitanischen Krone in Personalunion nicht vorsahen, hinterließ der König neben zahlreichen Großbaustellen seinen 8-jährigen Sohn Ferdinand als Thronfolger in Neapel.

Der bis heute in Neapel zwar populäre, wenn auch nicht besonders geachtete **Ferdinand IV.** war, anders als sein Vater, durch und durch Neapolitaner und aufgrund seiner mittelmäßigen Ausbildung auf das königliche Amt kaum vorbereitet. Noch dazu war er mit der ehrgeizigen und intriganten Habsburgerin Maria Karolina verheiratet. Im Dezember 1798 flüchtete das neapolitanische Königspaar unter Begleitschutz von **Lord Nelson** auf einem englischen Kriegsschiff nach Sizilien, einen Monat später wurde von französischen Revolutionären und einem Teil des mit ihnen sympathisierenden neapolitanischen Adels die **Parthenopäische Republik** ausgerufen. Dieses freiheitliche Utopia endete nur wenige Monate später mit der Rückkehr des Königs. Die darauf folgenden Massenverhaftungen und Hinrichtungen der Revolutionäre, viele davon aus dem neapolitanischen Hochadel, waren der Anfang eines langen Endes der Bourbonenherrschaft in Neapel und sind bis heute unvergessen.

! *Baedeker* TIPP

Der Liebhaber des Vesuvs

Susan Sontag, amerikanische Schriftstellerin und Essayistin, hat das Neapel unter Ferdinand IV. in ihrem Roman »Der Liebhaber des Vesuvs« literarisch verarbeitet. Protagonist des historischen Romans ist der legendäre Lord Hamilton, Botschafter Großbritanniens am Hof in Neapel.

Napoleonische Könige in Neapel

1806 eroberten napoleonische Truppen Neapel ein zweites Mal und das Königspaar floh erneut nach Sizilien. Dieses Mal dauerte das Exil wesentlich länger. Napoleon machte seinen Bruder **Joseph** zum König von Neapel. Als dieser 1808 den spanischen Thron bestieg, folgte ihm Napoleons Schwager **Joachim (Gioacchino) Murat**.

Die Ära Murat

Die Ära Murat gehört trotz ihrer Kürze (1808 – 1815) zu den erfolgreichsten in der Geschichte des Königreichs Neapel. Der verdiente Offizier, verheiratet mit Caroline Bonaparte, reformierte die schwerfällig gewordene Verwaltung der bourbonischen Ministerien. Der Bau der **Ponte della Sanità** als Verbindung der Innenstadt mit dem Capodimonte-Hügel und die Anlage der **Via Foria** als neuer Ausfallstraße gehören zu den noch heute das Stadtbild prägenden Baumaßnahmen dieser Jahre. Um sein Königreich zu retten, taktierte Murat 1814 mit den Österreichern, wechselte dann 1815 erneut auf die Seite des unvermutet zurückgekehrten Napoleon und erlebte sein persönliches Waterloo mit dem endgültigen Untergang seines kaiserlichen Schwagers. Am 13.10.1815 wurde Joachim Murat nach abenteuerlicher Flucht im kalabresischen Pizzo standrechtlich erschossen.

Restauration der Bourbonen

Die Rückkehr **Ferdinands IV.** und die Restauration der bourbonischen Dynastie auf dem neapolitanischen Thron erfreuten bis auf den König, seinen Hofstaat und einige wenige Bourbonentreue niemanden. 1816 vereinigte Ferdinand seine neapolitanischen und sizilianischen Königtümer zum Königreich Beider Sizilien (**Regno delle Due Sicilie**) und nannte sich fortan Ferdinand I.

◀ Königreich beider Sizilien

Das Regime der letzten Bourbonen – auf Ferdinand I. folgten noch Franz I., Ferdinand II. und Franz II. – war totalitär, in sich mürbe und den Anforderungen der nachrevolutionären Jahrzehnte des frühen 19. Jh.s nicht gewachsen. Aufstände in Sizilien und Neapel wurden gewaltsam unterdrückt.

Garibaldi und der Risorgimento

Am 7. Sept. 1860 zog Garibaldi aus Sizilien kommend in Neapel ein. Als der erste nationalistische Begeisterungstaumel dieser italienischen Einigungsbewegung verflogen war, befand sich das ehemalige Königreich Beider Sizilien plötzlich in einer völlig veränderten Situation. Das Haus Savoyen-Piemont stellte mit **Vittorio Emanuele II.** den ersten König des neuen italienischen Nationalstaats. Turin, Mailand und Rom als Hauptstadt wurden die wirtschaftlichen und politischen Zentren des neuen Italiens, während der **Mezzogiorno**, das »Mittagsland«, mit seiner Kapitale Neapel am gründerzeitlichen Aufschwung nicht partizipierte. Der anhaltende Niedergang der einstigen Residenzstadt zur **schwierigen Metropole des Südens** ist bis heute eines der innenpolitischen Hauptprobleme Italiens.

◀ Beginn des Niedergangs

Die Cholera von 1884 und die Stadtsanierung

Die katastrophalen hygienischen Verhältnisse in der Altstadt führten 1884 zu einer Choleraepidemie, die die Verwahrlosung Neapels in ganz Europa publik machte. Eine kurz danach begonnene Sanierung

70 % aller süditalienischen Müllkippen befinden sich vorsichtigen Hochrechnungen der parlamentarischen Anti-Mafia-Kommission zufolge in mafiosen Händen. In Kampanien, wo mehr Müll produziert wird als in den anderen Regionen Italiens, sind die legalen Deponien mittlerweile übervoll. Der Streit um neue Standorte stinkt zum Himmel.

DIE STADT, DER MÜLL UND DER TOD

Fast kein Tag vergeht, an dem es in Neapels Problemvierteln Secondigliano, Scampia, Sanità oder den Quartieri spagnoli nicht zu blutigen Auseinandersetzungen zwischen Camorra-Clans kommt. Seit 2004 eskaliert die Gewalt in kaum bekanntem Ausmaß, einige Straßenzüge in den betroffenen Vierteln gleichen rechtsfreien Zonen. Hier kann schon die Zugehörigkeit zur falschen Familie oder ein missverständlicher Händedruck das Todesurteil bedeuten.

Die neapolitanische Variante der Mafia, Camorra oder »il sistema« genannt, stürzte die Stadt nach einigen Jahren vermeintlicher Ruhe in einen Taumel der Gewalt. Im Frühjahr 2005 waren es die **Machtkämpfe im Di-Lauro-Clan**, die für Schlagzeilen sorgten. Paolo Di Lauro hatte mit seinen Söhnen in den 1990er-Jahren in Scampia ein Drogensyndikat gegründet mit Jahresumsätzen in dreistelliger Millionenhöhe. Mit seiner Verhaftung entstand ein Machtvakuum, in dem Clanmitglieder ihre Befugnisse neu auszutarieren versuchten. Sohn Cosimo Di Lauro reagierte mit unvorstellbarer Brutalität, der Hunderte von Menschen zum Opfer fielen. Dieser »Krieg« steckte andere Camorra-Familien an, ihre Machtbereiche ebenfalls neu abzustecken. Dabei stützt sich der Di-Lauro-Clan als einer der wichtigsten »Arbeitgeber« Neapels auf breite Sympathie. Als Di Lauro junior wegen eines Formfehlers kurz nach seiner Verhaftung entlassen werden musste, wurde das in Sanità mit Freudenfeuerwerken gefeiert.

Roberto Savianos »Gomorra«

Die Macht der Camorra ist mit einem Jahresumsatz von ca. 16 Mrd. Euro (andere sprechen von 28 Mrd.) ungebrochen. Nun erschien Ende 2006 ein Buch, das, aus der Sicht eines Insiders und bestechend recherchiert, die Strukturen der organisierten Kriminalität in Kampanien beschreibt. Der junge Autor **Roberto Saviano** landete mit seinem **Erstlingswerk »Gomorra«**

einen Sensationserfolg. Die unglaublichen Umsätze werden vor allem mit dem **Drogenhandel** erwirtschaftet. So ist Scampia einer der größten Drogenmärkte ganz Italiens, wenn nicht Europas. Weitere lukrative Einnahmequellen sind das **Baugewerbe**, der weltweite Verkauf **gefälschter Luxusartikel** und natürlich die **Schutzgelderpressung**. So zahlen rund 70 % der neapolitanischen Geschäftsleute »tangente«. Auch mit **Müll** lässt sich viel Geld verdienen. Die Camorra kontrolliert seit Jahren die schon aus diesem Grund nicht funktionierende Müllentsorgung. An Nachwuchs mangelt es der Camorra nicht. Bei einer Jugendarbeitslosigkeit von über 45 % ist sie vor allem in der neapolitanischen Peripherie oft der einzige Arbeitgeber. Roberto Saviano wurde nach dem Erscheinen seines Buchs bedroht und lebt seitdem fern von Neapel unter Polizeischutz.

Die Geschichte der Camorra

Das in ganz Süditalien stark ausgeprägte Misstrauen gegenüber staatlichen Autoritäten wird oft mit den ständig wechselnden Fremdherrschaften und dem daraus resultierenden Entstehen der **Mafia als eigentlicher Ordnungsmacht** erklärt. In Neapel lässt sich diese Entwicklung auf die Zeit der spanischen Vizekönige im 16. und 17. Jh. zurückführen. Diese für den spanischen König amtierenden Herrscher wechselten in schneller Folge und waren bis auf wenige Ausnahmen weder am Wohlergehen des Landes noch an dem seiner Bevölkerung interessiert. Der Umzug des Adels in die Städte veränderte zudem die ländlichen Strukturen, wo nun ein eingesetzter Pächter oder Verwalter den oft riesigen Grundbesitz des einstigen Landadels kontrollierte. Die von Robin-Hood-Romantik umwehte Frühgeschichte der Mafia, in der furchtlose Banditen für die Rechte der ausgebeuteten Bauern kämpften, ist fragwürdige Legende. In Neapel war es das **schwache, gleichzeitig restriktive Regime der späten Bourbonenkönige**, das die Camorra als eigentliche Macht im Staat etablierte. Mitte des 19. Jh.s tauchte dann die Mafia erstmals in Dokumenten staatlicher Rechtsprechung auf, auch da noch weniger als kriminelle, son-

dern eher revolutionär vaterländische Bewegung. Die italienische Vereinigung des Risorgimento besiegelte dann das Schicksal Süditaliens, das sich wirtschaftlich und politisch in ein Dritte-Welt-Land zu verwandeln begann, während der Norden bald ein erstes Wirtschaftswunder erlebte.

Die Auswanderer des späten 19. und frühen 20. Jh.s brachten nicht nur italienische Lebensart, sondern oft auch **mafiöse Strukturen in die USA**. Legendäre Bosse wie Al Capone oder Lucky Luciano wurden selbst dann noch in Hollywood-Filmen romantisch verklärt, als der kriminelle Hintergrund ihrer wie Großfamilien strukturierter Organisationen schon lang nicht mehr zu übersehen war.

USA & Mafia

Den eigentlichen Schub zur weltweit operierenden Schattenmacht bekamen Mafia, Cosa Nostra und Camorra **während des Zweiten Weltkriegs**. Um die Landung alliierter Streitkräfte in Sizilien und am Golf von Salerno vorzubereiten, kooperierten die Amerikaner mit der sizilianischen Cosa Nostra. Mittelsmann war der in den USA inhaftierte Mafiaboss Lucky Luciano. Der Deal glückte. Im Gegenzug wurde hilfsbereiten Mafiosi nicht nur ihre Strafen erlassen, sie erhielten auch wichtige Positionen in der Nachkriegspolitik und Wirtschaft Italiens – für die Camorra war dies der Beginn einer einzigartigen Erfolgsgeschichte. Mithilfe korrupter Politiker begann eine Bauspekulation am Golf von Neapel, die nicht nur eine der schönsten Kulturlandschaften fast komplett zerstörte, sie ließ außerdem in den neu hochgezogenen Trabantenstädten ein in Abhängigkeit gehaltenes Proletariat entstehen.

Die moderne Camorra

Lange war der Schwarzmarkt mit Zigaretten das Alltagsgeschäft kleiner Camorristi. Doch die Globalisierung hat auch die **Camorra internationalisiert**. Die seit jeher guten Kontakte zu Südamerika und ganz neue Verbindungen nach Osteuropa haben die Geschäfte expandieren lassen. Seit den 1980er-Jahren hat der **Drogenhandel** wenige Camorristi schwerreich gemacht, dafür weltweit Millionen in Abhängigkeit und Elend gestürzt. Mit

Die Globalisierung hat auch die Geschäfte der Mafia internationalisiert. Mit der Höhe der zu erzielenden Gewinne steigt die Gewalt.

der Höhe der zu erzielenden Gewinne wächst auch die Gewaltbereitschaft. Regelmäßig werden auch in Kampanien **ganze Stadtverwaltungen** wegen des Verdachts **camorristischer Infiltration** ausgewechselt. So war z. B. 2003 während einer der letzten Reisen Johannes Pauls II. zur Rosenkranzmadonna nach Pompeji kein offizieller städtischer Würdenträger zur Begrüßung anwesend, vielmehr saßen der Bürgermeister und seine Mitarbeiter wenig später vor einem Untersuchungsausschuss.

Italiens Bemühungen zur Bekämpfung der organisierten Kriminalität werden zwar von einigen mutigen Staatsanwälten und Richtern betrieben, gleichzeitig aber auch karikiert, wenn z. B. ein ehemaliger Ministerpräsident wie **Silvio Berlusconi** auch nach seiner Abwahl immer noch nicht effizient strafrechtlich verfolgt wird. Auch der siebenfache Ministerpräsident **Giulio Andreotti**, die prägende Gestalt des Nachkriegs-Italien, hat die Prozesse wegen mafiöser Verstrickungen mithilfe seiner christdemokratischen Anhänger quasi unbeschadet überstanden. Die in den 1990er-Jahren gestartete Aktion **»mani pulite«** hat zwar das politische Italien wegen des Machtverlusts der Christdemokraten entscheidend verändert, Mafia und Camorra jedoch nicht nachhaltig schwächen können.

Konsequenzen für Neapel

Die andauernden Gewaltexzesse der Camorra haben Neapels in den 1990er-Jahren so mühsam erarbeitetes neues Image fast ruiniert. Der kurze Glanz als Kunst- und Kulturhauptstadt des Mezzogiorno weicht nun wieder der Katastrophenberichterstattung vergangener Jahrzehnte – ein verheerender Rückschlag für die Stadt. Roberto Savianos Bestseller »Gomorra« beschreibt eindrücklich, wie skrupellos und menschenverachtend die Camorra aktiv ist.

Neapelbesucher jedoch kommen in der Regel mit der Camorra nicht direkt in Berührung. Der **Tourismus** ist ein zu einträgliches Geschäft, an dem auch die Camorra partizipiert. Hier lassen sich mit Einnahmen nicht nur Millionen-Gewinne machen, sondern auch schmutzige Dollars und Euros waschen.

des Centro storico löste zwar nicht die eigentlichen Probleme, veränderte aber das Stadtbild einschneidend, dessen **Belle-Epoque-Eleganz** bis heute eher französisch als süditalienisch wirkt. Das Fischerviertel **Santa Lucia** verschwand für den Ausbau des Lungomare, an dem zugleich einige der heute noch existierenden Luxushotels entstanden. Auch das ehemalige Hafenviertel rund um die Piazza del Mercato blieb nicht verschont. In den Jahren um 1900 wanderten Hunderttausende von Süditalienern nach Amerika und Argentinien aus.

Neapels Entwicklung bis heute

20. Jahrhundert

Die Bemühungen, dem mehr und mehr in Armut versinkenden Mezzogiorno durch Industrialisierung eine Zukunft zu geben, hat, im Nachhinein betrachtet, mehr Schaden angerichtet als Hilfe gebracht. Norditalienische Ignoranz, mentalitätsbedingte Missverständnisse und die komplexen Strukturen des Mezzogiorno haben die **Kluft zwischen Süd- und Norditalien** immer größer werden lassen. Am Golf von Neapel ist die Industrieruine der 1907 gegründeten ILVA-Stahlwerke am einstmals schönen Küstenstreifen von Bagnoli das eindrücklichste Beispiele dieser frühen Industrialisierung.

Neapel unter Mussolini

In den 1930er-Jahren versuchte **Mussolini** das chaotische Neapel in eine faschistische Metropole zu verwandeln. Im historischen Stadtzentrum wurde ein ganzes Stadtviertel abgerissen und durch die heutige **Rione Carità** mit Verwaltungsbauten und dem Hauptpostamt ersetzt. Zudem entstand am Rand der Phlegräischen Felder mit dem **Messegelände Mostra d'Oltremare** ein neues Stadtviertel, das heute dicht bewohnte **Fuorigrotta**. Mit dem Sturz Mussolinis und dem Zerbrechen der Achse Berlin – Rom wurde Neapel 1943 von der deutschen Wehrmacht besetzt. Eine furiose **Volksrevolte**, in die Geschichte Neapels als »Le quattro giornate« eingegangen, befreite zwischen dem 28. 9 und 1.10.1943 die Stadt von den deutschen Besatzern. Gleichwohl hatten die Bombardements der alliierten und später der deutschen Luftwaffe Neapels Innenstadt beschädigt und in Teilen (wie z. B. Kirche und Kloster von Santa Chiara) komplett zerstört.

Le quattro giornate ▶

Nach dem Zweiten Weltkrieg

Waren die sizilianische Mafia und die neapolitanische Camorra Anfang des 19. Jh.s in dem korrupten und schwachen Königreich der Bourbonen noch von Robin-Hood-Romantik umwehte Freiheitsbewegungen, so wurden sie spätestens nach dem Zweiten Weltkrieg zu kriminellen Organisationen. Nach Amerika ausgewanderte Mafiosi und Camorristi waren nicht unwesentlich an der Vorbereitung der alliierten Invasion Süditaliens beteiligt. Der **Filz aus Politik, Wirtschaft und »ehrenwerter Gesellschaft«** fand in den turbulenten Nachkriegsjahren ein weites Betätigungsfeld, vor allem das der **Bauspekulation**.

Aufstieg der Camorra ▶

Eine Betonlawine begräbt Neapel

Die 1951 gegründete Cassa per il Mezzogiorno pumpte in den Jahrzehnten bis 1997 über 140 Milliarden Euro in die Regionen Süditaliens. Ein Bruchteil des Betrags hätte ausgereicht, die eigentlichen Ressourcen des Golfs von Neapel, die des Tourismus, zu reaktivieren und auszubauen. Stattdessen entstanden unter der Ägide des berühmt-berüchtigten Bürgermeisters **Achille Lauro** (1887 – 1982) und seiner Nachfolger städtebauliche Katastrophen, die nicht mehr rückgängig zu machen sind. Die von prachtvollen Villen des 17. und 18. Jh.s gesäumte Straße zwischen Neapel und Portici verwandelte sich in eine trostlose Ansammlung von Vorortsiedlungen. Die Hänge des Posillipo und des Vomero wurden rücksichtslos bebaut. Besonders fatal war die **Bauspekulation** entlang der Küsten nördlich von Cuma.

Das Erdbeben von 1980 und seine Folgen

Am 23. November 1980 erschütterte ein Erdbeben Kampanien. In den Provinzen Benevent und Avellino starben 3000 Menschen, Hunderttausende wurden obdachlos. Die Katastrophe lenkte weltweit die Aufmerksamkeit auf die **Probleme des Mezzogiorno und seiner Hauptstadt Neapel**. Das schwer getroffene Centro storico der Stadt blieb für lange Jahre eingerüstet, einige der Behelfsunterkünfte bei Avellino existieren bis heute. Trotzdem markiert das Erdbeben den Beginn der seitdem viel beschworenen Renaissance der Stadt. Gerade in den 1990er-Jahren unter Bürgermeister **Antonio Bassolino** wurde Neapel zu einem bestaunten Modell der »Riqualificazione urbana«. Teile der Innenstadt wurden zur Fußgängerzone, wichtige historische Gebäude endlich restauriert und der **Maggio dei Monumenti** erfunden. Zahlreiche private Initiativen und ein verändertes Bewusstsein der Neapolitaner begleiteten die von Bassolino begonnenen Reformen. Als 1994 der G 7-Gipfel in Neapel stattfand, sahen die Fernsehzuschauer weltweit erstmals nicht die von Kriminalität und Korruption gebeutelte Stadt, sondern eine europäische Metropole mit großer Vergangenheit und hoffnungsvoller Zukunft. Nicht zuletzt signalisierte der Ausbau der **Metropolitana** Neapels Anschluss an die Moderne.

◄ Neapels »Wiedergeburt«

Schwieriger Start ins 21. Jh.

Nur wenige Jahre nach dem geglückten Neubeginn scheinen sämtliche Anstrengungen erfolglos und die vielen investierten Millionen aus den Kassen der Europäischen Union verschwendet gewesen zu sein. Die **Gewaltexzesse der miteinander konkurrierenden Camorra-Clans** haben in den vergangenen Jahren nicht nur Hunderte von Todesopfern gefordert, sondern das neue Image Neapels nachhaltig beschädigt. Der Traum eines wieder erblühenden Campania felix mit Neapel als Touristenmagnet ist, zum Entsetzen auch der Neapolitaner, vorerst den Realitäten der organisierten Kriminalität zum Opfer gefallen. Vor allem die Müllproblematik hat das Bild der Stadt weltweit zusätzlich negativ beeinflusst.

Kunst und Kultur

Kaum eine europäische Landschaft ist so reich an Kunstschätzen, Baudenkmälern und archäologischen Stätten wie Kampanien. Eine 3000-jährige Zivilisations- und Kulturgeschichte hat einzigartige Spuren hinterlassen. Dabei ist die griechisch-römische Antike inmitten der oft chaotischen Lebenswirklichkeit am Golf von Neapel stets allgegenwärtig.

Kunst- und Kulturgeschichte

Kosmopolitischer Golf von Neapel

Griechen und Römer in Kampanien

Mit der Gründung Cumas und der Kolonisierung Süditaliens im 8. Jh. v. Chr. beginnt ein wesentliches Kapitel europäischer Kulturgeschichte. Die Griechen brachten das Alphabet, die Philosophie, das Theater, die Wissenschaften und nicht zuletzt ihre Götter. Im regen Austausch mit den Etruskern entstand so am Golf von Neapel eine Hochkultur. Im 3. Jh. eroberte Rom auf dem Weg zur Weltmacht den Süden Italiens und adaptierte neben der fremden Götterwelt auch gleich die griechischen Künste. Der **Golf von Neapel wurde zu der Kulturlandschaft der römischen Antike**.

Tempel

Der griechische Tempel in seinen unterschiedlichen Erscheinungsformen ist eine der bedeutendsten Erfindungen der Architekturgeschichte. Bis heute zitieren viele meist öffentliche Gebäude den Formenkanon griechischer Tempelarchitektur. Im 7. Jh. v. Chr. wurden die ursprünglichen hölzernen Tempel erstmals durch steinerne Monumentalbauten in dorischer Ordnung ersetzt. Schönstes Beispiel hier für sind die Tempel von **Paestum**. Die römische Architektur variierte und erweiterte das griechische Formenrepertoire zu pompösen Repräsentationsbauten.

Nekropolen

Griechische Keramik und vor allem die raren Beispiele vorrömischer Malereien sind in den Nekropolen **Paestums** erhalten. Neben den berühmten Malereien aus dem Grab des Tauchers geben die Malereien lukanischer Kastengräber wertvolle Einblicke in lang vergangene Siedlungsgeschichte. Die römischen Nekropolen entwickelten sich zu **Totenstädten**, die links und rechts der aus der Stadt führenden Straßen prächtig ausgebaut wurden. Eine der schönsten und besterhaltenen Straßen führt als Via delle Tombe vom Zentrum **Pompejis** zur Villa dei Misteri.

Griechische Keramik

Die Drehscheibe zur Herstellung tönerner Gefäße ist in Griechenland seit dem 2. Jt. v. Chr. bekannt. Kein anderer Gegenstand war in der griechischen Antike so verbreitet wie diese vielseitig einsetzbare Keramik. Neben der Aufbewahrung von Lebensmitteln dienten die Gefäße kultischen oder auch nur dekorativen Zwecken. Als Grabbeilagen sind sie in Überfülle als antike Artefakte erhalten geblieben. Ihre oft reiche Bemalung illustriert Themen der griechischen Mythologie und Alltagswelt und ist kostbares Zeugnis der griechischen Welt. Künstlerischer Höhepunkt der Keramikherstellung und der Verzierungen war das 6. Jh. v. Chr. Die in dieser Zeit entstandene schwarz-

←Detail der Bronzetüren des Doms in Ravello. Sie sind ein Werk des großen apulischen Bildhauers Barisanus von Trani.

Sprung ins Jenseits, Detail des »Tauchergrabs« (5. Jh. v. Chr., Paestum)

und später rotfigurige Keramik war ein begehrter Exportartikel, der vor allem nach Etrurien, dem Kernland der Etrusker, geliefert wurde. Mit der Kolonisierung Süditaliens wurden auch Apulien und Kampanien zu **Zentren der Keramikproduktion**.

Griechische Plastik und römische Kopien

Die griechische Plastik ist größtenteils nur in Form römischer Kopien erhalten, da die oft in Bronze ausgeführten Originale die Stürme der Nachantike nicht überstanden haben. Die geschichtsbewussten Römer bevölkerten ihre Villen, Theater und öffentlichen Plätze mit Skulpturen und Statuen. Verdiente Persönlichkeiten und natürlich die römischen Kaiser und ihre Familienangehörigen wurden mit Statuen in jeder Stadt geehrt. Eher etruskischen Einfluss zeigen die mit veristischer Genauigkeit gearbeiteten Porträtköpfe aus römischen Bildhauerwerkstätten. Eine der bedeutendsten Skulpturensammlungen fand sich in der **Villa dei Papiri** in Herculaneum.

Antikes Theater

Während die Theater Roms noch aus Holz gebaut waren, fanden in Pompeji die blutigen Gladiatorenspektakel schon in einem steinernen Amphitheater statt. Das pompejanische Anfiteatro ist ca. 150 Jahre älter als das Kolosseum. Die Bauform mit der ellipsenförmigen Arena ist allerdings eine rein römische Erfindung. Griechische Theater waren in natürliche Hanglagen hineingebaut, wobei der ansteigende Zuschauerraum den landschaftlichen Gegebenheiten folgte und eine massive Bühnenrückwand das Halbrund des Gebäudes begrenzte. Das **Teatro Grande von Pompeji** war als griechische Gründung ursprünglich auch so angelegt. Später übernahmen die Römer diese Form, ihre Theater waren jedoch massive, frei im städtischen Raum stehende Ziegelbauten wie z. B. das **Theater von Herculaneum**. Die darstellenden Künste blühten am Golf von Neapel wie in kaum einer anderen Region des Imperiums. Neapel hatte allein drei Theater, Pozzuoli neben dem riesigen Anfiteatro noch ein zweites kleineres, in Capua befand sich neben dem Amphitheater die berühmteste Gladiatorenschule des römischen Reichs und in Pompeji gab es gleich ein ganzes Theaterviertel. Auch die Städte des Hinterlands, ob Nola, Nocera oder Benevent, hatten ihre eigenen Theater. Herumreisende Schauspielkompanien bespielten die kleineren »Sprechbühnen« oder intimen Odeons, während die Amphitheater den großen »Panem-et-circenses«-Spektakeln vorbehalten waren.

Römische Architektur

Dank seiner landschaftlichen Schönheit und der zahlreichen natürlichen Thermalquellen wurde der Golf von Neapel von der römischen Oberschicht in den Sommermonaten viel frequentiert. Es entstanden **Thermenanlagen**, deren Ruinen noch heute den Komfort römischen Badelebens dokumentieren und in denen Fußbodenheizungen eine Selbstverständlichkeit waren. Als Hypokaustum (griech. hypokauston = von unten heizen) fand dieses Heizungssystem später auch in Privathäusern Verwendung. Vor allem die Thermen des antiken Baiae bedeuten einen Höhepunkt römischer Baugeschichte. Die Erfindung des **Opus caementicium**, ein Material aus Bimsstein und Puteolanerde, ermöglichte den Bau frei tragender Kuppeln von nie zuvor gesehener Größe.

Villa dei Misteri Orientierung

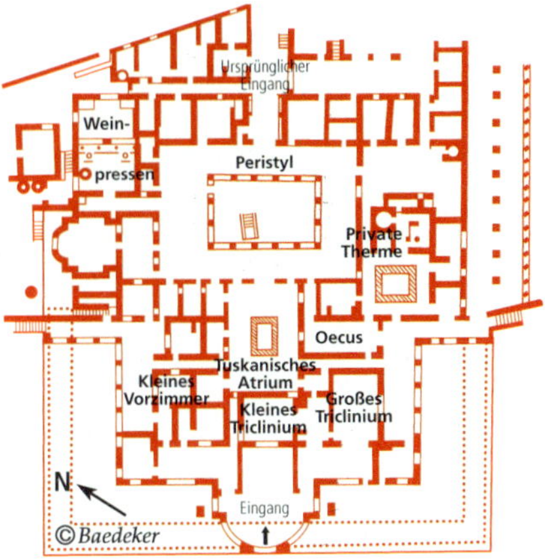

Parallel entstanden an der paradiesischen Küste luxuriöse **Sommervillen**. Meist in exzeptioneller Hanglage über dem Meer errichtet, bestand ihr Reiz in der Vielzahl ihrer Terrassen auf zum Meer absteigenden Stockwerken. Berühmtestes Beispiel ist die Villa dei Papiri in Herculaneum. Ein weiterer verbreiteter Bautypus war die **Villa rustica**, eine Mischung aus landwirtschaftlichem Betrieb und Sommervilla. Der Hausherr erwirtschaftete sein Einkommen durch den Verkauf seiner Produkte und versorgte die städtische Bevölkerung mit landwirtschaftlichen Erzeugnissen. Bestes Beispiel für eine solche Villa, die nicht selten von Veteranen betrieben wurden, ist die **Villa Regina bei Boscoreale**. Die ebenfalls auf dem Land gelegene **Villa urbana** hingegen war, wenn auch ebenfalls oft Mittelpunkt eines landwirtschaftlichen Betriebs, mehr elegante Sommerresidenz als Gutshof.

Städtische Architektur

Das streng rechtwinklig angelegte System griechischer Städte soll auf den Architekten und Staatstheoretiker **Hippodamos von Milet** zurückgehen. Ganz praktische Erwägungen ließen die Griechen ihre Städte wie am Reißbrett planen: Innerstädtische Grundstücke sowie vor der Stadt gelegene Ackerflächen konnten so gleichmäßig an die Kolonisten verteilt werden. Zugleich wurden die öffentlichen Bereiche konsequent durchstrukturiert. Diese Trennung von öffentlichen Plätzen (z. B. Agora), sakralen Zonen (Tempel) und Wohnbebauung ist vor allem in **Paestum** noch heute nachvollziehbar. Die Römer übernahmen dieses System: Als wesentlichste Straßen waren der Decumanus in Ost-West- und der Cardo in Nord-Süd-Ausrichtung ausschlaggebend für das weitere Raster der Stadt.

Forum Aus der griechischen Agora wurde in römischer Zeit das Forum als wichtigster Platz des öffentlichen Lebens. Exemplarisch lassen sich Aufbau und Gestalt eines Forums mit seinen wesentlichen Gebäuden ebenso wie die Entwicklung des römischen Hausbaus am Beispiel **Pompeji** studieren. In einigen Städten Kampaniens wie Nola oder Benevent sind die einstigen Foren über die Jahrtausende hinweg Mittelpunkt städtischen Lebens geblieben. In Neapel liegt das Forum, teils als Ausgrabung zugänglich, unter der Piazza San Gaetano und der Chiesa San Lorenzo Maggiore mitten in der Altstadt.

Triumphbogen Ein »Markenzeichen« römischer Repräsentationsarchitektur ist der Triumphbogen. Siegreiche Feldherren wurden mit diesen steinernen Prachtbauten geehrt, über deren Errichtung allein der römische Senat zu entscheiden hatte. Außerordentlich gut erhalten mit seinem üppigen Reliefschmuck ist der Triumphbogen Trajans in **Benevent**. Das Renaissanceportal des Castel Nuovo zitiert auf vielfältige Weise die antiken Vorbilder.

Römische Malerei Ohne die Katastrophe des Jahres 79 n. Chr. und die Verschüttung zweier blühender Städte am Golf von Neapel wären unsere Kenntnisse über römische Malerei verschwindend gering. In **Pompeji** und **Herculaneum** blieben zahlreiche Fresken aus mehr als zwei Jahrhunderten erhalten, die es der Archäologie sogar ermöglichten, eine **Stilgeschichte der antiken Malerei** zu entwickeln. Höchste künstlerische Qualität (Freskenzyklus in der **Villa dei Misteri**) steht neben routinierter, manchmal verunglückter Dekorationsmalerei (**Casa della Venere** in Conchiglia). Dabei sind die Sujets in ihren Wiederholungen oft monoton. Nicht selten ging es bei der Ausgestaltung der Häuser auch nicht um differenziert künstlerische Qualität, sondern eher um eine Demonstration des familiären Bildungsniveaus.

Mosaike Auch aufwendig gestaltete Mosaike gehören zu den Funden. Kein Haus Pompejis oder Herculaneums kam ohne mosaizierte Fußböden aus. Die prächtigsten Beispiele wurden in der pompejanischen **Casa del Fauno** entdeckt. Allerdings ist das berühmte **Mosaik der Alexanderschlacht** nicht von römischen Kunsthandwerkern geschaffen worden. Es entstand wahrscheinlich im ostgriechischen Raum und wurde um 100 v. Chr. an den Golf von Neapel »exportiert«, um das seinerzeit luxuriöseste Haus Pompejis zu schmücken.

Mosaik aus der Villa di Cicerone, Pompeji (Archäologisches Museum, Neapel)

Auch außerhalb der Vesuvstädte blieben Mosaikfußböden erhalten. Meist sind sie der einzige Rest ehemaliger Gebäude, die in nachantiker Zeit entweder zerstört wurden oder verfielen und unter deren Schuttmassen die Mosaike überdauerten. Die lange kunsthandwerkliche Tradition der Mosaikkunst setzt sich in den Jahrhunderten des frühen Christentums fast nahtlos fort.

Von der Spätantike bis zur Renaissance

Spätantike

Der Untergang des Weströmischen Reichs bedeutete, obwohl eine Periode des politischen Zerfalls, keineswegs auch den kulturellen Niedergang. Das Christentum als neue Staatsreligion eliminierte zwar die alten Götter, adaptierte aber wesentliche Elemente der römischen Welt. Und obwohl die von den Römern so hochgeschätzte griechische Kultur im frühen Christentum keinerlei Funktion mehr hatte, ging am **Golf von Neapel** der hellenistische Einfluss nicht so schnell verloren. Im 4./5. Jh. wurden heidnische Tempel in Kirchen umgewandelt (Pozzuoli, Neapel, Paestum) und uralte heidnische Brauchtümer einfach christianisiert. So lebte in **Paestum** die Verehrung der Göttin Hera in Gestalt der Madonna mit dem Granatapfel weiter. Die römische Basilika, die als Gerichts- und Versammlungshalle in keiner Stadt fehlte, wurde zum Prototyp sakralen Kirchenbaus und entwickelte sich zum mehrschiffigen Sakralbau der Romanik.

◄ Niedergang

Bevölkerungsrückgang und vor allem die schwindenden Kenntnisse über Ingenieur- und Baukunst ließen dann aber die nahezu perfekte römische Infrastruktur Kampaniens mit ihren Straßen, Aquädukten und küstennahen Entwässerungsanlagen zusammenbrechen. Paestum versumpfte und wurde nahezu unbewohnbar. Der mondäne Küstenstreifen von Baia versank aufgrund des Bradyseismus (►S. 16) großenteils im Meer. Pozzuoli verwandelte sich vom Welthafen zurück in ein Fischerdorf.

Frühes Christentum

In der Spätantike wurden Neapel und vor allem das bei Nola gelegene Cimitile schnell zu Zentren des frühen Christentums. Meropius Pontius Anicius Paulinus (355–431 n. Chr.), der spätere San Paolino, ist für die frühe Kirchengeschichte von großer Bedeutung. Er investierte sein immenses Privatvermögen, um mit **Cimitile ein »Neues Jerusalem«** zu errichten. Der Komplex frühchristlicher Basiliken rund um das verehrte Felixgrab (Felix war Bischof von Nola) war nach Rom der wichtigste Wallfahrtsort des frühchristlichen Italien. Die Reste der Basiliche Paleocristiane sind ein einzigartiges Dokument sakraler Architektur des 4. und 5. Jh.s. In Cimitile befand sich zudem der erste **Campanile** (Glockenturm) des Abendlands.

Katakomben in Neapel

In den außerhalb Neapels gelegenen antiken Nekropolen entstand schon im 2. Jh. n. Chr. ein Katakombenkomplex, der an Bedeutung für die frühchristliche Archäologie den römischen Katakomben in nichts nachsteht. Sensationell sind die Fresken in den **Catacombe di San Gennaro** unterhalb des Capodimonte-Hügels. Das Deckenfresko von Adam und Eva ist womöglich die älteste Darstellung des Sündenfalls überhaupt. Als Grablege der frühen neapolitanischen Bischöfe ist ihre Krypta zudem eine Galerie frühchristlicher Malerei des 3. bis 10. Jh.s. Kurz nach dem Toleranzedikt von Mailand 313 ließ Kaiser Konstantin in Neapel eine Basilika errichten. Die heute als Seitenkapelle des neapolitanischen Doms fungierende **Chiesa Santa Restituta** entspricht trotz vieler Umbauten in Grundriss und Säulenstellung noch der konstantinischen Basilika. Ein Raumkunstwerk des frühen Christentums ist das benachbarte **Baptisterium** aus dem 4./5. Jh. mit einem Deckenmosaik, das in seiner künstlerischen Virtuosität noch einmal den ganzen Formenreichtum und das handwerkliche Können antiker Mosaikkunst aufzeigt.

Neapels älteste Kirche ►

Spolien und frühes Mittelalter

Mit dem Einfall der Goten, Vandalen und später der Langobarden in Süditalien verwandelte sich der Golf von Neapel in einen gewaltigen Steinbruch. Die antiken Gebäude (vor allem die Amphitheater von Capua und Pozzuoli) wurden entweder zerstört oder aber systematisch demontiert und ihre Steine als Baumaterial für neue Gebäude verwendet. **Theater und Odeon** von **Neapel** waren kurze Zeit Teil eines frühchristlichen **Friedhofs**, bevor in den Ruinen der Gebäude unter Einbeziehung der noch vorhandenen antiken Bausubstanz **Wohnhäuser** errichtet wurden. Spolien, Architekturfragmente antiker Gebäude, sind in zahlreichen, meist sakralen Bauten Kampaniens zu finden. Das historische Stadtzentrum von **Capua** besteht fast gänzlich aus Baumaterial der antiken Vorgängerstadt.

Romanik

Das 11. Jh. ist das Jahrhundert der **großen romanischen Kirchenbauten** in Kampanien. 1071 wurde im südlichen Latium mit Montecas-

Die Fresken von Sant'Angelo in Formis stehen noch in der Tradition von Byzanz.

sino eine Klosterkirche der Benediktiner eingeweiht, die stilbildend für die Kirchenarchitektur Mittel- und Süditaliens werden sollte.
Der frühmittelalterliche Sakralbau erfuhr eine deutliche Monumentalisierung, da neue Techniken des Gewölbebaus gewaltige Innenräume ermöglichten. Verbindlichste Gemeinsamkeit romanischer Bauten ist der Rundbogen von Fenstern, Portalen und Arkaden. Die bisherige Flachdecke verschwindet zugunsten eines Gewölbes, Querhaus und Chorbereich kommen hinzu und das Längsschiff wird durch strenge Säulengliederung und Betonung der Gewölbeabschnitte in Joche unterteilt. Ein besonderes Merkmal der nun immer mehrschiffigen romanischen Basilika ist die Schaufassade, auf deren Bildprogramm und künstlerische Ausstattung größten Wert gelegt wurde.
Dieser »Bauboom« der Romanik hatte weniger mit Frömmigkeit als mit wirtschaftlicher Potenz und innovativer Bautechnik zu tun. Kampanien erlebte im 11./12. Jh. unter den Normannen eine Periode ungeahnten Aufschwungs. Die herausragenden Dombauten von **Salerno** und **Amalfi** zeugen auch von Macht und Reichtum dieser Seerepubliken. Romanische Kirchenbauten entstanden auch in **Benevent** und **Capua**. **Sant'Angelo in Formis** veranschaulicht als Spolienbau und auf den Grundmauern eines Tempels stehend exemplarisch den kampanischen Sakralbau des 11. Jh.s. Der Freskenzyklus dieser Kirche steht noch ganz in byzantinischer Tradition.

Bildende Künste

Neben der Architektur blühten auch die bildenden Künste, vor allem die **Bildhauerei**. Romanische Kirchenfassaden sind reich geschmückte, mit Dämonen, Fabelwesen und christlichen Symbolen bevölkerte Schaufassaden, die ihren Betrachter beeindrucken sollten. Neben den bronzenen Türen und Osterleuchtern (**Santa Maria Capua Vetere, Salerno**) machen vor allem die Bildhauerwerke meist anonymer Künstler und ihrer Werkstätten den Reichtum romanischer Kirchen aus. Herausragende Beispiele sind der mosaizierte Ambo (um 1130) in der Chiesa San Pantaleone in **Ravello** oder die Reliefplatten (um 1200) im linken Seitenschiff der Cappella Santa Restituta im Dom von **Neapel**. Ein Höhepunkt ist der Figurenschmuck des unter Friedrich II. errichteten Brückentors von **Capua**.

Gotik Mit den französischen Königen aus dem Haus Anjou zog die Gotik in Neapel ein. Weit mehr noch als die Romanik war die Gotik eine internationale Strömung, die sich im 13. und 14. Jh. in ganz Europa ausbreitete. Ihr auffälligstes Stilmerkmal ist eine **Vertikalisierung der Architektur**. Der Rundbogen verwandelt sich in einen Spitzbogen, massives Mauerwerk wird aufgelöst und durch verspielte Pfeiler, Säulen und erstmals große Fenster ersetzt. Das Kreuzrippengewölbe ermöglicht ganz neue Raumeffekte. Um bei größter Filigranität der enormen Baumassen die Stabilität des Gebäudes zu gewährleisten, ist der Außenbau durch die charakteristischen Strebepfeiler verstärkt. Ein typisches Stilelement ist zudem die Rosette der Hauptfassade. In Neapel führten neben den angiovinischen Königen die Bettelorden der Dominikaner und Franziskaner mit großen Kirchenneubauten eine italienisch bodenständigere Variante der Gotik ein. Ein Merkmal der angiovinischen Gotik in Neapel sind offene Holzdachstühle statt steinerner Gewölbe. Einige der bedeutendsten Kirchen des neapolitanischen Centro storico stammen in ihren Ursprüngen aus der Blütezeit gotischer Baukunst: San Pietro A Maiella (1319 – 1343), San Lorenzo Maggiore (ab 1270), Santa Chiara (ab 1310) und am Mercato-Viertel Sant'Eligio Maggiore (ab 1270).

Der Musenhof der Anjou Der Bau des **Castel Nuovo** (ab 1279) als Seefestung und Palast der angiovinischen Könige machte aus Neapel eine strahlende Residenzstadt. Neben französischen Baumeistern kamen Künstler aus ganz Italien an den Hof der Anjou. Die beiden bedeutendsten sind die Toskaner Giotto di Bondone und Tino da Camaino. **Giotto** malte (heute zerstörte) Freskenzyklen in der Chiesa Santa Chiara und im Castel Nuovo, während **Camaino** für die angiovinischen Könige einige der schönsten Grabmale des frühen 14. Jh.s schuf. **Petrarca** weilte als päpstlicher Gesandter oft in Neapel. Er war einer der ersten, der die antiken Ruinen der Campi flegrei mit wissenschaftlichem Interesse durchwanderte und das vermeintliche Grab Vergils besuchte. **Boccaccio** war 1328 in der Stadt und beschrieb neapolitanisches Leben im »Decamerone«.

Renaissance Das 14. Jh. entdeckte die Kunst- und Gedankenwelt der Antike neu. Als Renaissance (ital. rinascimento = Wiedergeburt) war diese Bewegung weit mehr als nur ein Stil: Humanistisch gebildete Philosophen entwarfen ein an der Antike orientiertes Weltbild, in dem der

Mensch als Individuum zum Mittelpunkt wurde. Nach tausendjähriger Vergessenheit wurde antikes Wissen reaktiviert und neu interpretiert. Die Künstler emanzipierten sich von einfachen Handwerkern zu individuellen Persönlichkeiten, die sich als Forscher und Wissenschaftler (Leonardo da Vinci) begriffen. Die rationale Erforschung der Welt führte zu revolutionären Erkenntnissen. Für die Malerei war die Entdeckung der Zentralperspektive von großer Bedeutung. Architektur und Bildhauerei griffen auf das antike Formenrepertoire zurück, wobei vor allem die in Rom gemachten Funde zur Quelle der Inspiration wurden und parallel erste Antikensammlungen entstanden. Toskanische und vor allem florentinische Künstler arbeiteten für Fürstenhöfe in ganz Italien. In Neapel hat die Renaissance wenige, aber herausragende Zeugnisse im Stadtbild hinterlassen. Frühestes Beispiel ist das Grabmal des Kardinals Brancaccio in der **Chiesa Sant'Angelo a Nilo** aus dem Jahr 1428 von den toskanischen Künstlern Donatello und Michelozzo. Erst mit dem Einzug Alfonsos von Aragon 1442 erreichte die ganz Mittelitalien dominierende Kunst der Renaissance auch Neapel. Das monumentale Triumphtor des **Castel Nuovo** wurde 1471 fertiggestellt und ist eines der Hauptwerke der Renaissance in ganz Süditalien. Die kleine **Cappella Pontano** (1490–1495), gebaut von Giovanni Pontano, dem Sekretär Alfonsos von Aragon, zeugt vom humanistisch geprägten Hintergrund der intellektuellen Elite am Hof der Aragonesen.

17. Jahrhundert

Barock

Ebenso wie Romanik und Gotik ist auch Barock nur ein Oberbegriff für zahlreiche Varianten eines Stils, der sich ab Mitte des 16. Jh.s in Europa verbreitete. Schon die Spätrenaissance orientierte sich nicht mehr an der mit mathematischer Präzision entwickelten Harmonie der Proportionen, sondern entwickelte mit dem **Manierismus** einen exzentrisch wirkenden Stil der effektvollen Übertreibungen, aus dem später der Barock wurde. Eine unregelmäßig geformte Perle, La Perla Barroca, gab dieser nervösen und jenseitsverliebten Periode europäischer Kulturgeschichte ihren Namen. Als sakrale, aber auch höfische Repräsentationsarchitektur überschwemmte der schwungvolle Barock ganz Europa und gerade in Süditalien wurden, dem Zeitgeschmack folgend, nicht selten romanisch-gotische Kirchenbauten modernisiert, d.h. barockisiert. Der theatralische, auf verblüffende Effekte zielende Stil mit seinen manchmal überreichen Dekorationen und architektonischen Extravaganzen stieß in Neapel auf große Resonanz. Die Zeitspanne zwischen dem späten 16. und dem frühen 18. Jh. ist die des **neapolitanischen Barocks**. Unter den spanischen Vizekönigen wurde Neapel zu einer europäischen Großstadt mit ca. 300 000 Einwohnern. Der explosionsartige Bevölkerungsanstieg erforderte städtebauliche Maßnahmen. Zugleich wurde Neapel ein **Zentrum der Gegenreformation** und die Orden der Theatiner und Jesuiten ließen im Stadtzentrum **große Kirchen** (San Paolo Maggiore,

◂ Großstadt Neapel

Gesù Nuovo) errichten. Zu den bedeutendsten Architekten dieser Zeit gehören **Francesco Grimaldi** (1545 – 1630), der die Cappella del Tesoro im Dom von Neapel schuf, oder **Giuseppe Donzelli** (gest. 1631), auch Fra Nuvolo genannt, der die Dominikanerkirche Santa Maria della Sanità errichtete und als »Erfinder« der Majolikakuppel gilt. **Domenico Fontana** (1543 – 1607) war ab 1572 auch in Neapel tätig und verantwortete den Neubau des Palazzo Reale. Der Florentiner **Giovanni Antonio Dosio** (1533 – 1609) baute ab 1591 am Komplex von San Martino.

Glanzvolles 17. Jahrhundert

Trotz Vesuvausbruch, Masaniello-Aufstand und einer Pest-Epidemie wurde das 17. Jh. zum **glanzvollsten der neapolitanischen Kunstgeschichte**. Der kurze Aufenthalt **Caravaggios** revolutionierte die neapolitanische Malerei. Seine »Chiaroscuro-Technik«, das effektvoll theatralische Spiel mit Licht und Schatten in seinen Bildern, war für Auftraggeber, Publikum und Künstlerkollegen gleichermaßen schockierend neu und beeinflusste zahlreiche neapolitanische Künstler wie Giovanni Battista Caracciolo, Giuseppe (José) Ribera und später Luca Giordano und Francesco Solimena. Anscheinend war die Stadt für diese dramatische Art der Malerei wie geschaffen: Der in Neapel geborene **Luca Giordano** (1632 bis 1705) war einer der produktivsten Maler der Kunstgeschichte und als »Luca fa presto« (Luca mach' schnell!) bekannt. Die kaum fassbare Fülle seines Werks ist in europäischen Museen und Kirchen zu sehen, in Neapel u. a. in den Museen von San Martino und Capodimonte sowie in den Kirchen San Gregorio Armeno und Santa Brigida. In Letzterer ist Giordano auch beigesetzt.

Kein Architekt, abgesehen vom fast genau 100 Jahre später tätigen Luigi Vanvitelli, hat das neapolitanische Stadtbild so geprägt wie **Cosimo Fanzago** (1591 – 1678). Der Norditaliener kam 17-jährig nach Neapel und machte schnell eine einzigartige Karriere. 1623 wurde er Baumeister der nach dem Tod Dosios verwaisten Baustelle der Certosa di San Martino. Fanzago

Certosa di San Martino, ein Meisterwerk Fanzagos

gilt als Meister und Erfinder der virtuosen »Pietra-dura«-Technik. Kunstvoll aus Steinen geschnittene und zu Ornamenten zusammengesetzte marmorne Intarsien schmücken die Innenräume seiner Kirchen fast überreich. Gerade die Kartäuserkirche von **San Martino** begründete Fanzagos Ruhm. Der überaus fleißige und ins Detail versessene Architekt übernahm in den folgenden Jahrzehnten fast alle Großaufträge in Neapel, darunter die Modernisierungen der Kirchen Gesù Nuovo und San Lorenzo Maggiore, die Fassade von Santa Maria di Costantinopoli sowie die Neubauten von San Giorgio Maggiore und Santa Maria Maggiore. Daneben fand Fanzago Zeit, einige der bedeutendsten neapolitanischen Paläste zu entwerfen.

18. Jahrhundert

In der 2. Hälfte des 18. Jh.s war Neapel wieder einmal eine der größten Baustellen Europas. Karl III. von Bourbon und sein Nachfolger Ferdinand IV. beschäftigten die bedeutendsten Baumeister ihrer Zeit, um aus dem mittelalterlichen, in großen Teilen auf dem Raster der antiken Stadt gewachsenen Neapel eine moderne Metropole des späten Absolutismus zu machen. Ferdinando Sanfelice (1675 – 1748), Ferdinando Fuga (1699 – 1782), Luigi Vanvitelli (1700 – 1773) und dessen Sohn Carlo (1739 – 1821) haben das Bild des spätbarocken Neapel entscheidend geprägt. **Sanfelice** ist eine der singulären Erfindungen der neapolitanischen Baugeschichte zu verdanken: Seine Treppenhäuser (Palazzo dello Spagnolo, Palazzo Sanfelice, Palazzo Spinelli) verwandelten repräsentative Palastarchitektur in Bühnenbilder. Die Welt als Bühne, auf der im sozialen Mikrokosmos des Palazzo die unterschiedlichsten Charaktere auftreten, findet ihr theatralisches Pendant in der Commedia dell'Arte und selbst noch in den Filmen Totòs. Sanfelices Treppenhäuser sind somit nicht »nur« Architektur, sondern gleichzeitig Dokument neapolitanischen Lebens im 18. Jahrhundert. Ferdinando Fuga baute mit dem **Albergo di Poveri** das größte innerstädtische Gebäude Neapels. Der bedeutendste Architekt des bourbonischen Neapel war aber **Luigi Vanvitelli**. Als Architekt der **Reggia von Caserta** schuf er eines der schönsten Treppenhäuser der europäischen Baugeschichte. Darüber hinaus war er auch – die Parkanlage von Caserta mit ihren komplizierten Wasserspielen beweist es – ein genialer Ingenieur. Zahlreiche Palazzi des Centro storico gehen auf Pläne Vanvitellis und seines Sohns Carlo zurück oder sind zumindest von ihnen inspiriert. Auch die heutige Piazza Dante wurde als Foro Carolino von Vanvitelli entworfen.

Klassizismus und Antikenrezeption

Wiederentdeckung der Antike

Die Entwicklung des strengen, sich ganz an der Antike orientierenden Klassizismus in der 2. Hälfte des 18. Jh.s ist ohne die Ausgrabungen in Pompeji und Herculaneum nicht denkbar. Diese »wiederentdeckte« Antike sollte für Jahrzehnte stilbildend in ganz Europa sein. Parallel zum zaghaften Entstehen der Archäologie als Wissenschaft wurde **»à la pompeiana«** zur europäischen Mode. Nicht nur Archi-

Angelika Kauffmann: Porträt der königlichen Familie Ferdinands IV. (1782/1783)

tektur und Malerei, vor allem auch das Kunsthandwerk griff auf die antike Formensprache zurück. Die 1755 gegründete Accademia Ercolanese veröffentlichte aufwendige Druckwerke mit Abbildungen der gemachten Funde. Die Service der Porzellanmanufaktur von Capodimonte wurden mit Szenerien antiker Ruinen bemalt und in den Vesuvvillen des Miglio d'Oro ganze Zimmerfluchten im pompejanischen Stil ausgestattet.

Die Grand Tour

Die Grand Tour ist ein **kulturgeschichtliches Phänomen**, das vor allem am Golf von Neapel Spuren hinterlassen hat. Schon seit dem 16. Jh. gehörte es für die männlichen Mitglieder der englischen Aristokratie zur angenehmen Selbstverständlichkeit, das Studium mit einer Bildungsreise auf dem Kontinent zu vollenden. Italien und Griechenland gehörten zu den favorisierten Zielen dieser oft Monate dauernden Reisen. War das an antiker Kunst so reiche Rom Höhepunkt und Ziel einer jeden Italienreise, wurde im 18. Jh. mit der Entdeckung von Pompeji und Herculaneum auch der Golf von Neapel zu einer Destination ersten Ranges. Der europäische Adel besuchte neben Neapel die Phflegräischen Felder und die Ausgrabungen. Erst mit der französischen Revolution und mit dem Beginn des modernen Tourismus im 19. Jh. endete die Ära der Grand Tour, die nicht nur Studien-, sondern auch Vergnügungsreise war und von deren Bedeutung ganze Bibliotheken von Reisetagebüchern zeugen.

Ausländische Künstler in Neapel

Der Ruhm Neapels als europäische Metropole inmitten einer arkadischen Ruinenlandschaft zog in der 2. Hälfte des 18. Jh.s zahlreiche Künstler an den Hof der Bourbonen. Auf Einladung der Königin

Maria Carolina kam die als Malerin gefeierte **Angelika Kauffmann** (1741–1807) in die Stadt. Sie porträtierte die königliche Familie (das Gemälde hängt heute im Schloss von Capodimonte), bevorzugte ansonsten allerdings Rom als Wohnsitz. **Anton Raphael Mengs** (1728–1779) war einige Jahre Direktor der königlichen Kunstakademie in Neapel. **Jakob Philipp Hackert** (1737–1807) hingegen verbrachte als Hofmaler Ferdinands IV. fast die Hälfte seines Lebens in Neapel. Die Maler **Joseph Anton Koch** (1768–1839) und **Ludwig Richter** (1803–1884) gehörten dem römischen Künstlerkreis der Nazarener an und waren ebenfalls häufig am Golf von Neapel. Das Mühlental von Amalfi, berühmt wegen seiner grandiosen Landschaft und pittoresken Volksszenen, wurde zum wahrscheinlich meistgemalten Sujet des 19. Jh.s.

? WUSSTEN SIE SCHON ...?

- In Aschaffenburg steht mit dem Pompejanum die etwas freihändig rekonstruierte Kopie eines pompejanischen Hauses – der Casa dei Dioscuri. Der italophile und antikenbegeisterte bayerische König Ludwig I. ließ das Gebäude von seinem Hofarchitekten Friedrich von Gärtner 1840–1848 errichten.

Goethes italienische Reise

Von 1786 bis 1788 reiste **Johann Wolfgang von Goethe** durch Italien. Seine Aufenthalte in Rom, Neapel und auf Sizilien waren für die deutsche Italienrezeption von großer Bedeutung. Die in den Jahren 1816/17 als »Italienische Reise« veröffentlichten Tagebücher prägten das Italienbild ganzer Generationen. In Neapel lernte Goethe u. a. **Sir William Hamilton** kennen, der als englischer Botschafter mit dem neapolitanischen Königspaar eng vertraut und als Vulkanologe, Sammler und Antiquitätenhändler in ganz Europa bekannt war. Als Reisebegleiter Goethes kam **Johann Heinrich Wilhelm Tischbein** (1751–1829) nach Neapel. Die »Italienische Reise« und auch die »Entdeckung« der Blauen Grotte auf Capri durch den deutschen Maler und Dichter **August Kopisch** im Jahr 1826 markieren den **Beginn der Süditaliensehnsucht**. Ab 1839 verkehrte zwischen Neapel und Portici die erste italienische Eisenbahn und bald darauf konnten von Thomas Cook organisierte Reisegesellschaften den Golf von Neapel pauschal bereisen.

Carl Blechen, Carl Götzloff und die Scuola di Posillipo

Carl Blechen (1798–1840) ist unter den vielen deutschen Malern, die den Golf bereisten, der für die Kunstgeschichte bedeutendste; seine naturalistisch gemalten Landschaften sind kühne, fast schon in die Moderne weisende Kompositionen. Um 1820 machte der niederländische Maler Anton Sminck van Pitloo (1790–1837) sein neapolitanisches Atelier zum Treffpunkt junger Künstler, deren gemeinsame Stilrichtung als **Scuola di Posillipo** schnell berühmt wurde. Bedeutendster Vertreter der Scuola di Posillipo ist **Giacinto Gigante** (1806–1876), dessen leuchtend farbige, fast immer kleinformatige Aquarelle heute in verschiedenen Museen Neapels hängen. **Carl Götzloff** (1799–1866) gehörte ebenfalls zum Umkreis der Scuola di Posillipo. Götzloff lebte ab 1826 in Neapel und wurde 1835 von Ferdinand II. zum Hofmaler ernannt. Zu den wichtigsten neapolitanischen Malern des 19. Jh.s zählt auch **Domenico Morelli** (1826–1901) mit seinen expressiven, oftmals historische oder literarische Themen aufgreifenden Gemälden.

19. Jahrhundert

In den Jahrzehnten des **Historismus** nach der Einigung Italiens verkitschte die neapolitanische Malerei erheblich. Das Repertoire an süßlichen Sujets, z. B. die ewigen Sonnenuntergänge vor der Kulisse des schon damals gar nicht mehr existierenden Fischerviertels von Santa Lucia, prägt bis heute hartnäckig das Bild Neapels. Eine Ausnahme sind die Fresken **Hans von Marées** in der Stazione Zoologica. Dieser Gemäldezyklus entstand 1873 und wurde schnell zum Inbegriff der Neapelromantik.
In der Architektur waren die Jahrzehnte nach dem Risorgimento ähnlich wie im wilhelminischen Deutschland von **nationaler Begeisterung** geprägt. In Neapel entstanden in Mergellina oder an den neuen innerstädtischen Hauptstraßen (Corso Umberto I., Corso Garibaldi) imposante Mietkästen mit fantasievollen Stuckfassaden. Eindrucksvolles Beispiel der ebenso monumentalen wie eklektizistischen Jahrhundertwende-Architektur ist die Galleria Umberto I. gegenüber dem Teatro San Carlo.

Neapolitanische Canzoni

»O sole mio«, »Funiculì funiculà« oder auch »Torna a Surriento« sind **neapolitanische Lieder**, die weltweit Karriere gemacht haben und dabei ein Neapelbild transportierten, das eher touristischen Träumen als der Wirklichkeit entsprach. Die goldene Zeit der neapolitanischen Canzoni lag zwischen 1870 und dem Ersten Weltkrieg und somit nicht zufällig in einer Periode, in der Neapel ein letztes Mal süditalienische Metropole des Fremdenverkehrs war und zugleich ganze Generationen von nach Amerika ausgewanderten Neapolitanern in diesen Liedern ein Stück »Heimat« fanden. Das heiter beschwingte »Funiculì, funiculà« entstand sogar im Auftrag der die Vesuv-Drahtseilbahn betreibenden Aktiengesellschaft. Trotzdem sind Canzoni wie z. B. »Comme facette mammeta« oder das umwerfende »A tazza è cafè« nicht nur Evergreens, sondern auch ein Stück neapolitanischer Kulturgeschichte. Noch bis in die 1950er-Jahre war das Fest der Madonna di Piedigrotta eigentlich ein Festival des neapolitanischen Schlagers.

Die neapolitanische Fotografie

Der gebürtige Frankfurter **Giorgio Sommer** (1834–1914) zog 1857 nach Neapel und gründete bald darauf ein fotografisches Atelier, das sich in den folgenden Jahrzehnten zu einem blühenden Unternehmen entwickelte. Sommers Aufnahmen neapolitanischer Straßenszenen sind mehr Folklorisierung als Dokumentation, entsprachen aber dem Zeitgeschmack und waren unglaublich erfolgreich. Neben der kommerziellen Massenware schuf Sommer auch ein künstlerisch anspruchsvolleres Werk. Von Neapel aus bereiste er ganz Italien und fotografierte die Baudenkmäler, die in Sammelmappen weltweit verkauft wurden. Seine neapolitanischen Werkstätten produzierten zudem verkleinerte Reproduktionen antiker Skulpturen aus der Sammlung des Archäologischen Museums.

Liberty

Die **italienische Variante des Jugendstils**, Liberty genannt, ist seit 1900 in den besseren Wohngegenden Neapels vertreten. Vor allem auf dem Vomero, entlang der Via dei Mille, rund um die Piazza Amedeo und in Mergellina stehen wahre Wohnpaläste aus dem frühen 20. Jh. Der italienische Jugendstil ist weniger verschlungen organisch, sondern vielmehr eklektizistisch. Munter wurde die Architekturgeschichte zitiert und zu etwas zuvor nie Gesehenem kombiniert. Herausragende Beispiele sind die zauberhafte verspielte Palazzina Paradisiello (Via del Parco Margherita 36) aus den Jahren 1908/09 oder das märchenhafte Castello Aselmeyer (Corso Vittorio Emanuelle 166). An der Via di Posillipo stehen inmitten von Parks luxuriöse Liberty-Villen, viele von ihnen mit direktem Zugang zum Meer. Der originelle Palazzo Galli an der Via Caracciolo entstand 1925/27 und zeigt schon erste Stilmerkmale faschistischer Prachtarchitektur.

Faschismus und Futurismus

Im Gegensatz zur Architektur des deutschen Nationalsozialismus ist die des italienischen Faschismus durchaus von künstlerischer Bedeutung und Innovation. Schon 1909 hatte der Dichter **Filippo Tommaso Marinetti** mit einem flammenden Manifest den Futurismus begründet. Seine kühnen Thesen hatten großen Einfluss auf die Architektur der Zeit und in den ersten Jahren des Faschismus unter Benito Mussolini wurde der Futurismus fast zur offiziellen Staatskunst.

In Neapel entstand mit der **Rione Carità** mitten in der Stadt ein neues Verwaltungsviertel. Spektakulärstes und bis heute unerhört kühnes Gebäude ist der zwischen 1933 und 1936 entstandene **Palazzo delle Poste**, ein steinernes Monument futuristischer Visionen, die Geschwindigkeit, Technik und Fortschritt in den Künsten feierten. Auf Capri baute sich **Curzio Malaparte** ab 1937 eine Villa, die er »Una casa come me« nannte. Das architektonische Selbstporträt des Schriftstellers ist eine Inkunabel der Architektur des 20. Jh.s.

Curzio Malapartes Villa auf Capri

Capri (wegen der Ruhe) und Neapel (wegen des ewigen Chaos) waren seit 1971 die zweite Heimat von Josef Beuys (1921 – 1986). Eine enge Freundschaft verband den deutschen Künstler mit Lucio Amelio, Galerist aus Neapel.

ZEITGENÖSSISCHE KUNST IN NEAPEL

Schon in den 1920er-Jahren waren Neapel und vor allem Capri für kurze Zeit ein Zentrum der Moderne. Tommaso Marinetti, einer der führenden Vertreter des italienischen Futurismus, veranstaltete aufsehenerregende Abende im Theatersaal des Hotels Quisisana. 1965 gründete Lucio Amelio in Neapel die »Modern Art Agency«, die in den 70er- und 80er-Jahren als Galleria Amelio zu einer der wichtigsten italienischen Galerien für zeitgenössische Kunst wurde.

Mit einem beispiellosen Aufwand versucht Neapel seit einigen Jahren an vergangene Zeiten anzuknüpfen und zu einer europäischen Metropole der Moderne zu werden. Gleich **zwei Museen für Gegenwartskunst**, das PAN (Palazzo delle Arti di Napoli, Via dei Mille 60) und das MADRE (Museo d'Arte Contemporanea Donna Regina, Via Settembrini 79) wurden eingeweiht. Spektakulär ist die neue **Linie der Metropolitana** hinauf zum Vomero. Kunst im öffentlichen Raum, ob in den Metro-Stationen oder auf der Piazza del Plebiscito soll der Stadt zu kulturellem Glanz verhelfen. Dabei ist die Erinnerung an **Lucio Amelio** noch allgegenwärtig.

Der 1994 verstorbene Galerist initiierte nach dem Erdbeben 1980 eine Ausstellung, die unter dem Titel **»Terrae motus«** international Furore machte. Künstler wie Joseph Beuys, Andy Warhol, Gilbert & George oder Anselm Kiefer stellten in Neapel aus. Eines der bekanntesten Multiples von Beuys, die Capri Batterie, ist fast ein Markenzeichen dieser Jahre geworden. Im **Schloss von Caserta** sind als Stiftung Lucio Amelios zahlreiche Terrae-motus-Werke zu besichtigen.

Kunstszene in der Stadt

Auch jenseits neapolitanischer Kulturpolitik und ihrer Großprojekte ist die Kunstszene der Stadt eine der lebendigsten Italiens. Die **Galleria Alfonso Artiaco** hat vor wenigen Jahren die Räume Amelios an der Piazza dei Martiri übernommen und zeigt hier

international renommierte Künstler. Interessanter sind jüngere, experimentierfreudige Galerien wie die **Galleria 293** (Via dei Tribunali 293) oder die **Galleria Franco Riccardo Artivisibile** (Piazzetta Nilo 7). Als eine der ältesten Galerien Neapels zeigt die **Galleria Lia Rumma** ein internationales Programm. Die private **Fondazione Morra** hat in einem spektakulären Gebäude oberhalb der Stadt das Museo Nitsch eingerichtet (www.museonitsch.org). Neu hinzugekommen ist die **Fondazione Morra Greco** (www.fonda zionemorra greco.org), die vier Ausstellungen jährlich zeigen wird. Die Brüder Morra sind Sammler und Mäzene und seit Jahren im kulturellen Leben Neapels aktiv. Ebenfalls eine Neugründung ist der **Verein Capri Batterie e.V.**, der einen Austausch zwischen Künstlern aus Düsseldorf und Neapel initiieren will. Ausstellungen zeitgenössischer Kunst finden zudem regelmäßig im Castel Sant'Elmo und im Castel dell'Ovo statt. Geradezu sensationell war die Ausstellungsreihe im archäologischen Nationalmuseum, die Stars der Kunstszene wie Damien Hirst, Jeff Koons oder Richard Serra eingeladen hatte, ihre Werke in der Antikensammlung zu präsentieren. Auch die Piazza del Plebiscito ist von Zeit zu Zeit Schauplatz oft spektakulärer Kunst im öffentlichen Raum.

Zur Vielfalt künstlerischen Lebens in Neapel gehören auch die **Kulturinstitute** verschiedener europäischer Nationen. So vermittelt das Goethe Institut in der Riviera di Chiaia nicht nur Deutsch als Fremdsprache, sondern veranstaltet zahlreiche Ausstellungen, Lesungen und Konzerte.

2. Hälfte des 20. Jahrhunderts Die Nachkriegsarchitektur am Golf von Neapel ist geprägt von einer Bauspekulation, die hemmungslos Stadt- und Landschaftsbild zerstörte. Allein das unter dem japanischen Architekten **Kenzo Tange** entstandene **Centro Direzionale** und die lichte 1950er-Jahre-Architektur der Olivetti-Gebäude in Pozzuoli sind noch einmal gelungene Beispiele moderner Stadtplanung.

Joseph Beuys, Andy Warhol und Lucio Amelio Dank der Aktivitäten des neapolitanischen Galeristen und Sammlers Lucio Amelio (1931 – 1994) wurde Neapel in den 1970er- und 1980er-Jahren zu einem **Zentrum der zeitgenössischen Kunst**. Amelio holte international renommierte Künstler in die Stadt, die sich, wie z. B. **Joseph Beuys**, vom anarchischen Chaos Neapels inspirieren ließen. Für die legendäre, 1984 erstmals in der Villa Campolieto bei Herculaneum gezeigte Ausstellung »Terrae motus« schufen zahlreiche mit der Galleria Amelio verbundene Künstler speziell auf Neapel bezogene Werke. **Warhols** Gemälde »Vesuvio« hängt heute im Schloss von Capodimonte, während ein Großteil der Gemälde und Installationen als Fondazione Amelio in der **Reggia von Caserta** zu besichtigen sind. Zeitgenössisch geht es auch in Neapels Untergrund zu, seitdem renommierte Künstler für die Gestaltung der Metro-Stationen der Linea 1 verantwortlich zeichnen. Einen Vorgeschmack auf die »Stazioni dell'arte« bietet www.metro.na.it.

Literaten am Golf von Neapel

Die Entdeckung der Blauen Grotte auf Capri und ihre literarische Verbreitung in Hans Christians Märchenroman »Der Improvisator« machten den Golf von Neapel im 19. und 20. Jh. zu einem bevorzugten Aufenthaltsort für Künstler und Intellektuelle. Nicht nur Maler, sondern auch Schriftsteller und Schriftstellerinnen ließen sich von der Schönheit der Landschaft inspirieren. Nicht »wer war da?« lautet die Frage, sondern »wer war eigentlich nicht da?«

Noch vor Capri war **Ischia** als inspirierender Aufenthaltsort bei Schriftstellern populär. Der bayerische König Ludwig I. bedichtete die Schönheiten der Insel und wenige Jahrzehnte später schrieb Hendrik Ibsen hier an seinem Drama »Per Gynt«. Noch 1949 kam Truman Capote, blieb drei Monate und gab zum Abschied ein Fest, zu dem er außer den »schönsten Fischern der Insel auch den englischen Dichter W. H. Auden einlud«. In seiner »Ischia« betitelten Kurzgeschichte beschreibt Capote die Reize der noch ganz ursprünglichen Inselidylle.

Capri als Insel der Musen Von etwa 1870 bis zum Ausbruch des Zweiten Weltkriegs galt die kleine Mittelmeerinsel wegen der Vielzahl ihrer berühmten Besucher als kosmopolitisches Zentrum der künstlerischen Welt. Doch haben Gerhart Hauptmann, Stefan Zweig, Rainer Maria Rilke, Franz Werfel oder Berthold Brecht hier eher Ferien gemacht als gearbeitet. Der große Capri-Roman fehlt in der Weltliteratur. Allein **Axel Munthes**

seinerzeit viel gelesener Roman »Das Buch von San Michele« prägte das Capri-Bild ganzer Generationen. Die teilweise erhaltenen Gästebücher der capresischen Hotels lesen sich wie ein »Who is who« der intellektuellen Elite der vorletzten Jahrhundertwende. Neben dem berühmten Hotel Pagano, mit dem die Geschichte des Fremdenverkehrs auf Capri begann und in dem unter vielen anderen August von Platen, Ferdinand Gregorovius und Theodor Fontane abstiegen, war ab 1870 das Café »Zum Kater Hiddigeigei« Treffpunkt der ausländischen Capribesucher. Hier saßen D. H. Lawrence, Maxim Gorki, Walter Benjamin oder Joseph Conrad in heimeliger Atmosphäre. Auch Friedrich Nietzsche machte, aus Sorrent kommend, einen Besuch auf der Insel. Der seltsame Name des Lokals, eine Hommage an die vor allem deutschen Gäste, entstammte dem im 19. Jh. populären Versepos »Der Trompeter von Säckingen« des Dichters Victor von Scheffel. Eine Ausnahmeerscheinung unter den Schriftstellern Capris ist der englische Dichter **Norman Douglas**, der 1952 auf der Insel starb und mit »Südwind« einen der wenigen heute noch lesbaren Capri-Romane schrieb. Literarischen Nachruhm verdient auch **Curzio Malaparte** mit seinem Roman »Die Haut«.

Letzte Blüte

Die Schriftstellerin **Elsa Morante** arbeitete auf Procida und in seiner prachtvollen Ferienvilla auf Ischia residierte in den Sommermonaten der Filmregisseur **Luchino Visconti**. W. H. Auden allerdings flüchtete schon früh vor den Badetouristen. Nur **Graham Greene** blieb seinem Ferien- und Arbeitsdomizil auf Capri treu, das er zwischen 1948 und 1990 regelmäßig aufsuchte. Erst 2006 verließ der amerikanische Romancier und Drehbuchautor **Gore Vidal** sein spektakulär über dem Meer bei Ravello gelegenes Haus.

Das Reisetagebuch als literarische Form

Die Zahl der Reisetagebücher und Briefe, die seit der Zeit der Grand Tour von den Reisenden am Golf von Neapel verfasst wurden, ist fast unendlich. Schon die Markgräfin Wilhelmine von Bayreuth (1709 bis 1758) notierte sehr genau den Tagesablauf ihres neapolitanischen Aufenthalts, Eindrücke und Erlebnisse. Ob der Architekt Carl Friedrich Schinkel, der Dichter August von Platen, der Historiker und Schriftsteller Karl Philipp Moritz oder die Schriftstellerin Elisabeth Charlotte von der Recke, sie alle notierten ihre Reiseerlebnisse. Beinahe ebenso berühmt wie **Goethes** »Italienische Reise« ist **Johann Gottfried Seumes** »Spaziergang nach Syrakus« von 1802, das wegen seines trocken lakonischen Tons und der Eigenwilligkeit der Beschreibungen zu einem **Klassiker der Reiseliteratur** geworden ist. **Norman Lewis**, ein englischer Nachrichtenoffizier, schrieb 1944 ein Tagebuch, das er später unter dem Titel »Napoli 44« veröffentlichte und das zu den außergewöhnlichsten Büchern über Neapel gehört. Und der deutsche Publizist **Joachim Fest** dokumentierte seine Italienreise und den dazugehörigen Neapelaufenthalt literarisch höchst anspruchsvoll in seinem Buch »Im Gegenlicht«.

Berühmte Persönlichkeiten

Agrippina der Jüngeren werden Giftmord, Inzest und Intrigen zur Last gelegt, Antonio Bassolino steht für die Renaissance Neapels, Sophia Loren ist Ehrenbürgerin Pozzuolis, Totò auch 40 Jahre nach seinem Tod noch heiß geliebt und Vergil der meistgelesene Schriftsteller der Antike: außergewöhnliche Persönlichkeiten vom Golf von Neapel.

Agrippina die Jüngere (um 15 – 59 n. Chr.)

Römische Kaiserin

Im 1. Jh. n. Chr. regierten einige psychisch problematische Kaiser das römische Reich. Als graue Eminenz dieser berühmt-berüchtigten Kaiser agierte **Agrippina die Jüngere**. Caligula war ihr Bruder, der von Messalina geschiedene Claudius gleichzeitig Ehemann und ihr Onkel, Lucius Domitius Ahenobarbus, der spätere Nero, ihr Sohn. Giftmord, Inzest und Intrigen werden ihr zur Last gelegt. Sie brachte den schwachen Claudius dazu, Nero zu adoptieren, stellte dessen eigenen Sohn Britannicus ins Abseits und ließ ihren kaiserlichen Ehemann vergiften. Im Oktober 54 n. Chr. war Agrippina am Ziel: Ihr Sohn Nero wurde Kaiser. Doch der Triumph währte nicht lange. Als Nero sich in Poppaea Sabina verliebte, waren Agrippinas Tage als einflussreiche Strippenzieherin am Kaiserhof gezählt.

Es war Hass, der Nero den **Muttermord** planen ließ. Schauplatz war der Golf von Pozzuoli. Nach einem Abendessen in Gesellschaft des kaiserlichen Sohns wollte Agrippina von Baia aus mit dem Schiff zurück zu ihrer Villa bei Antium fahren. Das Gefährt war jedoch präpariert, das Dach der Kajüte mit Bleigewichten beschwert. Es sollte wie ein Unfall aussehen, aber der Plan misslang. Zwar zerbrach das Schiff wie geplant auf offener See, doch Agrippina erreichte schwimmend das Ufer. Auf Befehl Neros wurde sie dann von Anicetus, dem Präfekten der kaiserlichen Flotte, und einigen seiner Soldaten in ihrer Villa ermordet. »Ziel' auf den Bauch!«, soll sie, den Unterleib vorstreckend, laut Tacitus gerufen haben. Das sog. Grabmal der Agrippina in der Nähe von Bacoli hat mit der Kaisermutter allerdings nichts zu tun. Wo Agrippinas Dienerinnen die Asche des Leichnams ihrer Herrin verstreuten, ist unbekannt.

Sophia Loren (geb. 1934)

Schauspielerin

Wenn **Italiens berühmtester Filmstar**, als Sofia Scicolone in Pozzuoli bei Neapel aufgewachsen, seine Heimatstadt besucht, bricht dort regelmäßig ein kollektiver Taumel der Begeisterung aus. Zuletzt kam Sophia Loren 2005 und nahm zu Tränen gerührt die Ehrenbürgerschaft der Stadt entgegen. Unehelich in bescheidene Verhältnisse hineingeboren, wäre aus Sofia Scicolone fast die schönste Volksschullehrerin in einer süditalienischen Provinzstadt geworden, hätten nicht eine ehrgeizige Mutter und eine Kette von Zufällen den Weg zu einer einzigartigen Karriere geebnet. Auf den zweiten Platz des neapolitanischen Schönheitswettbewerbs »Königin der Meere« folgte 1950 der Titel einer »Miss Rom« und die Bekanntschaft mit dem Filmproduzenten Carlo Ponti. Der Rest ist Filmgeschichte. Carlo Ponti kreierte den Filmstar Sophia Loren, der aber, dank des dramatischen Talents der Schauspielerin, aus weit mehr als nur dem berühmten Dekolleté bestand. Mittlerweile über 70-jährig, ist die Loren

←Auch 40 Jahre nach seinem Tod ist Totò in Neapel präsent.

Sophia Loren, frisch gekürte Ehrenbürgerin Pozzuolis, und Antonio Bassolino, ehemaliger Präsident der Region Kampanien

ein **italienischer Nationalmythos**, Mutter zweier erwachsener Söhne und nach dem kürzlichen Tod von Carlo Ponti die wahrscheinlich glamouröseste Witwe der Welt.

Gioacchino Murat (1767 – 1815)

König von Neapel

Im Palazzo Reale gibt es einen Raum, in dem die Erinnerung an eine der **schillerndsten Persönlichkeiten** der neapolitanischen Geschichte besonders präsent ist: Hinter dem Empireschreibtisch saß 1808 bis 1815 der Schwager Napoleons. Murat nannte sich stolz »König Beider Sizilien«, obwohl sein Reich nur aus dem Süden des Stiefels bestand (in Sizilien residierte der Bourbonenkönig Ferdinand IV.).
Murat, der spätere König Neapels, kam 1767 in der französischen Provinz als Sohn einer Gastwirtsfamilie zur Welt. Nach einer abgebrochen Laufbahn als Geistlicher machte er in der französischen Armee dank seiner Freundschaft zu Napoleon eine kometenhafte Karriere. Doch lag das sicherlich nicht nur an der Protektion. Murat war – und zeigen alle erhaltenen Porträts – ein stolzer, viriler, ehrgeiziger und unerschrockener Mann. Nach seiner Heirat mit Napoleons jüngster Schwester Caroline wurden der französische Gastwirtssohn und die korsische Provinzadelige König und Königin eines kleinen, aber besonders schönen Königreichs. Ihre relativ kurze Regierungszeit gehört dabei zu den glücklicheren Epochen der komplizierten Geschichte Neapels. Ebenso modern wie die – jüngst restaurierten – Pariser Möbel in seinem Arbeitzimmer war Murats ganz und gar napoleonisch effizienter Regierungsstil. Er modifizierte die schwerfällige bourbonische Bürokratie und verwandelte Neapel in eine moderne europäische Hauptstadt. Die von ihm initiierten Bauvorhaben prägen

das Stadtbild bis heute. Die Tragik dieses ehrgeizigen und fähigen Königs war, dass sein Schicksal untrennbar mit dem seines kaiserlichen Schwagers verbunden war. Nach dem Sturz Napoleons schloss er Geheimverträge mit dessen Gegnern, kämpfte nach der Rückkehr aus Elba wieder an der Seite des Kaisers und endete – nach abenteuerlicher Flucht nach Frankreich und Korsika – in Pizzo an der Küste Kalabriens. Doch auch der in die Uniform eingenähte Schmuck der Königin half nichts mehr. Auf die Festnahme folgte die Inhaftierung im kleinen Kastell, ein improvisierter Prozess und – Ferdinand IV. war rachsüchtig – das Todesurteil. Am 13. Oktober 1815 wurde Gioacchino Murat standrechtlich erschossen.

Maria Karolina von Österreich (1752 – 1824)

Königin von Neapel

Das Leben dieser unglücklichen Königin ist ein Roman. Schon die Heirat mit Ferdinand IV. stand unter einem schlechten Stern. Eigentlich wollte Maria Theresia, Kaiserin von Österreich, ihre Tochter Josepha mit dem jugendlichen König von Neapel verheiraten. Doch die starb kurz vor der Abreise nach Italien an den Blattern. So machte sich die 15-jährige Maria Karolina quasi als Ersatz für ihre Schwester auf den Weg ins Königreich Beider Sizilien. Erwartet wurde sie dort von einem infantilen Gemahl und dem allmächtigen Minister Tanucci, den Karl III. vor seiner Abreise nach Spanien als graue Eminenz zurückgelassen hatte. Maria Karolina war **intelligent, ehrgeizig, aber wenig diplomatisch**. Vor allem die französische Revolution und der Tod ihrer Schwester Marie Antoinette auf dem Schafott wurde für sie zu einem Albtraum. Die erste Flucht vor französischen Revolutionsarmeen auf Kriegsschiffen des englischen Admirals Nelson ins sizilianische Exil verlief dramatisch: ein seekranker Nelson, ein ins Schicksal ergebener König Ferdinand, Lord Hamilton, englischer Botschafter am neapolitanischen Hof, in Sorge um die mitgeführten Kunstsammlungen und ein kleiner, todkranker Prinz, der während der Reise starb. Die Rache der nach kurzem Exil zurückkehrenden Königin war furchtbar. Die Parteigänger der Parthenopäischen Republik, darunter viele Mitglieder des neapolitanischen Hochadels, wurden hingerichtet. 1806, diesmal vor den Truppen Napoleons, erfolgte die zweite, nun endgültige Flucht ins sizilianische Exil. Ungeliebt vom königlichen Gemahl, der ihr trotzdem 17 Schwangerschaften zumutete und seit Langem eine offizielle Mätresse hatte, unbeliebt in ganz Europa und zerrissen zwischen Intrigen, trügerischen Hoffnungen und stolzem Ehrgeiz kehrte Maria Karolina nach Wien zurück. Dort starb sie am 8. 9. 1824. In Neapel als Erinnerung übrig geblieben sind einige Porträts und – er-

staunlicherweise – ihre Badezimmer im kleinen Schlösschen von San Leucio, im Palast von Caserta und das »Bagno della Regina«, die fast komplett ruinierte Anlage zu Füßen der Villa d'Elboeuf in Portici.

Padre Pio (1887 – 1968)

Heiliger des 20. Jahrhunderts

Die außergewöhnlichste Heiligengeschichte des 20. Jh.s beginnt gänzlich unspektakulär im Juni 1916 mit einem Fußmarsch durch die einsame Landschaft Apuliens. Der 29-jährige Kapuzinerpater Francesco Forgione, geboren im Dörfchen Pietrelcina nahe Benevent, ist auf dem Weg nach San Giovanni Rotondo im kargen Gargano. Im winzigen Konvent erwartet ihn nur eine Handvoll Kapuziner. 90 Jahre später ist San Giovanni Rotondo mit 7 Mio. jährlichen Pilgern der nach Rom wichtigste Wallfahrtsort Italiens und Francesco Forgione als Padre Pio der **beliebteste Heilige der katholischen Welt**.

Wo stark geglaubt wird, sind Wunder unausweichlich. Zwei Jahre nach seiner Ankunft in San Giovanni Rotondo erfährt oder erleidet Padre Pio die Stigmata – die Wundmale Christi. Ein zu außergewöhnliches Zeichen für die katholische Kirche. Aber gerade die Repressionen – seit 1922 war es Padre Pio untersagt, die Messe zu zelebrieren – verliehen ihm märtyrerhaften Glanz. 1933 entschloss sich der Vatikan zu einer Unbedenklichkeitserklärung. Und schon 2002, 34 Jahre nach seinem Tod, wurde **Padre Pio heiliggesprochen**.

Wundersame Heilungen, seine Fähigkeit, zur selben Zeit an unterschiedlichen Orten zu sein, und sein charismatisches, durchaus strenges Wesen gehören zu den süditalienischen Legenden. In San Giovanni Rotondo ist die Padre-Pio-Verehrung allerdings vor allem kommerzialisiert. In seinem Geburtsstädtchen Pietrelcina ist das bäuerliche Wohnhaus der Familie Forgione Ziel zahlreicher Pilger, und sein Geburtstag am 25. Mai wird mit einer Prozession gefeiert, die in ihrer Schlichtheit zu den schönsten ganz Süditaliens gehört.

Totò (1898 – 1967)

Schauspieler

Auch 40 Jahre nach seinem Tod ähnelt das Grab des berühmtesten neapolitanischen Schauspielers auf dem Friedhof von Poggioreale mehr einem Blumenladen als einer Begräbnisstätte. An viele der abgelegten Sträuße sind kleine Zettel mit Worten der Verehrung geheftet. Über alle Generationen und sozialen Klassen hinweg wird **Totò von den Neapolitanern heiß geliebt**. Der Lebenslauf dieses Volksschauspielers ist ebenso unglaublich wie die Handlung seiner Filme. Als unehelicher Sohn eines Dienstmädchens im ärmlichen Viertel Sanità geboren, gelang Totò ein ungeheurer gesellschaftlicher Aufstieg. Nach der Anerkennung durch seinen leiblichen Vater, den verarmten Grafen De Curtis, ließ sich Totò einige Jahre später von einem anderen Adligen adoptieren und führte seitdem u. a. den klangvollen Titel eines Prinzen von Byzanz. Als Schauspieler und Komiker verlieh Totò auch der absurdesten Filmklamotte noch philosophische

Momente und vor allem jene Art von Melancholie, die den **schmalen Grat zwischen Tragödie und Komödie** aufzulösen scheint. Der zarte Mann mit dem abgründigen Gesicht – einem ratlosen Dackelblick über schiefem Kinn – und den plötzlichen Temperamentsausbrüchen und Gedankenblitzen mit meist katastrophalen Folgen war als Komiker zugleich einer der größten Tragöden aller Zeiten. Zumindest für Neapel, denn keine Synchronisation kann den schnellen neapolitanischen Wortwitz, den oft surrealen Wahnsinn der Situationen und das stoische Warten auf neue, unweigerliche Verwicklungen in andere Sprachen transportieren. Totòs schiefe Physiognomie ist neben dem Antlitz San Gennaros zum eigentlichen Gesicht Neapels geworden. Zu den Filmklassikern, die überall in Neapel angeboten werden, gehören »L'Oro di Napoli«, »Napoli milionaria« oder »L'Imperatore di Capri«. Über die Kapriolen angesichts der seit Jahren angekündigten Eröffnung eines Totò-Museums würde sich »Italiens Charlie Chaplin«, der Principe Antonio De Curtis, fürstlich amüsieren.

? WUSSTEN SIE SCHON ...?

- Allgegenwärtig ist in Neapel die Figur des Pulcinella (Abb. S. 1), weiß gekleidet und mit einer schwarzen Maske versehen. Ihre Ursprünge liegen womöglich noch im antiken römischen Theater. Wirklich populär wurde dieser abgründige Comedia-dell'Arte-Clown, der jede Situation zu seinen Gunsten verdrehte, im 16. Jahrhundert. Seine Nachfahren sind u. a. der französische Pierrot, der russische Petruschka und der deutsche Kasper.

Vergil (70 – 19. v. Chr.)

Schriftsteller

»Mantua brachte mich hervor, Kalabrien raffte mich hinweg, mich birgt jetzt Parthenope (= Neapel). Ich sang von Weiden, Fluren und Führern«. Vergil, eigentlich Publius Vergilius Maro, war zu seiner Zeit ein »Starautor« und ist bis heute **der meistgelesene Schriftsteller der griechisch-römischen Antike**. Im norditalienischen Mantua geboren, verbrachte er nach Studienjahren in Cremona und Rom den größten Teil seines Lebens am Golf von Neapel, dessen landschaftliche Schönheiten er in seinen Hirtengedichten wie kein anderer besang. Vermutlich besaß Vergil ein kleines Landgut in der Gegend zwischen Neapolis und Puteoli (Pozzuoli). Er war aber weit mehr als der Dichter poetisch verzaubernder Verse. Als Zeitzeuge dramatischer Ereignisse erlebte er nach der Ermordung Caesars (44 v. Chr.) den Bürgerkrieg und den atemberaubenden Aufstieg von Gaius Octavius, dem Großneffen und Adoptivsohn Caesars, zum römischen Kaiser. Der Ruhm Oktavians, der als **Augustus** in die Weltgeschichte einging, ist ohne Vergil ebenso wenig denkbar wie die Legende um das wirtschaftlich expandierende und friedvolle augusteische Zeitalter. Vergils Ruhm überdauerte die Jahrtausende und sein vermeintliches Grab bei Neapel war bis weit ins 19. Jh. hinein ein Wallfahrtsort der Süditalienreisenden.

Praktische Informationen

WIE KOMMT MAN NACH KAMPANIEN, WIE BEWEGT MAN SICH IN NEAPEL? WO SIND DIE SCHÖNSTEN STRÄNDE? HIER FINDEN SIE VIELE INFORMATIONEN FÜR EINEN UNBESCHWERTEN URLAUB.

Anreise · Reiseplanung

Mit dem Auto Die lange Anreise mit dem Auto ist zeitraubend (über 1100 km sind es allein von München über den Brenner nach Neapel) und teuer, da die Benutzung der Autobahnen in Österreich, der Schweiz und Italien gebührenpflichtig ist (►Verkehr).

Über Österreich ► Über die Schweiz ► Aus dem Osten Deutschlands führt die wichtigste Route über Innsbruck und den ganzjährig geöffneten Brenner, aus dem Osten Österreichs über Klagenfurt und Villach. Die Anreise aus dem Westen Deutschlands führt über den großen St. Bernhard oder durch den Gotthard-Tunnel. Ab Bologna führt die A 1 über Florenz und Rom bis Neapel.

Mit der Bahn Von allen wichtigen Städten gibt es Zugverbindungen über Mailand oder Rom. Viele internationale und alle italienischen Fern- und Nachtzüge sind **reservierungspflichtig**.

Mit dem Flugzeug Eine Alternative ist die Kombination von Flug und Leihwagen. Der Flughafen Napoli-Capodichino (► S. 189) wird von Linien- und Chartermaschinen angesteuert. Alitalia fliegt mehrmals täglich über Mailand oder Rom, Lufthansa über München oder Bologna, TUIfly ab Berlin, Köln/Bonn, Hannover und Stuttgart sowie Helvetic ab Zürich nach Neapel.

WICHTIGE ADRESSEN ANREISE

MIT DER BAHN

► **In Deutschland**
Tel. 08 00/1 50 70 90
Tel. 018 05 99 66 33 (14 ct/Min.)
www.bahn.de

DB Auto-Zug GmbH
Tel. 0 18 05/24 12 24
www.dbautozug.de

► **Trenitalia**
in Deutschland
Auskünfte und Reservierung
Tel. 0 60 31/73 76 30
Tel. 89 20 21 (innerhalb Italiens)
www.trenitalia.com

MIT DEM BUS

► **Deutsche Touring**
Am Römerhof 17
60486 Frankfurt/Main
Tel. 0 69/79 03 501
www.touring.de

MIT DEM FLUGZEUG

► **Alitalia**
Tel. 01 80/5 07 47 47 (14 Ct/Min.)
www.alitalia.com

► **Lufthansa**
Tel. 01 80/8058 05 (14 Ct/Min.)
www.lufthansa.com

► **Easy Jet**
Tel. 01 80/5 02 92 92
www.easyjet.com

► **Air Berlin**
Tel. 01 80/5 73 78 00
www.airberlin.com

▶ **TUIfly**
Tel. 0900/10002000 (49 Ct/Min.)
www.tuifly.com

▶ **Helvetic**
Tel. 041/442708500 (in der Schweiz), www.helvetic.com

WEITER AUF DIE INSELN

▶ **Autofähren und Tragflügelboote**
Die Wasserwege im Golf von Neapel und Salerno sind gut erschlossen. Regelmäßig legen Autofähren (traghetti) und Tragflügelboote (aliscafi) von Neapel (Molo Beverello, Mergellina), Pozzuoli, Sorrent und Salerno zu den Inseln Capri, Ischia und Procida ab, Schiffslinien verbinden außerdem Salerno – Amalfi – Sorrent oder Neapel – Sorrent. VIPs erreichen die Inseln mit Hubschraubern, der eigenen Yacht oder den gelben Schnellbooten von *Taxi del Mare* (www.taxidelmare.it, Tel. 08 18 77 36 00). Im Sommer gibt es auch Schnellfähren aus Positano, Amalfi, Salerno und Castellamare del Golfo. Von Neapel gibt es Schiffe u. a. zu den Pontinischen Inseln, nach Cagliari, Palermo oder Tunis. Aktuelle Fahrpläne in Tageszeitungen, bei den Fremdenverkehrsämtern, in den Häfen, auf den Websites der Fährgesellschaften sowie unter: www.aliscafi.it, www.traghetti.com und www.traghettiamo.it.

Reisedokumente · Zollbestimmungen

Ausweis

Für Bürger aus den Ländern der EU und der Schweiz reicht ein **gültiger Personalausweis**. Kinder unter 16 Jahren müssen einen Kinderausweis besitzen oder im Elternpass eingetragen sein.

◀ Verlust

Wenn die Papiere gestohlen wurden, helfen deutsche Vertretungen im Ausland. Erste Anlaufstelle ist jedoch die Polizei, denn ohne eine Kopie der **Diebstahlsmeldung** geht gar nichts. Die Botschafts- oder Konsulatsadresse erhält man vom Auswärtigen Amt (www.auswaertiges-amt.de). Ersatzpapiere bekommt man viel leichter, wenn man die **Kopien** der jeweiligen Dokumente vorweisen oder diese von einem elektronischen Postfach abrufen kann.

◀ Fahrzeugpapiere

Mitzuführen sind der Führerschein, der Kraftfahrzeugschein und die Internationale Grüne Versicherungskarte. Kraftfahrzeuge ohne Euro-Kennzeichen müssen das ovale Nationalitätskennzeichen tragen.

Krankenversicherung

Auch im EU-Ausland müssen die gesetzlichen Krankenkassen die Kosten für ärztliche Leistungen erstatten. Voraussetzung ist, dass dem behandelnden Arzt die **europäische Krankenversicherungskarte** (EHIC) vorgelegt wird. Auch mit dieser Karte sind in vielen Fällen ein Teil der Behandlungskosten bzw. Ausgaben für spezielle Medikamente selbst zu zahlen. Gegen Vorlage der Quittungen übernimmt die Krankenkasse im Heimatland dann gegebenenfalls die Erstattung der Kosten.

◀ Private Auslandskrankenversicherung

Da die Kosten für ärztliche Behandlung und Medikamente in der Regel teilweise vom Patienten zu tragen sind und die

Kosten für einen evtl. Rücktransport von den Krankenkassen grundsätzlich nicht übernommen werden, empfiehlt sich der Abschluss einer zusätzlichen Reisekrankenversicherung.

Haustiere Wer Haustiere (Hund, Katze) mitnehmen will, benötigt einen **EU-Heimtierpass**, der eine gültige Tollwutimpfung bescheinigt. Zusätzlich ist eine Identitätskennung des Tieres durch Tätowierung oder Mikrochip erforderlich. Auch Maulkorb und Leine sind mitzuführen.

Zollbestimmungen

EU ▶ Innerhalb der Europäischen Union ist der Warenverkehr für private Zwecke weitgehend zollfrei. Zur Abgrenzung zwischen privater und gewerblicher Verwendung gelten folgende **Höchstmengen**: 800 Zigaretten, 400 Zigarillos, 200 Zigarren, 1 kg Tabak; 10 l Spirituosen über 22 % Vol. und 20 l unter 22 % Vol., 90 l Wein (davon max. 60 l Schaumwein) und 110 l Bier.

Einreise aus Nicht-EU-Ländern ▶ Für Reisende aus Nicht-EU-Ländern (u. a. der Schweiz) liegen die **Freigrenzen** für Personen über 17 Jahren bei 200 Zigaretten oder 100 Zigarillos oder 50 Zigarren oder 250 g Tabak, ferner bei 2 l Wein und 2 l Schaumwein oder 1 l Spirituosen (über 22 % Vol.) oder 2 l Spirituosen (weniger als 22 % Vol.), 50 g Parfüm oder 0,25 l Eau de Toilette. Zollfrei sind außerdem Waren bis zu einem Wert von 170 Euro.

Wiedereinreise in die Schweiz ▶ Abgabenfrei für Personen ab 17 Jahren sind 200 Zigaretten oder 50 Zigarren oder 250 g Tabak, 2 l bis zu 15 % Vol. und 1 l über 15 % Vol. Alkoholgehalt; ferner Geschenke im Wert bis 300 CHF (Auskunft: Tel. 031/3 22 21 11 bzw. www.zoll.ch).

Auskunft

WICHTIGE ADRESSEN AUSKUNFT

AUSKUNFT ZU HAUSE

▶ **Italienisches Fremdenverkehrsamt (ENIT)**
Barckhausstr. 10
60311 Frankfurt/Main
Tel. 0 69/23 74 34, Fax 23 28 94
www.enit-italia.de

▶ **ENIT in Österreich**
Kärntner Ring 4
1010 Wien
Tel. 01/5 05 16 39
Fax 5 05 02 48
www.enit.at

▶ **ENIT in der Schweiz**
Uraniastraße 32, 8001 Zürich
Tel. 0 43/4 66 40 40, Fax 4 66 40 41
www.enit.ch

IN ITALIEN

▶ **Easy Italia**
Servicenummer der ENIT:
Tel. 039 039 039
Tägl. von 9.00 bis 22.00 Uhr zum Ortstarif, auch deutschsprachige Ansprechpartner. Neben aktuellen Reisetipps gibt es Hilfe bei allen erdenklichen Problemen.

- **Assessorata Turismo – Regione Campania**
  Via Santa Lucia 81, 80132 Napoli
  Tel. 08 17 96 29 01,
  Fax 08 17 64 82 80
  www.turismoregionecampania.it
  www.in-campania.it

  Die Adressen der örtlichen Fremdenverkehrsbüros findet man im Kapitel »Reiseziele von A bis Z«.

BOTSCHAFTEN, KONSULATE

- **Deutsches Generalkonsulat**
  Via Crispi 69, 80121 Napoli,
  Tel. 08 12 48 85 11
  www.neapel.diplo.de
  Mo. – Fr. 8.30 – 12.00 Uhr, in Notfällen Mobil 3 35 47 67 19

- **Österreichische Botschaft**
  Via Pergolesi 3, 00198 Roma
  Tel. 068 44 01 41, 068 54 32 86 (Konsularabteilung)
  www.bmeia.gv.at

- **Schweizer Botschaft**
  Via Barnaba Oriani 61, 00197 Roma, Tel. 0 68 08 95 71
  www.eda.admin.ch/roma

IM INTERNET

- **www.enit-italien.de**
  Hervorragende Website der ENIT.

- **www.comune.napoli.it**
  www.napolinapoli.com
  www.inaples.it
  Viele Infos rund um Neapel, Veranstaltungshinweise, »Qui Napoli« als Downlowd.

- **www.turismoregione campania.it**
  Informative und aktuelle Site der Region Kampanien

- **www.portanapoli.com**
  www.provincia.salerno.it
  Infos zur Amalfitana und Salerno.

- **www.cilento-aktiv.info und www.italien-aktiv.info**
  Tipps für den Aktivurlaub in Süditalien und im Cilento.

- **www.italienwelten.de**
  Aktuelle Kulturinfos, Tipps fürs Studium, den Urlaub etc.

- **www.italiamici.de**
  Reisetipps und Forum.

- **www.italianita.de**
  Breit angelegtes Italien-Portal.

- **www.prodottitipici.com**
  Touristische und kulinarische Notizen zu Italien.

Badeurlaub

An dem lang gestreckten Küstenstreifen Kampaniens zwischen der Mündung des Garigliano im Norden und dem Golf von Policastro im Süden sowie auf den Inseln im Golf von Neapel gibt es zahlreiche Bademöglichkeiten. Viele sind **nicht frei zugänglich**, sondern von privaten Badeanstalten (stabilimenti) oder Hotels belegt, die für ihre Dienstleistungen (Umkleidekabinen, Liegestühle, Sonnenschirme

Paradies für Naturfreunde: Porto degli Infreschi südlich von Marina di Camerota

etc.) Gebühren erheben. Auf Capri und an vielen Stellen der Küste gibt es keine Sandstrände, hier gelangt man über Leitern und Treppen ins Wasser, andere Strände sind nur mit Booten zu erreichen. Die schönsten Strände findet man auf Ischia, auf der Halbinsel von Sorrent und im Cilento zwischen Agropoli und Marina di Camerota. Die Badesaison reicht von Ende Mai bis Oktober (Wassertemperaturen ► S. 86). Das Baden in der Nähe von Neapel ist wegen der Wasserverschmutzung nicht zu empfehlen, sonst ist die Wasserqualität gut bis sehr gut (Informationen gibt es u. a. beim ADAC, Tel. 01 80/5 23 22 21; www.adac.de, www.feeitalia.org und www.legambiente.it).

Thermalquellen Die Thermen werden das ganze Jahr über gerne besucht – nicht nur auf Ischia. Informationen gibt es unter: www.termecampania.it sowie www.termeincampani.it.

Elektrizität

Das Stromnetz führt 220 Volt Wechselstrom. Flache Eurostecker passen fast immer, sonst braucht man einen Adapter (spina di adattamento).

Essen und Trinken

Breites Angebot

◄ Besonderheiten

Neben Restaurants (ristorante) gibt es einfachere Speiselokale, die Trattoria, Osteria, Pizzeria oder Tavola calda (= warme Küche) genannt werden. In italienischen Restaurants wartet man, bis der Kellner den Platz zuweist. Zum normalen Preis für das Essen werden zum Teil Bedienung (servizio) und/oder Gedeck (coperto) zusätzlich berechnet. Im **August** haben – außer in Ferienorten – viele Betriebe geschlossen.

Essgewohnheiten

Das italienische **Frühstück** (colazione) beschränkt sich häufig auf einen Cappuccino (Espresso mit aufgeschäumter Milch) oder einen Caffè (Espresso) mit Gebäck, etwa einem frischen Hörnchen (cornetto). Die Hotels sind jedoch meist auf die Gewohnheiten ihrer ausländischen Gäste eingestellt und bieten ein mehr oder weniger reichhaltiges Frühstücksbuffet an. Das **Mittagessen** (pranzo) besteht meist aus einem antipasto (Vorspeise), primo (Pasta, Risotto oder Suppe), secondo (Fleisch oder Fisch) mit Gemüse (contorno) oder Salat (insalata). Anschließend kann man zwischen Käse (formaggio), dolce (Dessert), gelato (Eis) oder frutta (Obst) wählen. Der Espresso beschließt das Mahl. Manche bestellen ihn »corretto« (mit Grappa, Cognac, Amaro oder Sambuca »korrigiert«). Das **Abendessen** (cena), bei dem sich die Speisenfolge des Mittagessens wiederholt, wird selten vor 19.30 Uhr serviert (Speisekarte ►Sprache).

i Preiskategorien

- Fein & teuer: über 35 €
- Erschwinglich: 20 – 35 €
- Preiswert: unter 20 €

für ein 3-Gänge-Menü ohne Getränke

Cucina italiana

Geschichte

Laut dem Larousse Gastronomique, der Bibel der französischen Küche, ist »die italienische Küche für alle Länder des westlichen Europas der wahre Ursprung aller Kochkunst«. Ihre Begründer waren die Römer, die sich nicht nur die Fülle der im eigenen Land wachsenden Zutaten zunutze machten, sondern viele kulinarische Einfälle aus allen möglichen anderen Ländern verarbeiteten. Auch heute ist die kulinarische Palette Italiens sehr groß. Das liegt zu einem großen Teil daran, dass es »die italienische Küche« gar nicht gibt. Vielmehr ist die Cucina italiana eine **Küche der Regionen** und Symbol für die vielfältigen regionalen Traditionen. Deren Besonderheiten haben viel mit den charakteristischen Produkten der wechselnden Landschaften zu tun, denn die Menschen waren und sind mit ihrem Speisezettel vom Selbsterzeugten abhängig.

Kampanien

Die Küche ist, wie die Kampanier selbst, offen und ohne Geheimnisse. Nationalgerichte sind die immer knusprige **Pizza in vielen Varian-**

ten sowie Spaghetti. Die Zahl der Gerichte und Nudelsorten ist fast unüberschaubar. So gibt es z. B. Fusilli alla napolitana (Nudeln mit Tomatensauce), Spaghetti alle vongole (Spaghetti mit Venusmuscheln), Penne alla puttanesca (kurze Röhrennudeln mit Oliven und Kapern) und Vermicelli con pomodoro (dünne Spaghetti mit Tomatensauce). Nie fehlen Gemüse und Käse. Echte, aus Büffelmilch gewonnene Mozzarella findet man im Norden Kampaniens zwischen Capua und Sessa Aurunca sowie in der Ebene bei Paestum. Fisch wird ebenfalls großgeschrieben. Anscheinend schmeckt Fisch aus dem Golf von Neapel besser, weil es besondere Algen gibt, die einen Jodgeschmack vermitteln.

Süßes Die Auswahl an Desserts und in sog. Pasticcerie angebotenem Gebäck ist sehr groß. Zu den bekanntesten gehören Sfogliatelle (Blätterteig gefüllt mit Ricotta, kandierten Früchten, Vanille und Zimt), Babà (lockeres Hefegebäck, beträufelt mit Orangenwasser und Rum), Sciu (kleine, mit Sahne oder Crème gefüllte Windbeutel mit Karamellglasur) und Torta Caprese mit viel Schokolade und Mandeln.

Getränke Standardgetränke zu allen Mahlzeiten sind Wein (vino) und Mineralwasser (acqua minerale; gassata = mit Kohlensäure). Überall gibt es auch Bier (birra), das leichte italienische und oft auch ausländisches (birra estera), neben deutschen sehr oft auch dänische und holländische Marken. Gängige Erfrischungsgetränke sind Orangenlimonade (aranciata), Zitronenlimonade (limonata) und frische Fruchtsäfte.

Weine In Kampanien, einem der ältesten Weinbaugebiete Italiens, werden (wieder) hervorragende Weine hergestellt, zum größten Teil Rotweine. Aglianico liefert (besonders bei Avellino) körperreiche, farbintensive und aromatische Rotweine. Weitere wichtige und alte Rebsorten sind Asprinio, Biancolella, Coda di Volpe, Falanghina, Fiano, Forastera, Greco und Piedirosso. Von der Gesamtproduktion entfallen nur 3 % auf DOC-Weine.

Zu den renommiertesten Rotweinen gehört der zwischen Sessa Aurunca, Caserta und Benevent erzeugte Falerno del Massico, sehr guter Weißwein lässt sich aus der um Avellino angebauten Fiano-Traube herstellen. Kalt und jung getrunken mundet der nördlich von Avellino angebaute Greco di Tufo. Taurasi ist ein wuchtiger, tanninreicher Rotwein aus dem Osten von Avellino. Eher lokale Bedeutung haben die Weine von den Hängen des Vesuvs, von Ischia und Capri sowie aus dem Cilento. Neapolitanische »Berühmtheiten« sind der weiße Asprinio (Aversa) sowie der Lacrimae Cristi (= Tränen Christi), ein Dessertwein von den Hängen des Vesuv.

? WUSSTEN SIE SCHON ...?

- Die Pizza Margherita wurde 1889 zu Ehren der ersten italienischen Königin in den Nationalfarben mit grünem Basilikum, weißem Mozzarella und roten Tomaten kreiert.

◂ Erzeuger

Die bekanntesten Erzeuger sind **Mastroberardino** aus Atripalda/Avellino (Taurasi, Fiano, Greco di Tufo sowie einige hervorragende Vini di tavole) und die **Cantina Villa Matilde** aus Cellole bei Sessa Aurunca (roter und weißer Falerno del Massico). Einen guten Ruf genießt auch der Greco di Sant'Agata dei Goti der **Azienda Agricola Mustilli** (zw. Caserta und Benevent; der Familienbetrieb bietet auch Ferienunterkünfte, www.mustilli.com). Die Weißweinspezialität Bincolella sowie verschiedene Rotweinraritäten erzeugt die **Cantina D'Ambra Vini** (Ischia). Hochgepriesen und – da nur in kleinen Mengen hergestellt – teuer ist auch der Rotwein der **Tenuta Montevetrano** aus San Cipriano Picentino bei Salerno.

Der Tischwein (vino da tavola) wird offen serviert, entweder in einer Karaffe zu 1 Liter (un litro), 0,5 Liter (un mezzo litro) oder 0,25 Liter (un quarto litro). Die älteren Jahrgänge und Weine höherer Qualität werden wie üblich in der verschlossenen Flasche aufgetragen. Zu den bekanntesten **Spirituosen** gehören die **Liköre** Nocillo aus Walnüssen, Zimt, Nelken und Muskatnuss, Strega, eine Spezialität aus der Provinz Benevent, der Kräuterlikör Centerbe aus Montevergine sowie der süße Zitronenlikör Limoncello von der Amalfitana.

! *Baedeker* TIPP

»Süditalien Küche & Kultur «

Gerne begleitet man die Autorin dieses appetitanregend bebilderten Bandes (Gräfe und Unzer) auf ihren kulinarischen Streifzügen durch den Mezzogiorno und lernt dabei auch noch einiges über Kampaniens Weine kennen. Die »Weinbibel« schlechthin ist der lexikonschwere Band »Vini d'Italia« aus dem Hallwag Verlag, der jedes Jahr neu recherchiert wird. Ökologisch produzierende Betriebe sind auf dem Vormarsch!

Sprache des Etiketts

Die Vielfalt der italienischen Weine macht die Orientierung etwas schwierig. Der offen ausgeschenkte Wein vermittelt nur in qualitätsbewussten Betrieben echtes Vergnügen. Sicherer ist der Griff zur etikettierten Flasche, da das italienische Gesetz Weine in verschiedene Kategorien klassifiziert (und kontrolliert). Die meisten Weine Kampaniens sind Tafelweine (VDT, vini da tavola) ohne Herkunfts-, Sorten- oder Jahrgangsangabe, gefolgt von IGT-Weinen mit Herkunfts- oder Rebsortenbezeichnung. DOC-Weine mit kontrollierter Herkunftsbezeichnung machen nur 2 % der Gesamtweinerzeugung aus.

Feiertage, Feste und Events

Volksfeste

Süditalien hat einen reichen Schatz an Volksfesten: die Hochfeste der katholischen Kirche wie Weihnachten und Ostern, die Feste des Stadt- oder Kirchenpatrons und die Marienfeste (z. B. Mariä Himmelfahrt). Das sind häufig große Ereignisse mit Prozessionen, Musik und Tanz, Essen und Trinken, die man einmal erleben sollte.

FEIERTAGE UND FESTE

GESETZLICHE FEIERTAGE

► **Landesweit**
1. Januar (Neujahr: Capodanno)
6. Januar (Hl. Drei Könige: Epifania)
Ostersonntag und -montag (Pasqua, Lunedi dell'angelo)
25. April (Nationalfeiertag: Festa della liberazione)
1. Mai (Tag der Arbeit: Festa del primo maggio)
2. Juni (Nationalfeiertag: Festa della Republica)
15. August (Mariä Himmelfahrt: Ferragosto)
1. November (Allerheiligen: Ognissanti)
8. Dezember (Mariä Empfängnis: Immacolata Concezione)
25. und 26. Dezember (Weihnachten: Natale)

JANUAR

► **Viele Orte**
feiern *Winterende/Frühlingsanfang und Karneval*, u. a. in Amalfi und Maiori sowie in der Provinz Avellino.

MÄRZ – APRIL

► **In vielen Städten**
gibt es während der »*Settimana Santa*« (Karwoche) Passionsspiele und Passionsprozessionen, etwa auf Procida, in Sorrent, Positano und Amalfi sowie in Sessa Aurunca.

MAI

► **Maggio dei Monumenti**
An den Wochenenden öffnen in Neapel und Umgebung Villen, Klöster, Paläste, Kirchen und Gärten ihre Pforten. In Salerno heißt die Aktion »Salerno porte aperte«.

► **Sailing-Cup-Regatta**
Traditionelle Segelregatta bei Capri.

► **Neapel**
Festa di San Gennaro: Fest zu Ehren des Schutzpatrons mit Blutwunder im Dom am 1. Maiwochenende.

► **Positano**
Festa di San Vito mit einem Feuerwerk.

JUNI

► **Palio delle quattro Repubbliche Marinare**
Die vier ehemaligen Seerepubliken Amalfi, Pisa, Genua und Venedig erinnern abwechselnd jedes Jahr am ersten Junisonntag mit einer Ruderregatta an ihre einstige Bedeutung.

► **Benevento**
Premio Strega: Literaturpreis.

► **Ischia**
In Buonopane wird am Vorabend des Festes des hl. Johannes des Täufers (San Giovanni Battista; 24. Juni) die 'Ndrezzata aufgeführt, ein Schwertertanz.

► **Nola**
Festa dei Gigli am letzten Junisonntag: traditioneller Umzug alter Handwerksgilden, ►S. 336.

► **Cava dei Tirreni**
Disfida dei Trombonieri: Historienspektakel Ende Juni.

JUNI – SEPTEMBER

► **Capua, Caserta, San Leucio**
Leuciana-Festival Ende Juni/

Karfreitagsprozession auf Procida

Anfang Juli: Theater, Ballett, Konzerte und am letzten Juniwochenende historisches Fest der Seidenspinner in San Leucio, der Seidenstadt.

▶ **Sessa Aurunca**
Estate Sessana: Konzerte und Turnier in historischen Kostümen.

▶ **Vietri sul Mare**
Kammerkonzerte in der Villa Guariglia (Juni/Juli).

JULI

▶ **Provinz Caserta**
Teano Jazz, Jazzfestival, www.teanojazz.org.

▶ **Baia**
Opern und Konzerte in den Antiche Terme Romane (2. Julihälfte; www.infocampoflegrei.it).

▶ **Ischia**
Sant'Anna-Fest: Umzug und Wettstreit von Flößen; abends findet ein Feuerwerk statt.

▶ **Neapel**
Madonna del Carmine am 16. Juli mit traditioneller Musik und symbolischer Verbrennung des Kirchturms.
Openairfestival mit hochkarätigen Rockstars aus Neapel, Italien und dem Ausland in der Arena Mostra Oltremare.

▶ **Sorrent**
Bootsprozession am 1. Julisonntag.

JULI – AUGUST

▶ **Pompeji**
Theateraufführungen im antiken Theater.

► **Procida**
Meeresfest.

► **Ravello**
Festival Musicale, u. a. Wagner-Konzerte im Park der Villa Rufolo ► S. 303.

JULI – SEPTEMBER

► **Pompeji**
Im Teatro Grande klassische Musik.

AUGUST

► **Teggiano Jazz**
Anfang August Jazz-Festival in Teggiano.

► **Viele Städte**
feiern am 14./15. August Mariä Himmelfahrt, die Ferienorte den Höhepunkt der italienischen Ferien (Ferragosto) mit Folklore, Feuerwerk und kulinarischen Genüssen.

► **Altavilla Irpina**
Fest der Wassermelone am 18. August.

► **Marina di Camerota**
Fest nach dem Mythos von Äneas' Landung.

► **Montevergine**
'A juta a Montevergine: Am Vorabend des Tages der Madonna di Montevergine (11. Sept.) treffen sich Tausende Pilger zu einem großen Fest.

SEPTEMBER

► **Viele Orte**
Ferragosto: Der Tag der Himmelfahrt Mariens (15. Aug.) ist der Höhepunkt des italienischen Sommers und überall und für alle ein Festtag.

► **Caserta Vecchia**
Theater- und Ballettfestival.

► **Marina di Camerota**
Le Notti del Mito: In der Grottendisco Il Ciclope wird das Ende des Sommers mit einer fantastischen Party gefeiert.

► **Neapel**
Schlagerfestival.
Festa di San Gennaro: Geburtstag des Schutzpatrons mit dem »Blutwunder« am 19. September im Dom.

► **Sessa Aurunca**
Turnier in mittelalterlichen Trachten. Musikfestival »Festival di Musica d'Insieme«.

SEPTEMBER – OKTOBER

► **In vielen Orten**
finden Weinfeste (Festa dell'uva) statt mit Ausstellungen, Umzügen und Gelagen.

► **Avellino**
Musica in Irpinia: internationale Veranstaltung zeitgenössischer Musik.

NOVEMBER – DEZEMBER

► **Acerno**
Kastanienfest mit Palio (Reiterumzug).

► **Cava de'Tirreni**
Fest des Olivenöls (November).

► **Neapel und viele andere Städte**
Krippenspiele und Krippenausstellungen.

► **Galdo (bei Benevent)**
Wurst- und Polenta-Festival zu Ehren von S. Bartolomeo.

Festspiele

Im Sommer finden in fast allen größeren Städten Veranstaltungsreihen mit klassischen Konzerten, Opern, Rock- und Pop-Konzerten, Jazz-Festivals, Ballett- oder Theateraufführungen statt. Über aktuelle Veranstaltungen informieren die Tagespresse und die jeweiligen Auskunftsstellen. Zentraler Ticketverkauf: www.boxol.it.

Geld

Euro

Italien ist Euroland (italienisch: »E-uro« ausgespr.; 1 € = 1,48 CHF, 1 CHF = 0,67 €). Die **Banken** sind meist Mo. – Fr. 8.30 – 13.00, 14.30/15.00 – 16.30 Uhr geöffnet. An Tagen vor Feiertagen (prefestivi) schließen die Banken um 11.20 Uhr.

An **Geldautomaten** kann man mit Kredit-, Bank-/Maestro- und Postbank-Karten mit der persönlichen Geheimnummer problemlos rund um die Uhr Geld abheben. Mit der **Bankkarte** erhält man maximal 500 Euro pro Tag und Konto, mit der Postbank SparCard pro Kalendermonat maximal 1500 Euro. **Kreditkarten** unterliegen höheren Grenzen. Banken, Hotels, Restaurants, Autovermieter und Einzelhandelsgeschäfte akzeptieren in der Regel die internationalen Kreditkarten. Rechnungen und Belege (ricevuta, scontrino) müssen eine Weile aufbewahrt und auf Verlangen der Steuerpolizei (guardia della finanza) vorgezeigt werden.

◂ Belege

> **i Sperr-Notruf**
>
> - Der Vermittlungsdienst gilt auch für Handys und weitere sperrbare Medien: Tel. 00 49/116 116
> - Alternativ wurde die Telefonnummer 00 49/30 40 50 40 50 eingerichtet. Die Servicemitarbeiter leiten die Gespräche weiter. Weitere Informationen unter: www.sperr-notruf.de und www.kartensicherheit.de.

Gesundheit

Apotheken, medizinische Versorgung

Apotheken (farmacia) erkennt man an dem roten oder grünen Kreuz auf weißem Grund. Sie haben Mo. – Fr. 9.00 – 12.30 und 16.00 bis 19.30 Uhr geöffnet. Falls sie geschlossen sind, ist auf einem Schild die Adresse der Notdienst habenden Apotheke (farmacie di turno) angegeben. Den **ärztlichen Bereitschaftsdienst** in der Nacht (20.00 – 8.00 Uhr) und an Feiertagen stellt die Guardia Medica notturna e festiva. Ärztlichen Notdienst bzw. Erste Hilfe (pronto soccorso) leisten außer Krankenhäusern (ospedali) u. a. das Weiße Kreuz (Croce Bianca), das Grüne Kreuz (Croce Verde) und das Rote Kreuz

(Croce Rossa Italiana), deren Adressen auf den ersten Seiten des Telefonbuchs (avantielenco) zu finden sind. Zahnärzte stehen im Telefonbuch unter dem Stichwort »Medici dentisti«.

Mit Kindern unterwegs

Lange Anreise Das Unerfreulichste an einer Reise in den Süden Italiens ist die lange Anreise. Hat man sich und den Nachwuchs erst über die 1000 Kilometer gequält, empfängt der Süden mit zahlreichen Kinderfreuden. **Strand- und Badevergnügen** stehen freilich besonders hoch im Kurs, aber auch bei **Entdeckungstouren** durch Kunst, Kultur und Natur gibt es reichlich Angebote für Kinder. Der mächtige Vulkan Vesuv, zischende und blubbernde Schlammfelder in den Campi Flegrei, malerische Felsküste entlang der Amalfiküste und der südliche Cilento mit schönen Sandstränden und abgeschiedenen Wäldern und Grotten im Hinterland, nicht zuletzt die Inseln Capri und Ischia, all das wird auch den Nachwuchs begeistern.

In den meisten größeren Hotels und auf Campingplätzen in Süditalien gibt es Spielplätze, in Ferienanlagen bieten »Miniclubs« ein spezielles Kinderprogramm. Eine schöne Variante für Familien ist auch der Urlaub auf dem Bauernhof (►Übernachten, Agriturismo).

Neapel ▸ In der quirligen Hafenstadt Neapel muss mit chaotischen Verkehrsverhältnissen wie zugeparkten Bürgersteigen und in der verkehrsberuhigten Altstadt mit herumflitzenden Vespas gerechnet werden. Nur sonntags ist die Uferpromenade Lungomare Caracciolo frühmorgens bis zum Nachmittag für den Autoverkehr gesperrt, dann herrscht neapolitanischer Familienrummel.

EINIGE EMPFEHLUNGEN

▸ Neapel und Umgebung

Vielerlei Museen und Parks mit Spielplätzen, u. a. das Museo Zoologico (Via Mezzocannone 8; tgl. außer Sa., So. 9.00 – 19.00 Uhr; im Aug. geschl.), im Stadtpark Villa Comunale lädt das Meeresaquarium ein, ►S. 241.

Astroni-Krater in Pozzuoli: Kleines Naturparadies in einem erloschenen Vulkan, ►S. 292.

Freizeitparks: Neapel wartet mit zwei Vergnügungsparks mit den üblichen Attraktionen auf: Edenlandia (im Westen Neapels, Viale Kennedy 75; www.edenlandia.it) und Magic World mit einem großen Wasserspaßareal (Giugliano, ca. 15 km nordwestlich von Neapel, www.magicworld.it).

Città della Scienza: Wie entstehen Blitze, wie funktioniert unser Kosmos? Antworten auf diese und andere Fragen erhält man im interaktiven Wissenschaftsmuseum – »Anfassen ausdrücklich erlaubt!« – in Bagnoli, ►S. 243.

Alltag in der Antike: Männer spielen Kottabos (Museum in Pontecagno, S. 315)

- **Pompeji**
  Bambini können die antike Stadt in Begleitung des 8-jährigen Caius durchstreifen – virtuell und leider nur auf Englisch (www.pompeiisites.org).

- **Inseln und Küstenorte**
  Im Sommer starten Fischer mit ihren Booten von zahlreichen Badeorten zu Ausflugsfahrten entlang der Küste, um die Inseln, zu einsamen Badebuchten oder zu den schönen Grotten (►Hinweise im Kapitel »Reiseziele von A bis Z«). Selbstständig auf Entdeckungstour geht man u. a. mit einem (gemieteten) Tretboot.

- **Cilento**
  Im Cilento locken nicht nur schöne Badestrände. Im Landesinnern gibt es spektakuläre Naturschönheiten zu entdecken, darunter die beiden Höhlen Grotte di Pertosa (auch Grotte dell'Angelo genannt, www.grottedellangelo.sa.it) und die Grotte di Castelcivita (www.grottedicastelcivita.com; Informationen zu Anfahrt, Öffnungszeiten etc. ►Paestum, Cilento).

Kleiner Knigge

Trinkgeld

In Restaurants und Cafés gibt man etwa 5 – 10 % des Rechnungsbetrags. Wer mit Scheck- oder Kreditkarte zahlt, sollte den entsprechenden Betrag in bar zurücklassen. In Cafés und Bars lässt man einfach das Geld auf dem Wechselgeldtellerchen liegen. Auch Taxifahrer

(0,50 – 1,00 €), Fremdenführer (1 – 2 €), Toilettenfrauen und der Zimmerservice freuen sich über ein Trinkgeld.

Rauchverbot Seit Januar 2005 darf in allen öffentlichen Gebäuden, also auch Restaurants und Cafés, nicht mehr geraucht werden. Nur in Lokalen mit extra ausgewiesenen Raucherzonen ist das Rauchen erlaubt.

Permesso, scusi Auch wer nur wenig Italienisch beherrscht, sollte sich zwei Ausdrücke, die man überall hört und gebrauchen kann, einprägen: permesso und scusi. Diese Entschuldigungsformeln helfen einem z. B., wenn man irgendwo hindurchgehen oder jemanden überholen will.

Bella Figura Bella figura, der schöne äußerliche Schein, ist für die meisten Italiener und Italienerinnen ein inneres Bedürfnis. Auch wenn es sich bloß um den Gang zum Postamt oder einen Markteinkauf handelt – wer auf die Straße tritt, macht sich gern fein. Umso verständnisloser oder amüsierter schaut man auf Touristen herab, die mit Badeschlappen in Kathedralen tappen, in Shorts Gemäldegalerien besichtigen oder gar mit nacktem Oberkörper durch die Altstadt wandeln.

Literaturempfehlungen

Belletristik **Giuseppe Tomasi di Lampedusa**, Der Leopard, Piper Taschenbuch, 1999 – Niemand hat den Untergang des süditalienischen Bourbonenreichs besser beschrieben. 1963 wurde der Roman von Luchino Visconti mit Burt Lancaster in der Hauptrolle kongenial verfilmt.

Norman Lewis, Neapel '44 – Ein Nachrichtenoffizier im italienischen Labyrinth, Folio, 1996 – Ein Kriegstagebuch, dabei ebenso erschütternd wie auch amüsant.

Robert Harris, Pompeji, Heyne, 2004 – Spannung mit Niveau.

Dieter Richter, Neapel, Biografie einer Stadt, Wagenbach, 2005 – Eine unverzichtbare Lektüre für jeden Neapelbesucher.
ders., Der Vesuv, Die Geschichte eines Berges, Wagenbach, 2007 – Ein gelungenes Buch von Geologie über Kultur bis Tourismus.

ders. (Hrsg.), Neapel – Eine literarische Einladung, Wagenbach, 2004 – Eine Sammlung lesenswerter Texte neapolitanischer Autoren.

Roberto Saviano, Gomorra – Reise durch das wirtschaftliche Imperium und den Herrschaftsraum der Camorra, Mondadori, 2006 – Die deutsche Übersetzung erschien 2007 im Carl Hanser Verlag.

Susan Sontag, Der Liebhaber des Vulkans, Fischer, 1996 – Ein Porträt von Neapel des 18. Jh.s mit Lord Hamilton als Protagonisten.

Giambattista Basile, Das Märchen der Märchen – Das Pentamerone, C. H. Beck, 2000 – Eine Sammlung deftiger und humorvoller neapolitanischer Märchen.

Pisani, Salvatore & Katharina Siebenmorgen (Hrsg.), Neapel. Sechs Jahrhunderte Kulturgeschichte. Reimer, Berlin 2009 – Porträt der vielschichtigen Stadt vom 15. Jh. bis heute.

Ann Cornelisen, Torregreca – Eine Stadt südlich von Neapel, Fischer Taschenbuch, 1982 – Fern jeder Italienromantik eine noch immer packende Sozialreportage aus dem Mezzogiorno.

Dominique Fernandez, Porporino oder die Geheimnisse von Neapel, Rowohlt, 1976 – Farbenprächtiger Roman aus der Welt der Kastraten des 18. Jahrhunderts.

Luciano De Crescenzo, Also sprach Bellavista, Diogenes Taschenbuch, 1988 – Ein Klassiker der Neapelliteratur und trotz aller Klischees vergnüglich zu lesen.

Johann Wolfgang von Goethe, Italienische Reise, Insel Taschenbuch – Goethes Reisetagebuch markiert den Beginn deutscher Italiensehnsucht.

Truman Capote, Wenn die Hunde bellen, Kein & Aber, 2007 – Capotes Kurzgeschichte »Ischia« beschreibt den Zauber der Insel 1949.

Anselm Jappe (Hrsg.), Schade um Italien! Zweihundert Jahre Selbstkritik, Eichborn, Die Andere Bibliothek, 1997 – Ein höchst realistischer Blick auf das vermeintliche Traumland Italien.

Jochen Bleicken, Augustus – Eine Biografie, Alexander Fest, 2000 – Die Lebensgeschichte des römischen Kaisers, der von Capri aus das Imperium regierte.

August Kopisch, Entdeckung der Blauen Grotte auf der Insel Capri, Wagenbach, 1997 – Kopisch würde Capri heute nicht wiedererkennen und vielleicht bedauern, die Blaue Grotte »entdeckt« zu haben.

Curzio Malaparte, Die Haut, Zsolnay 2006 – Bitter-komische Schilderung der neapolitanischen Arte di arrangiarsi in den 1940er-Jahren. Eine fulminante Liebeserklärung an die Stadt und ihre Bewohner.

Valeria Parella, Der erfundene Freund, Wagenbach, 2006 – Ironischwarmherzige Frauengeschichten aus Neapels Peripherie.

Geschichte, Kunst, Landeskunde

Eckart Peterich, Italien II, Prestel – Der Klassiker der italienischen Reiseführer, auch nach 40 Jahren noch unentbehrlich.

Jens Arne Dickmann, Pompeji, Archäologie und Geschichte, C. H. Beck – Wissen, 2005 – Klein, kompakt, genau. Nicht unbedingt ein Führer, sinnvoll aber für die Vorbereitung eines Pompeji-Besuchs.

Dieter Bartetzko, Pompeji – Untergang und Wiedergeburt, Holzhausen, 2003 – Eines der besten Pompeji-Bücher der letzten Zeit.

Christoff Neumeister, Der Golf von Neapel in der Antike – Ein literarischer Reiseführer, C. H. Beck, 2005 – Antike Autoren berichten vom Leben am Golf von Neapel in römischer Zeit.

Christoph Höcker, Golf von Neapel und Kampanien, DuMont Kunstreiseführer, 2009 – Verlässlicher Kunstreiseführer, der zugleich über Land, Leute und Geschichte bestens informiert.

Oliver Taplin, Feuer vom Olymp – Die moderne Welt und die Kultur der Griechen, Wunderlich, 1991 – Wie sehr die griechische Antike in unserer Gegenwart präsent ist, beschreibt dieses Buch.

Dieter Mühlenbrock, Dieter Richter (Hrsg.), Die letzten Stunden von Herculaneum, Philipp von Zabern, 2005 – Historische Texte und Aufsätze begleiten den opulent ausgestatteten Ausstellungskatalog.

Umberto Pappalardo, Im Schatten des Vesuv – Versunkene Städte der Antike, Theiss, 2006 – Reich illustrierter Blick auf die Campania felix.

DuMont Bildatlas, Golf von Neapel, Kampanien – Vorstellung der Region in schönen Bildern und interessanten Texten.

Andreas Schlüter (Hrsg.), Golf von Neapel, Ein Reiselesebuch, Ellert & Richter, 2009 – Überaus lesenswerte Texte über die Stadt und die Region.

Schlemmen und Schlürfen

Osterie d'Italia. Italiens schönste Gasthäuser, Hallwag – Dieser jährlich erscheinende Führer hat sich ganz der italienischen Landküche verschrieben. Daneben gibt er zahlreiche Einkaufstipps.

Medien

Hörfunk und Fernsehen

Die öffentlich-rechtliche Rundfunkanstalt Radiotelevisione Italiana (RAI) verfügt über mehrere Hörfunk- und drei Fernsehkanäle (RAI Uno, Due, Tre). Darüber hinaus gibt es eine Vielzahl privater und kommerzieller Hörfunk- und Fernsehsender.

Zeitungen

Italiens größte Tageszeitung ist »La Repubblica« (liberal), zweitgrößte der »Corriere della Sera« (eher konservativ). Wichtige regionale Zeitungen sind »Il Mattino« und »Il Giornale di Napoli«. Sehr informativ für Neapel-Besucher ist **»Qui Napoli«** (Monatszeitschrift in Englisch und Italienisch), gratis erhältlich in vielen Hotels und bei Fremdenverkehrsämtern. In Neapel und in den größeren Ferienorten gibt es auch deutsche Presse.

Notrufe

IN ITALIEN

▶ **Europaweiter Notruf**
Tel. 112

▶ **Polizei**
(polizia) Tel. 113

▶ **Feuerwehr**
(vigili fuoco) Tel. 115

▶ **Ärztlicher Notruf**
(emergenza sanitaria) Tel. 118

▶ **ADAC-Notruf**
Tel. 039 210 41 (Festnetz)
00 39 039 210 41 (Mobil)

▶ **Automobile Club d'Italia (ACI)**
(soccorso stradale; Auslandspartner des ADAC)
Tel. 80 31 16 und 0 64 99 81
Tel. 1518 (Straßenzustand)
Tel. 116 (Pannendienst)
www.aci.it

▶ **Touring-Club Italiano (TCI)**
(touring servizi)
Tel. 0 31 78 46 01 54
www.touringclub.it

IN DEUTSCHLAND

▶ **ACE-Notrufzentrale Stuttgart**
Kranken- und Fahrzeugrückholdienst: Tel. 00 49/18 02/34 35 36

▶ **ADAC-Notrufzentrale München**
Tel. 00 49/89/22 22 22
ADAC-Ambulanzdienst München
Tel. 00 49/89/76 76 76

▶ **Deutsche Rettungsflugwacht Stuttgart**
Tel. 00 49/711/70 10 70

Öffnungszeiten

Museen

Die Öffnungszeiten der Museen sind meist **abhängig von der Saison** und ändern sich. Angaben zu den großen Einrichtungen finden sich im Kapitel »Reiseziele von A bis Z«. Wer ganz sicher gehen will, sollte vor Ort bei der **Touristeninformation** nachfragen. Im Allgemeinen sind die Museen montags geschlossen (das Archäologische Museen in Neapel schließt dienstags), die übrigen Tage von 9.00 bis 13.00 geöffnet, einige außerdem von 15.00/16.00 bis 19.00 Uhr. Letzter Einlass ist oft 30 Min. vor Schluss.

Kirchen Die größeren Gotteshäuser sind meist 7.00 – 12.00/12.30, einige außerdem 16.00 – 19.30 Uhr geöffnet. Eine ganze Reihe von Kirchen ist nur während des Gottesdienstes zugänglich.

Ausgrabungen Archäologische Sehenswürdigkeiten sind meist täglich 9.00 Uhr bis eine Stunde vor Sonnenuntergang zugänglich.

Weitere Hinweise Banken ►Geld, Post ►dort, Geschäfte ►Shopping, Tankstellen ►Verkehr.

Post · Telekommunikation

Postämter Die italienischen Postämter sind nur für den Post- und Paketdienst zuständig (Mo. – Fr. 8.30 – 13.30, Sa. 8.30 – 12.00 Uhr); **Briefmarken** (francobolli) gibt es auch in Tabakgeschäften (tabacchi). Eine Postkarte oder Brief ins europäische Ausland kostet derzeit 0,65 Euro.

Telefonieren Öffentliche Fernsprecher akzeptieren (fast) nur noch Telefonkarten (scheda oder carta telefonica), die in Bars, Tabak- und Zeitungsläden erhältlich sind. Die **ehemaligen Ortsvorwahlen einschließlich der Null sind Bestandteil der italienischen Rufnummern**. Davon ausgenommen sind Notfall-, Service- und Handy-Nummern (Servicenummern mit der Vorwahl 800 sind kostenlos).

CallingCard ► Mit der CallingCard der Deutschen Telekom kann man bargeldlos und ohne Karte telefonieren. Informationen erteilt die Telekom.

Mobil telefonieren ► Die Benutzung von Mobiltelefonen (telefonini, cellulari) im D1- und im D2-Netz ist möglich, mit einem Dual-Band-Handy auch im E-plus-Netz. Zuweilen lohnt ein Preisvergleich und die manuelle Netzwahl, um die Roaminggebühren gering zu halten. Unter www.tariftip.de lässt sich der günstigste Anbieter für D1, D2, E-plus oder O2 ermitteln.

VORWAHL UND AUSKUNFT

VORWAHLEN

► **aus Italien ...**

... nach Deutschland 00 49
... in die Schweiz 00 41
... nach Österreich 00 43
(danach jeweils die Ortsvorwahl ohne die »0«)

► **nach Italien ...**

... 00 39 (danach die ehemalige Ortsvorwahl mit der »0«)

► **Telefonauskunft**

Inland Tel. 412
Ausland Tel. 176

Preise · Was kostet wieviel?

Eintritt

Besucher aus der EU, die unter 18 bzw. über 65 Jahre alt sind, erhalten zu vielen Sehenswürdigkeiten freien Eintritt. Für 18- bis 25-Jährige lohnt sich oftmals die Frage nach Jugendrabatt.

◄ Campania Artecard

Ein gutes Angebot zum Sparen ist die Campania Artecard, ein 3 bzw. 7 Tage gültiger **Touristenpass**, mit dem man je nach Kombination fast alle Museen und Ausgrabungsstätten in Neapel und der Region Kampanien gratis bzw. zum halben Preis besuchen kann. Erhältlich ist er in den Fremdenverkehrsbüros, an Bahnhöfen und am Flughafen, in den Museen und in vielen Hotels (Infos: www.campaniaartecard.it).

WAS KOSTET WIEVIEL?

3-Gang-Menü	Einfache Mahlzeit	Doppelzimmer	Tasse Kaffee	Benzin 1 l Super
ab 20 €	ab 8 €	ab 60 €	1 – 2 €	ca. 1,40 €

Reisezeit

Klima und Reisezeit

Das relativ warme Mittelmeer und der im Vergleich zu Deutschland recht hohe Sonnenstand sorgen dafür, dass zumindest an den Küsten Italiens das Klima sehr mild ist. Die Durchschnittstemperaturen liegen im Sommer bei 26, im Winter bei 11 °C. Allerdings muss man dann mit Regen rechnen, da in Italien die meisten **Niederschläge** zwischen Oktober und Mai fallen. In bergigen Regionen kann es zu Erdrutschen kommen. Zwischen Dezember und Ende April sind die höchsten Berge mit Schnee bedeckt. Allgemein gilt, dass es auf der Westseite der italienischen Halbinsel erheblich feuchter ist als auf ihrer Ostseite.

Die **Sommermonate** Mitte Juni bis Mitte September sind trocken und sehr warm, das Thermometer steigt jedoch selten über 40 °C.

◄ Ideale Reisezeit

Die schönste Zeit für eine Reise nach Süditalien sind **Frühling** und **Frühsommer** (Mitte April – Mitte Juni). Da blüht die Macchia und es grünt auch auf den trockensten Böden. Badefreunde müssen jedoch abgehärtet sein, da sich das Mittelmeer nur langsam erwärmt.

Ausgesprochen schön sind auch **Spätsommer und Frühherbst** (Ende August – Anfang Oktober), allerdings ist die Blütenpracht dann meist verschwunden und die Landschaft zeigt sich in beige-bräunlichen

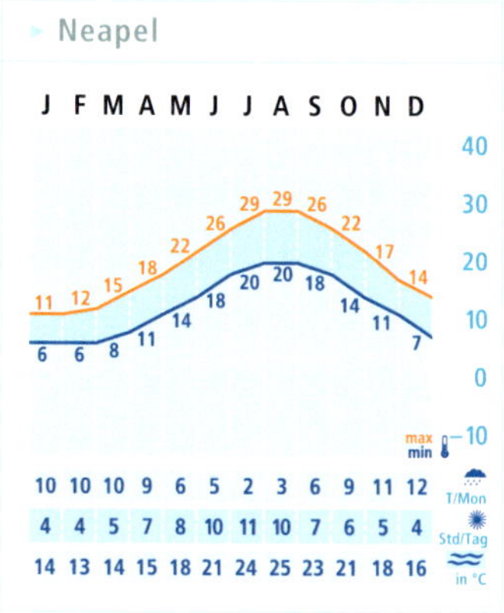

Farbtönen. Meiden sollte man Juli und August, die traditionellen Urlaubsmonate der Italiener. Es sind nicht nur die heißesten Monate im Jahr. Da der Golf von Neapel ein beliebtes Feriengebiet ist, sind hier die Inseln und die Halbinsel von Sorrent oft überlaufen.

Viele kleinere Hotels und die meisten Campingplätze sind nur von Anfang/Mitte April bis Anfang Oktober geöffnet. Während des sogenannten **Ferragosto** (Mitte August) sind viele Museen, Restaurants und andere touristische Einrichtungen geschlossen (sofern sie nicht wichtige Urlaubsziele sind).

Shopping

Korallen, Krippenfiguren und andere Souvenirs

Jede Stadt bzw. jedes Dorf Kampaniens pflegt sein eigenes Handwerk. Eine Besonderheit **Neapels** sind das Porzellan aus Capodimonte sowie die Figuren aus Gips oder Ton, sowohl traditionelle Krippen- als auch nach Personen des öffentlichen Lebens gestaltete Figuren. In Torre del Greco dreht sich alles um die Kunst, aus **Korallen**, Edelsteinen und Muscheln Schmuck und Gemmen zu fertigen, Sorrent ist für seine **Holzintarsienkunst** berühmt. Mit ausgefeilten Techniken stellen hier Handwerker Kleinmöbel und andere Gegenstände her. Hochburgen des **Keramikhandwerks** mit einem breiten Angebot an Vasen, Geschirr und Majolikakacheln sind Vietri sul Mare (Amalfiküste), Agropoli (Cilento) und Ischia sowie im Hinterland Cerreto Sannita, San Lorenzello, Caserta und Cassanno di Sessa Aurunca. Cava de'Tirreni ist vor allem auf Keramikkacheln spezialisiert.

? WUSSTEN SIE SCHON ...?

- Der Handel mit gefälschten Markenprodukten ist in Italien verboten. Deftige Strafen werden auch von Touristen kassiert, die nachgemachte Designerwaren kaufen!

In Amalfi und Tramonti wird seit Jahrhunderten die Herstellung **handgeschöpften Papiers** gepflegt. Positano ist für seine »pezze«, leichte, farbenfrohe **Sommermode**, sowie für handgefertige Sandalen bekannt. In San Leucio (bei Caserta) wird heute noch **Seide** gewoben, teils auf den Webstühlen des 18. Jahrhunderts. Ausgefallene **Parfümkreationen** aus lokalen Blumenessenzen gibt es auf Capri.

Antiquitätenmärkte

In einigen Orten werden Antiquitätenmärkte abgehalten, wo man mit etwas Glück vielleicht das eine oder andere Mitbringsel findet, u. a. in Neapel (Viertel der Via Caracciolo; jeweils am 3. und 4. Wochenende des Monats) und Salerno (Piazza Alfano, jedes 2. Wochenende im Monat). Sonntags ist in Neapel am Corso Malta Flohmarkt.

Beliebt sind auch **kulinarische Mitbringsel**. Zu den typischen Produkten gehören Pasta aus Torre Annunziata, Cicciano und Gragnano, feinste Olivenöle aus den Hügeln von Salerno und von der Sorrentiner Halbinsel, die unnachahmliche Mozzarella di bufala aus Agerola, Mondragone, Vico Equense, Castel Volturno, Battipaglia und Paestum sowie vielerlei Süßigkeiten. Käsespezialitäten (vakuumverpackt) aus den Monti Lattari, kampanische Weine oder andere Köstlichkeiten wie **Limoncello** oder Nocino (Zitronen- oder Walnusslikör) schmecken auch zu Hause ausgezeichnet.

Die Geschäfte sind meist Mo. – Sa. 8.00/9.30 – 13.30 und 16.30 – 19.30 bzw. 20.00 Uhr geöffnet, montagvormittags (außer Lebensmittelgeschäfte; alimentri) oft geschlossen. In den Ferienorten richten sich die Geschäftszeiten nach der Saison.

Limoncello als Digestif schmeckt auch zu Hause.

Sprache

Betonung

Die Betonung liegt bei den meisten mehrsilbigen Wörtern auf der vorletzten Silbe; liegt sie auf der letzten Silbe, ist die Verwendung eines Akzents (Gravis, z. B. città) üblich. Wird auf der drittletzten Silbe betont, kann zur Verdeutlichung ein Akzent gesetzt werden.

◄ Aussprache

c, cc vor »e, i« wie deutsches »tsch«, Bsp.: dieci, sonst wie »k«
ch, cch wie deutsches »k«, Bsp.: pacchi, che
g, gg vor »e, i« wie deutsches »dsch« in Dschungel, Bsp.: gente
gl ungefähr wie in »Familie«, Bsp.: figlio
sc vor »e, i« wie deutsches »sch«, Bsp.: uscita
sch wie »sk« in »Skala«, Bsp.: Ischia
sci vor »a, o, u« wie deutsches »sch«, Bsp.: lasciare
z immer stimmhaft wie »ds«

Kleiner Sprachführer Italienisch

Zahlen

zero	0
uno	1
due	2
tre	3
quattro	4
cinque	5
sei	6
sette	7
otto	8
nove	9
dieci	10
undici	11
dodici	12
tredici	13
quattordici	14
quindici	15
sedici	16
diciassette	17
diciotto	18
diciannove	19
venti	20
ventuno	21
ventidue	22
trenta	30
quaranta	40
cinquanta	50
sessanta	60
settanta	70
ottanta	80
novanta	90
cento	100
centouno	101
mille	1000
duemille	2000
diecimila	10 000
un quarto	1/4
un mezzo	1/2

Auf einen Blick/Unterwegs

Sì/No	Ja/Nein
Per favore/Grazie	Bitte/Danke
Non c'è di che	Gern geschehen
Scusi!/Scusa!	Entschuldigen Sie!
Come dice?	Wie bitte?
Quanto costa?	Wie viel kostet?
lo scontrino	Kassenzettel
una ricevuta	Quittung
il conto	Rechnung
a sinistra/a destra/diritto	nach links/nach rechts/geradeaus
vicino/lontano	nah/fern
Quanti chilometri sono?	Wie weit (in Kilometern) ist das?
Vorrei noleggiare ...	Ich möchte ... mieten
... una macchina/una bicicletta	... ein Auto/ein Fahrrad
... una barca	... ein Boot
Scusi, dov'è ...?	Bitte, wo ist ...?
la prossima fermata	die nächste Haltestelle
la stazione centrale	der Hauptbahnhof
la metro(politana)	die U-Bahn
l'aeroporto	der Flughafen
il bagno	die Toilette

Villa Cimbrone in Ravello, »Terrasse der Unendlichkeit«

all'albergo	zum Hotel
Ho un guasto.	Ich habe eine Panne.
Mi potrebbe mandare un carro-attrezzi?	Würden Sie mir einen Abschleppwagen schicken?
Scusi, c'è un'officina qui?	Gibt es hier eine Werkstatt?
Dov'è la prossima stazione di servizio?	Wo ist die nächste Tankstelle?
benzina normale	Normalbenzin
super/gasolio	Super/Diesel
deviazione/senso unico	Umleitung/Einbahnstraße
sbarrato	gesperrt
rallentare	langsam fahren
tutti direzioni	alle Richtungen
zona di silenzio	Hupverbot
zona tutelata inizio	Beginn der Parkverbotszone
Aiuto!/Attenzione	Hilfe!/Achtung!
Chiami subito ...	Rufen Sie schnell ...
... un'autoambulanza/la polizia	... einen Krankenwagen/Polizei

Übernachten

Scusi, potrebbe consigliarmi ...?	Können Sie mir ... empfehlen?
... un albergo/una pensione	... ein Hotel/eine Pension
Ho prenotato una camera.	Ich habe ein Zimmer reserviert.
È libera ...?	Haben Sie noch ...?
... una singola/una doppia	... ein Einzel-/ein Doppelzimmer
... con doccia/bagno	... mit Dusche/Bad
... per una notte/settimana	... für eine Nacht/Woche
... con vista sul mare	... mit Blick aufs Meer
Quanto costa la camera ...?	Was kostet das Zimmer ...?
... con la prima colazione?	... mit Frühstück?

Arzt und Apotheke

Mi può consigliare un buon medico?	Können Sie mir einen guten Arzt empfehle[n?]
Mi può dare una medicina per ...	Geben Sie mir bitte ein Medikament gegen
Soffro di diarrea.	Ich habe Durchfall.
Ho mal di pancia/testa.	Ich habe Bauchschmerzen/Kopfschmerzen.
... mal di gola/denti	... Halsschmerzen/Zahnschmerzen
... influenza/tosse/la febbre	... Grippe/Husten/Fieber
... scottatura solare	... Sonnenbrand

Speisekarte

prima colazione	**Frühstück**
caffè espresso/caffè macchiato	kleiner Kaffee ohne Milch/mit wenig Milch
latte macchiato	kleiner Kaffee mit viel Milch
caffè latte	Kaffee mit Milch
caffè decaffeinato	koffeinfreier Kaffee
cappuccino	Kaffee mit aufgeschäumter Milch
tè al latte/al limone	Tee mit Milch/Zitrone
tè alla menta/alla frutta	Pfefferminz-/Früchtetee
cioccolata	Schokolade
pane/panino/pane tostato	Brot/Brötchen/Toast
burro	Butter
salame/prosciutto	Wurst/Schinken
miele/marmellata	Honig/Marmelade
iogurt	Joghurt
antipasti	**Vorspeisen**
affettato misto	gemischter Aufschnitt
anguilla affumicata	Räucheraal
melone e prosciutto	Melone mit Schinken
vitello tonnato	kalter Kalbsbraten mit Thunfischsauce
primi piatti	**Nudel- und Reisgerichte, Suppen**
pasta/fettuccine, tagliatelle	Nudeln/Bandnudeln
gnocchi	kleine Kartoffelklößchen
polenta (alla valdostana)	Maisbrei (mit Käse)
vermicelli	Fadennudeln
minestrone	dicke Gemüsesuppe
pastina in brodo	Fleischbrühe mit feinen Nudeln
zuppa di pesce	Fischsuppe
carni e pesce	**Fleisch und Fisch**
agnello	Lamm
ai ferri/alla griglia	vom Grill

aragosta	Languste
brasato	Braten
coniglio	Kaninchen
cozze/vongole	Miesmuscheln/Venusmuscheln
fegato	Leber
fritto di pesce	gebackene Fische
gambero, granchio	Garnelen
maiale	Schweinefleisch
manzo/bue	Rind-/Ochsenfleisch
pesce spada	Schwertfisch
pollo	Huhn
rognoni	Nieren
salmone	Lachs
scampi fritti	gebackene Langustinen
sogliola	Seezunge
tonno	Thunfisch
trota	Forelle
vitello	Kalbfleisch

verdura	**Gemüse**
asparagi	Spargel
carciofi	Artischocken
carote	Karotten
cavalfiore	Blumenkohl
cicoria belga	Chicorée
cipolle	Zwiebeln
fagioli/fagiolini	weiße Bohnen/grüne Bohnen
finocchi	Fenchel
funghi	Pilze
insalata mista/verde	gemischter/grüner Salat
lenticchie	Linsen
melanzane	Auberginen
patate/patatine fritte	Kartoffeln/Pommes frites
peperoni	Paprika
pomodori	Tomaten
spinaci	Spinat
zucca	Kürbis

formaggi	**Käse**
parmigiano	Parmesan
pecorino	Schafskäse
ricotta	quarkähnlicher Frischkäse

dolci e frutta	**Nachspeisen und Obst**
cassata	Eisschnitte mit kandierten Früchten

coppa assortita	gemischter Eisbecher
coppa con panna	Eisbecher mit Sahne
tirami su	Löffelbiskuit mit Mascarponecreme
zabaione	Eierschaumcreme
zuppa inglese	likörgetränktes Biskuit mit Vanillecreme

bevande	**Getränke**
acqua minerale	Mineralwasser
aranciata	Orangeade
bibita	Erfrischungsgetränk
bicchiere	Glas
birra scura/chiara/alla spina	dunkles/helles Bier/Bier vom Fass
birra senza alcool	alkoholfreies Bier
bottiglia	Flasche
con ghiaccio	mit Eis
digestivo	Digestif
gassata/con gas	mit Kohlensäure
liscia/senza gas	ohne Kohlensäure
secco	trocken
spumante	Sekt
succo	Fruchtsaft
vino bianco/rosato/rosso	Weiß-/Rosé-/Rotwein
vino della casa	Hauswein

Übernachten

Hotels und Pensionen

Die Hotels in Italien sind amtlich in **fünf Kategorien** eingeteilt, vom Luxushotel mit fünf Sternen bis zur einfachen Unterkunft mit einem Stern. Zudem findet man auch kleinere, nicht klassifizierte Betriebe, die durchaus akzeptabel sind. Kleinere Hotels ohne Garage helfen bei der Sucher nach einem Parkplatz. Meist kostet ein Stellplatz auf dem Hotelgelände extra. **Hotelverzeichnisse** erhält man von den ENIT-Vertretungen sowie von den regionalen und örtlichen Fremdenverkehrsämtern. Neben Hotels, Pensionen, Ferienwohnungen und Ferienhäusern gibt es auch Unterkünfte auf dem Land. Die Hotels auf den Inseln und auf der Halbinsel von Sorrent bieten während der Saison Unterkünfte meist nur mit **Voll- oder Halbpension**.

i Preiskategorien

- Luxus: ab 190 €
- Komfortabel: 80–190 €
- Günstig: bis 80 €

Doppelzimmer pro Nacht ohne Frühstück

Preise

Die Hotelpreise variieren je nach **Jahreszeit**, auch sind sie in den Großstädten generell höher. Für Einzelzimmer zahlt man 20–25 % weniger als für ein Doppelzimmer.

Bed & Breakfast

Eine **empfehlenswerte Alternative** zum Hotelaufenthalt ist Bed & Breakfast, gerade in Neapel gibt es einige besonders empfehlenswerte Angebote. Marktführer in Italien ist Bed & Breakfast Italia, es gibt aber auch noch andere seriöse Vermittler von Privatunterkünften. Das Angebot reicht von Zimmern mit Badmitbenutzung bis zu Unterkünften in namhaften historischen Gebäuden mit eigenem Bad, Terrassen etc.

Agriturismo, Ferien auf dem Land

Agriturismo ist die italienische Variante von »**Ferien auf dem Bauernhof**«. Die Auswahl der Unterkünfte reicht von Zeltplätzen und Zimmern auf einem Bauernhof bis zu gut ausgestatteten Appartements in ländlicher Umgebung. Dazu gibt es oft ein **Freizeitangebot** mit u. a. Tennis, Angeln, Fahrradverleih, Reiten, Wanderungen oder Weinproben. Am besten erreicht man die meist etwas außerhalb gelegenen Häuser mit dem eigenen Fahrzeug zu erreichen. Einige Betriebe haben ländliche Restaurants oder bieten eigene Erzeugnisse

WICHTIGE ADRESSEN

AGROTOURISMUS

▶ **Agriturist**
Corso Vittorio Emanuele II 101
00186 Roma
Tel. 0 66 85 23 42
www.agriturist.it

▶ **Weitere Anbieter**
www.turismoverde.it
www.bauernhofurlaub.com
www.terranostra.it
www.vacanzeverdi.com

BED & BREAKFAST

▶ **B & B Italia**
Corso Vittorio Emanuele II 282
00186 Roma, Tel. 0 66 87 86 18
www.bbitalia.it

▶ **Weitere Anbieter**
www.anbba.it
www.bb-napoli.com
www.italiabb.com
www.bedandbreakfast.it
www.bed-and-breakfast.it

CAMPING

▶ **Federazione Italiana del Campeggio e del Caravaning**
www.camping.it

JUGENDHERBERGEN

▶ **Deutsches Jugendherbergswerk (DJH)**
Bismarckstraße 8, 32756 Detmold
Tel. 0 52 31/74 01 49, www.djh.de

▶ **Weitere Informationen**
www.aighostels.com (Ass. Italiana Alberghi per la Gioventù)
www.hostelinitaly.it

FERIENWOHNUNGEN

www.cilento-ferien.de
www.italimar.com
www.i-fewo.com

wie Olivenöl, Naturhonig, Marmelade, Fleisch, Wurst, Käse, Wein und Grappa an. Informationen erhält man bei den Fremdenverkehrsämtern vor Ort und über den Interessenverband Agriturist in Rom, der jährlich einen Führer herausgibt. Es gibt aber auch weitere Vermittler von Ferien auf dem Land.

Jugendherbergen Für die Übernachtung in einer italienischen Jugendherberge (Albergho per la gioventù; Adressen u. a. beim Deutschen Jugendherbergswerk) benötigt man einen **internationalen Jugendherbergsausweis**. Eine **Voranmeldung** ist vor allem in der Saison ratsam.

Ferienwohnungen An der Küste, auf den Inseln, aber auch im Cilento gibt es Ferienwohnungen und -häuser, u. U. eine günstige Alternative zum Hotelaufenthalt.

Camping Die schönsten Campingplätze in Kampanien gibt es auf der Halbinsel von Sorrent und im südlichen Cilento. Auch auf Ischia und Procida gibt es schöne Plätze, auf Capri ist das Campen verboten. Der Neapel nächstgelegene Platz befindet sich in Pozzuoli. In der Hochsaison (Juli, August) empfiehlt sich eine **rechtzeitige Anmeldung**. Campingplatzverzeichnisse werden von der ENIT (►Auskunft) sowie vom italienischen Camping-Verband herausgegeben.

Caravaning, wildes Zelten Mit einem Wohnmobil oder Wohnwagen darf man generell eine Nacht auf einem Park- oder Rastplatz bzw. am Straßenrand stehen, sofern dies nicht durch Hinweise verboten ist. Aus **Sicherheitsgründen** sollte jedoch ein offizieller Campingplatz aufgesucht werden. Wildes Zelten in freier Natur ist nicht erlaubt.

Urlaub aktiv

Sportbegeistertes Italien Italien ist eine sportbegeisterte, vor allem ballverliebte Nation. Fast alle größeren Hotels der Badeorte verfügen über **Tennisplätze**, die auch von Nichtgästen benutzt werden können. An den Küsten stehen Schwimmen, Surfen und andere Wassersportangebote an erster Stelle, die notwendige Ausrüstung kann häufig ausgeliehen werden, auch gibt es hier Fußball- sowie (Beach-)Volleyballplätze. Viele Anregungen erhält man bei Spezialreiseveranstaltern oder bei den Fremdenverkehrsämtern vor Ort.

Radfahren Für Radfahrer gibt es vor allem im Cilento von geruhsamen Radtouren bis zu recht extremen Bergfahrten für Mountainbikefans zahlreiche Möglichkeiten. In Hotels und Agriturismo-Betrieben stehen fast überall Räder zur Verfügung. Informationen erteilen u. a. der Touring Club Italiano (TCI, Corso Italia 10, 20122 Milano, Tel. 0 28 52 63 04) sowie regionale und örtliche Fremdenverkehrsämter.

Mit dem Boot auf Erkundungstour im Cilento

Kampanien wartet mit einer ganzen Reihe schöner Wandergebiete auf, u. a. Capri und Ischia mit dem Monte Epomeo, die Amalfiküste mit ihren alten Fußpfaden und Maultierwegen, die sorrentinische Halbinsel mit den Monte Lattari und dem Monte Faito, wo die Thermalquelle von Castellammare di Stabia entspringt, sowie der Cilento, wo Meer und Berge so nahe beieinanderliegen. Routenbeschreibungen gibt es in den Fremdenverkehrsämtern, Wanderkarten beim Club Alpino Italiano sowie im Kompass-Verlag (Nr. 682 »Halbinsel von Sorrent«, 680 »Ischia und Procida« und 681 »Capri«). Hilfreich sind auch www.italienwandern.de und www.cilento-ferien.de. Das Reisehandbuch des Italienkenners Peter Amann ist eigentlich ein Wanderführer, enthält es doch über 65 Wandertipps und Wegbeschreibungen in ganz Kampanien: »Golf von Neapel«, Bielefeld 2011. Informationen findet man auch unter www.cilento-aktiv.info.

Wandern

Gerade im Cilento lassen sich herrliche Reitausflüge unternehmen. Manche Agriturismo-Betriebe halten Pferde für ihre Gäste bereit. Auskunft geben auch die örtlichen Fremdenverkehrsämter.

Reiten

An der Küste und auf den Inseln gibt es Segel-, Surf- und Tauchschulen. Beliebt bei Tauchern sind die Gewässer um Ischia und Cap-

Segeln, Surfen, Tauchen

ri, die Ausläufer der sorrentinischen Halbinsel und die von Grotten durchlöcherte Küste des Cilento bei Marina di Camerota, Palinuro und der gleichnamigen Halbinsel. Ein besonderes Erlebnis bietet Baia, westlich von Neapel, wo man zwischen den Überbleibseln römischer Villen taucht. An vielen Orten kann man Boote mieten (Segel- bzw. Motorbootführerschein erforderlich). Möglichkeiten für Kanufahrten gibt es im Cilento in den Schluchten des Calore.

Angeln ▸ Zum Angeln im Meer braucht man keine Genehmigung. Für Flüsse und Seen benötigt man einen Berechtigungsschein, den man gegen Gebühr bei der zuständigen Verwaltung (in den Tourismusbüros zu erfragen) sowie bei der Federazione Italiana Pesca Sportiva (http://portale.fipsar.it) erhält.

Verkehr

Mit dem Auto

Autobahngebühren ▸ Die Benutzung der Autobahnen in Österreich, der Schweiz und in Italien (bis Salerno) ist gebührenpflichtig. Die erforderlichen **Vignetten** sind in Deutschland beim ADAC und an den Grenzübergängen erhältlich. Zwischen Innsbruck und Brenner muss man zusätzlich Mautgebühren für die Brennerautobahn bezahlen.

Die Gebühren für die Autobahn (autostrada) **in Italien** bezahlt man entweder in bar, mit Kreditkarte oder mit der sogenannten Viacard (erhältlich u. a. bei den Automobilclubs, in den sog. Autogrill, in Tabacchi-Läden, an wichtigen Mautstellen und an den »Punto-Blu«-Informationsstellen entlang der Autobahnen (Infos über Straßenzustand und die Kosten: www.autostrada.it).

i Höchstgeschwindigkeiten

- Pkws, Motorräder und Wohnmobile bis 3,5 t:
  innerorts 50 km/h, außerorts 90 km/h
  auf Schnellstraßen (2 Fahrstreifen in jeder Richtung) 110 km/h
  auf Autobahnen (Autostrada) 130 km/h
- Pkws und Wohnmobile über 3,5 t:
  außerorts und auf Schnellstraßen 80 km/h
  auf Autobahnen 100 km/h

Tankstellen
Öffnungszeiten ▸ Die Tankstellen sind meist 7.00 – 12.00 und 14.00 – 20.00 Uhr geöffnet, an den Autobahnen 24 Stunden lang. An den Wochenenden, vermehrt auch über die Mittagspause und nachts, kann bei vielen Tankstellen nur an automatischen Tanksäulen getankt werden.

Verkehrsvorschriften Verkehrssünder werden in Italien kräftig zur Kasse gebeten. Die Einfuhr von Benzin in Kanistern ist verboten. **Vorfahrt** hat der auf den Hauptverkehrsstraßen fließende Verkehr, sofern diese durch ein auf die Spitze gestelltes weißes oder gelbes Quadrat mit roter bzw. schwarz-weißer Umrahmung beschildert sind. Sonst gilt grundsätzlich (auch im Kreisverkehr) die Regel »rechts vor links«. Auf Berg-

Entfernungen	Amalfi	Aversa	Benevent	Capua	Caserta	Cuma	Herculaneum	Neapel	Paestum	Pompeji	Pozzuoli	Salerno	Sorrent
Amalfi	-	85	96	103	100	90	56	69	74	39	84	25	41
Aversa	85	-	101	17	19	26	32	17	122	45	25	74	67
Benevent	96	101	-	114	97	115	98	97	116	100	110	74	129
Capua	103	17	105	-	13	47	44	49	126	57	45	84	84
Caserta	100	19	97	13	-	45	36	20	120	62	44	90	80
Cuma	90	26	115	47	45	-	30	18	128	49	6	78	71
Herculaneum	56	32	98	44	36	30	-	9	94	10	25	45	40
Neapel	69	17	97	49	20	18	9	-	116	28	15	57	50
Paestum	74	122	118	137	120	128	94	116	-	78	124	37	106
Pompeji	39	45	100	57	62	49	10	28	78	-	43	29	28
Pozzuoli	84	25	110	45	44	6	25	15	124	43	-	72	65
Salerno	25	74	74	84	90	78	45	57	37	29	72	-	66
Sorrent	41	67	129	84	80	71	40	50	106	28	65	66	-

straßen hat das bergauf fahrende Fahrzeug Vorfahrt. Schienenfahrzeuge haben immer Vorfahrt. Die **Promillegrenze** liegt bei 0,5.
Auf Motorrädern über 50 ccm besteht **Helmpflicht**. Außerhalb geschlossener Ortschaften muss tagsüber mit **Abblendlicht** gefahren werden, **bei Regen** sind auf der Autobahn maximal 110 km/h anstatt 130 km/h erlaubt! **Pannenwesten** sind in Italien Pflicht! Privates Abschleppen auf Autobahnen ist verboten. Im Falle einer Panne werden ausländische Auto- oder Motorradreisende vom Pannendienst des italienischen Automobilclubs zur nächsten Werkstatt abgeschleppt. Bei Totalschaden ist der Zoll zu verständigen, da sonst u. U. für das Schadensfahrzeug Einfuhrzoll bezahlt werden muss.

◄ Bei Pannen

Parken

Parkplätze in Innenstädten sind Mangelware. Parkverbotsschilder (Zona tutelata INIZIO = Beginn der Parkverbotszone) sollte man unbedingt beachten. Weiße Bordsteinkanten bzw. Parkflächen bedeuten: keine Einschränkungen, hier kann kostenlos geparkt werden; gelbe Bordsteinkanten bzw. Parkflächen: nur für Berechtigte, z. B. Behinderte; blaue Bordsteinkanten bzw. Parkflächen: Parken gegen Gebühr. Tickets am Automaten bzw. Parkscheine »gratta e sosta« (»rubble und parke«) im nächsten Tabacchi.

Diebstahl

Wichtigste Regel beim Abstellen des Fahrzeugs: nichts, aber auch gar nichts im Auto liegen lassen, schon gar keine Wertsachen, Hand-

Verkehrsalltag an der Amalfitana; hier braucht man Geduld und Rangierkünste.

schuhfach leeren und offen lassen, Autoradio, wenn möglich, herausnehmen. Wer kann, sollte das Fahrzeug über Nacht auf einem **abgeschlossenen Parkplatz** oder in einer Garage parken. Ist das Unglück dennoch passiert, den Schaden in jedem Fall der Polizei melden. Das ist unbedingt erforderlich für die Schadensmeldung bei der Versicherung!

Mietwagen Um in Italien ein Auto mieten zu können, muss man mindestens 21 Jahre alt sein, eine Kreditkarte und seit einem Jahr einen **nationalen Führerschein** besitzen. Bei den internationalen Autovermietern, die in allen größeren Städten Niederlassungen haben, kann man bereits von Deutschland aus buchen – das kommt in der Regel billiger. Die örtlichen Autovermieter stehen im Telefonbuch unter »Noleggio«. Interessante Angebote haben auch **Car-Broker**, www.holidayautos.de, www.sunnycars.de, www.drivefti.de, www.billigermietwagen.de.

Mit Bus und Bahn

Bahnverkehr Der größte Teil des italienischen Streckennetzes wird von den italienischen Staatsbahnen (Ferrovie dello Stato, FS, bzw. **Trenitalia**) unterhalten; ergänzend verkehren einige Privatbahnen (Fahrpläne im Kursbuch der FS).

Es gibt verschiedene Zugarten: Regionale (Bummelzug), Interregionale (Schnellzug) und Espresso (Eilzug). Für Intercity, Eurocity, Eurostar und Pendolino, einen Hochgeschwindigkeitszug der Luxusklasse, benötigt man Platzkarten; außerdem muss ein Zuschlag (supplemento) gezahlt werden.

Fahrkarten ▶ Es gibt einfache (andata) und Rückfahrkarten (andata e ritorno) für erste (prima) und zweite (seconda) Klasse (classe).

Internationale und nationale Fahrkarten sind ab dem Ausstellungsdatum zwei Monate lang gültig, wobei der Reisende die Zugfahrt beliebig oft unterbrechen kann. Für die in Italien gelösten Fahrkarten gilt: Bei Entfernungen bis zu 50 km gilt das Ticket einen Tag, bei größeren Entfernungen drei Tage. Rückfahrkarten werden in Italien nur für Entfernungen bis zu 250 km ausgestellt. Die Fahrscheine müssen am Reisetag an Automaten auf den Bahnsteigen entwertet werden.

◄ Ermäßigungen

Besondere Ermäßigungen gelten für Gruppenreisen, Senioren über 60 Jahre, Jugendliche unter 26 Jahre und Familien.

Bus

◄ Fahrpläne

Fast alle Städte und Ferienorte der Region lassen sich mit Linienbussen erreichen. Fahrpläne (orari) stehen in Tageszeitungen oder hängen in Tabacchi und Kiosken aus, wo es meist auch die Fahrkarten gibt. An Sonn- und Feiertagen ist der Busverkehr stark eingeschränkt.

WICHTIGE ADRESSEN

BAHN

► Deutsche Bahn, italienische Bahn

Der Reiseservice der Deutschen Bahn erteilt auch Auskunft über inneritalienische Zugverbindungen, ►S. 66.
Die italienischen Staatsbahnen firmieren unter Trenitalia, www.trenitalia.com (►S. 66).

► Neapels Nahverkehrszüge

Sie sind das ideale Verkehrsmittel auch für Tagesausflüge!
Fahrkarten gibt es direkt am Schalter oder in jedem Reisebüro mit dem FS- bzw. Trenitalia-Zeichen. Achtung: Tickets müssen vor der Abfahrt an dem gelben Automaten am Bahnsteig entwertet werden.

Die *Circumvesuviana* führt von Neapel (Tiefbahnhof am Corso Garibaldi, der erste Halt ist an der Piazza Garibaldi) über Pompeji, Herculaneum, Castellammare di Stabia und Vico Equense nach Sorrent.
Tel. 08 17 72 24 44
www.vesuviana.it

F.S. Cumana und *F.S. Circumflegrea*, die sich bei Torregaveta vereinen, verbinden Neapel von der Stazione Monte Santo aus mit den westlich gelegenen Vororten, u. a. Pozzuoli, Baia und Cuma.
Tel. 08 17 35 41 11
www.sepsa.it

Metrocampania Nord-Est unterhält zusätzlich die Linien Neapel-Caserta-Piedimonte Matese, Napoli-Benevent und Napoli-Aversa.
Tel. 08 17 34 52 68
www.metrocampanianordest.it

Circumvesuviana *Wichtigste Haltestellen*

BUS

► In Neapel

►Reiseziele von A bis Z, S. 188

► Außerhalb Neapels

Fahrpläne im Internet:
www.italybus.it
www.orariautobus.it
Die meisten der blauen Überlandbusse starten am Bahnhof/Piazza Garibaldi oder am Flughafen Capodichino:
SEPSA (Tel. 08 15 42 97 84, www.sepsa.it) in die Campi Flegrei.
CTP (Tel. 08 17 00 11 11, www.ctpn.it) nach Aversa und Caserta.
SITA (Tel. 08 15 52 21 76, www.sitabus.it) aus der Via G. Ferraris (südöstl. Piazza Garibaldi) bzw. von der Piazza Immacolatella Vecchia (nördl. Stazione Marittima) nach Pompeji, Salerno und über Sorrent an die amalfitanische Küste.
Curreri (Tel. 08 18 01 54 20, www.curreriviaggi.it) nach Sorrent.

SCHIFF

Die Städte am Golf von Neapel und die Inseln sind ganzjährig durch ein Netz von Fährverbindungen (traghetti = Fähren; aliscafi = Tragflügelboote) verbunden. In der Hauptsaison herrscht häufig großer Andrang, Tickets können vorab gekauft werden!
Metro del Mare ►S. 101.

Adressen (Auswahl):
AliLauro (Molo Beverello, Mergellina)
www.alilauro.it
Caremar (Molo Beverello, Pozzuoli)
www.caremar.it
Metro del Mare (Molo Beverello, Mergellina)
www.metrodelmare.com
Navigazione Libera del Golfo (Mergellina)
www.navlib.it
SNAV (Mole Beverello, Mergellina)
www.snav.it

MIETWAGEN

► Holidayautos.de

Tel. 0 18 05 / 17 91 91
www.holidayautos.de

► Alamo

Tel. 0 18 05/4 62 52 65
www.alamo.de

► Avis

Tel. 0 18 05/55 77 55
www.avis.de

► Budget

Tel. 0 18 05/24 43 88
www.budget.de

► Europcar

Tel. 0 18 05/80 00
www.europcar.de

► Hertz

Tel. 0 18 05/33 35 35
www.hertz.de

► Sixt

Tel. 0 18 05/25 25 25
www.e-sixt.de

NOTRUFE

► S. Seite 97

Mit dem Schiff

Unterwegs im Golf von Neapel

Die Städte am Golf von Neapel und die Inseln sind ganzjährig durch ein Netz an Fährverbindungen verbunden. In der Hauptsaison herrscht häufig großer Andrang, Tickets können vorab gekauft werden! Aktuelle Fahrpläne im »Qui Napoli«, in Tageszeitungen oder auf den Websites der Fährgesellschaften, bei den Fremdenverkehrsämtern oder direkt am Hafen.
Fähren (traghetti) und Tragflügelboote (aliscafi) legen am Molo Beverello (Stazione Marittima), in der Nähe der Piazza Municipio, ab in Richtung Capri, Ischia, Procida sowie nach Sorrent. Auch die Sizilien- und Tunisfähren fahren hier los.
Vom Porto Mergellina fahren nur Tragflügelboote zu den Inseln und nach Sorrent. Am kürzesten ist die Überfahrt nach Procida und Ischia vom Hafen Pozzuoli aus.

◄ Metro del Mare

Metro del Mare verkehrt im Juli und August täglich und von April bis Juni sowie im September an den Wochenenden zwischen Bacoli im Norden und Sapri im Süden. Wichtige Umsteigehäfen sind Napoli Beverello, Sorrent und Salerno.

Zeit

In Italien gilt die Mitteleuropäische Zeit (MEZ). Für die Sommermonate (Ende März bis Ende Oktober) wurde die Mitteleuropäische Sommerzeit (MESZ = MEZ + 1 Std.) eingeführt.

Touren

DAS QUIRLIGE NEAPEL,
HÜBSCHE PROVINZSTÄDTCHEN,
KÜSTENSTRECKEN, EINSAME
BERGSTRÄSSCHEN: VORSCHLÄGE
FÜR ENTDECKUNGSFAHRTEN
AM GOLF VON NEAPEL.

TOUREN AM GOLF VON NEAPEL

Sieben Ausflüge, davon vier Tagesausflüge von Neapel, laden zur Erkundung des Golfs und seines Hinterlandes ein.

TOUR 1 **Caserta – das Versailles Italiens**
Die Residenz Karls III. vor den Toren Neapels ist das größte Gebäude Italiens. Abstecher wert sind auch Casertavecchia mit seinem mittelalterlichen Ortsbild und San Leucio, das Utopia Ferdinands V.
► **Seite 107**

TOUR 2 **Hinein in die brennenden Felder**
Die Campi flegrei, die mythische Landschaft der griechisch-römischen Antike, Amphitheater und Rione Terra in Pozzuoli, vor allem aber die archäologischen Parks von Baia und Cuma gehören zu den großen Sehenswürdigkeiten am Golf von Neapel. ► **Seite 108**

TOUR 3 **Auf der Miglio d'Oro nach Herculaneum und Pompeji**
Die im 17. und 18. Jh. schönste Straße Kampaniens führt heute in die komplizierte Gegenwart des Mezzogiorno hinein. Mit Herculaneum, Torre Annunziata und Pompeji liegen hier die weltberühmten archäologischen Ausgrabungen. ► **Seite 109**

TOUR 4 **Die Amalfitana und die Halbinsel von Sorrent**
Hier gibt es spektakuläre Panoramen und Ortschaften wie Sorrent, Positano oder Amalfi, deren Namen für die Italiensehnsucht stehen, aber auch bäuerlich geprägte Landschaft mit Wanderwegen, die wegen ihrer Ausblicke sprachlos machen. ► **Seite 110**

TOUR 5 **Im grünen Hinterland des Golfs Richtung Benevent**
Das Hinterland Kampaniens ist touristisch kaum erschlossen. Fern des quirligen Neapel und der Urlaubsorte am Golf kann man in den Monti del Sannio nicht nur wunderbar wandern, mit Benevent entdeckt man auch eine der schönsten Städte Kampaniens. ► **Seite 112**

TOUR 6 **In die Magna Graecia nach Paestum**
Im Land der Wasserbüffel gehen die Uhren anders: Die Tempel von Paestum wachen seit 2500 Jahren über eine einzigartige Kulturlandschaft. Außerdem lädt der Cilento ein mit schönen Stränden und einem grünen, bergigen Hinterland. ► **Seite 113**

TOUR 7 **Inselglück**
Das mondäne Capri und das »grüne« Ischia sind Synonyme für landschaftliche Schönheit und sprudelnde Thermalquellen. Aber auch die kleine Insel Procida ist mehr als einen Tagesausflug wert.
► **Seite 114**

← Über 2000 Jahre altes Straßenpflaster in Pompeji

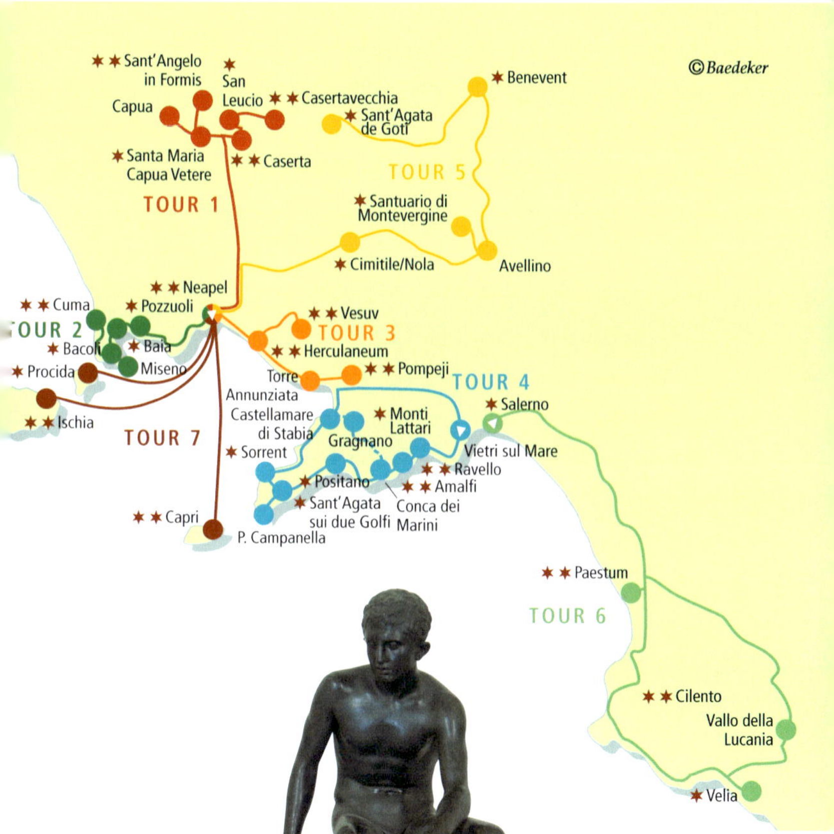

Die Hermes-Skulptur stand ursprünglich in der Villa dei Papiri, Pompeji (heute Archäologisches Museum, Neapel).

Unterwegs am Golf von Neapel

Golf von Neapel, Sehnsuchtsziel

In dem an Kunstschätzen und Naturschönheiten reichen Italien nehmen der Golf von Neapel und sein Hinterland eine ganz besondere Rolle ein. Hier kontrastieren grandiose Küsten mit bäuerlich geprägten Berglandschaften. Und nicht nur die antiken Kulturen der Griechen und Römer haben eindrucksvolle Spuren hinterlassen.

Standortfrage

Wer gute Nerven besitzt und neugierig ist auf all die bekannten und weniger bekannten Sehenswürdigkeiten der quirlig-chaotischen Hauptstadt Kampaniens, ist in Neapel richtig. Von hier lassen sich fast alle Reiseziele des Golfs in Tagesausflügen bequem und mit öffentlichen Verkehrsmitteln erreichen.
Wer (fast) unberührte Natur sucht, ist in und um Benevent sowie im Hinterland des Cilento gut aufgehoben. Wer diese Interessen mit Badespaß verbinden möchte, für den sind die Inseln im Golf und die Badeorte an der Küste des Cilento die richtigen Standorte.

Verkehrsmittel

Die Frage nach dem richtigen Verkehrsmittel hängt mit den Reiseerwartungen zusammen. Bei einem Aufenthalt in Neapel, auf den Inseln, an der amalfitanischen Küste oder auf der Sorrentiner Halbinsel ist das (Miet-)Auto eher hinderlich, denn nicht nur die Fahrweise der Süditaliener, auch die Verkehrsfülle und die vielfach schlechten Straßen sind eine echte Herausforderung. Außerdem lassen sich die

Auf der berühmten Amalfitana unterwegs

meisten Ziele mit öffentlichen Verkehrsmitteln ganz bequem erreichen. Nur bei Reisen ins Hinterland sowie im Cilento garantiert ein (Miet-)Auto Fortbewegungsfreiheit.

Tour 1 Caserta – das Versailles Italiens

Start und Ziel: Neapel **Länge:** 115 km

Spätbarocke Prachtentfaltung in der Reggia di Caserta, das mittelalterliche Casertavecchia und das klassizistische San Leucio machen die Tour zu einem abwechslungsreichen Erlebnis. Wer noch Zeit hat, fährt ins nahe Capua weiter.

Auf der A 1 in Richtung Rom gelangt man von ❶ ★★ **Neapel** nach ❷ ★★ **Caserta** (Ausfahrt Caserta nord). Hier baute sich der neapolitanische König Karl III. mit der **Reggia** eine Residenz weit vor den Toren seiner Hauptstadt. Nicht nur das eindrucksvolle Schloss lohnt die Besichtigung, auch der weitläufige Park und der intime Giardino inglese sollten erwandert werden.

Von Caserta aus führt die SS 87 ins nahe ❸ ★ **San Leucio**. Die Beschilderung ist ausgezeichnet und ein Besuch der alten Seidenmanufaktur samt Sommerschlösschen lohnenswert. Von San Leucio bietet ein Abstecher auf einer kurvenreichen Straße hinauf nach ★★ **Casertavecchia** an. Das Städtchen mit seinem mittelalterlichen Ortskern wird vor allem an den Wochenenden von Neapolitanern viel besucht. Von Caserta aus führt die SS 7 nach ❹ ★ **Santa Maria Capua Vetere** mit dem berühmten Amphitheater. Auch ❺ ★★ **Sant'Angelo in Formis** ist nicht weit. Das mittelalterliche ❻ **Capua**, von Santa Maria Capua Vetere nur knapp 5 km entfernt, lohnt auch einen Extra-Ausflug.

Tour 2 Hinein in die brennenden Felder

Start und Ziel: Neapel **Länge:** 105 km

Westlich von Neapel liegen die Campi flegrei, eine mythische Landschaft der griechisch-römischen Antike. Amphitheater und Rione Terra in Pozzuoli und die archäologischen Parks von Baia und Cuma gehören zu den großen Sehenswürdigkeiten am Golf von Neapel.

Es empfiehlt sich, von ❶ ✶✶ **Neapel** aus die aussichtsreiche Küstenstraße am Meer über **Mergellina** und den **Posillipo** nach Bagnoli zu fahren. Die Industrieruine der ehemaligen Stahlwerke ist eines der vielen ungelösten Probleme Neapels. Hier ist als interaktives Museum der Naturwissenschaften die **Città della Scienza** sehenswert. Das lebendige ❷ ✶ **Pozzuoli** mit dem Vulkankegel der **Solfatara**, seinem beeindruckenden Amphitheater und römischem Macellum ist vor allem an den Wochenenden besuchenswert, wenn die archäologischen Ausgrabungen auf dem Altstadtfelsen der Rione Terra geöffnet sind.

Die Straße führt dem Golf von Pozzuoli folgend in weitem Bogen weiter Richtung Baia – interessant ist die Fahrt durch den **Arco Felice** auf dem antiken Straßenpflaster der Via Domitiana. Der oft als »Côte d'Azur« der Antike bezeichnete Küstenstreifen war in römischer Zeit der eleganteste Abschnitt der Campania felix. Zum großen Teil im Meer versunken sind die Reste der einstigen Thermenanlagen im Parco Archeologico di Baia. Oberhalb ❸ ✶ **Baias** liegt das Kastell mit einmaligem Ausblick und dem sehr sehenswerten archäologischen Museum. Gleich hinter dem Kastell führt die Straße bergab in den hübschen Ort ❹ ✶ **Bacoli**. Vom römischen Bauli sind nur die fantastischen unterirdischen Zisternenanlagen der **Piscina mirabilis** erhalten.

Die Spiaggia di Miliscola bei ❺ **Miseno** ist das Badeparadies der Neapolitaner. Im kleinen **Lago Miseno** liegt ein zauberhaftes, von Carlo Vanvitelli erbautes Wasserschlösschen. Das nahe **Monte di Procida** bietet einen sensationellen Blick auf den Golf und die Inseln Ischia

✓ NICHT VERSÄUMEN

- Die Metropole Neapel
- Das Amphitheater und die Reste des Macellum, des antiken Marktes von Puteoli, dem heutigen Pozzuoli
- Der wunderschön gelegene archäologische Park in Cuma

und Procida. Nordwärts führt die Straße nach ❻ ** **Cuma**. In dem wunderschön gelegenen archäologischen Park sind Reste der griechischen Akropolis zu sehen.
Die Rückfahrt erfolgt auf der Tangenziale (ca. 0,70 €) in Richtung Neapel. Naturliebhaber können im Naturreservat des erloschenen Astroni-Kraters (Ausfahrt Agnano; dann der Ausschilderung folgen) schöne Spaziergänge in vollkommener Einsamkeit unternehmen.

Tour 3 Auf der Miglio d'Oro nach Herculaneum und Pompeji

Start und Ziel: Neapel **Länge:** 74 km

Pompeji und Herculaneum heißen die weltberühmten archäologischen Attraktionen am Golf von Neapel. Auch die Villa der Poppaea in Torre Annunziata liegt auf der Strecke.

Die A 3 Napoli – Salerno ist der direkte Weg zu den archäologischen Stätten am Golf von Neapel, doch wer sich außerdem für die komplizierte neapolitanische Gegenwart interessiert, sollte folgenden Weg nehmen: Die aus ❶ ** **Neapel** in südöstlicher Richtung herausführende Straße beginnt am Hafen als Via Reggia di Portici, wird zum Corso San Giovanni a Teduccio und geht in die SS 18 über. Schon hinter der Ortschaft San Giorgio a Cremano tauchen zwischen den meist baufälligen Mietshäusern der Nachkriegszeit immer wieder heruntergekommene Paläste aus dem 18. Jh. auf. Sie erinnern daran, dass der **Miglio d'Oro** am Fuß des Vesuv einmal die prächtigste Straße Kampaniens war. Heute zeigt sich an der »Goldenen Meile« die ganze Tristesse süditalienischer Realitäten. Sie fiel übrigens erst der Bauspekulation des 20. Jh.s zum Opfer, als viele der die Straße säumenden Sommerpaläste des neapolitanischen Adels abgerissen und ebenso wie die einstigen Parkanlagen der **Ville Vesuviane** neu bebaut wurden. Die erhaltenen Gebäude beherbergen heute öffentliche Einrichtungen oder wurden in Mietshäuser umgewandelt. In **Portici** führt die Hauptstraße durch den

! *Baedeker* TIPP

Im Schatten der berühmten Schwesterstadt

Mit rund 3 Mio. Besuchern jährlich ist Pompeji das meistbesuchte antike Reiseziel Italiens. Viel weniger überlaufen, dabei ebenso interessant ist das weniger berühmte Herculaneum.

Hof des einstigen Sommerschlosses der Bourbonenkönige. Heute wird es als landwirtschaftliche Universität genutzt. Außerdem beherbergt es das **Herculanense Museum**, eine der jüngsten Museumsgründungen am Golf von Neapel (►S. 171).
Gleich hinter Portici liegen die archäologischen Ausgrabungen von ❷ ✶✶ **Herculaneum** sowie mit der **Villa Campolieto** eine der wenigen restaurierten Vesuvvillen. Von Herculaneum aus führt eine gut ausgeschilderte Panoramastraße hinauf zum ❸ ✶✶ **Vesuv**, dem Hausberg Neapels.
Im weiteren Verlauf der durch dicht bebautes Wohngebiet führenden SS 18 liegt ❹ **Torre Annunziata** mit der kaiserlichen ✶✶ **Villa der Poppaea**, die prachtvollste antike Villenruine am Golf von Neapel (Ausschilderung: Villa Oplontis). Von hier folgt man den Schildern Pompei Scavi und erreicht die antike Stadt ❺ ✶✶ **Pompeji**. Für die Rückfahrt empfiehlt es sich, die A 3 Napoli – Salerno zu nehmen, da sich abends der Verkehr auf der SS 18 regelmäßig staut.

Tour 4 Die Amalfitana und die Halbinsel von Sorrent

Start und Ziel: Vietri sul Mare **Länge:** ca. 140 bzw. 160 km

Mitte des 19. Jh.s wurde die SS 163 in die steile Felsküste gesprengt. Heute gehört die Amalfitana zu den schönsten Panoramastraßen Italiens. Am bequemsten ist es, sich den Kurvenkünstlern der lokalen Busgesellschaften anzuvertrauen. Wer auf das eigene Auto nicht verzichten mag, dem wird einiges an fahrtechnischem Können und viel Geduld abverlangt. Alle Anstrengungen werden mit sensationellen Ausblicken belohnt. Weniger eng und kurvenreich ist die SS 145 auf der sorrentinischen Seite.

Positanos Häuser ziehen sich zwischen Meer und Bergen den Hang hinauf.

① **Vietri sul Mare** liegt direkt an der ✶✶ **Amalfitana** (SS 163), die einige der schönsten Ortschaften Süditaliens miteinander verbindet. Keinesfalls versäumen sollte man das hoch gelegene ② ✶✶ **Ravello**, Höhepunkt einer Amalfitana-Exkursion. An der Küste liegen ③ ✶✶ **Amalfi**, die älteste der einstigen Seerepubliken, und ④ ✶ **Positano**, das erst Anfang des 20. Jh.s von Künstlern »entdeckt« wurde.
In ⑤ ✶ **Sant'Agata sui due Golfi** führen erst die SS 145 und dann kleinere Landstraßen an den südwestlichen Zipfel der ✶ **Penisola Sorrentina**. Sehr schön ist z. B. der Abstecher zum Aussichtspunkt **Punta Campanella**, wobei man das letzte Stück des Wegs gehen muss (das Auto stellt man z. B. in dem kleinen Ort Termini am Fuß des 485 m hohen Monte S. Costanzo ab). Die SS 145 führt weiter über das legendäre ⑥ ✶ **Sorrent** und das schmucke ✶ **Vico Equense** nach ⑦ **Castellammare di Stabia**. Obwohl dessen große Zeit als Badeort lange vorbei ist, lohnt ein Besuch der antiken Villen oberhalb der Stadt. Hierzu folgt man erst den Schildern in Richtung Gragnano und dann zu den Scavi archeologici.
Zurück geht es am schnellsten auf der A 3 Napoli – Salerno. Etwas länger dauert die Fahrt über Gragnano auf der SS 366, der Strada Statale per Agérola, durch die ✶ **Monti Lattari**. Diese Strecke führt durch weitgehend unberührte Natur und zu einsam gelegenen Bergdörfern und mündet bei Conca dei Marini wieder auf die belebte Amalfitana.

Tour 5 Im grünen Hinterland des Golfs Richtung Benevent

Start und Ziel: Von Neapel nach Sant'Agata de Goti

Länge: 150 km

Touristisch kaum erschlossen ist das Hinterland Kampaniens, ein Ziel für Entdeckungsfreudige. Fern des chaotisch-quirligen Neapel und der regen Urlaubsorte am Golf kann man in den Monti del Sannio nicht nur wunderbar wandern, sondern mit der Provinzhauptstadt Benevent auch eine interessante Stadt kennenlernen.

Von der Stadtautobahn 1 ** **Neapels**, der Tangenziale, ist die A 16 in Richtung Avellino schnell zu erreichen. Wer etwas Zeit und Interesse an der Geschichte des frühen Christentums hat, besucht in 2 * **Cimitile** bei **Nola** (Ausfahrt Nola) den Komplex der frühchristlichen Basiliken. Im freundlichen 3 **Avellino** lohnt ein Spaziergang durch die restaurierte Innenstadt.
Ein Muss ist die kurvenreiche Fahrt hinauf zum * **Santuario di Montevergine** (gute Ausschilderung). Von Avellino führt die SS 88 durch die bergige Landschaft der **Irpinia** in die Provinzhauptstadt 4 * **Benevent**. Das Hinterland Kampaniens lädt zu reizvollen Ausflügen in die **Monti del Sannio** ein, das historische Siedlungsgebiet der kriegerischen Samniten, die Rom einst so viel Verdruss bereitet haben. Nordöstlich von Benevent liegt mit **Pietrelcina** der Geburtsort von **Padre Pio**, Italiens bedeutendstem Heiligen. Auf halber Strecke zwischen Benevent und Caserta wartet mit 5 * **Sant'Agata de Goti** ein bezaubernder Ort auf Besucher.

Tour 6 In die Magna Graecia nach Paestum

Start und Ziel: Von Salerno nach Paestum

Länge: 170 km

Paestum im Süden Kampaniens ist häufig Endpunkt einer Kampanienreise. Doch nur einen Tagesausflug hierher zu unternehmen wäre schade. Die Tempel sind gerade in der Abenddämmerung, wenn Reisebusse und Tagestouristen wieder abgefahren sind, am schönsten. Auch gilt es die Landschaft des Cilento zu erkunden.

Auf der A 3 gleich hinter ❶ ✶ **Salerno** beginnt mit der Ausfahrt Battipaglia die berühmte **SS 18**, die Neapel mit Reggio di Calabria verbindet. Durch das Schwemmland der Sele führt diese Straße zu den Ruinen der antiken Stadt Poseidonia. Noch nördlich des heutigen Paestum liegt gut ausgeschildert das **Santuario di Hera Argiva** mit einem besichtigenswerten Museum.

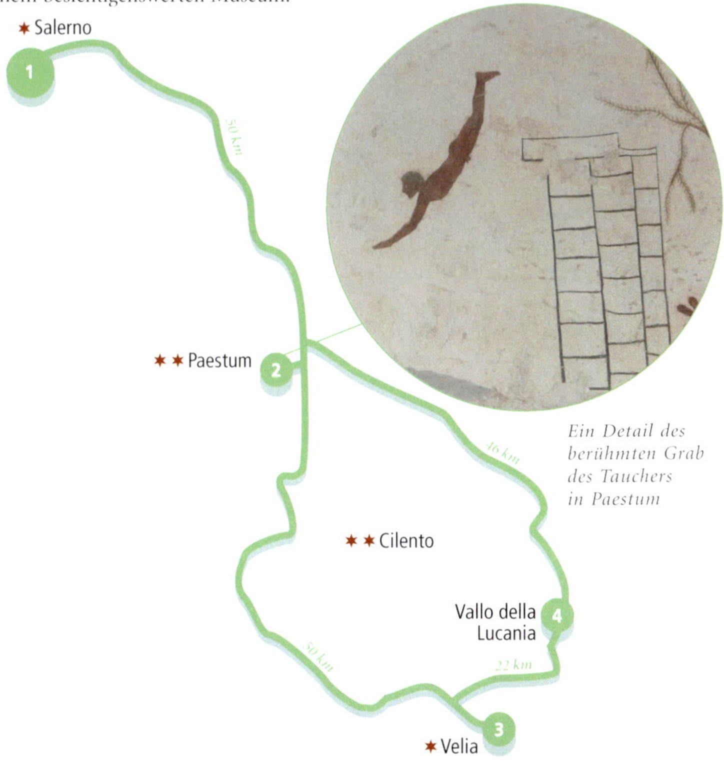

Ein Detail des berühmten Grab des Tauchers in Paestum

Bergstädtchen Roccadaspiede im Cilento

❷ ✶✶ **Paestum** selbst ist mit den drei griechischen Tempeln einer der eindrucksvollsten archäologischen Parks ganz Kampaniens. Und die Küste des ✶✶ **Cilento** ist mit weiten Stränden und immer sauberem Wasser ein wahres Badeparadies. Ebenfalls über die SS 18 oder auf der Küstenstraße 447 erreicht man das antike ❸ ✶ **Velia**, wohin sich nur selten Touristenbusse verirren.

Bei ❹ **Vallo della Lucania** geht es wieder auf die SS 18 bzw. nach Paestum zurück. Der kleine Ort ist auch ein guter Ausgangspunkt für eine Fahrt in den ✶ **Parco Nazionale del Cilento e Vallo di Diano**, Weltnaturerbe der UNESCO. Bis heute ist das Hinterland des Cilento mit seinen Wäldern, Flüssen und ursprünglichen Bergdörfern etwas für Individualisten. Das berühmte »abseits der Touristenpfade« ist hier fast noch Wirklichkeit.

Tour 7 Inselglück

Start und Ziel: Neapel

Fahrtdauer: Je nach Abfahrtshafen und Schiff ca. 1 Std.

Die Verweildauer auf den Inseln des Golfs von Neapel ist eine individuelle Entscheidung, doch lässt sich bis auf Procida eigentlich keine der Inseln im Rahmen eines Tagesausflugs kennenlernen.

Das berühmte ✶ ✶ **Capri** ist mit Neapel, Sorrent und Positano durch regelmäßig verkehrende Fähren verbunden. Die Mitnahme des eigenen Pkws ist nur Insulanern gestattet, auf der Insel selbst bewegt man sich zu Fuß, mit Bussen oder nimmt ein Taxi. Capri ist ganz Natur und fern der touristischen Zentren der Städtchen Capri und Anacapri ein Dorado für Spaziergänger. Zumindest eine Übernachtung ist zu empfehlen.

Nach ✶ ✶ **Ischia** fahren Fähren von Neapel und Pozzuoli aus. Die Busverbindungen auf der Insel sind so ausgezeichnet, dass man getrost auf den eigenen Pkw verzichten kann. Die größte der Inseln im Golf von Neapel ist berühmt für ihre vielen Thermalquellen und gepflegten Badestrände. Auch Ischia ist vor allem ein Naturerlebnis mit wunderschönen Spazierwegen, die von den oft sehr belebten Städtchen wie Ischia Porto, Forio oder Casamicciola in die bäuerliche Bergwelt des Inselinneren führen. Vor allem der Monte Epomeo besticht durch Wanderwege mit herrlichen Ausblicken auf den Golf.

Das kleine ✶ **Procida** gilt als Geheimtipp am Golf von Neapel. Von der Mitnahme eines eigenen Pkws ist dringend abzuraten. Die engen Straßen auf der Insel erfordern neben starken Nerven vor allem einen italienischen Fahrstil. Procida ist Inselromantik pur ohne die Nebenwirkungen eines ausufernden Tagestourismus. Die wenigen Strände der Insel haben Platz für alle, nur im August ist es auch hier manchmal zu voll. Für klassische Badeferien am Mittelmeer ist Procida ideal, aber auch für einen erholsamen Tagesauflug bietet sich die kleine Insel an.

Reiseziele von A bis Z

DIE QUIRLIGE METROPOLE NEAPEL IST AUSGANGSPUNKT EINER REISE IN DIE VERGANGENHEIT. ENTSPANNUNG UND ERHOLUNG FINDET MAN IM GRÜNEN HINTERLAND UND AN SCHÖNEN STRÄNDEN.

★★ Amalfi und die Amalfitana

F 5

Region: Campania
Höhe: Meereshöhe
Provinz: Salerno
Einwohnerzahl: 5500

Die 1840 angelegte, ca. 40 km lange Küstenstraße zwischen Vietri sul Mare und Positano gilt als eine der schönsten Panoramastraßen der Welt. Spektakuläre Ausblicke machen die Fahrt zu einem Erlebnis, die dem Autofahrer allerdings auch einiges an Konzentration abverlangt. Die ehemalige Seerepublik Amalfi beherrschte von hier aus vom 9. bis 11. Jh. den südlichen Mittelmeerhandel.

Geschichte

Schon auf den ersten Blick wird klar, warum. Wie im Fall von Venedig und Genua erzwang das fehlende Hinterland den Weg hinaus aufs Meer. Noch heute beeindruckt die Lage der von **Felsen flankierten Stadt**. Ähnlich wie Venedig war auch Amalfi ein straff durchorganisiertes Handelsimperium, an dessen Spitze ein gewählter Doge stand. Ein **weit gespanntes Netz von Niederlassungen** rund ums Mittelmeer garantierte profitablen Fernhandel. Der territoriale Machtbereich der Stadt hingegen beschränkte sich auf das Gebiet der heutigen Costa Amalfitana und Teile der Sorrentiner Halbinsel. Während jedoch Venedig über Jahrhunderte hinweg den Welthandel dominierte, ging die große Zeit der 920 gegründeten Seerepublik Amalfi schon nach gut 150 Jahren zu Ende, als Robert Guiscard 1073 die Stadt eroberte. Von Seebeben im 14. Jh., die einen Großteil Amalfis im Meer versinken ließen, erholte sie sich dann nicht mehr.

← Blick auf Neapel vom Vomero

AMALFI ERLEBEN

AUSKUNFT

AACST Amalfi
Corso delle Repubbliche Marinare 27
84011 Amalfi, Tel. 0 89 87 11 07
www.amalfitouristoffice.it

AACST Positano
Via del Saracino 4
84017 Positano, Tel. 0 89 87 50 67
www.aziendaturismopositano.it
www.positanoline.it

GUT ZU WISSEN

Verkehr
Im Sommer herrscht auf der SS 163, der Amalfitana, häufig Hochbetrieb. Auf der schmalen, kurvenreichen Straße gibt es kaum Parkbuchten, in den Orten sind Parkplätze knapp und teuer. Anreise und Fortbewegung mit öffentlichen Verkehrsmitteln schont die Nerven! Der Busbahnhof in Amalfi am Hafen ist der zentrale Knotenpunkt der Amalfitana.
Schiffe: Ostern – Oktober Fähren von Salerno an die Amalfitana (Maiori, Minori, Amalfi, Positano), im Sommer Schiffsverbindungen von der Amalfitana nach Capri, Sorrent und Neapel. Von Amalfi und Positano Bootsausflüge entlang der Küste (Kioske der Schiffs- und Bootsagenturen am Hafen).

Einkaufen
Amalfi: Bei Arte e Carta di Rita Cavalieri kann man nicht nur handgeschöpftes Papier kaufen, sondern auch zusehen, wie es nach alter Tradition gefertigt wird (Via Casamare). In der Pasticceria Andrea Pansa gibt es neben verführerischen Delizie al limone und Schokolade aus eigener Manufaktur kandierte Zitronen- und Orangenschalen (Piazza del Duomo 40).
Positano: Mit der »Dolce Vita« Ende der 1950er-Jahre schlug auch die Geburtsstunde der Moda di Positano; die traditionellen spitzenbesetzten Leinenkleider gibt es es heute noch in zahlreichen Boutiquen um die Kirche S. Maria Assunta. Wie in Sorrent und auf Capri werden auch hier teure Ledersandalen von Hand gefertigt.
Cetara: Kleine Fischfabriken in Cetara stellen heute noch die von den Römern als Garum über alles geschätzte Fischwürze her. Nur wenige Tropfen der Colatura di alici genügen, um Speisen ein unvergleichliches Aroma zu verleihen.

Duomo di Sant'Andrea in Amalfi

VERANSTALTUNGEN

Stimmungsvolle Karfreitagsprozessionen in Amalfi und Positano. Beim ***Palio delle Quattro Repubbliche Marinare*** treten seit 1955 die vier ehem. Seerepubliken Amalfi, Pisa, Genua und Venedig im Ruderwettkampf gegeneinander an. 2012 und 2016 finden die Rennen in Amalfi statt (für gewöhnlich am ersten Junisonntag). Begleitet wird das Rennen von einem Kostümfest. Am 15. Juni in Positano ***Festa di S. Vito***. Vom 25. bis 27. Juni feiert Amalfi seinen Stadtpatron Sant'Andrea mit Umzügen und großem Feuerwerk, der Bischof segnet das Meer und die Fischerboote. Am 29. Juni im Fischerborgo Cetara Schiffsprozession zu Ehren des Patrons San Pietro.

URLAUB AKTIV

Wassersport: Breitere Kiesstrände in Positano, Amalfi und Cetara; Maiori hat einen langen Sandstrand. Im Sommer Umkleidekabinen, Liegestühle, Sonnenschirme und Duschen. Die Wasserqualität ist gut, doch kann sich das Meer strömungsbedingt oder nach heftigem Regen trüben. Die zerklüftete Kalkfelsküste mit Meeresgrotten und eine immer noch artenreiche Fauna machen die Amalfitana zum lohnenden Tauchrevier; Tauchbasen in Positano, Praiano und an der

Sorrentiner Halbinsel. Cetara und Erchie sind die bevorzugten Spots der Windsurfer.

Wandern: Ein Netz alter Wirtschaftswege durchzieht die terrassierten Berghänge oberhalb von Amalfi und Positano. Brauchbar ist die Kompass-Wanderkarte 682 »Penisola Sorrentina – Costiera Amalfitana«. Gratis-Wanderkarten und Tipps in den Touristenbüros von Amalfi, Agerola (www.prolocoagerola.it), Positano und Ravello. Infos auch unter www.carteguide.com und www.sulsentierodeglidei.it und www.italien-aktiv.info.

ESSEN

► Fein & teuer

Amalfi · La Caravella
Via Matteo Camera 12
Tel. 0 89 87 10 29, www.ristorantelacaravella.it; Jan. – Mitte Nov., Di. geschl. Gehobener Speisegenuss, gehobene Preise (Richtung Positano).

► Erschwinglich

Marina di Praia · Alfonso a Mare
Via Praia 6, Tel. 0 89 87 40 91
www.alfonsoamare.it; Mitte März bis Anfang Nov. Das Terrassenrestaurant über dem kleinen Fischerhafen ist ein Costiera-Klassiker. Darüber liegt ein gepflegtes Hotel.

Atrani · 'A Paranza
Traversa Dragone 2
Tel. 0 89 87 18 40; Di. geschl.
Das alteingesessene Fischlokal lohnt den Spaziergang (!) aus Amalfi.

Amalfi · Pizzeria Donna Stella
Salita Rascica, Tel. 33 83 58 84 83
Apr. – Nov. Mo., sonst So. geschl.
Gemütliche Pizzeria und Cucina von Stella und ihren Töchtern Lorenza und Germana. Sehr schön sitzt man auf einer bewachsenen Terrasse und fühlt sich weit weg vom Rummel der nahen Piazza Duomo.

Montepertuso · Il Ritrovo
Via Montepertuso 77
Tel. 0 89 87 54 53, 0 89 81 20 05
März – Dez., Mi. geschl.
Hoch über Positano Gemüse aus dem eigenen Garten, Huhn, Zicklein und Lamm vom Grill und Kaninchen aus dem Backofen.

Cetara · San Pietro
Piazza San Francesco 2
Tel. 0 89 26 10 91
März – Dez., Di geschl.
Mare e terra (Erde und Meer) treffen in Gestalt bester Zutaten häufig überraschend, immer aber mit viel Gusto aufeinander. Von der Terrasse schaut man dem Treiben auf dem Corso zu.

► Preiswert

Amalfi · Da Baracca
Piazza dei Dogi, Tel. 0 89 87 12 85
Febr. – Dez., Mi. geschl.
Touristen wie Einheimische schätzen die Familientrattoria mit hübscher Glasveranda an Amalfis Marktplatz.

Pogerola · Trattoria da Rispoli
Via Riulo 3, Tel. 0 89 83 00 80
Do geschl. Hier kann man sich nach einer Wanderung im Valle delle Ferriere oder bei einer kleinen Landpartie genussvoll stärken. Nach Tagesgerichten fragen! Aus Amalfi mit dem Bus oder zu Fuß über Treppenwege zu erreichen.

ÜBERNACHTEN

► Luxus

Amalfi · Luna Convento
Via P. Comite 33, Tel. 0 89 87 10 02
www.lunahotel.it – Amalfis edelste Herberge am östlichen Ortsrand war im Mittelalter ein Konvent. Das Gästebuch liest sich wie ein Who's

Atrani an der Amalfiküste hat sogar einen kleinen Strand.

who des Geld- und Kulturadels. Frühstück im alten Kreuzgang, Restaurant und Pool im Sarazenenturm.

Positano · Palazzo Murat
Via dei Mulini 23, Tel. 0 89 87 51 77
www.palazzomurat.it; März – Ende Okt. Ehemalige Sommerresidenz des neapolitanischen Königs und Napoleon-Schwagers Joachim Murat. Bei gut gefüllter Reisekasse können sich heute auch ungekrönte Häupter den Luxus dieses stilvollen Hauses leisten. Top-Restaurant! An Sommerabenden Konzerte im romantischen Innenhof.

► Komfortabel

Amalfi · B & B Residenza del Duca
Via Mastolo II. Duca 3
Tel. & Fax 08 98 73 63 65
www.residencedelduca.it
Charmante Bleibe in der 4. Etage eines Palazzo an der Piazza dei Dogi. Dachterrasse mit Blick, absolut ruhig.

Amalfi · Centrale
Largo Piccolomini 1, Tel. 0 89 87 26 08
www.hotelcentraleamalfi.it
Jan. geschl. Freundliches Hotel an der Dompiazza. Einige der geräumigen Zimmer mit Domblick. Belvedere für alle von der Dachterrasse.

Praiano · Le Sirene
Via S. Nicola 10
Tel. & Fax 0 89 87 40 13
www.lesirene.com; Ostern – Anfang Nov. Freundliche Frühstückspension, von der Kirche S. Gennaro ausgeschildert und nur zu Fuß zu erreichen. Absolut ruhig und mit tollem Blick auf Positano und den Sonnenuntergang (Treppenweg zum Meer).

Vettica Maggiore · Villa Bellavista
Via Rezzola 45
Tel. & Fax 0 89 87 40 54
www.villabellavista.it, Ostern bis Ende Okt. – Familienpension ca. 50 Stufen

unterhalb der Piazza S. Gennaro. Bis zum späten Abend Sonne und mit Glück sogar die im Meer versinkende Sonne bei Capri. Kleiner Parkplatz.

► **Günstig**

Atrani · A'Scalinatella
Piazza Umberto I. 5–6
Tel. 0 89 87 14 92
www.hostelscalinatella.com
Sympathische, jugendherbergsähnliche Unterkunft. Auch einige nette Appartements mit Kochnischen.

Positano · Ostello Brikette
Via G. Marconi 358, Tel. 0 89 87 58 57
www.brikette.com; Mitte März – Nov. Hier kann man sich auch bei knapper Reisekasse ein paar schöne Tage machen. Blitzsaubere Zimmer und Schlafräume mit guten Betten, Bar, Sonnenterrasse und guter Tipps.

Furore · Sant'Alfonso
Via Sant'Alfonso 6, Tel. & Fax 0 89 83 05 15, www.agriturismosantalfonso.it – Gastlicher Agriturismo im früheren Konvent der nahen Kirche Sant'Alfonso, der »Götterweg« vor der Haustüre, auf Anfrage auch gutes Restaurant. Mit eigenem Fahrzeug oder SITA-Bussen der Linie Amalfi-Agerola, ca. 500 m auf Treppen von der SS 366.

Sehenswertes in Amalfi

Mit vermuteten 50 000 Einwohnern (einschließlich der Küstenorte) war das mittelalterliche Amalfi in seiner Blütezeit eine dicht bevölkerte Stadt. Noch außerhalb des Centro storico liegt die **Piazza Flavio Gioia** mit der Statue des Erfinders des Kompasses. Von der Porta Marina geht es direkt auf die **Piazza Duomo** mit ihrer spektakulären zum Dom hochführenden Treppe.

✶ **Duomo di Sant'Andrea**

Das dem Apostel Andreas geweihte Gotteshaus ist eindrucksvolles Denkmal der Geschichte Amalfis (Dom, Kreuzgang und sehenswertes Museo Diocesano Nov. – Feb. tgl. 10.00 – 12.45, 14.30 – 17.15, März – Mai und Okt. tgl. 9.00 – 19.00, Juni – Sept. tgl. 9.00 – 20.00 Uhr). Wohl zur Zeit der Gründung der Republik entstanden, sind vom einstigen, vielfach erweiterten Bau nur noch Reste erhalten. Die Fassade stürzte 1861 während eines Erdbebens ein und wurde 1875 – 1894 etwas freihändig rekonstruiert. Schon zu Beginn des 18. Jh.s hatte eine Umgestaltung im banalsten Barock den ursprünglich normannisch-arabischen Innenraum ruiniert. Erhalten blieb allein der 1180 – 1276 entstandene **Campanile**.

✶✶ Bronzetüren ►

Von kunsthistorisch größter Bedeutung sind die Bronzetüren des Kirchenportals mit Szenen aus dem Leben des hl. Andreas. 1066 in Konstantinopel gegossen – dort hatte ihr Stifter Pantaleone di Mauro aus Ravello eine florierende Handelsniederlassung – sind sie die ersten Türen dieser Art in Süditalien.

Chiostro del Paradiso ►

Der orientalisch-märchenhafte Paradies-Kreuzgang aus den Jahren 1266 – 1268 ist das schönste Zeugnis der einstigen Bedeutung Amalfis. Zarte Doppelsäulen stützen ineinander verschlungene Spitzbögen. Diese stilisierte steinerne

Natur umgibt einen kleinen Garten, in dem sich die amalfitanische Aristokratie in aus dem Hl. Land importierter Erde bestatten ließ.

Amalfis Corso, die Via Lorenzo di Amalfi und die Via Capuano, ist Hauptflaniermeile der Tagestouristen. Es empfiehlt sich, weiterzuspazieren bis zur **Valle dei Mulini**. Wenn es die Geräuschkulisse zulässt, ist das Rauschen des unterirdisch verlaufenden Flüsschens Canneto zu hören. Die vielen berühmten Papiermühlen, als pittoreskes Ruinenmotiv in die Kunstgeschichte des 19. Jh.s eingegangen, gibt es schon lange nicht mehr. Amalfi produzierte als erste italienische Stadt Papier, was der im Mittelmeerhandel bedeutungslos gewordenen Stadt ein kleines Monopol sicherte. Ein **Papiermuseum** in einer alten Mühle erinnert daran (Via delle Cartiere; Di. – So. März – Okt. 10.00 – 18.30, Nov. bis Feb. 10.00 – 15.30 Uhr).

Detail der Bronzetüren vom Dom Sant'Andrea

Museo Civico

Im Rathaus von Amalfi ist ein Museum zur Stadtgeschichte eingerichtet. Kostbarstes und zugleich interessantestes Exponat ist die »Tavole Amalfitane«. Diese Abschrift aus dem 13. Jh. dokumentiert die ältere »Tabula Amalfitana«, einen der frühesten Gesetzestexte zur Seefahrt (Palazzo Comunale, Piazza del Municipio; Mo. – Fr. 8.00 bis 14.00, 15.00 – 20.00, Sa. 8.00 – 14.00 Uhr).

Arsenale della Repubblica

Die Arsenale della Repubblica sind ein Rest der mittelalterlichen Werftanlagen, in denen die Handelsflotte Amalfis gebaut wurde (Piazza Flavio Gioia; tgl. 9.30 – 12.30, 16.00 – 19.00 Uhr).

★ Costiera Amalfitana

Eine der schönsten Straßen der Welt

Eine der schönsten Straßen der Welt trägt auf Landkarten die schlichte Bezeichnung SS 163. Die zwischen Himmel und Meer an den Ausläufern der **Monti Lattari** dahinschwebende Straße bietet nicht nur atemberaubende Ausblicke, sondern ist selbst ein Wunder der Straßenbaukunst. Vor dem Bau der Straße waren die Ortschaften an der Amalfitana vor allem auf dem Wasserweg zu erreichen. Im Landesinneren verband sie ein System von Maultierpfaden und Trep-

! Baedeker TIPP

Abseits der Touristenpfade

Das berühmte und selten gefundene »abseits der ausgetretenen Touristenpfade« gibt es selbst heute noch an der Costiera Amalfitana zu entdecken. Das gebirgige Hinterland der Monti Lattari lädt zu Wanderungen auf gut erschlossenen und markierten Wegen ein. Kleine Bergstädtchen und überwältigende Ausblicke in fast vollkommener Einsamkeit zeigen eine ganz andere, ursprüngliche Seite der so strapazierten Amalfitana (www.italien-aktiv.info).

penwegen, von denen einige zu Wanderwegen ausgebaut sind. Die Hänge der Monti Lattari (Milchberge) wurden in Jahrhunderten landwirtschaftlich kultiviert. Auf den oft kleinen, in die Felsen hinein terrassierten Feldern werden Wein, Zitronen und Oliven angebaut.

Für die Reisenden der »Grand Tour« war Amalfi noch kein Ziel, doch in den ersten Jahrzehnten des 19. Jh.s wurde die dramatische Felslandschaft der Valle dei Mulini zu einem beliebten Motiv vor allem deutscher Künstler. Touristisch entdeckt wurde die Amalfitana dann in der 2. Hälfte des 19. Jh.s. Das auch im Winter relativ milde Klima und die landschaftliche Schönheit machten Orte wie Amalfi und Ravello zu favorisierten Reisezielen des angelsächsischen Großbürgertums. In den 1950er-Jahren waren die Küstenorte, darunter vor allem Positano, noch Refugien mondäner Sommerfrischler, der Massentourismus der vergangenen Jahrzehnte hat jedoch auch hier Spuren hinterlassen.

Vietri sul Mare

Im Sonnenlicht glänzt die ganze Stadt, End- oder Ausgangspunkt der Amalfitana, im leuchtenden Bunt ihrer traditionsreichen Keramikprodukte, die vor allem am Corso Umberto I. verkauft werden. Ein kleines **Keramikmuseum** außerhalb der Stadt (der Ausschilderung in Richtung Raito folgen; Museo Provinciale della Ceramica, Toretta di Villa Guariglia, Raito; Di. – So. Juni – Sept. 9.00 – 13.00, 16.00 – 19.00, Okt. – Mai 9.00 – 13.00, 15.00 – 18.00 Uhr) führt in die Geschichte der Keramikproduktion ein. Berühmt war Vietri vor allem für seine Fußbodenkacheln, mit denen ganz Kampanien beliefert wurde. Ob Vietri sul Mare tatsächlich etruskischen Ursprungs ist, bleibt eher eine Vermutung als archäologisch gesicherte Erkenntnis.

*** Cava dei Tirreni**

* Abbazia della Santissima Trinità ►

Wenige Kilometer von Vietri sul Mare entfernt liegt landeinwärts das sehenswerte Städtchen Cava dei Tirreni. Die den Corso säumenden Laubengänge zeugen vom einstigen Reichtum der Stadt, die im Mittelalter Markt- und Handelsplatz war. Die Bedeutung der Stadt hängt zusammen mit der Abbazia della Santissima Trinità im Ortsteil Corpo di Cava (5 km von Cava dei Tirreni entfernt). Im 11. Jh. gegründet, entwickelte sich diese Abtei dank Schenkungen und Privilegien zu einer der mächtigsten Süditaliens. 500 Klöster sollen der Abtei unterstanden haben, ihrer Handelsflotte diente Vietri sul Mare als Hafen. Die importierten Waren wurden in Cava dei Tirreni umgeschlagen. Den erwirtschafteten Reichtum investierte man in den Ausbau des Klosters und in eine Bibliothek, die wegen ihrer Handschriften

Der einstige Sarazenenturm in Maiori beherbergt heute ein Restaurant.

und kostbaren Buchminiaturen **eine der bedeutendsten Klosterbibliotheken** Italiens ist. Im 18. Jh. wurde die Anlage renoviert und erneuert. Das Erscheinungsbild des weitläufigen Komplexes ist heute somit ganz und gar barock. Zu besichtigen sind der mittelalterliche Kreuzgang, der eindrucksvolle langobardische Friedhof und prächtig ausgestattete Klosterinnenräume (Via Badia di Cava; tgl. 9.00 – 12.30, 16.00 – 18.00 Uhr nach vorheriger Anmeldung, Tel. 0 89 46 39 22).

Torri saraceni

Am Ortseingang von Cetara taucht der erste der sog. Torri saraceni auf, die für alle süditalienischen Küsten charakteristisch sind. Die Errichtung unzähliger dieser in Sichtkontakt zueinander stehenden Türme ermöglichte ein Frühwarnsystem, das die Bevölkerung vor den die Küsten regelmäßig heimsuchenden Piraten schützen sollte.

Maiori

Maiori und Minori – beide Städtchen sind nach den Flüssen Regina Minor und Maior benannt – sind im Sommer viel besuchte Badeorte. Ihre exponierte Lage an der felsigen Küste ist landschaftlich zwar außergewöhnlich reizvoll, birgt aber auch Gefahren. 1954 wurden beide Orte von einer Schlammlawine teilweise zerstört. Der Wiederaufbau geschah ganz im Sinne des expandierenden Fremdenverkehrs, sodass vor allem Maiori etwas an Charme eingebüßt hat. Sehenswert ist die **Chiesa S. Maria a Mare** mit einer typischen Majolikakuppel und einem schönen Fußboden in der Krypta. Einzigartig ist die 3 km entfernt hoch in einer Felswand liegende Badia di S. Maria di Olearia. In einer natürlichen Grotte bauten byzantinische Mönche im 10.

★ ◄ Badia di S. Maria di Olearia

Jh. ein Kloster, das seinen Namen einer nahen Ölmühle verdankte. In späteren Jahrhunderten erweitert, sind die drei übereinanderliegenden, aus verschiedenen Bauperioden stammenden Kapellen mit ihrer Freskenmalerei äußerst sehenswert (Okt. – April So. 16.00 bis 18.00, Mai – Sept. Fr., Sa., So. 16.00 – 19.00 Uhr).

Minori ✶

Villa Romana ►

Minori verfügt mit den Resten einer römischen Villa marittima über einen der an der amalfitanischen Küste seltenen baulichen Reste der antiken Vergangenheit. Der Besitzer der weitläufigen Villenanlage ist unbekannt, der Luxus der Innendekoration, vor allem das außergewöhnliche, als Nymphäum gestaltete Triclinium (Speisezimmer), erinnert an römische Villen am Golf von Neapel. In einem kleinen **Antiquarium** sind Funde aus der Villa ausgestellt, darunter Skulpturenfragmente und Keramik (Piazzetta Pompeo Troiano; tgl. 9.00 Uhr bis 1 Std. vor Sonnenuntergang).

✶ **Atrani**

Einen romantischen Höhepunkt der Amalfiküste bietet das kleine Atrani (950 Einw.). Der Ort, in deren **Chiesa San Salvatore de'Bireto** die Dogen Amalfis gewählt wurden, ist zwar eine eigenständige Kommune, gehört aber doch eigentlich zu Amalfi. Der ganze morgenländische Zauber amalfitanischer Architektur zeigt sich hier auf 0,2 km² im Gewirr von Gässchen, Plätzen und vor allem den »scalinatelle«, kleinen Treppen, die die Häuser miteinander verbinden. Bis zu seiner Zerstörung durch die Pisaner war Atrani bevorzugter Wohnort der aristokratischen Familien Amalfis. Neben der Chiesa San Salvatore de'Bereto (gegründet 940) ist die **Chiesa S. Maria Maddalena** aus dem 13. Jh. (1771 barockisiert) der das Stadtbild beherrschende Sakralbau. Nur ein Felsvorsprung trennt Atrani von Amalfi. Eines der berühmtesten Hotels der Costiera amalfitana, das **Luna Convento**, liegt auf eben diesem Felsen. Das ehemalige Kloster ist schon Anfang des 19. Jh.s zu einem Hotel umgebaut worden. Hier schrieb Henrik Ibsen 1879 »Nora«.

✶ **Vallone di Furore**

✶ Grotta dello Smeraldo ►

✶✶ Sentiero degli Dei ►

Zwischen **Conca dei Marini** und **Praiano** zeigt sich die Amalfitana von ihrer dramatischen Seite. Der Vallone di Furore (Schlucht des Zorns) ist die spektakulärste Schlucht an diesem Küstenabschnitt. Von Conca di Marini führt ein Aufzug zur erst 1932 entdeckten Grotta dello Smeraldo. Die **Tropfsteinhöhle** braucht den Vergleich mit Capris blauer Grotte nicht zu scheuen. Das durch Öffnungen unter der Wasseroberfläche einfallende Licht sorgt für fantastische Farbeffekte. Von Conca dei Marini führt eine Straße hinauf in die Berge nach Agerola. Im Ortsteil Bomerano beginnt (oder endet) auf 638 m Höhe mit dem Sentiero degli Dei, dem **Pfad der Götter**, einer der schönsten Wanderwege der Welt. Die 3- bis 4-stündige, teils beschwerliche Wanderung (gutes Schuhwerk!) führt nach Positano.

✶ **Positano**

An Positano (4000 Einw.) scheiden sich die Geister. Für die einen ist er einer der schönsten Ort der gesamten Amalfitana, andere beklagen seine totale **touristische Kommerzialisierung**. Die Entwicklung vom kleinen Fischernest zu einem der mondänsten Ferienorte Italiens ist zumindest bemerkenswert. Viel bewundert sind die senkrecht in die Felswand des **Monte Sant'Angelo** hineingebauten, durch unzählige Treppen miteinander verbundenen pastellfarbenen Häuser. In den Jahrzehnten vor dem Zweiten Weltkrieg war Positano ein beliebter Ferienort von Künstlern und Intellektuellen. Heute drängen sich vor allem Tagestouristen an den zahlreichen Boutiquen vorbei. Trotzdem ist Positano noch immer außergewöhnlich exklusiv und einige der teuersten Hotels ganz Italiens beherbergen im Sommer ein elegantes Publikum. Zu einem Markenzeichen ist die Strand- und Sommermode geworden. Der Ort ist ganz Meerespanorama und malerisches Gassengewirr; kunsthistorisch sehenswert ist die **Chiesa Santa Maria Assunta**, vor allem ihr Campanile mit dem eingemauerten Relief eines Meeresungeheuers aus vermutlich langobardischer Zeit.

? WUSSTEN SIE SCHON ...?

- Die Positano vorgelagerte Inselgruppe »Li Galli« hatte illustre Besitzer. Der russische Tänzer und Choreograf Leonid Massine gründete hier eine Ballettakademie und ab 1979 verbrachte Rudolf Nurejew auf der größten der drei Inseln die Sommermonate. Als der Tänzer 1993 starb, kauften private Investoren Li Galli. Seit Längerem versucht der italienische Staat sein damals nicht wahrgenommenes Vorkaufsrecht einzuklagen. Die Galli-Inseln gelten als Sitz der mythologischen Sirenen, deren lieblichen Gesang vorbeifahrende Seefahrer zum Opfer fielen.

★ Benevent · Benevento

G 2

Region: Campania
Höhe: 115 m ü. d. M.
Provinz: Benevento
Einwohnerzahl: 63 000

Wer sich vom wenig attraktiven Stadtrand Benevents mit Autobahnen, Mietkasernen und allerlei architektonischen Scheußlichkeiten nicht abschrecken lässt, entdeckt eine Fülle erhaltener Kunst- und Denkmäler und eine historisch interessante Stadt.

Geschichte

Als mythischer Gründer der Stadt gilt **Diomedes**, ein griechischer Krieger, den es nach der Zerstörung Trojas in die Berge des Sannio verschlagen haben soll. Archäologische Befunde verweisen jedoch auf eine samnitische Gründung im 8. Jh. v. Chr. Dieses Maloenton, strategisch günstig auf einer Anhöhe zwischen den Flüssen Sabato und Calore gelegen, wurde schnell eine wichtige Stadt des samnitischen Reichs. Die Römer erlitten hier 321 v. Chr. eine erhebliche Niederlage gegen die in antiken Quellen als furchtlos und zäh beschriebenen Samniten, besiegten allerdings 275 v. Chr. bei Benevent den Molosserkönig Pyrrhus. Als römische Kolonie wurde Beneventum, durch die Via Appia direkt mit Rom verbunden, zu einem bedeutenden

Handelsplatz Süditaliens. In nachantiker Zeit war das so günstig gelegene Benevent für sämtliche ins zerfallende Riesenreich einfallende Invasoren von Bedeutung. Durchsetzen konnten sich die Langobarden, die Benevent zur Hauptstadt ihres süditalienischen Herzogtums ausbauten. Nach einem kurzen normannischen Intermezzo gelangte die Stadt schon 1077 unter den Einfluss des Papstes. Bis 1860 gehörte sie zum **Vatikanstaat**, was einige der außergewöhnlich prachtvollen Bauten am Corso Garibaldi erklärt. 1943 zerstörte ein Bombenangriff der Alliierten 65 % der Stadt und 1980 machte ein verheerendes Erdeben mit dem Epizentrum im nahen Avellino die ganze Region für Jahre zu einem Notstandsgebiet. Der Wiederaufbau des Centro storico ist jedoch vorbildlich gelungen.

? WUSSTEN SIE SCHON ...?

- Die Siege des Feldherrn aus Epirus gegen die Römer waren dermaßen verlustreich und am Ende nutzlos, dass sie eher Niederlagen gleichkamen und als Pyrrhussieg bis heute sprichwörtlich sind.

Stadt der Hexen

Vor allem an nebligen Wintertagen, wenn die Berge des Sannio besonders karg und archaisch erscheinen, wird klar, warum Benevent als Stadt der Hexen gilt – das deutsche Pendant wäre der Brocken im Harz. An diese uralten, vorchristlichen Mythen erinnert ein Kräuterschnaps, der in Benevent in vielen Geschäften unter dem Namen »Strega« (Hexe) zu kaufen ist.

BENEVENT ERLEBEN

AUSKUNFT

EPT Benevento
Via Nicola Sala 31
82100 Benevento
Tel. 08 24 31 99 11, Fax 08 24 31 23 09
www.eptbenevento.it
www.comune.benevento.it
www.provincia.benevento.it
Punto Informativo
Via Sandro Pertini, Tel. 08 24 42 81 80
www.puntoinformativobn.it

EPT Avellino
Via Due Principati 32 A
83100 Avellino, Tel. 08 25 74 73 21
www.eptavellino.it

VERANSTALTUNGEN

'A juta a Montevergine: Bei Avellino lebt eines der ältesten Feste Italiens wieder auf. Spätestens am 11. Sept., dem Vorabend der Festa della Madonna di Montevergine, treffen die Pilger in Ospedaletto ein. In der Nacht vor dem Aufstieg auf den hl. Berg ('a juta) wird gefeiert, ein Echo der bacchantischen Riten des Kybele-Kultes (www.santuariodimontevergine.com).
Città Spettacolo: Film- und Theaterfestival, www.cittaspettacolo.com) in der 1. Sept.-Hälfte mit Open-Air-Aufführungen im antiken Theater von Benevent.

ESSEN

► **Fein & teuer**

Avellino · Antica Trattoria Martella
Via Chiesa Conservatorio 10
Tel. 0 82 53 21 23; So. abends und Mo. geschl. Seit über 70 Jahren hält die

Altstadttrattoria an den kulinarischen Traditionen der Irpinia fest. Wild, deftige Fleischgerichte und Gemüse.

► Erschwinglich

① ***Cotton Club***
Via De Vita 16, Mobil 34 93 82 72 26
Nur abends, Di. und Aug. geschl.
Die winzige Trattoria in einer Seitengasse des Corso Garibaldi serviert traditionell verarbeitete Produkte des Sannio und Gerichte, von denen sich das Besitzerpaar auf kulinarischen Expeditionen durch Süditalien hat inspirieren lassen.

② ***Nunzia***
Via Annunziata 152
Tel. 0 82 42 94 31; So. geschl.
Altstadtosteria nahe der Piazza Roma. Hausgemachte Nudeln und kräftige Gemüsesuppen gehören zu den schmackhaften Sattmachern der sympathischen Signora Nunzia.

► Preiswert

Sant'Angelo dei Lombardi · Alle Sorgenti dell'Ofanto
Contrada San Guglielmo
Tel. 08 27 21 51 20; Mo. geschl.
Ein Ausflug, der nicht nur wegen der

Benevent Orientierung

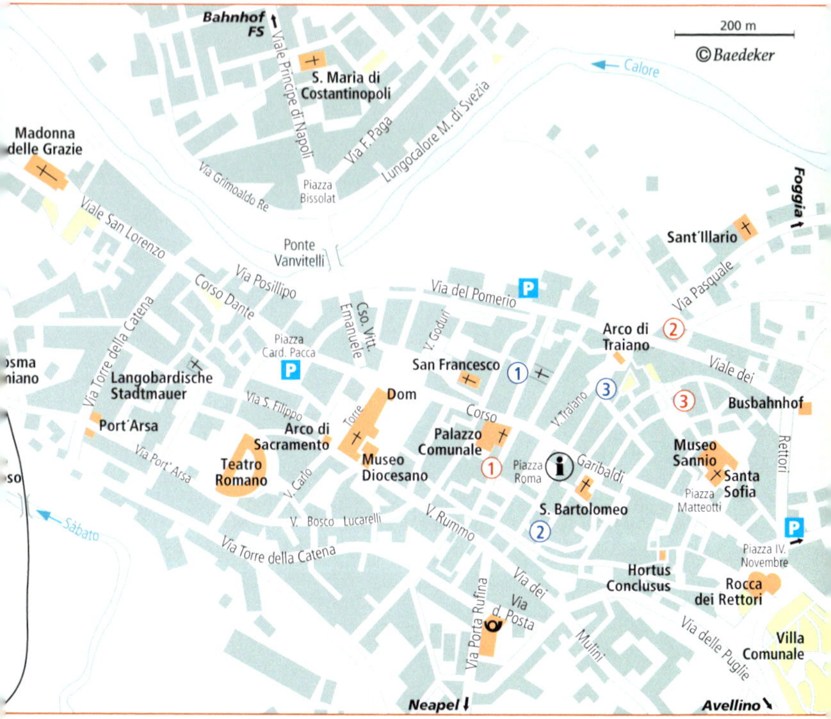

Essen
① Cotton Club
② Nunzia
③ Traiano

Übernachten
① Le Stanze del Sogno
② Villa Traiano
③ Albergo della Corte

mittelalterlichen Abbazia del Goleto lohnt. Direkt davor gibt es die besten Käse der Irpinia, begleitet von guten Weinen (45 km östlich von Avellino).

③ ***Traiano***
Via Manciotti 48
Mobil 34 62 87 32 32
Di. abends geschl.
Familientrattoria am Trajansbogen. Die kräftige Küche des Sannio kommt unverfälscht auf den Tisch, am Abend auch Holzofenpizza.

Sant'Agata dei Goti · Il Barbaro
Via Riello 4
Tel. 08 23 71 77 14
Die nette Trattoria serviert hausgemachte Nudeln und abends Holzofenpizza. Auf ein Eis geht es anschließend in die Gelateria Normanno auf der Via Roma 65.

ÜBERNACHTEN

► Komfortabel

Melizzano · Mesogheo
Contrada Valle Corrado 2
Tel. 08 24 94 43 56
www.mesogheo.com
Komfortable Zimmer in einer Masseria am Fuße des Camposauro. Auf halber Strecke zwischen Telese Terme und Sant'Agata dei Goti. Gute Küche.

Sant'Agata dei Goti · Agriturismo Mustilli
Piazza Trento 4
Tel. 08 23 71 81 42, www.mustilli.com
Stilvoll möblierte, geräumige, ruhige Zimmer in einem Palazzo mitten im Ort. Im ausgezeichneten Restaurant werden die vielfach prämierten Mustilli-Weine ausgeschenkt. Kochkurse (50 km südwestlich von Benevent).

Telese Terme · Grand Hotel Telese
Via Cerreto 1, Tel. 08 24 94 05 00
www.grandhoteltelese.it
Imposanter Belle-Époque-Bau in einem Park außerhalb des Ortes an der Straße nach Castelvenere. Reichhaltiges Frühstücksbüffet, gute Küche. Im Sommer erfrischt ein Bad im Kurpark von Telese, wo das Wasser 20 °C warm und kohlensäurehaltig in Freiluftbecken sprudelt (30 km nordwestlich von Benevent).

② ***Villa Traiano***
Viale dei Rettori 9
Tel. 08 24 32 62 41
www.hotelvillatraiano.it
Aug. geschl.; elegante Villa des frühen 20. Jh.s, zentral nahe der Rocca dei Rettori.

► Günstig/Komfortabel

① ***Le Stanze del Sogno***
Piazzetta De Martini 3
Tel. & Fax 0 82 44 39 91, Mobil 33 84 60 33 59
www.lestanzedelsogno.it
Von Kooperative geführte Kleinstpension im Altstadtzentrum. Nett möblierte Zimmer mit Kochnischen. Mit eigenem Schlüssel ist man autonom.

Sant'Angelo dei Lombardi · Goleto
Contrada San Guglielmo
Tel. 08 27 21 52 15, www.ilgoleto.it
Das gepflegte Albergo in unmittelbarer Nähe zur berühmten gleichnamigen mittelalterlichen Abtei steht unter junger, engagierter Führung. Ehrliche Territorialküche (45 km östlich von Avellino).

③ ***Albergo della Corte***
Piazza Piano di Corte 11
Tel. & Fax 0 82 45 48 19
Familiengeführtes freundliches Mini-Albergo zwischen Trajansbogen und Santa Sofia. Öffentlicher Parkplatz und Garage.

Sehenswertes in Benevent

Triumphbogen zu Ehren Trajans

Benevents zentraler, den Centro storico durchziehender **Corso Garibaldi** folgt nicht nur dem Lauf der Via Appia, sondern ist heute zudem eine der schönsten Fußgängerzonen in Kampanien. Links und rechts liegen die wesentlichen Sehenswürdigkeiten der Stadt.

Der **Duomo** an der gleichnamigen Piazza wurde schon im 8. Jh. gegründet, im 13. Jh. romanisch erweitert und 1943 während eines alliierten Bombenangriffs nahezu komplett zerstört. Die höchst eindrucksvolle Hauptfassade und der Campanile sind restauriert, die moderne Ostfassade zitiert unaufdringlich den Vorgängerbau. Die berühmten Bronzetüren wurden vor wenigen Jahren restauriert und sind demnächst im **Museo Diocesano** zu sehen. Das kleine Museum mit Resten einer Krypta ist zurzeit nur unregelmäßig geöffnet. Auch der Dom selbst ist wegen archäologischer Grabungen unter dem Fußboden des Mittelschiffs zumindest bis Ende 2007 geschlossen.

Weitere Sehenswürdigkeiten

Gleich hinter dem Dom an der Via Carlo Torre steht der **Arco di Sacramento**. Der Ehrenbogen aus womöglich hadrianischer Zeit ist seiner Marmorverkleidung beraubt. Erhalten blieben die Nischen, in denen Statuen des Kaisers standen. Von hier aus sind es nur wenige Schritte zum **Römischen Theater**. Im Sommer finden gelegentlich Aufführungen statt (Piazza C. Ponzio Telesino; tgl. 9.00 Uhr bis eine Stunde vor Sonnenuntergang).

◄ Teatro Romano
⌚

★★ Arco di Traiano

Der Triumphbogen des Trajan entstand 114 – 119 n. Chr. Einzigartigerweise ist seine Marmor-Dekoration nicht in nachantiker Zeit demontiert und zerstört worden. Das Bildprogramm feiert den Kaiser als Frieden bringenden Wohltäter, der u. a. (Relief im Bogendurchgang) Lebensmittel an Bedürftige verteilt. Anlass für den Bau des 15,60 m hohen Triumphbogens (Bogenhöhe 8,60 m) dürfte die Einweihung der Via Traiano gewesen sein, die von hier nach Brindisi führte. Die Via Traiano führt zurück in die Stadt und auf die **Piazza Roma** mit einigen imposanten Bauten des 19. Jh.s.

Piazza Santa Sofia

Ebenfalls am Corso Garibaldi liegt die erst 1809 angelegte Piazza Santa Sofia mit der gleichnamigen Chiesa und dem Museo del

Santa Sofia ► Sannio. Die Kirche wurde von den Langobardenherzögen Gisulfo II. und Arechi II. um 760 erbaut und war schon wegen der Nähe zum herzoglichen Palast, der heutigen Rocca dei Rettori, die eigentliche **langobardische Hofkirche**. Ein Erdbeben 1688 richtete erhebliche Schäden an, die darauf folgende Barockisierung »ruinierte« dann den Kirchenbau vollends. In den 1950er-Jahren wurde die ursprüngliche Architektur so weit wie möglich rekonstruiert (die Kirche ist vormittags und wieder ab 17.00 Uhr geöffnet). Original sind der kreisrunde Kuppelbau mit 16 antiken Säulen sowie die Apsiden links und rechts des Altars, in denen wenige Freskenreste erhalten sind. Der von der Kirche entfernt stehende **Campanile** besitzt zwei steinerne Tafeln, die stolz auf die Geschichte Benevents verweisen. Eine zeigt die Ausdehnung des alten samnitischen Reichs zwischen dem 6. und 4. Jh. v. Chr., die zweite die Größe des langobardischen Herzogtums.

Museo Sannio

Kreuzgang ► Ein Besuch des Museums (Di. – So. 9.00 – 19.00 Uhr) lohnt allein schon wegen des Kreuzgangs des ehemaligen Klosters aus dem 12. Jh., der sämtliche Vorstellungen eines mittelalterlichen, arabisch-normannischen Paradiesgartens übertrifft. 47 Säulen tragen kunstvolle Kapitelle, im Kreuzgang sind Spolien aus römischer und langobardischer Zeit ausgestellt. Im Erdgeschoss wird die Ausstattung des Isisheiligtums präsentiert. Außerdem sind Keramik aus samnitischer Zeit sowie römische Skulpturen und Architekturfragmente zu sehen.

Rocca dei Rettori

Schräg gegenüber liegt der Palazzo del Governo, von dem aus die Provinz Benevent regiert wird. Das alte Zentrum der Macht befindet sich gleich nebenan: Die Rocca dei Rettori (1321) wurde als Residenz des päpstlichen Statthalters auf den Mauern eines langobardischen und römischen Vorgängerbaus errichtet. Der Bau beherbergt Büros der Provinzverwaltung sowie Räume für Wechselausstellungen.

Hortus Conclusus

Mimmo Paladino, international bekannter Künstler, hat in seiner Heimatstadt eine Skulpturenausstellung eingerichtet, die als Hortus Conclusus im ehem. Kloster San Domenico untergebracht ist (Piazza Guerazzi; Mo. – Sa. 9.00 – 13.00, 15.00 – 19.30, So. 9.00 – 13.00 Uhr).

Ponte Leproso

Etwas außerhalb des Stadtzentrums, aber nur wenige Gehminuten vom Römischen Theater entfernt, überquert mit der Ponte Leproso eine Brücke den Sabato, die Teil der Via Appia war, jener antiken Nord-Süd-Achse, der Benevent seine Bedeutung verdankte.

Umgebung von Benevent

Pietrelcina

Pietrelcina, ein sympathisches Städtchen 10 km nordöstlich von Benevent und Geburtsort von **Padre Pio** (► Berühmte Persönlichkeiten), versucht mit einigem Ehrgeiz, zum Wallfahrtsort zu werden. Das Wohnhaus der Familie Forgione ist Ziel zahlreicher Pilger und sein Geburtstag am 25. Mai Anlass für eine Prozession.

Der Name erinnert an die Ortsgründer Mitte des 6. Jh.s: Sant'Agata de Goti

★ **Sant'Agata de Goti**

Ebenfalls in der Provinz Benevento, doch auch ebenso gut von Caserta aus zu erreichen, liegt Sant'Agata de Goti in einzigartiger Höhenlage. Der Ort, von manchen Reiseführern als »entzückend« oder zumindest »malerisch« bezeichnet, ist tatsächlich jede Bewunderung wert. Das mittelalterliche Stadtbild blieb aufs Eindrucksvollste erhalten und ein Spaziergang über die Via Roma zum Dom lässt keinen Besucher unberührt. Die zahlreichen Restaurants werden vor allem an Wochenenden von Gästen aus Benevent, Caserta oder Neapel frequentiert, die neben der Küche den altmodischen Charme des Städtchens schätzen. Besichtigenswert sind die zahlreichen Kirchen, unter denen die **Chiesa di San Menna** einen außerordentlichen Mosaikfußboden aufweist. Der **Duomo** und die ihm vorgelagerte Piazza sind ein an Capris Piazzetta erinnerndes Gesamtkunstwerk. Das Städtchen verdankt seinen Namen einer Gründung durch die Goten (um 550).

Irpinia

Während die Landschaft rund um Neapel in großen Teilen ein von Sondermüll kontaminiertes »Science-Fiction-Szenario« ist, in dem selbst Cuma fast übersehen werden kann, ist die Gegend der Provinz Avellino von immer einnehmender Schönheit. Die Landschaft der Irpinia mit dem Montevergine und dem Monti Picentini gehört zu den fruchtbarsten Gegenden Kampaniens. Zudem werden aus den Quellen dieser Berge die Metropole Neapel und zahlreiche andere kampanische Kommunen mit Wasser versorgt. Die Irpinia ist ein **Dorado für Naturfreunde**. Obwohl touristisch alles andere als erschlossen, lassen sich hier die schönsten Exkursionen unternehmen.

Avellino Auch die freundliche Provinzhauptstadt (57 000 Einw.; 348 m ü. d. M.) im Hinterland Kampaniens ist vollkommen untouristisch. 1980 wurde sie bei dem Erdbeben fast gänzlich zerstört. Nach einem gelungenen Wiederaufbau erinnert Avellino mit seinem modernen, heiteren und gepflegten Stadtbild fast an norditalienische Städte. Als Geschäfts- und Verwaltungszentrum ist es mit seinem eleganten Corso Vittorio Emanuele der Mittelpunkt der nach wie vor bäuerlich geprägten Landschaft der **Irpinia**.

Eine erste samnitisch-römische Siedlung wurde in Laufe der Bundesgenossenkriege von Sulla zerstört und als Abellinum neu gegründet. Diese Colonia, eine der vielen auf dem Reißbrett entstandenen Veteranensiedlungen, wurde immer wieder von Erdbeben beschädigt und während der Gotenkriege mehrmals zerstört. Die Eroberung durch die Langobarden 571 führte dann zu einer Neugründung, zur besseren Verteidigung auf einem Hügel. Wenige Reste der antiken römischen Stadt wurden in den 1920er-Jahren im Avellino benachbarten **Atripalda** gefunden (Museo Archeologico, Piazza Umberto I.; tgl. 8.00 – 14.00, 16.00 bis 20.00 Uhr). Aus der langobardischen Stadt entwickelte sich das heutige Avellino. Aus langobardischer Zeit stammt auch das **Kastell** (im 18. Jh. umgebaut). Der Dom (urspr. 12. Jh.) wurde nach dem Erdbeben 1980 nach seinem während eines Umbaus des 19. Jh.s entstandenen Erscheinungsbild rekonstruiert.

Sehenswert in Avellino ist v. a. das **Museo Provinciale Irpino** (Corso Europa; Mo. – Sa. 8.30 – 13.30, Mo., Do. auch 16.00 – 19.00 Uhr). Die archäologische Sammlung zeigt viele Funde aus allen Phasen der Besiedlung der Irpinia, darunter seltene hölzerne Votivstatuen.

? WUSSTEN SIE SCHON ...?

- Bis heute hat sich Kampanien von dem schweren Erdbeben am 23. November 1980 mit über 3000 Toten und einer halben Million Obdachlosen nicht vollständig erholt. Das Zentrum des Bebens lag bei Avellino: In der hügeligen Irpinia fielen innerhalb weniger Sekunden ganze Ortschaften in sich zusammen. Kampaniens Schönheit und der Reichtum an Kunstschätzen wurden auf einmal weltweit in den Medien thematisiert. So ist diese Naturkatastrophe eine Zäsur in der Geschichte Süditaliens und der politische Neubeginn der 1990er-Jahre unter Antonio Bassolino wäre ohne das Erdbeben so womöglich nicht geschehen.

★ **Santuario di Monte Vergine** Montevergine, oberhalb von Avellino, ist einer der bedeutendsten Wallfahrtsorte Kampaniens. Ein wundertätiges Madonnenbild aus dem 13. Jh. begründete den Ruhm der fast 1270 m hoch gelegenen Kirche. Ihre Ursprünge liegen im frühen 12. Jh., die Kirche wurde im 18. Jh. umgebaut und die heutige Basilika entstand erst 1952 bis 1961. Schon in antiker Zeit soll hier ein Kybele-Tempel gestanden haben. Ergreifend ist ein Besuch der **Sala delle Offerte** in der neuen Basilika mit ihren Hunderten von Votivbildern. Heute wird nicht mehr gemalt, aber auch die der Madonna gewidmeten, oft verzierten oder in Silber gerahmten Fotografien zeugen von der Lebendigkeit Montevergines als spirituellem Ort.

★ Capri

D 5

Region: Campania
Fläche: 10,4 km²
Einwohnerzahl: 13 400
Provinz: Napoli
Höhe: Meereshöhe bis 589 m ü. d. M.

Die vielleicht berühmteste Insel der Welt ist einer der Orte am Golf von Neapel, der seinen Besuchern, soll der Aufenthalt nicht zu einer Enttäuschung werden, etwas Vorbereitung und bei der Ankunft starke Nerven abverlangt. Dann lässt sich hier – und das gehört zu den vielen Wundern dieser berückend schönen Insel, trotz des auch von den Capresen beklagten »Turismo di massa« – eindrucksvolle Natur in fast vollkommener Einsamkeit erleben.

Kleine capresische Gebrauchsanweisung

Die beiden Inselorte Capri und Anacapri sind in der Hauptsaison tagsüber rettungslos überlaufen. Die Massen der Tagestouristen hasten ihren Fähnchen schwingenden Führern durch die Via Camerelle hinterher oder drängen sich vor der Villa Munthe in Anacapri. Dabei lassen sich nur wenige Schritte abseits der ausgetretenen Touristenpfade schöne Spaziergänge unternehmen. Allein der von der Piazza Umberto I. aus rund einstündige Weg zur antiken Villa Jovis hinauf ist ein Erlebnis und präsentiert die Insel von ihrer schönsten Seite.

Geschichte

Capri gehört zu den wenigen Landschaften am Golf von Neapel, die nicht vulkanischen Ursprungs sind. Die so berühmt gewordene Inseltopografie besteht aus schroff zum Meer abfallenden Felswänden und dem bemerkenswerten Höhenunterschied zwischen Osten und Westen. Der karge Kalksteinfelsen war bis vor ca. 10 000 Jahren, bevor der Meeresboden abzusinken begann, mit dem Festland verbunden und wegen seiner vielen Grotten und Höhlen schon in der **Altsteinzeit** verhältnismäßig dicht besiedelt. Vor allem in der Grotta delle Felci und in der Nähe des Hotels Quisisana wurden zahlreiche Arbeitsgeräte und Waffen sowie unterschiedlichste Fossilien gefunden. Von der vorgriechischen Besiedlung Capris ist nur wenig bekannt, ganz sicher aber – das beweisen Funde von Importwaren wie Keramik und dem Vulkanerz Obsidian – gehörte Capri schon ab dem 4. Jt. v. Chr. als Handelsplatz zu einem Netz früher Schifffahrtsverbindungen. Mitte des 8. Jh.s v. Chr. besiedelten griechische Kolonisten die Insel. Der Name soll entweder auf das griechische Kapros (Wildschwein) oder auf das römische Capra (Ziege) zurückzuführen sein. Als **Ziegeninsel** war Capri unter den Römern bekannt. Die Punta Tragara (griech. tragarion = Ziegenstall) erinnert noch an die ursprünglich landwirtschaftliche Nutzung, die wegen des kargen Bodens kaum etwas anderes als die Ziegenhaltung erlaubte. Von der griechischen Besiedlung sind nur wenige architektonische Reste erhalten. Einige Häuser in der Via Longano (zu sehen von der oberen

◄ weiter auf S. 138

Die 1347 m lange, in zahlreichen schwindelerregenden Kurven zum Meer hinabführende Via Krupp erinnert an den in Capri verliebten Industriellen. Sie wurde 1902 nach Plänen des Ingenieurs Emilio Mayer gebaut. Von oben bzw. vom Meer aus betrachtet wirkt der asphaltierte Weg wie ein in den Fels geritztes Linienmuster.

CAPRESISCHE SKANDALE

Capri gilt seit den Zeiten des Tiberius als die Insel erotischer Zügellosigkeiten. Doch schon römischen Historikern und Schriftstellern wie Sueton oder Tacitus ist nicht immer unbedingt zu vertrauen. Klatsch, vor allem mit sexuellem Hintergrund, verkauft sich seit Jahrtausenden gut.

In den ersten Jahren des 20. Jh.s traf es auf Capri den deutschen Industriellen **Friedrich Alfred Krupp**. Der von der Insel verzauberte Multimillionär träumte von einem einfachen Leben und der Tiefseeforschung. Sein trauter Umgang mit Friseuren, Fischern und der bäuerlichen Bevölkerung rief jedoch den damaligen neapolitanischen Starjournalisten Edoardo Scarfoglio auf den Plan. In einer beispiellosen Pressekampagne wurde Krupp wegen angeblicher (nie bewiesener) homosexueller Übergriffe auf die Inseljugend in der europäischen Presse diffamiert. Krupp überlebte den Skandal nicht.

Ähnlich verlief eine Kampagne der Journalistin Matilde Serao. Die Ehefrau Scarfoglios und Mitbegründerin der neapolitanischen Tageszeitung »Il Mattino« begleitete den Aufenthalt **Oscar Wildes** in Neapel mit einer Reihe von Artikeln, in denen sie unter Pseudonym den englischen Dichter nach Strich und Faden diffamierte und ihn als Gefahr für die männliche Jugend beschrieb. Kurz zuvor aus dem Gefängnis entlassen, traf sich Wilde in Neapel mit Lord Douglas, seinem kapriziösen und unzuverlässigen Liebhaber. Man mietete eine Villa auf dem Posillipo, reiste nach Capri und Taormina und wartete ansonsten vergeblich auf Geldüberweisungen aus England. Nicht zuletzt die Artikel Seraos erschütterten Wilde, der desillusioniert nach Paris fuhr, wo er wenige Monate später starb.

Eher von Opiumschwaden umweht sind die Geschichten um den Grafen **Jacques d'Adelswaerd-Fersen**, einen französischen Poeten, Dandy und Millionenerben. Seine Villa Lysis, unmittelbar unterhalb der antiken Tiberius-Villa gelegen, war ein der jung-

männlichen Schönheit geweihter Fin-de-Siècle-Tempel. **Nino Cesarini**, ein römischer Zeitungsverkäufer und Gelegenheitsbauarbeiter, schmückte als lebensgroße bronzene Statue in klassischer Nacktheit den Park vor der Freitreppe. Der lebendige Cesarini war offiziell der Sekretär Fersens. Die luxuriöse Villa mit einem vom »Il Mattino« als »Opiarium« bezeichneten Rauchsalon und die dort angeblich stattgefunden habenden Orgien sind Insellegende.

Oft in der Villa Lysis zu Gast war **Wilhelm von Plüschow**, ein Verwandter des in Taormina ansässigen Wilhelm von Gloeden. Beide Vettern waren erfolgreiche Aktfotografen. Ihre Bilder von nackten, in antikisierenden Sujets posierenden Knaben verbreiteten im nördlichen Europa das Bild eines sinnlich unschuldigen Arkadiens.

Auch der Hamburger Künstler **Christian Wilhelm Allers**, im wilhelminischen Kaiserreich als »Bismarck-Allers« bekannt, war auf Capri seiner Kunst ebenso verbunden wie seinen Modellen. Allers führte in seiner Villa ein munteres Bohèmeleben. Atelieraufnahmen zeigen den Künstler mit dem Zeichenblock in Gesellschaft nur spärlich bekleideter Knaben. 1903 entging Allers seiner bevorstehenden Verhaftung durch die Inselpolizei nur durch eine hastige Flucht.

Die Literatur über Capri ist voller Anekdoten über Exzentriker und schwärmerische Erotomanen. Seit **Tiberius'** Zeiten ist der klassische Inselskandal die Orgie und Schauplatz ist eine der vielen capresischen Grotten. Die großen Skandale sind lange Vergangenheit und ihr Wahrheitsgehalt zudem fragwürdig. Heute ist Capri viel zu teuer und exklusiv, um fragilen Lebenskünstlern Asyl vor den Zumutungen des Lebens zu bieten. In den Sommermonaten berichtet »Il Mattino« aber nach wie vor über große und kleine Inselgeschichten. Und die Fotografen machen abends auf der Piazzetta für den Moment eines Blitzlichtschnappschusses auch aus dem einfachsten Touristen einen Prominenten.

Terrasse der Funicolare) zeigen auf der Rückseite in die heutige Bebauung integrierte Reste einer Stadtmauer, die wahrscheinlich einst die griechische Akropolis umgab. Wesentlich eindrucksvoller ist die Scala Fenicia. Die **phönizische Treppe**, über 800 in den Fels geschlagene Stufen, war bis 1874 die einzige Verbindung zwischen Capri und Anacapri. Tatsächlich geht die Treppe auf griechische Erbauer zurück. Der Aufstieg überwindet einen Höhenunterschied von 200 Metern. Er beginnt in der Nähe des Palazzo a Mare bei Capri und endet vor dem alten Stadttor von Anacapri. Über Jahrhunderte wurden alle Waren nach Anacapri über diese Treppe transportiert.

Scala Fenicia ►

Capri, die Insel der Kaiser

Von 29 v. Chr. bis 37 n. Chr. war das kleine Capri politisches Zentrum des römischen Imperiums. **Octavian, der spätere Kaiser Augustus**, betrat die Insel laut Strabon das erste Mal 31 v. Chr. und verliebte sich sofort in Capri, das er 29. v. Chr. im Tausch gegen Ischia von Neapel erwarb und zur kaiserlichen Domäne machte.

Den kaiserlichen Privatbesitz verwandelten er und vor allem sein Nachfolger **Tiberius** in eine offizielle Residenz. Zwölf Villen entstanden und die vielen natürlichen Grotten wurden zu Nymphäen ausgebaut. Dieses kaiserliche Capri war nicht nur eine bebaute Insel, sondern eine Transformation von Natur in ein hoch artifizielles Mit- und Nebeneinander von Landschaft und Architektur. Während Octavian Augustus bis zu seinem Tod (14 n. Chr.) die Insel regelmäßig besuchte, zog sich Tiberius die letzten zehn Jahre seines Lebens ganz nach Capri zurück. Das war schon für seine Zeitgenossen Anlass zahlreicher Spekulationen. Laut Sueton und Tacitus war der Hauptgrund das vermeintlich sexuell höchst ausschweifende Leben des Tiberius, der auf Capri seinen Gelüsten nachgehen konnte. Der kaiserliche Rückzug war aber vor allem ein Affront gegen den römischen Senat. Tiberius weilte zwar fern der Hauptstadt, regierte das Imperium jedoch nicht weniger effizient von Capri aus. Nach seinem Tod (37 n. Chr.) blieb die Insel zwar kaiserlicher Besitz, verlor aber schnell an Bedeutung. Ab dem 2. Jh. n. Chr. war Capri nur noch luxuriöser Verbannungsort in Ungnade gefallener Mitglieder der kaiserlichen Familie, bevor es vollends in Vergessenheit geriet. Im Mittelalter war die Insel im Besitz verschiedener in Süditalien herrschenden Dynastien, spielte aber wegen der Kargheit des Bodens und der Armut seiner Bewohner keine wesentliche Rolle. Ein 1371 gegründetes **Kartäuserkloster** war bis zu seiner Auflösung größter Grundeigentümer und Arbeitgeber auf Capri.

! *Baedeker* TIPP

Ein schwebendes Vergnügen

Aus Anacapri geht es mit dem Sessellift in zwölf Minuten auf den höchsten Inselgipfel: Capri liegt einem zu Füßen und an klaren Tagen reicht der Blick über den gesamten Golf bis in den Cilento (Via Caposcuro 10, Tel. 08 18 37 14 28, www.seggioviamontesolaro.it). Der 589 m hohe Monte Solaro lässt sich von Anacapri aus auch gemütlich zu Fuß erklimmen. Am Gipfel lädt eine Bar mit Liegestühlen zur wohlverdienten Rast.

Marina Grande: Hier legen alle Fähren und Tragflügelboote an.

◀ Archäologische Ausgrabungen

Von den zwölf kaiserlichen Villen blieben nur wenige, aber sehr eindrucksvolle Reste erhalten. Neben der **Villa Jovis** sind das vor allem der in der Nähe der Marina Grande gelegene **Palazzo a Mare** und die oberhalb der Blauen Grotte liegenden Ruinen der **Villa di Damecuta**. Die antiken Gebäude dienten jahrhundertelang als Steinbruch und wurden im 18. und 19. Jh. systematisch ausgeplündert. Systematische Grabungen und wissenschaftliche Untersuchungen der antiken Ruinen erfolgten erst im 20. Jahrhundert.

Beginn des modernen Tourismus

Im Gegensatz zu Ischia oder den Phlegräischen Feldern war Capri noch bis Mitte des 19. Jh.s nicht unbedingt das Ziel der Reisenden am Golf von Neapel. Der schroff aus dem Meer ragende Kreidefelsen entsprach in seiner rauen Wildheit nicht dem Schönheitsempfinden des 18. Jh.s. Erst die **Entdeckung der Blauen Grotte** durch den deutschen Dichter **August Kopisch** im August 1826 machte Capri innerhalb weniger Jahre zur berühmtesten Mittelmeerinsel. Die »Entdeckung« der Grotta Azzurra durch Kopisch und seinen Künstlerfreund Ernst Fries war allerdings eher eine geschickt eingefädelte PR-Aktion des Herbergsbesitzers Giuseppe Pagano. Der von ihm organisierte Bootsausflug und die inszenierte »Entdeckung« der bei den Capresern durchaus bekannten Grotte markiert ein wesentliches Datum in der Kulturgeschichte des Reisens. Der schwärmerische Kopisch erwies sich als Idealbesetzung eines Botschafters, der von den Naturschönheiten des halb vergessenen Eilands in seiner Heimat künden sollte. Paganos Herberge wurde zu einem florierenden Ho-

CAPRI ERLEBEN

AUSKUNFT

AACST
Piazzetta I. Cerio 11, 80073 Capri
Tel. 08 18 37 53 08, Fax 08 18 37 09 18
www.capritourism.com

Uffici Informazioni · Info-Büros
Hier gibt es eine Capri-Karte (1:10 000) mit Stadtplänen von Capri und Anacapri zu kaufen:
Marina Grande (Hafenmole)
Piazza Umberto I., Capri
Via G. Orlandi 19 A, Anacapri

GUT ZU WISSEN

Verkehr
Fähren/Tragflügelboote: Von Sorrent Tragflügelboote (aliscafi) und hübsche altmodische Fähren (traghetti), von Neapel/Porta Calata di Massa und Molo Veverello Fähren, von Neapel/Mergellina Tragflügelboote und Schnellfähren, im Sommer zusätzlich Schnellfähren aus Positano, Amalfi, Salerno und Castellamare del Golfo. Schiffe legen in der Marina Grande auf der Inselnordseite an. Zu Fuß über Treppenwege, mit der Standseilbahn, Bus oder Taxi geht es hinauf nach Capri-Stadt (aktuelle Fahrpläne in Tageszeitungen und auf den Websites der AACST und der Fährgesellschaften).

Unterwegs auf der Insel
Auto: Von Frühjahr bis Herbst dürfen nur Inselbewohner mit ihrem Pkw fahren. Alle Wege lassen sich bequem zu Fuß, mit dem Funicolare, mit Inselbussen oder Taxis bewältigen. Bewachte Langzeitparkplätze gibt es in Neapel und Sorrent. Nicht alle Hotels lassen sich mit dem Taxi erreichen, d. h. Gepäck muss man das letzte Stück entweder selbst tragen oder von einem Gepäckträger (facchino) befördern lassen.

Einkaufen
Capris Edeleinkaufsmeilen Via Camerelle und Via Vittorio Emanuele machen Bella figura. Carthusia lockt mit Zitronenduftwässerchen nach altem Klosterrezept (Via Matteotti 2, Via Camerelle 10, Via Axel Munthe 28 und Anacapri). La Conchiglia ist ein engagierter Kleinverlag mit Buchhandlung (Via Le Botteghe 12 und Via Camerelle 18) und bei La Parisienne ließen sich bereits Maria Callas und Jacqueline Kennedy Capri-Hosen schneidern (Piazza Umberto I., Via Camerelle 8 und Via Vittorio Emanuele 26). Ansonsten gelten Limoncello und handgefertigte Sandalen als klassische Capri-Souvenirs.

Urlaub aktiv
Auf Capri gibt es keine Sandstrände und wenige Badebuchten. Die meisten sind in der Hand von Badeanstalten (stabilimento balneare). Eine der schönsten Bademöglichkeiten bietet das *Bagno La Fontelina* am Punto di Tragara (mit Restaurant). Der Fußweg von Capri hinunter zu den Klippen mit Blick auf die Faraglioni dauert ca. 45 Min. Zurück geht es mit kleinen Booten zur Marina Piccola. Inselrundfahrten (1–2 Std.) und Bootsausflüge z. B. in die Blaue Grotte gehören zum Besichtigungsprogramm. Die Boote starten in der Marina Grande. Wenn möglich, sollte man die Blaue Grotte am späten Vormittag besichtigen, dann scheint die Sonne direkt in die Grotte und taucht sie in intensives blaues Licht.

VERANSTALTUNGEN

14. Mai: Festa di San Costanzo mit einer Prozession zur Marina Grande; am Abend großes Feuerwerk.
Am 13. Juni feiert Anacapri San

Antonio di Padova mit Prozession und pyrotechnischem Spektakel. Die *Settembrata Anacaprese* in der ersten Septemberwoche ist ein Winzerfest mit farbenfrohen Umzügen.

ESSEN

► Fein & teuer

Anacapri* · ① *Add'ò Riccio
Via Gradola 4
Tel. 08 18 37 13 80; Mitte März – Okt.
Frische und ausgezeichnet zubereiteter Fisch wird in spektakulärer Lage auf einer Klippe oberhalb der Blauen Grotte serviert. Zum freundlich-ungezwungenen Terrassenlokal gehört auch eine kleine Badeanstalt (stabilimento balneare).

Anacapri* · ② *Da Gelsomina
Via Migliera 72
Tel. & Fax 08 18 37 14 99; März – Dez.
Delikate Bauern- und Fischküche, 30 appetitanregende Gehminuten von Anacapri. Auch gemütliche Gästezimmer (siehe unten) mit Belvedere.

Capri* · ③ *Le Grottelle
Via Arco Naturale 13
Tel. 08 18 37 57 19; Ostern – Ende Okt.
Romantisches Terrassenlokal, wenige Hundert Meter vor dem Arco Naturale. Herrliche Lage, gute Küche und gesalzene Rechnungen. Bei schlechtem Wetter stehen drei Tische in einer Felsgrotte, daher der Name.

Capri* · ④ *Da Gemma
Via Madre Serafina 6
Tel. 08 18 37 04 61
März – Dez.; Mo. geschl.
Urgemütliche Trattoria-Pizzeria, in der schon Graham Greene speiste (die Fotos weiterer Berühmtheiten zieren die Wände). Großes Antipasti-Buffet! Im Sommer sitzt man auf einer verglasten Veranda, im Winter heizt der Pizza-Ofen die Gewölbe ein.

► Erschwinglich

Capri* · ⑤ *Lo Sfizio
Via Tiberio 7/e
Tel. 08 18 37 41 28, Di geschl., im Winter nur Sa. und So.
Auch von Einheimischen geschätzte Familientrattoria auf dem Weg zur Villa Jovis. Gute Gemüseantipasti, Brathähnchen und abends auch Pizza.

Capri* · ⑥ *La Savardina da Eduardo
Via Lo Capo 8
Tel. 08 18 37 63 00; Di. geschl.
www.caprilasavardina.com
Gemütliches Gartenlokal kurz vor der Villa Jovis, zwischen Weinreben und Zitronen. Die Zutaten vom Antipasto bis zum Dolce stammen möglichst aus dem eigenen Garten, den Fisch fängt ein Onkel. Die Familie Tarantino betreibt auch das Ristorante-Albergo Belsito (siehe oben).

► Preiswert

Capri* · ⑦ *Pulalli
Piazza Umberto I. 4, Tel. 08 18 37 41 08, Di. geschl.
Wine Bar und Ristorante mit toller Terrasse direkt über der Piazzetta (seitlich am Uhrenturm führen ein paar Stufen hoch). Eine weitere Mini-Terrasse mit Blick auf den Golf. Leckere Kleinigkeiten und große Weinauswahl.

! *Baedeker* TIPP

Gelato al limone

Auf der Zitroneninsel muss man das erfrischende Zitroneneis probiert haben! Am besten am Chiosco Veneruso, der seit den 1920er-Jahren die Touristen an der Piazzetta erfrischt, bei Buonocore in der Via Vittorio Emanuele, wo sich oft lange Schlangen bilden, oder vor der Abreise am Hafen bei Il Gelato al Limone – nomen est omen.

Die Piazzetta in Capri-Stadt, auch »Welttheater im Mittelmeer« genannt

ÜBERNACHTEN

▶ Luxus

Capri* · ① *Quisisana
Via Camerelle 2
Tel. 08 18 37 07 88, www.quisi.com
Das Grandhotel eröffnete 1845 zunächst als Sanatorium, daher der Name. Gourmet-Restaurant, Beauty-Center, zwei Pools und alles, was das Leben des vermögenden Reisenden angenehm macht.

▶ Komfortabel

Anacapri* · ② *Da Gelsomina
Via Migliera 72
Tel. & Fax 08 18 37 14 99, www.dagelsomina.com; Ostern – Anfang Nov.
Das beliebte Familienrestaurant (siehe oben) offeriert ruhige, komfortable Gästezimmer mit Blick auf Ischia und den Sonnenuntergang. Auf Wunsch kann man sich mit dem Gepäck aus Anacapri abholen lassen. Kleiner Pool.

Capri* · ③ *La Prora
Via Castello 8
Tel. 08 18 37 02 81
www.albergolaprora.it; Apr. – Okt.
Aufmerksam geführte, ruhige Pension im verwinkelten Ortsteil oberhalb der Piazzetta. Aus den Zimmern 11 und 20 Blick auf Capri oder den Golf.

Capri* · ④ *Villa Sarah
Via Tiberio 3/A
Tel. 08 18 37 78 17; www.villasarah.it
Ende März – Ende Okt. In großem Garten ruhig gelegene, herrschaftliche Villa auf dem Weg zur Villa Jovis. Stilvoll eingerichtete Zimmer mit Balkon. Im Sommer Frühstück auf der Terrasse. Kleiner Pool.

▶ Günstig

Anacapri* · ⑤ *B & B Maruzella
Via Lo Funno 15, Tel. & Fax
08 18 37 27 68, Mobil 33 33 38 12 97
maruzzella.capri@email.it
Capri jenseits von Glamour und Massentourismus: Das Bauernhaus der Familie Biba öffnet sich mit großer Veranda auf den Golf von Neapel und ist von einem biologisch bewirtschafteten Gemüsegarten und Weinpergolen umgeben. Auf Wunsch kocht Signora Maria für ihre Gäste.

telbetrieb und das bitterarme Capri innerhalb weniger Jahrzehnte zu einem **Mythos der Spätromantik**.
In den **1950er-Jahren** wurde das bis dahin recht exklusive Capri für den Massentourismus erschlossen. Rudi Schurickes ergreifende **Capri-Schnulze** weckte eine Sehnsucht, die anscheinend nur durch einen Besuch auf der Insel gestillt werden konnte. Heute kommen während der Saison täglich bis zu 15 000 Tagesausflügler, was die Kapazitäten Capris an manchen Tagen zu sprengen droht.

Capris Sehenswürdigkeiten

Capri-Stadt, Piazzetta

Von der Marina Grande, wo alle Fähren und Tragflügelboote anlegen, geht es in ein paar Minuten mit dem Funicolare (Standseilbahn) hinauf in die Ortschaft Capri (7200 Einw., die größere der beiden Inselgemeinden) und zur **Piazza Umberto I.**, auch kurz Piazzetta genannt. Seit jeher wird dieser Platz mit Superlativen bedacht, als »Salon Europas« oder »Welttheater im Mittelmeer«. Eine Freitreppe steigt zur **Chiesa Santo Stefano** empor. Der Barockbau entstand Ende des 17. Jh.s nach neapolitanischem Vorbild und sein etwas abseits stehender Glockenturm ist das Wahrzeichen Capris. Sehenswert ist der Fußboden rund um den Hauptaltar, der 1759 aus Marmor-Bruchstücken der Villa Jovis gefertigt wurde. Auch der Marmorfußboden in der angrenzenden Rosenkranzkapelle ist antiken Ursprungs. Im gegenübergelegenen **Palazzo Cerio** (14. Jh.) lebte der Inselhistoriker Edwin Cerio. Heute beherbergt er ein pittoresk verschlafenes Museum mit Fundstücken aus fast allen Perioden der langen Geschichte Capris und der umfangreichen Bibliothek aus dem Nachlass Cerios (Centro Caprese Ignazio Cerio, Piazzetta Ignazio Cerio 8/A; Di., Do., Fr. 16.30 – 20.00, Mi., Sa. 9.30 – 13.00 Uhr). 🕑

Via Vittorio Emanuele

Das Zentrum Capris ist überschaubar klein und scheint auf den ersten Blick vor allem aus Luxusboutiquen zu bestehen. Allerdings gibt es einige Orte von kulturhistorischer Bedeutung. So befand sich in der Via Vittorio Emanuele 27/29 – heute verkauft hier das italienische Luxuslabel Ferragamo seine eleganten Produkte – zwischen 1870 und 1929 das legendäre **Café Zum Kater Hiddigeigei**. Hier verkehrten alle illustren Capribesucher. Das heutige **Hotel La Palma** nur wenige Schritte weiter (Via Vittorio Emanuele 39) ist der Ursprung der capresischen Hotelgeschichte. Ab 1826 bewirtete hier **Giuseppe Pagano** vor allem deutsche Maler und Schriftsteller, die nach der Entdeckung der Blauen Grotte nach Capri kamen. Die **Via Camerelle** mit ihren exklusiven Geschäften führt zum **Hotel Quisisana**, das um 1860 von einem schottischen Arzt als Lungensanatorium gebaut wurde und heute eines der luxuriösesten Hotels weltweit ist.

Giardini di Augusto

Über die Via F. Serena und die Via Matteotti erreicht man die Giardini di Augusto. Die Parkanlage mit stupendem **Ausblick** auf das Meer und das berühmte Felsentrio der **Faraglioni** war ein Geschenk

Capri Orientierung

des deutschen Industriellen **Friedrich Alfred Krupp** (1854 – 1902). Spektakulär ist die vor einigen Jahren restaurierte, sich zum kleinen Hafen der Marina Piccola herabschlängelnde Via Krupp, die der in Capri verliebte Mäzen bauen ließ.

✶ Via Krupp ►

✶ **Certosa di San Giacomo**

Die Certosa di San Giacomo ganz in der Nähe ist Capris bedeutendstes sakrales Baudenkmal. Das Kloster entstand ab 1371 für den Kartäuserorden und war bis zu seiner Säkularisation unter König Joseph Bonaparte das eigentliche Machtzentrum der Insel. Heute sind im ehemaligen Refektorium die Gemälde des deutschen Malers **Karl Wilhelm Diefenbach** ausgestellt (Di. – So. 9.00 – 14.00 Uhr).

✶ **Aussichtspunkte**

Vom Hotel Quisisana führen die typischen Hinweisschilder aus farbig bemalter Keramik zur **Punta Tragara** oder weiter zum **Arco Naturale**, zwei Aussichtspunkten, vor deren Schönheit die Capribesucher seit jeher in die Knie gehen.

Essen

1. Add'ò Riccio
2. Da Gelsomina
3. Le Grottelle
4. Da Gemma
5. Lo Sfizio
6. La Savardina (da Eduardo)
7. Pulalli

Übernachten

1. Quisisana
2. Da Gelsomina
3. La Prora
4. Villa Sarah
5. B&B Maruzella

★ **Villa Malaparte**

Auf dem weiteren Weg zur **Grotta Matromania**, einer der vielen Naturgrotten der Insel, kann man einen Blick auf eines der kühnsten Gebäude der modernen Architekturgeschichte Italiens werfen. Die Villa des deutsch-italienischen Schriftstellers Curzio Malaparte (1898 bis 1957), der eigentlich Kurt Erich Suckert hieß und eine höchst bewegte Biografie als Schriftsteller, Politiker und Journalist aufzuweisen hat, ist weltberühmt. Sie wurde – dank Malapartes guter Kontakte zur Politikerelite – ab 1938 in einem Naturschutzgebiet nach Plänen des Architekten Adalberto Liberà und des Bauherren auf der **Punta di Masullo**, einem Felsvorsprung über dem Meer, errichtet. Die Villa ist, obwohl Malaparte sie testamentarisch der Volksrepublik China vermachen wollte, im Besitz der Familienstiftung Ronchi und nicht zu besichtigen. Aber allein der Blick auf das leuchtend rote, kompakte, 10 x 54 m messende Gebäude mit seiner spektakulären Freitreppe zur Dachterrasse hinauf lohnt diesen Spaziergang. 1996 drehte hier Jean-Luc Godard den Film »Le Mépris«.

★★
Villa Jovis, Palazzo di Tiberio

Ein ca. einstündiger, dabei nie beschwerlicher Spaziergang führt von der Piazzetta zum im Nordosten der Insel liegenden **Monte Tiberio**. Auf dessen 334 m hohen, steil ins Meer stürzenden Felswänden liegt die Ruine einer der größten kaiserlichen Villen des römischen Imperiums (Viale Amedeo Maiuri; tgl. 9.00 Uhr bis 1 Std. vor Sonnenuntergang). Die Villa Jovis war elf Jahre lang die Residenz von Tiberius, der von hier aus das Imperium regierte. Die Villa Jovis, benannt nach dem **Gott Jupiter** (ital. Giove) bedeckte eine Fläche von annähernd 7000 m². Ihre einzigartige Lage mit einem Panoramablick auf den gesamten Golf von Neapel ließ sie weniger wie eine der üblichen Villae maritimae, sondern eher wie eine Seefestung wirken.

! *Baedeker* TIPP

Literarischer Friedhof mit Ausblick

Einer der stimmungsvollsten Orte des ganzen Golfs ist der »nichtkatholische« Friedhof (Cimiterio acattolico). Er wurde 1879 von der englischen und deutschen Fremdenkolonie gegründet und ist ein Stück Kulturgeschichte. Die meisten der hier Bestatteten sind vergessen: Künstler, Intellektuelle, Außenseiter, Glücksritter, Lungenkranke und Selbstmörder liegen hier versammelt, unter ihnen **Norman Douglas**, Schriftsteller deutsch-schottischer Abstammung, der einige Klassiker der italienischen Reiseliteratur geschrieben hat.

Kern der Anlage sind vier gewaltige **Zisternen**, um die herum sich die Villa auf verschiedenen Ebenen ausbreitete. Allein der Wasserbedarf der besonders großzügig ausgestatteten Thermen muss enorm gewesen sein. Die Zisternen hatten ein Fassungsvermögen von über 8000 m³. Auf der Südseite des antiken Gebäudes befanden sich, parallel zum Eingangsbereich mit seinem großzügigen Atrium und verschiedenen Empfangszimmern, eine Abfolge von luxuriösen **Baderäumen**, die dem gängigen Modell römischer Thermenanlagen entsprachen. Der im Westen gelegene Wirtschaftstrakt beherbergte auf drei Ebenen Küche, Lagerräume und Unterkünfte für die kaiserlichen Bediensteten. **Tiberius Privaträume** befanden sich im Norden des Gebäudes. Auf einer Rampe erreichte Tiberius einen in den Felsen geschlagenen Spazierweg, der wegen seiner Ausblicke seinesgleichen auf der Welt sucht.

Der heutige Zustand der Ruine ist das Ergebnis einer Ausgrabungskampagne in den 1930er-Jahren unter Amedeo Maiuri. Mehr Vermutung als bewiesene These ist die Annahme eines weiteren Stockwerks über der zentralen Zisterne. Auch die Geschichten um den berüchtigten **Salto di Tiberio**, von dem der Kaiser in Momenten launenhafter Grausamkeit seine Opfer 300 m tief hinuntergestürzt haben lassen soll, sind – obwohl capresische Insellegenden – nicht unbedingt glaubwürdig. Antike Autoren wie Tacitus verzerrten das Bild des ungeliebten Kaisers bis zur Unkenntlichkeit.

★
Villa Lysis

Der französische Dichter und Millionenerbe **Jacques d'Adelswaerd Fersen** ließ sich 1905 seine Capriresidenz in einem spätklassizistischen Fantasiestil errichten. Zusammen mit Nino Cesarini, einem römischen Ex-Zeitungsverkäufer und Hilfsbauarbeiter, zelebrierte

Villa Jovis Orientierung

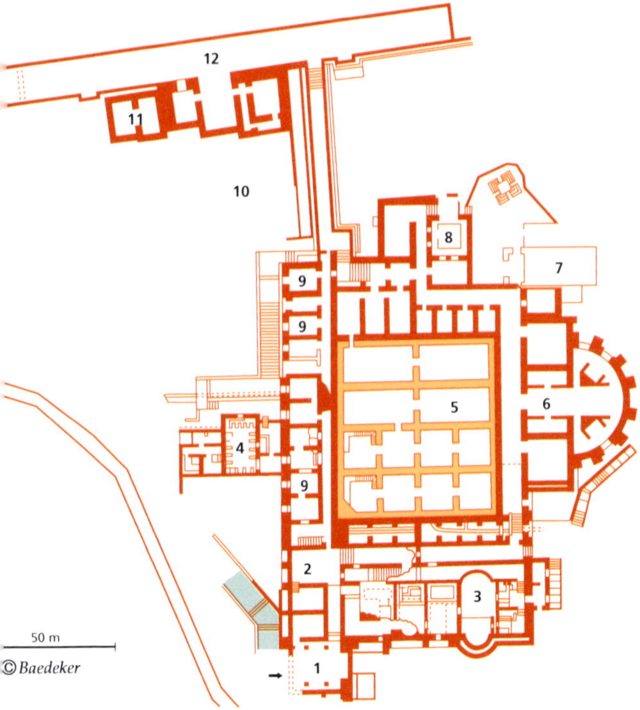

1 Eingangshalle · Atrium
2 Vestibül
3 Thermen
4 Küche
5 Zisterne
6 Aula · Repräsentationsräume
7 Santa Maria del Soccorso
8 Kaiserliche Privaträume
9 Bedienstetenräume
10 Terrasse
11 Zisterne
12 Wandelgang

Fersen hier ein der Schönheit und den Drogen gewidmetes Leben, dem er 1923 mit einer gezielten Überdosis ein Ende setzte. Die Villa Lysis war bis vor kurzem ein Kulturzentrum, steht aber aktuell wieder zum Verkauf und ist nicht zugänglich.

Anacapri

Die andere Inselgemeinde

Während sich Capri ganz der mondänen Welt hingibt, versucht Anacapri (6200 Einwohner) sein eher dörfliches Image zu bewahren. Allerdings lässt auch hier der Tagestourismus die einstige Inselromantik oft etwas kulissenhaft wirken. Die Konkurrenz zwischen Capri und Anacapri gehört zum Inselmythos. Erst seit 1877 gibt es zwischen den beiden Orten eine Straßenverbindung, zuvor war die **Scala Fenicia** der einzige und beschwerliche Weg (►Inselgeschichte).

✶ Villa San Michele

Zentrum des touristischen Anacapri ist die **Piazza Vittoria**. Von hier aus führt der Weg zur Villa San Michele, einer seit Jahrzehnten berühmten, durch einen Roman zur Legende gewordenen Sehenswürdigkeit. Der schwedische Arzt **Axel Munthe** (1857–1949) ist eine der schillernden Hauptfiguren der capresischen Lokalgeschichte. Er war Modearzt, militanter Tierschützer und ein nicht ganz uneitler Schriftsteller, der mit dem Roman »Das Buch von San Michele« einen Weltbestseller landete. Ab 1896 ließ er sich auf den Ruinen einer antiken Villa und den Resten einer Kapelle sein schneeweißes Haus errichten (Mai–Sept. 9.00–18.00, Okt., Apr. bis 17.00, Nov. bis Febr. bis 15.30, März bis 16.30 Uhr). Das Innere der Villa ist ein berückendes Durcheinander von Antiquitäten, Devotionalien und antiken römischen Fundstücken. Berühmt ist die steinerne Sphinx auf einer der Terrassen. Munthe konnte wegen eines Augenleidens seine von Licht und Sonne durchflutete Villa nicht lange genießen und zog sich 1910 in die nicht weit entfernte **Torre Materita** zurück

Castello di Barbarossa ►

Oberhalb der Munthe-Villa liegt das sog. Castello di Barbarossa, eine Burgruine aus dem 12. Jh.; ihren Namen verdankt sie dem türkischen Seeräuber Caireddin Barbarossa, der das Castello 1535 zerstörte.

Weitere Sehenswürdigkeiten in Anacapri

Der Charme Anacapris ist ganz und gar abhängig von den Gezeiten der in Bussen anlandenden Tagestouristen. An späten Nachmittagen ist daher ein Spaziergang durch die Altstadt rund um die **Piazza Armando Diaz** durchaus eindrucksvoll. Das südöstlich der Piazza hinter der Pfarrkirche Santa Sofia gelegene **Viertel Le Boffe** ist mit seinen stillen Gassen und weiß getünchten Häuschen eine Idylle.

✶ Casa Rossa ►

Empfehlenswert ist auch ein Besuch der Casa Rossa (Via Giuseppe Orlandi, tgl. 11.00–13.00 und 18.00–21.30 Uhr, Mo. vormittags geschl.). In dem ab 1876 von dem amerikanischen Oberst und Hobbyarchäologen John Clay MacKowen erbauten, orientalisch anmutenden Fantasiegebäude sind zahlreiche antike Architektur- und Dekorationsfragmente ausgestellt.

San Michele Arcangelo ►

Die Kirche San Michele Arcangelo, 1719 nach Plänen von **Domenico Antonio Vaccaro** erbaut, ist vor allem wegen ihres Majolikafußbodens einen Besuch wert. Auch wenn dieser erst 1761 fertiggestellt wurde, geht er wahrscheinlich auf einen Entwurf Vaccaros zurück (Vaccaro war auch am Bau des Chiostro delle Maioliche in Neapels Kirche Santa Chiara maßgeblich beteiligt). Der leuchtend farbige Fußboden zeigt die Vertreibung Adams und Evas aus dem Paradies durch den Erzengel Michael. Besonders schön ist der Blick von der Orgelempore (Piazza San Nicola; Apr.–Okt. tgl. 9.00–19.00, Nov. bis März 10.00–15.00 Uhr).

✶ **Grotta Azzurra**

Nicht weniger paradiesisch ist der rund einstündige Spaziergang von Anacapri an den Resten der antiken **Villa di Damecuta** vorbei zur Blauen Grotte. Sie ist eine **weltweit bekannte touristische Attraktion** und Synonym für eine ins Mystisch-Esoterische überhöhte Naturschönheit. Dabei ist ein Besuch der 30 m hohen, 54 m langen und 15 m breiten Karsthöhle gerade für den Tagesbesucher auf Capri meist alles andere als romantisch. Auf die Anfahrt mit Motorbooten von der Marina Grande folgt – und das nur bei ruhiger See – vor der eigentlichen Grottenöffnung der Umstieg in kleinere Ruderboote. Der eigentliche Besuch des Weltwunders ist dann meist enttäuschend kurz und durch die Vielzahl der Boote (fast) nie ungestört. Nichtsdestotrotz sind die Lichteffekte in der Grotte an sonnigen Vormittagen von überwältigender Schönheit. Das Sonnenlicht dringt durch eine tief unter dem Meeresspiegel liegende Öffnung ein, sorgt für die außerordentliche Blautönung des Wassers und scheint alle ins Wasser gehaltenen Gegenstände zu versilbern.

◄ Besuch der Blauen Grotte: an sonnigen Vormittagen!

In antiker Zeit war die Grotte ein Nymphäum und vermutlich durch einen unterirdischen Gang mit der oberhalb liegenden **Villa di Damecuta**, einem Sommersitz des Tiberius, verbunden (Via Amedeo Maiuri; tgl. 9.00 – 14.00 Uhr). Die Villa wurde erst ab 1937 ausgegraben, nachdem sie annähernd 200 Jahre als Steinbruch gedient hatte. Direkt über der Blauen Grotte und mit dieser durch einen Treppenweg verbunden liegen mit den Ruinen der **Villa di Gradola** die Reste einer weiteren antiken Villae maritimae. Ein Großteil der im 19. Jh. ausgegrabenen Funde wurde als Spolien beim Bau der Casa Rossa wieder verwendet.

★ Monte Solaro

Südlich der Piazza Vittorio befindet sich die Talstation des Sesselliftes (Seggiovia), der in wenigen Minuten auf den 589 m hohen Monte Solaro hinaufführt. Zu Fuß dauert der Aufstieg ca. eine Stunde. Der Ausblick von der höchsten Erhebung Capris ist einmalig.

Die umschwärmte »Blaue Grotte« im Nordwesten von Capri

Capua und ★Santa Maria Capua Vetere

D 2

Region: Campania
Höhe: 36 und 25 m ü. d. M.

Provinz: Caserta
Einwohnerzahl: S. Maria Capua Vetere: 31 000; Capua: 19 000

Die beiden Städte im kampanischen Hinterland sind zwar seit Langem eigenständige Kommunen, ihre gemeinsame Geschichte jedoch ist bei einem Besuch allgegenwärtig.

★ Santa Maria Capua Vetere · Antikes Capua

Geschichte

Santa Maria Capua Vetere, das antike Capua, war im 4. Jh. v. Chr. die größte Stadt Kampaniens, aber schon im frühen Mittelalter nur noch ein unbedeutendes Dorf. Die Via Appia, die erste und wichtigste aller römischen Heerstraßen, führt heute als beschauliche Provinzstraße durch den Ort.

In dem Amphitheater kämpfte schon Spartakus.

Capua war eine oskische Siedlung, wurde im 6. Jh. v. Chr. etruskisch, dann samnitisch und nach langen Kämpfen 338 v. Chr. römische Kolonie. Der Bau der Via Appia verband Rom mit den südlichen Provinzen und machte Capua zu einem wichtigen Stützpunkt römischer Expansionspolitik. Berühmt war die Stadt für ihr Amphitheater und die angeschlossene Gladiatorenschule, in der **Spartakus**, ein aus Thrakien stammender Sklave den nach ihm benannten Aufstand begonnen haben soll. Capua wurde schon 456 durch die Goten und 841 von den Sarazenen dermaßen zerstört, dass die Stadt nicht mehr zu halten war. 856 gründeten Langobarden in 5 km Entfernung das heutige Capua in einer Flussschleife des Volturno.

★★ Anfiteatro Campano

Das nach dem römischen Kolosseum zweitgrößte Amphitheater Italiens trotzte vor allem dank seiner Ausmaße den Stürmen der Zeit. Obwohl in früheren Jahrhunderten zum Steinbruch geworden, ist der unter Kaiser Hadrian entstandene Bau auch als Ruine noch beeindruckend (im Nordwesten der Stadt, Piazza 1. Ottobre; Di. – So. 9.00 bis 1 Std. vor Sonnenuntergang, in den Wintermonaten bis 16.00 Uhr). 50 000 Menschen hatten in dem Theater Platz, das 170 x 140 m misst und über ähnlich raffiniert angelegte Untergeschosse verfügte wie das Amphitheater von Pozzuoli. Ein kleines Museum präsentiert Dekorationsfragmente des Theaters sowie eine Dauerausstellung über die **Welt der Gladiatoren**. Unweit des Amphitheaters an der heutigen Via Aldo Moro steht der **Arco di Adriano** aus hadrianischer Zeit, durch den die Via Appia führte.

◄ Museo dei Gladiatori

★ **Miträum**

1922 wurde in Santa Maria Capua Vetere ein Mithräum aus dem 2. Jh. n. Chr. entdeckt (Besichtigung auf Anfrage im Amphitheater oder Museum; Via Morelli). Das unterirdische, dem persischen Gott Mithras geweihte Heiligtum entging den Zerstörungen nachantiker Zeit und ist gut erhalten. Götter fremder Religionen wie Isis, Serapis oder eben Mithras gelangten über den internationalen Hafen von Pozzuoli nach Süditalien. Der **Mithraskult** war besonders bei römischen Legionären populär, seine Riten sind aber noch immer nahezu **unbekannt**. Zentrale Bedeutung hatte die Tötung des Stiers durch den Gott, vielfach interpretiert als Schöpfungsakt. Die Anhänger des Mithras wurden in sieben Initiationsschritten in das Mysterium eingeführt. Das capuanische Mithräum ist ein L-förmiges Gewölbe mit einem freskengeschmückten Hauptraum. Das zentrale Motiv der noch nicht entschlüsselten Malereien zeigt die Tötung des Stiers durch Mithras.

Schlüsselszene im Mithras-Kult: die Stiertötung

Museo Archeologico

Das Museo Archeologico dell'Antica Capua wurde 1995 in einem historisch bedeutenden Palazzo eingerichtet. Das spätmittelalterliche Gebäude steht an der Stelle des Forums. Die in zehn Sälen eingerichtete Sammlung führt durch die Geschichte Capuas von der oskischen Gründung bis zur Romanisierung im 4. Jh. v. Chr. Die samnitischen Kriegergräber sind mit ausdrucksstarken Fresken geschmückt, die an die Grabmalereien im Museum von Paestum erinnern (Via Roberto d'Angiò 48; Di. – So. 9.00 – 19.00 Uhr).
Reste der römischen Vergangenheit finden sich auch in einigen Kirchen Capuas. Im **Dom Santa Maria Maggiore** wurden antike Säulen wiederverwendet und die **Chiesa di San Erasmo** trug den Beinamen »in capitolio«, weil sie auf den Trümmern des Kapitols erbaut wurde.

CAPUA ERLEBEN

AUSKUNFT

Pro Loco di Capua
Piazza dei Giudici 4
Tel. & Fax 08 23 96 27 29
www.capuaonline.com
www.cittadicapua.it

VERANSTALTUNGEN

Carnevale: »La città che ride«, die lachende Stadt, nennt sich Capua. Seit über 100 Jahren wird jedes Frühjahr eine Woche lang Karneval gefeiert. *Teatri di Pietra:* Von Ende Juli bis Mitte August werden im Amphitheater von Santa Maria Capua Vetere und in den weiteren antiken Theatern der Provinz Caserta, wie z. B. in Teano oder Sessa Aurunca, griechische Dramen, römische Komödien und zeitgenössische Stücke aufgeführt (www.teatridipietra.org). *Mitreo Film Festival:* Mitte Dezember zeigen junge Talente Kurzfilme im Teatro Garibaldi von Santa Maria Capua Vetere (www.mitreofilmfestival.it).

EINKAUFEN

In Capua werden Di. – Sa. am Vormittag die landwirtschaftlichen Erzeugnisse der Campania felix im Rücken des Doms ausgebreitet; montags wird am Largo Porta Napoli Wochenmarkt abgehalten.

ESSEN

► Erschwinglich

Capua · ① Osteria dei Nobiluomini
Piazza De Renzis 6, Tel. 08 23 62 00 62
www.osteriadeinobiluomini.it
So. abends und Mo. geschl. – Altstadtlokal mit modernem Ambiente, kreativer Territorialküche und guter Weinauswahl. Tische auf der Piazza.

Santa Maria Capua Vetere · Ninfeo
Traversa Cappabianca (gegenüber dem Justizpalast), Tel. 08 23 84 67 00
So. abends geschl. Antonio Leonelli hält als Koch und Sommelier die Traditionen kampanischer Küche hoch. Hausgemachte Pasta, Fisch und Fleisch.
Den Corso Giuseppe Garibaldi säumen ***eine Reihe netter Bars und Cafès***, vom Museo Archeologico sind es nur ein paar Schritte.

Capua · ④ Gelateria La Paletta d'Oro
Via Gran Priorato di Malta
Tel. 08 23 62 19 54, Di. geschl.
Legendärer Eistempel in Domnähe.

► Preiswert

Capua · ② Romano
Corso Appio 34–36 (Piazza Medaglie d'Oro), Tel. 08 23 96 17 26, Di. geschl.
Das Gewölbe der Familientrattoria hat nach der Renovierung zwar an Charme, die Küche aber nichts von ihrer Qualität eingebüßt. Am Abend auch Pizza. Jüngeres Publikum.

Baedeker-Empfehlung

Capua · ③ Ex libris
Corso Gran Priorato di Malta 25
Tel. 08 23 96 20 97
www.architempo.it
www.palazzolanza.it,
Mo geschl. Kulturleben im Palazzo: Maria Teresa unterhält im Haus ihrer Vorfahren ein Literatur-Cafè mit Ristorante (Do., Fr. und Sa. abends und So. mittags), Buchhandlung sowie ein kleines Bed & Breakfast.

Santa Maria Capua Vetere · La Spelunca
Via Pietro Morelli 9, Di. geschl.
Tel. 08 23 84 47 78

Capua Orientierung

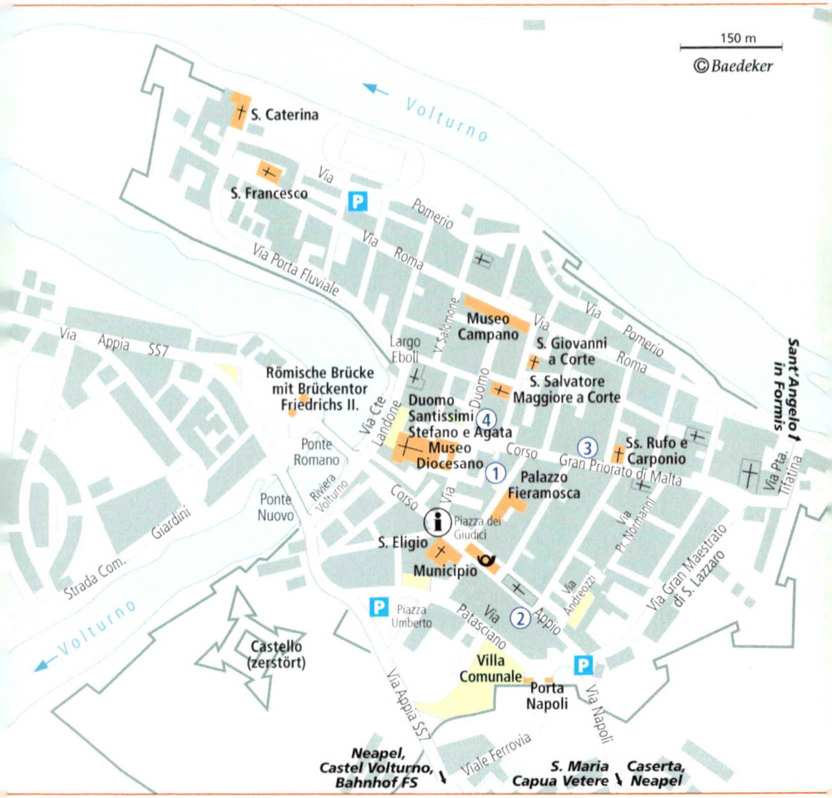

Essen
① Osteria dei Nobiluomini
② Romano
③ Ex Libris
④ Gelateria La Paletta d'Oro

Übernachten
① Masseria Giò Sole Agriturismo

Nettes Lokal in einem Orangengarten in Nähe des Archäologischen Museums. Lokale Küche, Fleisch vom Grill.

ÜBERNACHTEN

► Komfortabel

Capua* · ① *Masseria Giò Sole Agriturismo
Via Giardini 31 (Richtung Brezza)
Tel. 08 23 96 11 08
www.masseriagiosole.com
Das Gutshaus der Pasca di Magliano liegt 1 km westlich von Capua am Nordufer des Volturno. Gemütliche Gästezimmer in ehem. Wirtschaftsräumen. Abends sitzt man im Kaminzimmer. Schmackhafte Landküche mit Zutaten aus biologischer Landwirtschaft. Innenhof, Pool, Gästefahrräder und Hofladen.

Umgebung von Santa Maria Capua Vetere

Gleich hinter dem Ortausgang in Richtung Caserta liegen links am Straßenrand der antiken Via Appia die sog. **Carceri vecchie**. Was der Volksglaube nachantiker Zeit zum Gladiatorengefängnis machte, ist einer der größten römischen Grabbauten Kampaniens. Weiter in Richtung Caserta, dieses Mal rechts, erhebt sich mit **La Canocchia** ein weiteres antikes Grabmal aus dem 2. oder 3. Jh. n. Chr.

Capua · Mittelalterliche Stadt

Geschichte

An der Stelle des römischen Casilinum, des Flusshafens des antiken Capua, gründeten die Langobarden das heutige Capua. Diese »neue« Stadt wurde aus den Trümmern der alten gebaut, sodass sich die einstige Hauptstadt der Campania felix in Form zahlreicher Spolien und profanen Baumaterials in das heutige Capua quasi transformiert hat. Neben Benevento war Capua eine der wichtigsten Städte des italienischen Langobardenreichs. 1076 eroberten Normannen die Stadt, Friedrich II. errichtete an diesem strategisch wichtigen Ort seines Stauferreichs das berühmte Brückenkastell. Während des Zweiten Weltkriegs wurde Capua von alliierten Geschwadern bombardiert und das historische Zentrum schwer beschädigt.

Sehenswertes in Capua

Der größtenteils restaurierte Centro storico, ein Denkmal mittelalterlicher Geschichte Süditaliens, ist klein und die wichtigsten Sehenswürdigkeiten sind zu Fuß schnell erreicht. Der **Corso Appio** mit der römischen Brücke über den Volturno (nach dem Krieg rekonstruiert) war die wesentliche Trasse des antiken Casilinum und die heutige Piazza del Giudice womöglich das Forum der kleinen römischen Stadt. In der Fassade des Municipio sind sieben große Reliefköpfe eingemauert, die aus dem Amphitheater Alt-Capuas stammen.

✶ Duomo Santissimi Stefano e Agata

Der Dom wurde 856 vom langobardischen Bischof Landolf gegründet, im 12. Jh. umgebaut, im 18. Jh. barockisiert und 1943 zerstört. Während des Wiederaufbaus wurde der Innenbau romanisch rekonstruiert. Beachtenswert ist der rechts vor dem Hauptaltar stehende Osterleuchter (13. Jh.). Unzerstört blieb das der Kirche vorgelagerte Atrium mit Säulen aus dem antiken Capua. Auch der langobardische Campanile überstand die Jahrhunderte.

Reste der Vergangenheit

Der größte Reiz Capuas sind die überall in der Stadt zu entdeckenden Spolien aus römischer, langobardischer, normannischer und staufischer Zeit. Eingemauert in Wände oder unvermittelt in Innenhöfen stehend finden sich Säulen mit wuchtigen Kapitellen oder Skulpturenreste. Auch der normannische **Castello delle Pietre** besteht größtenteils aus antikem Baumaterial (nicht zugänglich). Im Zweiten Weltkrieg zerstört wurde Capuas berühmtestes Bauwerk, das Brückentor **Friedrichs II.** (1234–1239). Es wurde schon im 16. Jh. teilweise demontiert, als Karl V. die Stadtmauer neu anlegen ließ. Übrig geblieben sind allein die oktogonalen Sockel. Ein Teil des

Brückentor Friedrichs II. ►

reichen **Skulpturenschmucks** ist im Museo Campano zu sehen.

Das sehenswerte **Museo Campano** am Ende der Via Duomo (Eingang Via Roma) im Palazzo Antignano birgt einige spektakuläre Ausstellungsstücke wie das römische Mosaik aus dem Tempel der Diana Tifatina, der heutigen Kirche Sant'Angelo in Formis. Bei den aus Tuff geschlagenen **Matres matutae**, Frauengestalten mit Säuglingen in den Armen, handelt es sich um die teils überlebensgroßen Votivgaben eines alten kampanischen Fruchtbarkeitskultes. Allein schon einen Besuch wert ist der vom staufischen Brückentor stammende **Skulpturenschmuck**. Der deutsche Historiker und Nobelpreisträger Theodor Mommsen erstellte in Capua nach 1880 einen umfangreichen Katalog der erhaltenen römischen Inschriften (Via Roma 68; Di. – Fr. 9.00 – 13.30, So. nur bis 13.00 Uhr).

Symbol der Fruchtbarkeit: eine der »Matres«

✶ Caserta

E 2

Region: Campania
Höhe: 68 m ü. d. M.

Provinz: Caserta
Einwohnerzahl: 80 000

Die Reggia di Caserta, Zentrum der lebendigen Provinzhauptstadt am Fuß des Monte Tifata, ist einer der größten Schlossbauten des Absolutismus.

✶ Palazzo Reale · La Reggia

Karl III. von Bourbon hatte von seinem Urgroßvater, dem französischen König Ludwig XIV. nicht nur die Jagd-, sondern auch die Bauleidenschaft geerbt. Dem Vorbild Versailles folgend, entstand fern der engen und übervölkerten Hauptstadt Neapel eine neue Residenz. Sie stellte den beauftragten Architekten, **Luigi Vanvitelli**, den größten Architekten des neapolitanischen Barocks, vor erhebliche Probleme. Um das Schloss und vor allem den riesigen Park mit Wasser zu versorgen, wurde der 41 km lange Acquedotto Carolino angelegt, der Wasser von den Quellen des Monte Taburno nach Caserta brachte.

Öffnungszeiten:
Mi. – Mo.
8.30 – 19.30
letzter Einlass:
19.00 Uhr

Herzstück der Reggia: Vanvitellis grandioses Treppenhaus

Eine ewige Baustelle ▶

Die Errichtung des seinerzeit viel bewunderten Aquädukts soll ebenso teuer wie der gesamte Schlossbau gewesen sein. Die Grundsteinlegung erfolgte am 20. Januar 1752, dem 36. Geburtstag des Königs. Salutierende Soldaten markierten die Umrisse des zukünftigen Schlosses und auf Vanvitellis Grundstein stand: »Möge das Haus und die Schwelle wie das Herrschergeschlecht der Bourbonen dauern, bis dieser Stein auffliegt aus eigener Kraft!«

Das Schloss von Caserta hat den Bourbonen wenig Glück gebracht. Als Karl III. 1759 Neapel verließ, war die Anlage noch eine Baustelle. Nach dem Tod Vanvitellis 1773 übernahm sein Sohn Carlo die Bauleitung. Die ursprünglichen Pläne wurden aber nie vollständig ausgeführt. Man verzichtete unter anderem auf die zentrale Kuppel sowie auf die vier Ecktürme. Der als Quadrat geplante Bau wurde wegen des vom König geforderten größeren Raumbedarfs zu einem Rechteck erweitert und dies auf Kosten der von Vanvitelli entworfenen Fassadengestaltung. Zudem zog sich die Ausstattung der Räume bis weit ins 19. Jh. hinein. Wirklich bewohnt wurde das Schloss nur von Ferdinand II. und seiner Familie.

La Reggia in Zahlen ▶

Das neben dem spanischen Escorial und dem französischen Versailles größte Schloss des europäischen Absolutismus verblüfft bis heute mit seinen Dimensionen: 44 300 m² Fläche (wovon 16 000 m² auf die vier Innenhöfe entfallen), eine Fassade von 247 m Breite und Seitenfassaden von jeweils 184 m Länge. Mehr als 1200 Zimmer, 1741 Fenster, zwei gewaltige Treppenhäuser, 30 Nebentreppen und ein Theater, dessen Bühnenrückwand sich zum Park hin öffnen ließ und somit ganz besondere Effekte ermöglichte, machen diese Residenz zu einem einzigartigen Monument europäischer Architekturgeschichte. Der Sohn des aus den Niederlanden stammenden Malers Gaspar van Wittel, der Architekt Luigi Vanvitelli (1700–1773) prägte das neapolitanische Stadtbild im 18. Jahrhundert. Zu seiner Lebensaufgabe wurde jedoch der Bau des Schlosses von Caserta.

◄ Der Architekt Luigi Vanvitelli

Die Reggia im 19. und 20. Jh.

1860 verließen die Bourbonen Neapel und das Haus Savoyen stellte von nun an die Könige des vereinigten Italiens. Rom, Turin und Mailand wurden die Zentren des neuen Königreichs. Seit 1921 ist die Reggia staatlicher Besitz. 1943 war sie für kurze Zeit Quartier der alliierten Mittelmeerstreitkräfte, 1945 wurde hier eine der Kapitulationsurkunden der deutschen Wehrmacht unterzeichnet. Seit den 1950er-Jahren sind die restaurierten königlichen Appartements der Öffentlichkeit zugänglich. 1994 war der Thronsaal Schauplatz eines festlichen Abendessens zu Ehren der am G 7-Gipfel teilnehmenden Staatschefs. Treppenhaus und Vestibül des 1. Stocks dienten als Kulisse für einige Szenen der »Krieg-der-Sterne«-Filme. Zuletzt mietete der amerikanische Regisseur George Lucas die Reggia im Jahr 2005. Nur ein Bruchteil der Räume ist zu besichtigen. Die Reggia ist Museum, beherbergt kommunale Behörden, die Büros der Soprintendenza sowie mit der Scuola Aereonautica eine Militärakademie.

CASERTA ERLEBEN

AUSKUNFT

EPT
Palazzo Reale, 81100 Caserta
Tel. 08 23 55 00 11, www.eptcaserta.it
Info Point Turistico
Viale G. Douhet 2a, Tel. 08 23 32 11 37
www.casertaturismo.it

GUT ZU WISSEN

Einkaufen: In San Leucio und Umgebung sind immer noch einige Seidenmanufakturen in Betrieb, die Möbel-, Vorhangstoffe und Stofftapeten nach alten Entwürfen fertigen (Verkaufsräume an der Piazza della Seta bzw. Piazza Scuderia).

Wandern in der Oasi di San Silvestro: Dank der Jagdleidenschaft Ferdinands IV. sind 76 ha schönster Steineichenwald auf dem Hügel, der sich nördlich an den Park der Reggia anschließt, erhalten. Der World Wildlife Fund organisiert Wanderungen durch das Naturschutzgebiet (Via Giardini Reali 1bis, 1 km von San Leucia in Richtung Castel Morrone; Tel. 08 23 36 13 00, www.laghiandaia.info; März und Okt. bis Mitte Nov. 11.00 und 15.00, April bis Juli und Sept 10.30 und 17.00 Uhr. Eintritt für WWF-Mitglieder gratis).

VERANSTALTUNGEN

Leuciana Festival: Im Juli wird der Real Belvedere von San Leucio zur Bühne eines renommierten Theater- und Musikfestivals (www.leuciana.org). *Settembre al Borgo:* Anfang September bieten die Altstädte von Casertavecchia und San Leucio eine zauberhafte Kulisse für das international besetzte Theater-, Ballett- und Musikfestival (www.settembrealborgo.it).

ESSEN

► Erschwinglich

San Leucio · Antica Locanda
Piazza della Seta 7/9
Tel. 08 23 30 54 44
www.ristoranteanticalocanda.com
So. abends und Mo. geschl.
Elegantes Spezialitätenlokal in der Ortsmitte, die Tische mit feinstem Seidenbrokat gedeckt. Köstliche Pastagerichte, im Winter stehen Stockfisch, Schweinebraten und Salsicce auf der Karte.

Casertavecchia · Gli Scacchi
Via Sant'Annunziata 5
Tel. 08 23 37 10 86
Mo. – Mi. geschl.
Mit Enthusiasmus machen sich Gino Della Valle und seine Frau Marilena an die Wiederentdeckung traditioneller Rezepte und sind zugleich aufgeschlossen für kulinarische Experimente. Im Grünen außerhalb des Altstadtzentrums in der Nähe des großen Parkplatzes.

Le Colonne
Via Nazionale Appia 7/13
Tel. 08 23 46 74 94; Di. geschl.
Beste Cucina casertana in einem Jugendstiljuwel 1 km westlich der Reggia. Büffelricotta und -mozzarella gehören zu den klassischen Zutaten, empfehlenswert ist auch in Aglianico geschmorter Büffelbraten.

Casagiove · Le Quattro Fontane
Via Quartiere Vecchio 60
Tel. 08 23 46 89 70; So. geschl.
Von Einheimischen gerne besuchte und von Slow Food hoch gelobte Trattoria im Ortsteil Casagiove westlich der Reggia. Bäuerliche Küche mit deftigen Suppen, deren Zutaten sich nach der Jahreszeit richten.

► Preiswert

Angelica Caffè & Self Service
Palazzo Reale, Tel. 08 23 35 58 68
Di. geschl. Freundlich-moderne Caffè-Bar, mittags leckere Pasta und Salate.

ÜBERNACHTEN

► Komfortabel

Amadeus
Via Verdi 72, Tel. 08 23 35 26 63
www.hotelamadeuscaserta.it
Wohnliches kleines Albergo in Gehdistanz zu Reggia und Bahnhof.

Jolly
Viale Vittorio Veneto 9
Tel. 08 23 32 52 22, www.jollyhotel.it/caserta – Solider Standard in Gehdistanz zu Bahnhof und Reggia.

Castel Campagnano · Castello Ducale
Via Chiesa 3, Tel. & Fax 08 23 86 30 31,
Tel. 08 24 97 24 60, Fax 08 24 97 27 40
www.castelloducale.com
Ehem. Jagdschloss Ferdinands IV. mit Aussicht auf die Matese-Hügel. Elegante Zimmer. Der Biowein reift im Tuffkeller, dazu werden Würste und Käse der Region gereicht; mit Pool.

► Günstig/Komfortabel

B & B Galileo Galilei
Via Galilei 12, Tel. 08 23 27 93 35
Mobil 33 92 64 61 77, bb_galileogalilei@libero.it – 19.-Jh.-Palazzo in einer Querstraße des Corso Trieste, 800 m östlich der Reggia. Solide Zimmer. Livia Messina hält gute Tipps bereit. In unmittelbarer Nähe ein öffentlicher Parkplatz und günstige Trattorien.

► Günstig

Casertavecchia · Caserta Antica
Via Tiglio 75, Tel. & Fax 08 23 37 11 58
www.hotelcaserta-antica.it
Familiär geführtes, ruhiges Hotel 500 m östlich des Städtchens im Grünen. Gutes Restaurant, Pool.

Rundgang durch die Reggia

★★ Vanvitellis Treppenhaus

Vanvitellis Treppenhaus ist das Herzstück des Schlosses. Die mit kostbarem Marmor geschmückte Treppenanlage führt ins oktogonale Vestibül des 1. Stocks. Die drei Nischenfiguren der zentralen Wand symbolisieren die königliche Majestät, umgeben von den Allegorien der Macht und des Verdienstes. Das Deckenfresko (1769) zeigt Apollon im Kreise der Jahreszeiten. Auch das **Vestibül** ist ein spätbarockes Raumkunstwerk, von dem aus die Hofkapelle sowie die königlichen Gemächer zu erreichen sind. Die Kapelle (1784 geweiht) ist auf Wunsch Karls III. der des Schlosses von Versailles nachempfunden.

! *Baedeker* TIPP

Moderne Kunst im Schloss

Lucio Amelio, der legendäre neapolitanische Galerist (1931–1994), wollte seine Sammlung zeitgenössischer Kunst der Stadt Neapel stiften. Als man aus Sorge vor den Folgekosten freundlich ablehnte, gingen die Kunstwerke an die Stadt Caserta. Unter dem Titel »Terrae Motus« wird die Sammlung (Werke von Joseph Beuys, Tony Cragg, Keith Haring, Anselm Kiefer, Gilbert & George etc.) in der Reggia präsentiert. Auch wer sich nicht für moderne Kunst interessiert, sollte einen Blick in die besonders schönen Ausstellungsräume werfen.

Caserta war nicht nur als königlicher Wohnsitz konzipiert, vielmehr sollte der gesamte Regierungsapparat hier Platz finden. Die ersten großen **Repräsentationsräume** (Sala degli Alabardieri, Sala delle Guardie del Corpo) gehen noch auf Pläne Vanvitellis zurück. Die Deckenfresken aus den letzten Jahrzehnten des 18. Jh.s verherrlichen das Haus Bourbon. Die Büste Ferdinands IV. auf einem der Konsoltische stammt von **Antonio Canova**. Die **Sala di Alessandro** verbindet Ost- und Westflügel. Ihren Namen verdankt sie dem Deckenfresko von Mariano Rossi (1787), das die Hochzeit Alexanders d. Gr. darstellt. Zwei dem Mars und der Astrea gewidmete Salons aus napoleonischer Zeit führen in den **Thronsaal**, den größten Raum des Schlosses. Das Deckenfresko zeigt die Grundsteinlegung der Reggia in Anwesenheit des Königspaares. 44 Medaillons mit den sizilianisch-neapolitanischen Königen umlaufen als Fries die Wände.

Königliche Privaträume

Der weitere Rundgang führt durch die königlichen Privaträume. Ihre Ausstattung ist weniger kunst- als vor allem kulturhistorisch interessant. Außergewöhnlich sind die Fußböden aus handbemalten neapolitanischen Kacheln, originell die »finto legno« (falsches Holz) genannten Fliesen, die Holzfußboden vortäuschen. Sehenswert sind die Schlafzimmer Gioacchino Murats und Ferdinands II. mit ihren Originalmöbeln sowie das Badezimmer des Letzteren mit einem pompösen Toilettentisch aus Marmor.

◄ Der östliche Flügel

Von der Sala di Alessandro geht es in die Appartements des **Ostflügels**. Gleich in der Sala della Primavera hängen einige Veduten des neapolitanischen Hofmalers **Jacob Philipp Hackert**. Das Deckenfresko zeigt eine Allegorie auf den Frühling und stammt von Antonio

Das Wasser fällt über eine 78 m hohe, eigens errichtete Felsklippe.

Dominici (1779). Die folgenden Räume sind den Jahreszeiten gewidmet. Die Kaminsimse sind geschmückt mit aufwendigen Prunkvasen aus der Manufaktur Meissen. Im kleinen Arbeitszimmer Ferdinands IV. hängen Gouachen von Hackert. Daran schließen sich die privaten Wohnräume der Königin Maria Carolina an. Die Schwester Marie Antoinettes ließ ihre Räume in der neapolitanischen Variante des Louis-XVI.-Stils dekorieren. In der Sala Ellittica ist eine besonders große **Krippe** ganzjährig ausgestellt. Ein Großteil der Figuren stammt aus der 2. Hälfte des 18. Jh.s.

★★ Schlosspark

Öffnungszeiten:
Nov. – Feb.
8.30 – 15.30
März, Sept., Okt.
8.30 – 17.00
April bis 18.00
Mai, Aug. bis 18.30
Juni/Juli bis 19.00
(letzter Einlass:
1 Std. vorher)

Vanvitellis Genie zeigt sich auch in der Anlage des Parks, der in seinen unglaublichen Dimensionen den absolutistischen Machtanspruch der Bourbonenkönige demonstriert. Wegen seiner Größe lädt der Park weniger zu Spaziergängen als eher zu **Kutschfahrten** ein. Auch verbindet eine Buslinie das Schloss mit der großen Kaskade.
Ganz im Geschmack der Zeit wurde die Natur mit mathematischer Präzision in eine künstliche Erlebniswelt verwandelt. Die 3 km lange zentrale Achse bietet einen unendlich scheinenden Blick in eine Landschaft, die ganz dem königlichen Willen unterworfen ist. Diese in die Ferne laufende Perspektive wird von Wasserbassins und kleinen Kaskaden strukturiert, an deren Ende die zentrale Kaskade silb-

rig schimmert. Ihre tatsächliche Monumentalität erlebt der Besucher erst direkt vor Ort. Der **Skulpturenschmuck** unterliegt einem strengen Programm, das in den Figurengruppen links und rechts der großen Kaskade von Ovids »Metamorphosen« inspiriert ist und den von Diana in einen Hirsch verwandelten Aktäon zeigt.

* ◄ Giardino Inglese

Unweit der großen Kaskade führt der Weg zu einem nicht weniger artifiziellen Naturschauspiel. Auf Anregung von Lord Hamilton, des englischen Gesandten am Hof von Neapel, ließ Königin Maria Carolina hier einen **englischen Garten** anlegen mit Tempelruinen, exotischen Gewächsen, verschwiegenen Pfaden, einem Naturtheater und einem pompejanischen Ruinen nachempfundenen Kryptoportikus (der Garten schließt eine Std. früher als der Park).

Umgebung von Caserta

* **San Leucio**

In den Hügeln oberhalb der Reggia, 2 km vom Schlosspark entfernt, liegt mit San Leucio eine ebenso hübsche wie auch Staunen machende Anlage. Ab 1779 ließ sich Ferdinand IV. hier sein **persönliches Utopia** erbauen, das als Ferdinandopoli ein idyllischer Gegenentwurf zum reglementierten Leben am Hof sein sollte. Der König erließ eine eigene Verfassung, baute Häuser für seine Untertanen und gründete eine Seidenmanufaktur, die zu den wenigen erfolgreichen Unternehmungen seiner Regierungszeit gehörte. Die Real Fabbrica di San Leucio wurde in den vergangenen Jahren aufwendig restauriert und ist heute ein **Museum früher Industriegeschichte**. Im **Belvedere**, dem eigentlichen Schloss, ist besonders der Innenhof sehenswert (Mi. bis Mo., in den Wintermonaten 9.00–18.00, letzte Führung 17.00; in den Sommermonaten 9.30–18.30, letzte Führung 17.30 Uhr).

* ◄ Real Fabbrica di San Leucio

** **Casertavecchia**

Ein auch wegen seiner Restaurants beliebtes Ausflugsziel der Neapolitaner ist das am Hang des Monte Virgo liegende Städtchen Casertavecchia. Die dornröschenhafte Verwunschenheit des Ortes erklärt sich mit dem Entstehen der Stadt Caserta rund um das königliche Schloss. Die alte Siedlung wurde aufgegeben und so blieb ein pittoreskes Ortsbild erhalten. Dieses ursprüngliche Caserta (der Zusatz vecchia kam erst 1819 hinzu) ist eine langobardische Gründung aus dem 8. Jh. und wurde 1113 Bischofssitz. Die Ruine des ursprünglich sechstürmigen Kastells verweist auf die Bedeutung des Orts im frühen Mittelalter. Der Dom San Michele stammt aus der Zeit der ersten Bischöfe und ist ein eindrucksvolles Beispiel romanischer Architektur. Bemerkenswert sind die antiken Säulen mit schönen Kapitellen, Teile des Fußbodens sowie die Kanzel (13. Jh.). Die dreischiffige, kuppelbekrönte Basilika verrät normannisch-arabischen Einfluss. Der frei stehende **Campanile** (1234) ist das Wahrzeichen des Orts.

* ◄ San Michele

** **Sant'Angelo in Formis**

Schon im frühen Mittelalter stand hier auf den Ruinen eines römischen Dianatempels ein Vorgängerbau. Die Benediktinermönche von Montecassino ließen die heutige Basilika ab 1072 errichten. Ihr Abt

Mittelalterliche Atmosphäre in Casertavecchia

Desiderius ist auf der linken Seite des Apsisfreskos als Stifter mit einem Kirchenmodell in Händen abgebildet. Schon die Vorhalle ist außergewöhnlich mit ihren fünf arabisch anmutenden Spitzbögen. Die **einzigartigen Fresken** zeigen v. a. Szenen aus dem Alten Testament und sind noch ganz von Byzanz beeinflusst. Säulen und Kapitelle sind antik, auch der in Teilen erhaltene Fußboden stammt wohl aus dem römischen Dianatempel. Die Kirche ist dem Erzengel Michael geweiht (Via Luigi Baia; tgl. 9.30 – 12.30 und 15.30 – 19.00 Uhr).

★ Acquedotto

In der Nähe der Ortschaft **Maddaloni** überquert als spektakulärstes Teilstück der Vanvitell'schen Wasserleitung ein über 500 m langer Aquädukt den Valle di Maddaloni.

★★ Herculaneum · Ercolano

E 4

Region: Campania
Provinz: Napoli
Höhe: 44 m ü. d. M.
Einwohnerzahl: 55 500

Die antike Stadt liegt nicht nur im Schatten des Vesuv, sondern vor allem in dem der viel besuchten Schwesterstadt Pompeji. Dabei sind die Ausgrabungen nicht weniger interessant.

Gerade die Intimität des archäologischen Geländes und die in vielen Details besser erhaltenen antiken Häuser machen einen Besuch überaus lohnenswert. Ercolano (bis 1969 Resina) ist eine lebendige Kleinstadt, von der aus auch Busse auf den ►Vesuv hinauffahren.

Geschichte

Herakles (auch Herkules), der sagenhafte Held der Griechen, soll die Stadt gegründet haben. Wissenschaftliche Erkenntnisse verweisen auf eine erste Ansiedlung im 5. Jh. v. Chr. Aus dieser Zeit stammt womöglich auch das System der rechtwinklig angelegten Straßen. Nach Perioden oskischer und samnitischer Herrschaft geriet die Stadt im 3. Jh. v. Chr. unter römischen Einfluss, wurde in Folge des Bundesgenossenkriegs der kampanischen Städte gegen Rom 89 v. Chr. eingenommen und römisches Municipium. Anders als Pompeji war Herculaneum kein Handelzentrum, seine Einwohner lebten hauptsächlich vom Fischfang. In augusteischer Zeit wurde Herculaneum großzügig ausgebaut. Die landschaftlich einmalige Lage am Golf von Neapel hatte die kleine Stadt mehr und mehr zu einem Villenvorort Neapels werden lassen. Der 24./25. August 79 n. Chr. bedeutete auch für Herculaneum den Untergang. Aber anders als Pompeji wurde Herculaneum nicht von einer Schicht aus Asche, Lapilli und Bimsstein bedeckt, sondern von einer kochenden Schlamm- und Lavalawine verschüttet. Diese besonderen Umstände haben auf einmalige Weise organisches Material wie Holz und Textilien konserviert. So sind in Herculaneum teilweise auch die 2. Stockwerke der Häuser mit ihren hölzernen Tragebalken erhalten.

◄ Vom Villenvorort zur Ruinenstadt

HERCULANEUM ERLEBEN

AUSKUNFT

Ente Ville Vesuviane
Corso Resina 283 (Villa Campolieto), 80056 Ercolano
Tel. 08 19 24 45 32, www.villevesuviane.net. Broschüren und Veranstaltungsprogramm des Festival delle Ville vesuviane.

Ufficio Turistico
Via IV Novembre 82/84
Tel. 08 17 88 12 43
www.comune.ercolano.na.it
Touristen-Büro auf dem Weg von der Circumvesuviana-Station zu den Ausgrabungen.

Info-Point, Corso Resina 6
Tel. 08 17 32 43 38
www.pompeiisites.org
Am Eingang der Ausgrabungen.

! Baedeker TIPP

Antike unter Tage – Antike futuristisch

Die berühmte Villa dei Papiri ist zur Zeit wegen Renovierung geschlossen.

Neue Wege geht das Museo Archeologico Virtuale, MAV
Via IV Novembre 44, Tel. 08 11 19 80 65 11
www.museomav.com
Di. – So. 9.00 – 17.00 Uhr
Mittels ausgefeilter Multimediatechnik sind Zeitreisen in die archäologische Vergangenheit möglich.

VERKEHR

Auto: Auf der Autobahn A 3 ist häufig Stau, Ausfahrt Ercolano-Portici und dann Richtung Meer der Ausschilderung Ercolano Scavi folgen; in der Nähe der Ausgrabungen bewachter, gebührenpflichtiger Parkplatz. Von Ercolano führt eine Panoramastraße auf den ►Vesuv.
Bus: ANM-Bus 255 zwischen Neapel/ Piazza Garibaldi und Torre del Greco, vorbei an Portici und Ercolano. Von Ercolano/Circumvesuviana-Station mit EAV-Bus auf den ►Vesuv (Unico-Tickets).
Bahn: Aus Neapel bzw. Sorrent erreicht man Ercolano am bequemsten mit der Circumvesuviana/Station Ercolano-Scavi; Ausgrabungen und Villa Campolieto nur 10 Gehminuten entfernt.

VERANSTALTUNGEN

Festival delle Ville Vesuviane: Frühjahr bis Herbst in den klassizistischen Vesuv-Villen Konzerte und Theateraufführungen (Info: Ente per le Ville Vesuviane; Kartenvorverkauf in Neapel, c/o Box Office, Galleria Umberto I., Tel. 08 15 51 91 88, www.boxoffice napoli.it).

ESSEN

► Erschwinglich

① ***Antico Ricupo***
Ripa di Quaglia 10, Tel. 08 17 77 74 62
www.anticoricupo.it; So mittags, sonst nur abends geöffnet, Mo geschl.
Agritouristisches Familien-Ristorante mitten im Obsthain an einem Abzweig der Vesuv-Höhenstraße. Ehrliche Landküche.

② ***Viva Lo Re***
Corso Resina 261
Tel. 08 17 39 02 07; So., Mo. geschl.
Vom Vesuv und seinen Produkten inspirierter Essgenuss im Wechsel der Jahreszeiten. Raffinierte Präsentation in gemütlichem Ambiente. Zwei Schritte von der Villa Campolieto.

ÜBERNACHTEN

► Luxus

① ***Miglio d'Oro Park Hotel***
Corso Resina 269
Tel. 08 17 39 99 99, 08 17 77 40 97
www.migliodoroparkhotel.it
Die Mitte des 18. Jh.s errichtete und von einem Riesenpark umgebene Villa erstrahlt in neuem Glanz und beherbergt neben feudalen Zimmern und Suiten ein Kongresszentrum (wenige Schritte von den Ausgrabungen und der Villa Campolieto).

► Komfortabel

Torre del Greco* · ② *Albergo Casa Rossa
Via Mortelle 87, Tel. & Fax
08 18 83 15 49, www.casarossa1888.it
Das Restaurant gleichen Namens existiert seit 1888 an dieser Stelle, jüngeren Datums ist das ***Ausflugslokal*** an der Via Vesuvio 42 (3,2 km ab A 3, Ausfahrt »Torre del Greco« mit ausgezeichneter Holzofenpizza, köstlichen Nudel-Primi und solider Fischküche sowie Traumblick auf den Golf von Neapel). 2005 hat die Familie Pinto ihr Stammhaus um ein gepflegtes kleines Strandhotel ergänzt. Zimmer fast alle mit Golfblick und Terrassen (A 3, Ausfahrt »Torre Annunziata Nord«, Circumvesuviana-Station »Leopardi«).

► Günstig/Komfortabel

Portici* · ③ *Villa San Gennariello
Via Madonelle 5
Tel. & Fax 08 17 76 12 20
www.villasangennariello.com
Kleines, charmantes B & B in einer Vesuvvilla am oberen Ende des Schlossparks. Von der Sonnenterrasse toller Blick auf den Vesuv.

Herculaneum wurde im Jahr 79 n. Chr. beim Vesuvausbruch verschüttet.

Eine Entdeckung, die die Welt bewegte

Im Jahr 1710 baute sich Emanuel-Maurice de Lorraine, **Prinz d'Elboeuf** und Offizier im Dienst der österreichischen Vizekönige, am kleinen Hafen von Granatello in Portici eine Sommervilla. Zufällig hörte er von Marmorfunden eines Bauern in Resina, dem heutigen Herculaneum. D'Elboeuf benötigte neun Monate, um das antike Theater der Stadt – denn auf dieses war man gestoßen – nahezu komplett auszuräumen. 1738 begannen dann im Auftrag König Karls III. **systematische Ausgrabungen**. Wegen der Schlammmassen wurden erst Stollen gegraben und die Gebäude unterirdisch freigelegt. Die wie in einer Zeitkapsel konservierte römische Stadt wurde schnell zu einem der berühmtesten Orte Europas. Die intellektuelle Elite der Zeit reiste an den Golf von Neapel und stieg die Stufen des Theaters hinab. Erst ab 1828 wurde in Herculaneum unter freiem Himmel gegraben. Wesentliche Teile des antiken Ercolano, darunter das Forum mit den öffentlichen Gebäuden, liegen unter der modernen Stadt. Auch das sehr gut erhaltene Theater ist in bis zu 26 m Tiefe unter dem Corso Resina verborgen.

Die Opfer der Katastrophe

Ging man lange Zeit davon aus, dass sämtliche Bewohner Herculaneums sich hatten retten können, bewiesen ab 1982 Grabungen im Bereich des antiken Strands das Gegenteil: Unterhalb der Vorstadtthermen wurden in den ehemaligen Bootskammern mehr als 250 Skelette gefunden. Wohl in der Hoffnung, übers Meer fliehen zu können, hatte sich hier am Hafen eine Gruppe Menschen unterschiedlichster sozialer Herkunft versammelt.

★★ Scavi d'Ercolano

Corso Resina 6

Öffnungszeiten: Apr. – Okt. tgl. 8.30 – 19.30 (letzter Einlass: 18.00) Nov. – März nur bis 17.00 (letzter Einlass: 15.30)

Herculaneum war mit ca. 3000 bis 4000 Einwohnern wesentlich kleiner als Pompeji. Zudem ist nur ein Drittel der Stadt freigelegt. Gleich hinter dem Haupteingang bietet sich ein **Ausblick**, der das ganze Ausmaß der Verschüttung und auch die Mühe der Freilegung deutlich werden lässt: Die antike Stadt liegt wie in einer riesigen Baugrube zu Füßen des Betrachters. Sehr gut zu sehen ist rechts der **Decumanus Maximus**, einer der Hauptstraßen der Stadt. Eine moderne Brücke überquert die antike Palestra, in der sich die Jugend sportlich ertüchtigte, der Weg führt dann in weitem Bogen zum eigentlichen Eingang. Es empfiehlt sich aber, den unterirdischen Weg zu nehmen (Zugang unweit des Pavillons mit dem Verleih von Audioführern).

Grabbezirk des Nonius Balbus

Eine Treppe führt von hier in die Stadt hinauf und zu einer Terrasse, die einst einen weiten Blick über das Meer bot. An dieser prominenten Stelle ehrte das antike Ercolano einen verdienstvollen Bürger, den Prokonsul M. Nonius Balbus. Erhalten sind der Grabaltar und die wieder aufgestellte Ehrenstatue von Balbus.

★ Terme Suburbane ►

Gleich nebenan befindet sich der Zugang zu der ab 1927 ausgegrabenen Terme Suburbane. Vor allem der Luxus der Ausstattung und Innendekorationen macht sie zu einem eleganten Raumkunstwerk. Rund um einen zweistöckigen Lichthof gruppieren sich die für jede antike Therme obligaten Räume. Die marmornen Fußböden und aufwendig mit Stuck verzierten Decken und Wände sind zum Teil sehr gut erhalten. Die Thermen wurden, wohl im Auftrag von M. Nonius Balbus, nach dem Erdbeben 62 n. Chr. instand gesetzt. Einen unerhörten Luxus bedeuteten die Glasfenster im Caldarium, sie gestatteten einen Panoramablick aufs Meer.

Casa dei Cervi

Gleich am Anfang des Cardo V liegt links die Casa dei Cervi. Das Haus gehörte wahrscheinlich einem ehem. Sklaven des Q. Granius Verus. Neben schönen Mosaikfußböden und einigen gut erhaltenen Fresken zeugt vor allem der Garten vom einstigen Luxus. Die durch eine Kopie ersetzte **Skulptur eines von Hunden angefallenen Hirsches** ist eine der berühmtesten in Herculaneum gemachten Funde.

★ **Casa del Rilievo di Telefo**

Gegenüber liegen die Casa del Rilievo di Telefo und die Casa della Gemma. Mit ihren 1800 m² (insgesamt) gehörten sie zu den größten Anwesen Herculaneums. Vermutlich war M. Nonius Balbus der Eigentümer. Das Haus des Telephos-Reliefs war dreistöckig und verdankt seinen Namen einem **Kunstwerk mit dem Telephos-Mythos**. Bemerkenswert ist auch das Atrium mit den zwischen den Säulen hängenden Reliefscheiben (oscilla). Diese Medaillons mit meist dionysischem Bezug sollten Haus wie Besitzer vor Unglück schützen.

★ **Casa della Gemma**

In der Casa della Gemma ist eines der originellsten Graffitis aus antiker Zeit erhalten. Ein gewisser Apollinaris, Arzt des Kaisers Titus, schrieb an die Wand der Latrine: »Apollinaris medicus Titi Imperatoris·hic cacavit bene« und hinterließ so der Nachwelt die Nachricht von seinem erfolgreichen Stuhlgang.

Palestra

In der unteren Hälfte des Cardo V liegt rechts die Palestra aus augusteischer Zeit. Obwohl nur zu einem Teil ausgegraben, sind die außergewöhnlichen Dimensionen des Gebäudes bemerkenswert.

Herculaneum Orientierung

Essen
① Antico Ricupo
② Viva Lo Re

Übernachten
① Miglio d'Oro Park Hotel
② Albergo Casa Rossa
③ Villa San Gennariello

Pistrinium di Sex. Patulcus Felix

Das Pistrinium di Sex. Patulcus Felix ist eine in den Gebäudekomplex der Palestra eingebaute Bäckerei. Ein hier ausgegrabener Siegelring bewahrte den Namen des Besitzers. Auffällig sind die Phalli aus Stuck, die den Betrieb vor dem bösen Blick schützen sollten. In den 25 bronzenen Backformen wurden einst Fladenbrote gebacken. Gegenüber der Palestra liegen an der Kreuzung zum Decumanus Inferiore drei Garküchen, antike Schnellimbisse.

✶ Casa Sannitica

Ebenfalls am Decumanus Inferiore, gleich neben der Casa del Gran Portale mit seinem prächtigen Eingangsportal, liegt die Casa Sannitica aus dem 2. Jh. v. Chr., die ursprünglich eine ganze Insulae einnahm, bevor auch der zum Haus gehörende Garten bebaut wurde. Als typisches Beispiel altitalischer Wohnkultur ist das Atrium Mittelpunkt wie auch architektonischer Höhepunkt des Gebäudes. Besonders eindrucksvoll ist die raffinierte Trompe-l'oeil-Galerie des Atriums. Gemalte Scheinarchitektur und rein dekorative Säulen täuschen eine Galerie vor, die tatsächlich nur auf einer Seite geöffnet ist. Nach dem Erdbeben von 62 n. Chr. wurde ein Teil in Mietwohnungen umgewandelt, das erklärt den Einbau einer Treppe mit separatem Eingang. Sämtliche Stile der **pompejanischen Malerei** (►S. 268) sind in diesem Haus vertreten.

i Rettung in letzter Sekunde

- Bislang waren die Scavi di Ercolano in einem ähnlich beklagenswerten Zustand wie diejenigen Pompejis. Zerbröselnde Fresken, einstürzende Mauern und Grundwasser bedrohten die antiken Ruinen. Das Engagement eines amerikanischen Computerkonzerns bedeutet Rettung in letzter Sekunde. Das Herculaneum Conservation Project, finanziert vom Packard Humanities Institute, wird in den nächsten Jahren einen dreistelligen Millionenbetrag in die Restaurierung und Konservierung der antiken Stadt investieren.

✶ Terme Centrali

Schräg gegenüber auf dem Cardo IV befindet sich der **Frauentrakt** der Terme Centrali. Der Komplex nimmt eine halbe Insulae ein, der Zugang zu den Männerthermen erfolgt über den Cardo III. Die Thermen haben ihren Ursprung in der 2. Hälfte des 1. Jh.s v. Chr. und wurden nach dem Erdeben umgestaltet. Wunderbar erhalten ist das Vestibül mit einer geriffelten Gewölbedecke. Das schwarz-weiße Fußbodenmosaik zeigt einen von allerlei Meeresgetier umgebenen Tritonen. Die den Männern vorbehaltenen Räume der **Terme Maschili** sind größer und entsprechen in ihrer Abfolge von Apodyterium (Umkleideraum), Frigidarium (Kaltbaderaum), Tepidarium (Warmbaderaum) und Caldarium (Heißbaderaum) der klassischen Anlage einer römischen Therme. Auch hier schmückt ein von Delfinen umgebener Triton das Fußbodenmosaik des Tepidariums.

Auf dem Cardo IV

Auf dem Cardo IV in Richtung Decumanus Maximus liegen rechts einige beachtenswerte Häuser. In der **Casa del Mobilio Carbonizzato** wurde ein Großteil der antiken hölzernen Möbelstücke gefunden, die Herculaneum als archäologische Stätte so außergewöhnlich machen.

Die benachbarte Casa di Nettuno e Anfitrite ist eines der schönsten Häuser der antiken Stadt. Ein Neptun und Amphitrite darstellendes Wandmosaik im Triclinium (sommerliches Speisezimmer) gab dem Haus seinen Namen. Außergewöhnlich ist das die Ostseite des Raums einnehmende Nymphäum mit reicher Mosaikdekoration. Im selben Haus blieb ein **antiker Laden** erhalten einschließlich der hölzernen Regale, in denen die Amphoren liegen. Die eingestürzte Decke gibt den Blick frei in das vom Ladenbesitzer bewohnte Zwischengeschoss, in dem der bronzene Fuß eines Bettes zu sehen ist.

★ ◄ Casa di Nettuno e Anfitrite

◄ Bottega

Schräg gegenüber liegt die großzügige Casa del Salone Nero. Zwanzig hier gefundene Wachstäfelchen (»Notizblöcke« der Antike) gaben den Namen des Hausbesitzers, L. Venidius Ennychus, preis. Das Haus mit Vestibül, Atrium, Tablinum und Peristyl ist eine typische Stadtresidenz aus augusteischer Zeit. Der namengebende »schwarze Saal« zeigt virtuose Malereien des IV. Stils.

★ **Casa del Salone Nero**

An der Kreuzung zum Decumanus Maximums liegen einige Ladengeschäfte. In der **Bottega del Plumbarius**, der Werkstatt eines Schmieds, blieben verschiedene Gerätschaften erhalten, ebenso Teile des Zwischenbodens aus Holz. Gleich nebenan befindet sich die **Bottega ad Cucumas**. Wenige Schritte entfernt liegt mit dem **Thermopolium** ein weiterer »Schnellimbiss« (griech. thermos = warm).

Läden

Der Name des Gebäudes erinnert an die Feierlichkeiten anlässlich der 200-Jahrfeier der Ausgrabungen 1938. Ein berühmtes Fresko im Tablinum zeigt **Pasiphae und Daidalos**. Pasiphae, Gattin des Minos, verliebte sich in einen Stier. Um das Tier für sich zu gewinnen, ließ sie sich von Daidalos eine lebensgroße hölzerne Kuh bauen, in die sie hineinstieg. Frucht dieses Liebesabenteuers war der Minotauros.

Casa del Bicentenario

Das **Kolleg der Augustalen** an der Kreuzung Decumanus Maximus/ Cardo III ist laut einer Inschrift die Stiftung der Brüder A. Lucius Proculus und A. Lucius Iulianus. Als Versammlungsort der Augustalen, einer sich dem Kult des Augustus widmenden Priesterschaft, wurde das Gebäude zu Lebzeiten des Kaisers errichtet, später allerdings, das zeigen die Malereien des IV. Stils, umgebaut. In der Cella blieben an den Wänden Fresken mit Szenen aus dem **Herkulesmythos** erhalten. Der Wärter des Augustalenkollegs überlebte den Vesuvausbruch nicht. Sein Skelett wurde auf dem Bett in der kleinen Kammer rechts hinter der Cella gefunden.

★★ **Collegio degli Augustali**

◄ Abb. S. 170

Am Ende des Cardo III liegt die Casa d'Argo, eines der interessantesten Häuser Ercolanos. Das namengebende Fresko des Argos, der die von Zeus in eine Kuh verwandelte Nymphe Io bewachte, ist verschollen. Das ehemals gut erhaltene Obergeschoss wurde während der Ausgrabungen nach 1828 größtenteils zerstört. Wie auch die benachbarte **Casa di Aristide** dokumentiert das Argoshaus die frühe

Casa d'Argo

Herkules kämpft mit dem Flussgott Acheloos um die Gunst der Deianeiras.

Grabungsgeschichte Herculaneums. Schön ist das großzügige Peristyl mit den kanellierten Säulen. In einem zweiten, kleineren Peristyl sind noch teilweise Stollen aus bourbonischer Zeit zu sehen. Der Gebäudekomplex gegenüber dem Argoshaus, **Casa dell'Albergo** genannt, war vermutlich kein Hotel, sondern eine herrschaftliche Villa, die nach dem Erdbeben in ein Mietshaus umgewandelt worden war.

✶ Casa del Tramezzo di Legno

Nicht zu versäumen ist die am Cardo IV gelegene Casa del Tramezzo di Legno mit einer ausgezeichnet erhaltenen Holztür. Sie konnte wie ein Paravent zusammengeklappt werden; bei Bedarf trennte sie das halb öffentliche Atrium vom intimeren Tablinum ab. Die Ringe an der Tür konnten Öllampen aufnehmen.

Casa a Graticcio

Bestes Beispiel eines städtischen Mehrfamilienhauses ist die Casa a Graticcio. Der Fachwerkbau (opus craticium) bildet einen Kontrast zu den Stadtvillen der Nachbarschaft. Einen Eindruck vom einstigen Straßenbild gibt der rekonstruierte, auf Ziegelpfeilern ruhende Balkon des Obergeschosses. Unterschiedliche Zugänge und Treppen verbanden die Wohnungen mit der Straße. An der Ecke Cardo IV/Decumanus befindet sich die **Bottega del Lanarius**, die Werkstatt eines Tuchhändlers mit einer Holzpresse zum Glätten der Stoffe.

✶ Casa dell'Atrio a Mosaico

Am unteren Ende des Cardo IV, auf gleicher Höhe mit der Casa dei Cervi und wie diese einst in fantastischer Panoramalage über dem

Meer gelegen, befindet sich die Casa dell'Atrio a Mosaico. Ein seltener Luxus war die verglaste Veranda im weitläufigen Garten.

Die Villa dei Papiri ist eine der berühmtesten antiken Villen am Golf von Neapel. 1750 – 1761 wurde sie vom Schweizer Bergbauingenieur Karl Weber erforscht. Der luxuriöse Bau barg nicht nur eine Sammlung von Bronze- und Marmorskulpturen, sondern auch eine griechische Bibliothek mit mehr als tausend verkohlten, aber noch lesbaren **Papyrusrollen**. Der Besitzer der Villa, die sich in Terrassen zum Meer erstreckte, war **Lucius Calpurnius Piso Caesoninus**, Schwiegervater Julius Caesars. In der Hoffnung, auch noch eine lateinische Bibliothek zu finden, wurden in den 1990er-Jahren neue Grabungen durchgeführt. Eine Bibliothek fand sich zwar nicht, dafür entdeckten die Archäologen Skulpturen, Mosaike und Freskenreste.

★ **Villa dei Papiri**

Öffnungszeiten:
Besichtigung nur nach Voranmeldung
Sa., So. 9.00 – 12.00
www.arethusa.net

★ Ville Vesuviane

Miglio d'Oro

Eine der bedauerlichsten Folgen des Niedergangs Neapels nach 1860/61 ist der Verfall einer der schönsten Straßen des 18. Jh.s: Der **Miglio d'Oro** (Goldene Meile) zwischen San Giovanni a Teduccio und Torre del Greco mit seinen prachtvollen Barockvillen hatte ein Äquivalent allein in den berühmten Palladio-Villen, die zwischen Venedig und Padua den Brentakanal säumen. 121 Villen aus dem 17. und 18. Jh. hat die 1971 gegründete **Ente per le Ville Vesuviane** registriert, nur die wenigsten konnten bislang gerettet werden. Aber selbst als Ruinen oder in Mietshäuser umgewandelt vermitteln diese Paläste noch immer etwas von ihrer einstigen Pracht.

★ ◀ Reggia di Portici

1738 – 1752 ließ Karl III. vom römischen Architekten Antonio Canevari in Portici eine Sommerresidenz errichten. Trotz der Bedenken wegen der gefährlichen Nähe des Vulkans entstand ein königliches Schloss, das vor dem Bau der Reggia in Caserta das prächtigste am Golf von Neapel war. Der neapolitanische Adel folgte seinem Souverän und so entstand in schneller Folge **die von Palästen und Parks gesäumte Straße des Miglio d'Oro**. 1860 wurde das Schloss Staatsbesitz. Heute beherbergt es die landwirtschaftliche Fakultät und eine der **jüngsten Museumsgründungen** am Golf von Neapel. Schon die Räume, in denen Goethe und Winckelmann die ersten Funde aus Herculaneum und Pompeji bewunderten, lohnen einen Besuch. Die Sammlung ist fast ganz und gar virtuell. Es gibt Videoprojektionen, perfekt inszenierte Fotoinstallationen, ein Modell des antiken Theaters von Herculaneum und in zahlreichen Vitrinen Dokumente und Bücher zur Ausgrabungsgeschichte der versunkenen Vesuvstädte zu sehen (Via Università 100; Tel. 08 15 80 83 90; tägl. 9.00 – 16.00 Uhr).

◀ Herculanense Museum

Italiens erste Eisenbahn

Am 3. Oktober 1839 dampfte die Lok »Vesuvio« unter dem Jubel der Bevölkerung von Neapel nach Portici. Der historische Bahnhof von Granatello (heute Portici) ist seit Kurzem restauriert und Station der die Vesuvstädte miteinander verbindenden **Circumvesuviana**. Das stadteinwärts Richtung Neapel gelegene **Museo Ferroviario di Pietrarsa** dokumentiert mit historischen Waggons und Loks die frühe Eisenbahngeschichte (Via Pietrarsa, ausgeschildert; zz. geschl.).

★ **Villa Campolieto** Diesen Palazzo baute Luigi Vanvitelli 1763–1773 für den Duca di Casacalenda. Vorbildlich restauriert und im Besitz der Ente per le Ville Vesuviane, dient das Gebäude heute Konzerten und Ausstellungen (Ercolano, Corso Resina 283; Mo.–Fr. 10.00–13.00 Uhr).

★ **Villa Favorita** Diese von Ferdinando Fuga für die Adelsfamilie Gravina gebaute Villa wurde 1768 mit einem Fest in Anwesenheit von Ferdinand I. und Maria Carolina eingeweiht. Eine Parkanlage mit Nebengebäuden zog sich bis zum Meer hinunter und ist in eindrucksvollen Resten erhalten (Ercolano, Via Gabriele D'Annunzio 36; Mo.–Fr. 10.00–13.00).

★ **Villa delle Ginestre** 1837, während in Neapel eine Cholera-Epidemie die Stadt entvölkerte, verbrachte der Dichter Gioacomo Leopardi einige Monate in dieser Villa. Hier schrieb er mit »La ginestra« eines der berühmtesten Gedichte der italienischen Literaturgeschichte (Torre del Greco; Di. bis So. 10.00–13.00 Uhr).

Torre del Greco Die Stadt (90 000 Einw.; westlich von Herculaneum) hat die Nähe des Vulkans häufiger zu spüren bekommen als jede andere Vesuvgemeinde. Sie war praktisch von jedem Ausbruch betroffen und wurde einige Male nahezu komplett zerstört. Seinen Namen Namen verdankt Torre del Greco den von Friedrich II. entlang der Küste errichteten Türmen zum Schutz vor den Sarazenen. Weltberühmt war es für die **kunsthandwerkliche Bearbeitung von Korallen**. Diese Tradition ist noch nicht ganz ausgestorben, doch die Korallen müssen wegen der Verschmutzung des Meeres seit Langem importiert werden.

Korallenmuseen ► Zwei Museen im Ort zeigen Beispiele, vor allem Schmuck (Museo del Corallo, Piazza Palomba 6; zz. geschl.; Museo Liverino, Via Montedoro; Besichtigung nach Voranmeldung, Tel. 08 18 81 12 25).

★★ Ischia

B 4

Region: Campania
Provinz: Napoli
Fläche: 46,3 km²
Höhe: Meereshöhe bis 788 m ü. d. M.
Einwohnerzahl: 56 000

Die Isola Verde, die grüne Insel, ist dank der Thermalquellen und einer üppigen Vegetation eines der touristischen Zentren am Golf von Neapel. In sicherem Abstand zum Moloch Neapel lässt es sich hier entspannt urlauben und die großen Attraktionen wie Pompeji, Capri oder Sorrent sind in Tagesausflügen bequem zu erreichen.

Der Burgberg mit dem Castello Aragonese

Geschichte

Trotz der Nähe zu den vulkanisch aktiven Phlegräischen Feldern entstand Ischia unabhängig vom Festland. Der **Monte Epomeo** ist kein Vulkan, sondern die gigantische Auswurfmasse eines untermeerischen Urvulkans. Ein kompliziertes Miteinander vulkanischer Aktivitäten und tektonischer Erdbewegungen hält die Insel bis in jüngste Zeit in Bewegung. Zwar liegen die letzten vulkanischen Aktivitäten lange zurück (1301), doch haben noch im 19. Jh. zahlreiche Erdbeben die Insel erschüttert. Dieser beständigen Gefährdung verdankt Ischia aber auch seine Thermalquellen.

◀ Die ersten Griechen

Wie Capri war Ischia schon in der Jungsteinzeit besiedelt. In der Bronzezeit lag in der Nähe von Castiglione eine Siedlung, in der Keramik auch für den Export hergestellt wurde. Von historischer Bedeutung ist die Ankunft der ersten griechischen Siedler und die Gründung von **Pithekoussai** im 8. Jh. v. Chr., in deren Folge die Insel zu einem Zentrum der Keramikproduktion wurde. In römischer Zeit spielte Ischia keine wesentliche Rolle. Folgenreich war die Entscheidung des Kaisers Octavian Augustus, die Insel Ischia gegen Capri einzutauschen, das daraufhin für Jahrzehnte zum machtpolitischen Zentrum des römischen Imperiums wurde. Im Mittelalter war Ischia Schauplatz zahlreicher militärischer Auseinandersetzungen der wechselnden neapolitanischen Herrscher. Nach einem Vulkanausbruch 1301 war die Insel für einige Zeit unbewohnt. 1588 veröffentlichte der Arzt und Philosoph Giulio Iasolini ein wissenschaftliches Werk mit dem Titel »De Rimedi Naturali Che Sono Nell'Isola Di Pithecusa; Hoggi Detta Ischia« (»Über die natürlichen Heilmittel auf der Insel Pithecusa, heute Ischia genannt«). Ischias Aufstieg zum **Modebad** begann im 18. Jh. mit der Einrichtung erster unter medizinischen Aspekten betriebener Thermenanlagen durch den Arzt Francesco Buonocuore. Die oberhalb Ischia Portos angelegten Bäder wurden auch von der neapolitanischen Königsfamilie frequentiert, die Ischia alsbald mit dem Bau einer königlichen Villa zu einer ihrer vielen Sommerresidenzen am Golf von Neapel machten.

Tourismus auf Ischia

Noch vor Capri und Sorrent wurde Ischia zum Traumziel der Reisenden des 18. und 19. Jh.s. Vor allem die Thermalquellen in paradiesischer Landschaft machten Ischia zu einer **ersten Adressen des europäischen Badetourismus**. Das Erdbeben 1883 unterbrach Ischias Tourismus-Karriere; erst nach dem Zweiten Weltkrieg wurde es neben Rimini zum beliebtesten Reiseziel vor allem deutscher Feriengäste im Traumland Italien. Der ungebremste Tourismus hat der Insel nicht unbedingt gut getan. In den 1990er-Jahren verursachten dramatische Rückgänge der Übernachtungszahlen erstmals Risse im Kurparadies. Seit einigen Jahren versuchen die Ischitaner nun, den etwas angestaubten 1950er-Jahre-Charme nach dem Motto »Klasse statt Masse« neuen touristischen Erfordernissen anzupassen. Heute ist die »Isola tedesca« auch wieder bei Italienern beliebt. Die vielen Discotheken und Nachtclubs gerade in Ischia Porto und Ischia Ponte bersten im Juli und August vor vergnügungswilligen Neapolitanern.

Die grüne Insel ▶

Die »grüne Insel« besticht dank ihrer Vielfalt an mediterraner Vegetation. Reges Badeleben entlang den Stränden der Küste kontrastiert mit erholsamer Ruhe in den noch immer bäuerlich geprägten Dörfern im bergigen Inneren. An der Nordküste liegen mit Ischia Porto, Casamicciola und Lacco Ameno die bedeutendsten See- und Thermalbäder. Ischia Ponte mit dem Castello Aragonese im Osten ist Teil der Inselhauptstadt Ischia, die mit Ischia Porto fast zusammengewachsen ist. Im Westen dominieren Stadt und Kommune von Forio die Küste, hier liegt die Spiaggia di Citara, ein populärer Strand. An der gebirgigen Südküste liegen das Städtchen Sant'Angelo und mit der Spiaggia dei Maronti einer der berühmtesten Strände am Golf von Neapel. Das Innere dominiert der 788 m hohe **Monte Epomeo**.

Ischias Sehenswürdigkeiten

Ischia Porto und Ischia Ponte

Noch die Landschaftsveduten des frühen 19. Jh.s zeigen das heutige touristische Zentrum, das aus den **zwei Ortsteilen Ischia Porto und Ischia Ponte** besteht, als fast unbewohnte Idylle: ein paar weiß gekalkte Fischerhäuschen im dichten Grün am Rand des mit Wasser gefüllten Vulkankraters. Der **Lago del Bagno** genannte Ort spielte für den Fremdenverkehr keine bedeutende Rolle, allein die neapolitanische Königsfamilie residierte während der Sommermonate gerne in ihrer **Villa Reale**, die in splendider Einsamkeit über dem Kratersee lag. Das vielfach umgestaltete Gebäude wird heute militärisch genutzt und ist nicht zugänglich. 1845 wurden die bescheidenen Thermalbäder erweitert, die nach nochmaligem Umbau um 1880 heute als **Antiche Terme Comunale** zwischen Hafen und Städtchen liegen.

weiter auf S. 180 ▶

ISCHIA ERLEBEN

AUSKUNFT

AACST
Via Sogliuzzo 72
80077 Ischia
Tel. 08 15 07 42 11, Fax 08 15 07 42 30
www.infoischiaprocida.it
Infos auch zur Nachbarinsel Procida.

Das offizielle Informationsbüro der Insel liegt in Ischia Porto direkt am Aliscafo-Anleger (Via Iasolino 7, Tel. 08 15 07 42 31).

www.ischia.it
www.phitecusa.com

GUT ZU WISSEN

Verkehr
Fähren/Tragflügelboote: Ab Neapel/ Molo Beverello Autofähren (traghetti), Schnellfähren (traghetti veloce) und Tragflügelboote (aliscafi) nach Ischia Porto, Casamicciola und Forio, ab Neapel/Mergellina Tragflügelboote nach Ischia Porto und Forio, ab Pozzuoli Autofähren nach Ischia Porto und Casamicciola.
Tragflügelboote und Ausflugsschiffe zur Nachbarinsel Capri und im Sommer zu den Pontinischen Inseln (Fahrpläne bei der AACST, in Tageszeitungen und im Internet, Fahrkarten direkt am Hafen).

Unterwegs auf der Insel
Im Sommer erstickt die Insel am Urlaubsverkehr. Dank des guten Busnetzes kann man auf ein eigenes Fahrzeug problemlos verzichten! Alle Inselorte sind durch SEPSA-Busse verbunden. Taxistände und Mietwagen-Agenturen gibt es in allen Küstenorten. Originell sind die dreirädrigen Micro-Taxis (Preis vor der Fahrt aushandeln!).

Einkaufen
Keramik hat auf Ischia eine jahrtausendealte Tradition und der Familienbetrieb der Fratelli Menella in Casamicciola Terme ist über 500 Jahre alt. Keramik von Kitsch bis Kunst gibt es in fast jedem Ort auf der Insel. Beliebt sind auch kulinarische Mitbringsel.

Urlaub aktiv
Thermalpools gehören zur Grundausstattung vieler Hotels. Grenzenloses Badevergnügen und Wellness bieten die Thermalgärten (giardini termali) wie z. B. das mondäne Negombo in der San-Montano-Bucht westlich von Lacco Ameno oder die weitläufigen Poseidon-Gärten am Citara-Strand südlich von Forio. Einheimische bevorzugen die ganzjährig geöffneten Nitrodi-Quellen bei Barano oder die frei zugängliche Sorgeto-Bucht südlich von Panza (auf schmaler Straße und Treppenweg aus dem Ort bzw. mit dem Taxi-Boot aus Sant'Angelo). Naturfreunde und Romantiker suchen die ältesten Thermen der Insel in der Cavascura-Schlucht oberhalb des Maronti-Strandes auf, um wie einst die Römer in Felswannen zu baden.

Strände: Ischias schönste ***Spiaggia*** ist die Baia di San Montano westlich von Lacco Ameno. Wellenbrecher schützen die kinderfreundliche Spiaggia del Fungo, den Hausstrand von Lacco Ameno. Forio lockt mit den Sandstränden Spiaggia di San Francesco, Cava dell'Isola und dem Citara-Strand. Zu Füßen von Panza sprudeln heiße Quellen in der Sorgeto-Bucht. Über 3 km erstreckt sich der Maronti-Strand im Süden der Insel. Den Blick auf das Castello

Aragonese und warme Quellen im Meer bietet die Spiaggia di Cartaromana in Ischia Ponte.

Nach und nach werden die alten Wirtschaftswege als *Wanderwege* ausgeschildert, z. B. in der Kommune Barano d'Ischia. Ein Klassiker ist die Besteigung des höchsten Inselgipfels Monte Epomeo. Aniello Di Iorio, der in Mainz Geologie studiert hat, bietet das ganze Jahr über geologisch-vulkanologische Exkursionen an (Tel. 0 81 90 30 58, www.eurogeopark.com).

VERANSTALTUNGEN

Karfreitag in Ischia Ponte: nächtliche Prozession bei Fackelschein.
Corsa dell'Angelo: Am Ostersonntag wird in Forio die Statue eines Engels im Laufschritt zwischen der Madonna und ihrem wieder auferstandenen Sohn hin- und hergetragen.
Vom 16. bis 18. Mai erinnert Lacco Ameno an die wundersame Ankunft der Santa Restituta mit einer Meeresprozession und Feuerwerk.
Forio feiert seinen Patron San Vito vom 14. bis 16. Juni.
Am 26. Juli wird zu Ehren der Santa Anna eine nächtliche Bootsprozession mit großem Feuerwerk vor Ischia Ponte veranstaltet.
Am 29. September feiert Serrara San Michele Arcangelo.
Vor Weihnachten werden überall Krippen aufgestellt und am Morgen des 25. Dezember findet in Ischia Ponte und Forio ein traditioneller Fischmarkt statt.

ESSEN

► Fein & teuer

Ischia Porto* · ① *Alberto a Mare
Via Cristoforo Colombo 8
Tel. 0 81 98 12 59, Mitte März – Okt.
www.albertoischia.it
Romantisches Terrassenrestaurant am Lungomare. Seit über 50 Jahren Garant für frischen Fisch!

Forio* · ② *Il Melograno
Via G. Mazzella 110
Tel. 0 81 99 84 50
www.ilmelogranoischia.it; Mitte März – Dez., Mo. geschl.
Die schöne Villa ist eine sichere Adresse für raffinierte ischitanische (Meeres-)Küche und beste Weine. Im Sommer Tische im Schatten uralter Olivenbäume, im Winter Feuer in den Kaminen.

► Erschwinglich

Forio* · ③ *Da Peppina di Renato
Via Montecorvo 42 (ex-Via Bocca)
Tel. 0 81 99 83 12, März – Okt., Mi. geschl., www.trattoriadapeppina.it
Ländlich-elegante Trattoria in den Hügeln oberhalb der SS 270. Für die beschwerliche Zufahrt entschädigen der Blick auf den Citara-Strand, die schmackhafte ischitanische Bauernküche und guter offener Wein.

Baedeker-Empfehlung

Barano* · ④ *Il Focolare di Loretta e Riccardo D'Ambra
Via Cretaio al Crocefisso 78
Tel. 0 81 90 29 44, www.trattoriailfocolare.it
Jan. – Nov., Mi. geschl.
Kulinarisches Gesamtkunstwerk der Familie D'Ambra an der Straße von Casamicciola nach Fiaiano (SEPSA-Busse halten vor dem Haus). Cucina di terra vom Feinsten! Frisches Gemüse, Wildgemüse, Lamm, Ischia-Karnickel und Schnecken werden zu Hochgenüssen verarbeitet. Im Spätsommer und Herbst frische Steinpilze.

Serrara* · ⑤ *L'Arca
Via Ciglio 144
Tel. 0 81 90 42 26

www.ristorantelarca.it; Di. geschl. Sympathische Trattoria in typischem Tuffsteinhaus mit grandioser Aussicht. Die Familie Monaco tischt ihren Gästen schmackhafte Pastagerichte, Ischia-Karnickel und abends Pizza auf.

► Preiswert

Ischia Ponte · ⑥ Da Gaetano
Via M. Mazzella 58
Tel. 0 81 99 18 07
www.pizzadagaetano.it
Mi. und Febr. geschl.
Knusprige neapolitanische Pizza, auf Wunsch auch glutenfrei!

Sant'Angelos · ⑦ La Dolce Siesta
Via Vallone di Cavascura
Tel. 0 81 99 03 65; Ostern – Okt.
Freundliches Lokal am Eingang der Cavascura-Schlucht, nur zu Fuß zu erreichen. Köstliche Antipasti und Bruschette, es gibt auch Fritto misto, Zuppa di pesce oder Coniglio alla cacciatora.

ÜBERNACHTEN

Einen Überblick über die mehr als 400 Übernachtungsadressen auf Ischia verschafft www.ischiahotels.it, günstige Angebote findet man unter www.ischialastminute.it.

► Luxus

Forio · ① Mezzatorre Resort & Spa
Via Mezzatorre 23
Tel. 0 81 98 61 11
www.mezzatorre.it
Ostern – Ende Okt.
Edle Suiten in den Gemäuern des alten Küstenwachturms hoch über der Baia di San Montano, elegante Zimmer in Pavillons im weitläufigen Kiefernhain. Meerwasserpool, Sportanlagen, Thermalzentrum und Hubschrauberlandeplatz!

► Komfortabel

Ischia Ponte · ② Il Monastero
Castello Aragonese 3
Tel. & Fax 0 81 99 24 35
www.albergoilmonastero.it; Ostern bis Ende Okt. Komfortable »Klosterzellen« im ehem. Klarissinenkonvent auf der Kastellhalbinsel. Aus luftiger Höhe Traumblicke auf Ischia.

Forio · ③ Umberto a Mare
Via Soccorso 2, Tel. & Fax 0 81 99 71 71; www.umbertoamare.it
Anfang Apr. – Ende Dez. Edel-Pension und bekanntes Fischlokal unmittelbar unterhalb der Wallfahrtskirche Santa Maria del Soccorso. Geschmackvolle Zimmer mit Traumblick aufs Meer und den Sonnenuntergang.

Forio · ④ Semiramis
Via G. Mazzella 236 – Spiaggia di Citara, Tel. & Fax 0 81 90 75 11
www.hotelsemiramisischia.it
Apr. – Anfang Nov. Freundliche Frühstückspension in einem großen Garten über dem Strand, die Poseidon-Gärten in Gehdistanz. Eine Thermalquelle speist den Pool und sorgt in den Übergangsjahreszeiten für warme Zimmer.

► Günstig

Forio · ⑤ Di Lustro
Via F. di Lustro 9
Tel. & Fax 0 81 99 71 63
► Baedeker Tipp S. 183

Panza · ⑥ Pensione Casa Gennaro
Via Provinciale per Sant'Angelo 60
Tel. & Fax 0 81 90 71 18, www.pensionecasagennaro.com; Ostern – Ende Okt. Sympathische Familienpension mit Blick über Weinterrassen aufs Meer. Die Zutaten von »Mamma« Violas Küche kommen frisch aus Garten und Stall. Linienbusse halten direkt vor dem Haus.

Ischia Orientierung

Essen

1. Alberto a Mare
2. Il Melograno
3. Da Peppina di Renato
4. Il Focolare di Loretta e Riccardo D'Ambra
5. L'Arca
6. Da Gaetano
7. La Dolce Siesta

Übernachten

1. Mezzatorre Resort & Spa
2. Il Monastero
3. Umberto a Mare
4. Semiramis
5. Di Lustro
6. Pensione Casa Gennaro

Im Hafen Ischia Ponte an der Ostküste der Insel

Um die Anreise der königlichen Familie bequemer zu gestalten, ließ Ferdinand II. ab 1853 die Kraterwand zur Meerseite hin einreißen und den nur 2 m tiefen See ausheben, um einen natürlichen Hafen zu gewinnen.

Castello Aragonese

Ischias bedeutendstes profanes Bauwerk war jahrhundertelang eine malerisch verwitterte Ruine, bis es die Eigentümer sanieren ließen und in großen Teilen der Öffentlichkeit zugänglich machten. Der Komplex ist eine **viel besuchte Sehenswürdigkeit** der Insel und im Sommer Schauplatz kultureller Veranstaltungen (Piazzale Aragonese; tgl. 9.00 Uhr bis 1 Std. vor Sonnenuntergang, im Jan. geschl.).
Erstmals erwähnt wurde der Ort im 11. Jahrhundert. Unter Karl von Anjou wurde die Anlage zum Kastell ausgebaut; ihr heutiges Erscheinungsbild geht auf Alfons von Aragon zurück, der ab 1439 die Burg großzügig umbauen und durch einen Damm mit der Insel verbinden ließ. So entstand in strategisch idealer Position nicht nur ein wehrhafter Bau zur Verteidigung Ischias, sondern auch ein Zufluchtsort für die Bevölkerung, denn auch die Inseln waren Ziel räuberischer Piratenüberfälle. Ischia schützte sich zudem durch eine Vielzahl von Signaltürmen. Das Castello Aragonese war eine von der eigentlichen Burg geschützte Kleinstadt mit Wohnhäusern, Kirchen und Klöstern. 1799 und 1809 wurde das Gebäudeensemble von der englischen Flotte durch Kanonenbeschuss zerstört und diente dann nur noch als Gefängnis. Heute führt ein Fahrstuhl zum Kastell hinauf, doch ist es schöner, wenn auch beschwerlicher, den Aufstieg zu Fuß zu machen. Die Ruine der **Cattedrale della Santa Maria Assunta** ist durchaus malerisch. Das um 1300 gegründete und im 18. Jh. barockisierte

Bauwerk stürzte 1809 teilweise ein; sehenswert ist die Krypta mit wenigen Freskenresten aus dem 14. Jh. 1509 heirateten hier Ferrante d'Avalos und Vittoria Colonna (1492–1547), die **berühmteste Bewohnerin des Castello Aragonese** und eine der bedeutendsten Persönlichkeiten des italienischen 16. Jh.s. Die schon zu Lebzeiten legendäre Fürstin machte aus ihrer Inselresidenz einen glanzvollen Musenhof und intellektuellen Treffpunkt. Ihre letzten Lebensjahre verbrachte sie als von Michelangelo verehrte und bewunderte Freundin und Muse in Rom. Die Chiesa dell'Immacolata (1715) war Teil eines 1575 gegründeten **Klarissinnenklosters**. Der seltsame Friedhof der Ordensschwestern in der Krypta hat vielen Ischiabesuchern gruseliges Unbehagen bereitet. Verstorbene Klarissinnen wurden nicht beerdigt, sondern auf den steinernen Bänken sitzend der Verwesung überlassen. 1810 wurde das Kloster aufgelöst, die mumifizierten Gebeine erst vor wenigen Jahren endgültig bestattet.

◄ Vittoria Colonna

◄ Chiesa dell' Immacolata

✶ **Ischia Ponte**

Ischia Ponte, direkt gegenüber dem Kastell gelegen, entstand im 16. Jh. als **Borgo del Celso** und wuchs allmählich mit Lago di Bagno (Ischia Porto) zusammen. In dem Ort gibt es gleich zwei wichtige Kirchen: Nach dem Einsturz der Kathedrale auf dem Castello-Berg 1809 wurde die Chiesa della Madonna della Scala zur neuen **Bischofskirche Santa Maria Assunta**. Ihr Bau geht auf das 14. Jh. zurück und wurde im 18. Jh. im heiteren Barockstil mit schönen Stuckaturen umgestaltet. Im linken Seitenschiff hängt ein bemerkenswertes Kruzifix aus dem späten 13. Jahrhundert. In der Chiesa dello Spirito Santo, schräg gegenüber, wird der Schutzheilige der ischitanischen Fischer und Inselpatron San Giovan Giuseppe della Croce verehrt.

Casamicciola

Der geschäftige Ort und neben Ischia Porto wichtigste **Hafen** der Insel ist das eigentliche **Kur- und Thermalzentrum** Ischias. Schon in römischer Zeit wurden hier die üppig sprudelnden Quellen genutzt, wie die Ruinen einer römischen Badeanlage unter den Terme Belliazzi beweisen. Allerdings verbindet sich mit dem Namen Casamicciola nicht nur Gesundheit und Wohlergehen, sondern auch eine schwere Naturkatastrophe: Am 28. Juli 1883 zerstörte ein Erdbeben den Ort. In den Trümmern von 1200 Häusern fanden 2313 Menschen den Tod. »Ischia hat für immer aufgehört zu sein«, titelte die Weltpresse. Für Jahrzehnte verschwand Ischia als Destination von der Landkarte der Reiseveranstalter; erst nach dem Zweiten Weltkrieg entwickelte sich Ischia langsam wieder zu einer Ferieninsel.

◄ Das Erdbeben von Casamicciola

✶ **Lacco Ameno**

Auch Lacco Ameno war ein viel besuchtes Modebad, bis das Erdbeben 1883 es nahezu komplett zerstörte. Die auch heute noch durchaus elegante Atmosphäre des Städtchens ist ein Relikt der 1950er-Jahre, als Lacco Ameno für ein paar Jahre sommerliches Refugium der italienischen Filmschickeria und kosmopolitischer Literaten rund um den Verleger Angelo Rizzoli war. Ein paar **feudale Hotels** wie das Regina Isabella zeugen von lang vergangenen glamourösen Zeiten.

Die eigentliche Bedeutung des Ortes liegt in seiner Geschichte: In Lacco Ameno betraten griechische Siedler im späten 8. Jh. v. Chr. erstmals altitalischen Boden. Auf dem Monte Vico gründeten Kolonisten aus Euböa die erste griechische Niederlassung **Pithekoussai**. Von hier aus gründeten die Griechen Kyme, das heutige Cuma.

Archäologische Ausgrabungen in Lacco Ameno

Unter der Leitung des deutschstämmigen Archäologen **Giorgio Buchner** wurden ab 1952 die Nekropolen in der Bucht von San Montano und die wenigen Reste Pithekoussais auf dem Monte Vico ausgegraben. Buchners Entdeckungen lieferten wesentliche Erkenntnisse über die Kolonisierung Süditaliens und das Entstehen der Magna Graecia. Sein Vater Paul Buchner hat mit **»Gast auf Ischia«** ein schönes, angesichts der touristischen Entwicklung Ischias auch etwas wehmütig stimmendes Buch geschrieben.

★ Museo Archeologico Pithecusa

Der bedeutendste Fund aus Lacco Ameno ist der sogenannte **Nestorbecher**, heute ausgestellt im Museo Archeologico Pithecusa (Villa Arbusto, Via Angelo Rizzoli 210; Di. – So. 9.30 – 13.00, 16.00 – 20.00, in den Wintermonaten 15.00 – 19.00 Uhr). Das Gefäß aus dem letzten Drittel des 8. Jh.s v. Chr. elektrisierte bei seiner Entdeckung die archäologische Fachwelt. Eine dreizeilige Inschrift gehört zu den **frühesten schriftlichen Zeugnissen** des euböischen (griechischen) Alphabets überhaupt. Der direkte Bezug zur »Ilias« beweist zudem, wie verbreitet und populär Homers Dichtungen schon kurz nach ihrer schriftlichen Fixierung im 8. Jh. v. Chr. gewesen sein müssen.

Museo e Scavi Santa Restituta

Bescheidene Reste der **römischen Besiedlung** sind in Lacco Ameno unter der Chiesa della Santa Restituta erhalten. Ein frühchristlicher Vorgängerbau zeigt Mauerreste einer römischen Zisterne oder Thermenanlage. Außerdem werden zahlreiche Kleinfunde aus griechischer und römischer Zeit präsentiert (Apr. – Okt. Mo – Sa. 9.30 bis 12.30, 17.00 – 19.00, in den Wintermonaten 16.00 – 18.00 Uhr, So. nur vormittags).

Weitere Sehenswürdigkeiten in Lacco Ameno

Wahrzeichen Lacco Amenos ist der aus dem Meer ragende **Fungo** (it. = Pilz), ein Fels, dessen eigenartige, fast an eine moderne Skulptur erinnernde Erscheinung das Ergebnis der jahrhundertelangen Erosion durch Wind und Wellen ist. Ein weiterer Rest des in römischer Zeit Heraclium genannten Orts ist die Herme des Weihwasserbeckens in der **Chiesa Santa Maria delle Grazie** mit einer Darstellung des Herkules, der als mythischer Gründer verschiedener Städte am Golf von Neapel (u. a. von Herculaneum) genannt wird.

Fango ►

Oberhalb Lacco Amenos liegt der kleine Ort Fango, dem der weltweit gerühmte **Heilschlamm** seinen Namen verdankt.

★ Monte Epomeo

Zu den viel beschriebenen Attraktionen eines Ischia-Aufenthalts gehörte im 19. Jh. der nächtliche Ritt auf Eseln hinauf zum Monte Epomeo, um auf dem Gipfel den Sonnenaufgang zu erleben. Heute fahren Linienbusse bis zur Ortschaft **Fontana**, von wo aus der Berg bequem zu erwandern ist. Überhaupt sind die Wandermöglichkeiten auf **Ischias Hausberg** vielfältig und wegen der Einsamkeit in der Natur und der Panoramablicke lohnenswert. Eine Besonderheit sind im Bosco di Falanga die **Case di Pietra**: Ausgehöhlte Tuffblöcke wurden mit Fenstern, Türen und manchmal Fassaden versehen und teilweise noch bis ins 20. Jh. hinein bewohnt.

Forio

Das an der Westküste gelegene und in den Sommermonaten rettungslos überfüllte Städtchen ist wegen seines gut erhaltenen Stadtbilds äußerst charmant. Die durch den Weinanbau wohlhabend gewordenen Familien haben sich ab dem 16. Jh. Stadtpaläste gebaut, die vor allem rund um den Torrione, einen der Sarazenentürme am Hafen, gut erhalten sind. Eine Besichtigung des Torrione lohnt sich wegen der schönen Aussicht und der Dauerausstellung des Malers **Giovanni Maltese**. Der Turm wurde um 1480 erbaut und war Teil eines Verteidigungssystems von insgesamt 12 Türmen, mit denen sich Forio gegen Überfälle türkischer Seeräuber zu wappnen versuchte (Museo Civico Maltese, Via Torrione; Mo., Mi. – Fr. nachmittags geöffnet).

! *Baedeker* TIPP

Eine Empfehlung

Forios wohl hübscheste und familiärste Pension wird seit Jahrzehnten von der Familie Di Lustro betrieben. Gemütliche Zimmer, gediegene Küche und eine sensationelle Dachterrasse gehören zu den Attraktionen dieser Pension. 1949 war der amerikanische Schriftsteller Truman Capote hier zu Gast. In seiner Kurzgeschichte »Ischia« hat er der Seniorchefin Gioconda Di Lustro ein literarisches Denkmal gesetzt (►S. 177).

✶ Santa Maria del Soccorso

Spektakulär liegt die ganz im Inselstil (►S. 300) erbaute Chiesa della Santa Maria del Soccorso auf einer Terrasse direkt über dem Meer. Eine festliche Freitreppe führt zum schneeweiß gekalkten Kirchenbau aus dem 16. Jh. hinauf. Bemerkenswert ist die leuchtend bunte Majolikadekoration. Die zu Bildern zusammengesetzten Kacheln zeigen Stationen des Kreuzwegs und, in ihrer Naivität höchst bewegend, arme Seelen im Fegefeuer. Das Innere der Kirche ist schlicht. Besonders zauberhaft sind die zahlreichen Votivgaben in Form von Schiffen, mit denen die Fischer und Seefahrer Forios ihrer Schutzheiligen (it. soccorso = Hilfe) für die Errettung aus Seenot dankten.

Weitere Sehenswürdigkeiten

An der Piazza Municipio befindet sich die Chiesa Santa Maria Visita Poveri aus dem 17. Jahrhundert. Die Hauptkirche Forios ist jedoch die am Corso Umberto gelegene **Basilica di Santa Maria di Loreto**. Fischer aus Ancona sollen sie im 14. Jh. gegründet haben. Der Kult der Madonna di Loreto verbreitete sich im späten Mittelalter in ganz Italien. Die Basilika Forios wurde im 16. Jh. umgebaut und 1780 bis 1885 neu dekoriert. Die reiche Stuckdekoration gehört zum Prächtigsten, was Ischias Kirchen zu bieten haben. Die wenig eindrucksvolle Fassade stammt aus dem 19. Jh., das Mosaik ist ein Werk von

Eduard Bargheer. Am oberen Abschnitt der Via Roma liegt mit der **Chiesa di San Vito** Forios ältester Sakralbau. Von den Ursprüngen aus dem 14. Jh. haben spätere Umbauten nichts übrig gelassen. Bemerkenswert ist die in der Sakristei aufbewahrte Silberstatue des hl. Vito, die nach einem Modell des berühmten neapolitanischen Bildhauers Giuseppe Sammartino entstanden sein soll.

Villa La Colombaia ►

Etwas außerhalb von Forio liegt die Villa La Colombaia, die ehemalige Sommerresidenz des Filmregisseurs **Luchino Visconti**, wo er in den 1950er- und 1960er-Jahren illustre Gäste empfing. Heute dient sie als Kulturzentrum. Die Fondazione Visconti betreibt zudem ein kleines, dem Film- und Theaterregisseur gewidmetes Museum.

La Mortella

Eine wirkliche Sehenswürdigkeit ist der zwischen Forio und Lacco Ameno gelegene **Garten** La Mortella. Der englische Komponist William Walton legte die parkähnliche Anlage über Jahrzehnte hinweg an. Eine Stiftung des 1983 verstorbenen Musikers kümmert sich nicht nur um den in seiner exotischen Vegetation geradezu paradiesisch wirkenden Garten, sondern unterstützt auch junge Musiker, die während der Sommermonate hier regelmäßig Konzerte geben (Via F. Calise 39; April – Mitte Nov. Di., Do., Sa., So. 9.00 – 19.00 Uhr, www.lamortella.it).

★ Giardini Poseidon

Eine ischitanische Legende sind die südlich von Forio an der **Spiaggia di Citara** gelegenen Giardini Poseidon. Die weitläufige **Thermenanlage** ist perfekt gepflegt und mit verschieden temperierten Wasserbecken, Saunen und Dampfbädern auch technisch auf dem neuesten Stand. Zahlreiche Anwendungen werden angeboten, zudem sorgt der zur Anlage gehörende Strandabschnitt für Ferienglück (Apr. – Okt. tgl. 8.30 – 19.00 Uhr, www.giardiniposeidon.it).

Sant'Angelo

Anfang des 20. Jh.s wurde das an der Südküste Ischias gelegene Sant'Angelo von Künstlern »entdeckt«, die dem Positano nicht unähnlichen Reiz des Ortes verfielen. Vor allem die charakteristische Inselarchitektur machte seinen Charme aus. Die wie übereinandergestapelt aussehenden farbigen Häuser und der malerische kleine Fischerhafen wurden zum Inbegriff mediterranen Insellebens. Als spektakuläres Naturschauspiel liegt dazu die mit dem Ort nur durch einen ausgebauten Damm samt schmalem Sandstrand verbundene **Halbinsel** La Roia mit einem Aragonesenturm, der aber nur von außen zu besichtigen ist. Der Ort lebt von seinen Stränden und Thermalgärten, Boutiquen und Restaurants.

La Roia ►

★ Spiaggia dei Maronti

Einer der schönsten Strände des gesamten Golfs von Neapel ist die Spiaggia dei Maronti, die sich östlich von Sant'Angelo knapp 3 km lang ausbreitet. Faszinierend sind die hier zu beobachtenden vulkanischen Aktivitäten, die denen der Phlegräischen Feldern ähneln. Das Meerwasser wird an einigen Stellen von heißen Thermalquellen erwärmt und auch der Sand zeigt ganz unterschiedliche Temperaturen.

★ Neapel · Napoli

D 3/4

Region: Campania
Höhe: 10 m ü. d. M.

Provinz: Napoli
Einwohnerzahl: 983 000
(Großraum: 3,5 Mio.)

Neapel, die Hauptstadt Süditaliens, ist eine der problematischsten Städte Westeuropas. Hohe Arbeitslosigkeit, die allgegenwärtige Camorra, Umweltzerstörung und eine kafkaesk anmutende Bürokratie haben die einst »schönste Stadt der Welt« (Stendhal) fast zu einem Slum am Meer werden lassen. Allerdings verbirgt sich hinter flatternder Wäsche, chaotischem Verkehr und den in Jahrhunderten angehäuften Klischees eine entdeckenswerte Stadt, zu deren größten Attraktionen nicht nur die Kunstschätze, sondern auch die temperamentvolle Liebenswürdigkeit ihrer Bewohner gehört.

Zwischen Mythos und Wirklichkeit

»Neapel ist ... keine Stadt, es ist eine Welt«, schrieb Curzio Malaparte in seinem Roman »Die Haut«. Schon die Reisenden des 18. Jh.s erlebten die Stadt mehr als chaotischen Zustand denn als urbanen Lebensraum. Heute ist es schwerer denn je, sich Neapel vorurteilsfrei zu nähern. Nach dem so verheißungsvollen Neubeginn unter Bürgermeister Antonio Bassolino in den 1990er-Jahren hat die organisierte Kriminalität unlängst wieder weltweit für Schlagzeilen gesorgt. »Neapel sehen und sterben« ist schon seit Langem nicht mehr romantische Metapher, sondern anscheinend blutige Realität. Dabei wird die mediale Berichterstattung der komplexen Lebenswirklichkeit der Stadt und ihrer Bewohner kaum gerecht. Neapel ist weit mehr als Camorra, Korruption und soziales Elend. Die wohl lebendigste Theater- und Musikszene ganz Italiens ist hier zu finden. Parallel zu den offiziellen Bemühungen, Neapel zu einer Metropole der zeitgenössischen Kunst zu machen, blüht eine lebendige Off-Szene. Und trotz einer fast 2700-jährigen Geschichte ist Neapel keine musealisierte Stadt. Der Centro storico gehört zwar zum Weltkulturerbe der UNESCO, ist aber zugleich dicht bewohnter »Mikrokosmos«, in dem die sozialen Strukturen fest geknüpft sind und sich das Leben hauptsächlich auf der Straße abspielt.

! *Baedeker* TIPP

Sicherheit

Neapel ist nicht gefährlicher als jede andere westeuropäische Großstadt. Die wirklichen sozialen Brennpunkte liegen mit Scampia und Secondigliano außerhalb jeder touristischen Exkursion. Es empfiehlt sich dennoch, während der Spaziergänge durch die historische Altstadt auf Handtaschen und Kamera-Ausrüstungen besonders zu achten. Der Centro storico und Viertel wie Sanità oder die Quartieri spagnoli sind nach Einbruch der Dämmerung fast menschenleer und können dann schnell etwas unheimlich wirken. Pkws sollten nicht am Straßenrand, sondern nur auf autorisierten Parkplätzen abgestellt werden.

In Neapels Centro storico

Das **antike Neapolis** war eine der vielen blühenden Städte der »Campania felix«, aber keineswegs die größte (►S. 25). Erst mit den französischen Königen aus dem Haus Anjou begann im 13. Jh. der Ausbau der Stadt zur herrschaftlichen Residenzstadt. Bis zur Einigung Italiens (1861) war Neapel unter wechselnden Herrschern die Hauptstadt des süditalienischen Königreichs. Die Agonie der Stadt begann schon unter den letzten Bourbonenkönigen. Von den Folgen des Risorgimento und der Verlagerung der politischen und wirtschaftlichen Zentren in den Norden Italiens haben sich Neapel und Kampanien bis heute nicht erholt. Die natürliche Ressource der Stadt wäre wegen der Schönheit des Golfs und der vielen Baudenkmäler und Kunstschätze der Fremdenverkehr. Doch das schlechte Image und eine nach wie vor mangelhafte touristische Infrastruktur erschweren diesbezügliche Bemühungen. Zwar steigen auch in Neapel die Besucherzahlen, die meisten Reisenden kommen jedoch aus Sorrent, Ischia oder von der Amalfiküste nur für einen Tagesausflug in die Stadt.

Neapolitanische Spaziergänge

Einen Übersichtsplan »Stadtzentrum Neapel« findet man als Ausschnitt auf der großen Reisekarte.

Das brodelnde Straßenleben und der beständig kollabierende Verkehr lassen Neapel auf den ersten Blick unübersichtlich erscheinen. Dabei ist das historische Stadtzentrum überraschend klein und lässt sich am besten zu Fuß erkunden. Der Vomero ist auch mit den drei Linien der Drahtseilbahn zu erreichen (► S. 188). Die **Via Toledo, Hauptachse der Stadt,** ist ein guter Orientierungspunkt. Sie verbindet in ihrer Verlängerung, der Via Pessina, das Archäologische Nationalmuseum im Norden mit der Piazza del Plebiscito und dem königlichen Schloss im Süden. Komplett wird ein Neapelbesuch erst mit Exkursionen in Viertel wie Sanità und einer Fahrt auf den Vomero.

Centro storico ►

Die Via dei Tribunali und die parallel verlaufende Spaccanapoli sind seit der Antike die wesentlichen Achsen des heutigen Centro storico. Hier liegen die bedeutendsten Kirchen und mit den archäologischen Ausgrabungen unter San Lorenzo Maggiore ein besonders sehenswerter Rest der griechisch-römischen Stadt.

◂ Sanità und I Vergini

Unweit des Archäologischen Nationalmuseums pulsiert hinter der Piazza Cavour im Quartiere Sanità neapolitanisches Volksleben. Neben barocken Stadtpalästen gehören die Katakomben des San Gaudioso zu den wichtigsten Sehenswürdigkeiten. Die Ponte della Sanità führt zum königlichen Schloss von Capodimonte mit seiner weltberühmten Gemäldesammlung. Die nahen Katakomben des San Gennaro sind fast eine Pinakothek frühchristlicher Malerei.

◂ Piazza Garibaldi, Centro Direzionale und Mercato-Viertel

Die für die neapolitanische Stadtgeschichte so bedeutsame Piazza del' Mercato beim Hauptbahnhof ist durch die Altstadtsanierung des späten 19. Jh.s vom Centro storico etwas isoliert. Frappierend ist der Kontrast zwischen dem Gassengewirr des Mercato-Viertels und der modernen Skyline der Bürostadt Centro Direzionale.

◂ Toledo und Piazza del Plebiscito

Der südliche Teil der Via Toledo endet als Fußgängerzone auf der eleganten Piazza del Plebiscito mit dem Palazzo Reale und dem Teatro San Carlo. Genau gegenüber der prächtigen Galleria Umberto I. liegen die berüchtigten Quartieri spagnoli.

◂ Vomero

Fern der chaotischen Innenstadt residiert das neapolitanische Bürgertum auf dem Vomero-Hügel. Eine Fahrt hinauf lohnt der Belle-Epoque-Charme des Viertels und vor allem der **phänomenale Blick** vom Kloster San Martino hinunter auf die Stadt.

◂ Vom Pizzofalcone zum Posillipo

Westlich der Piazza del Plebiscito beginnt mit der Via Chiaia das elegante, teilweise sogar mondäne Neapel. Gründerzeitliche Wohnpaläste, Luxusboutiquen und ein entsprechendes Publikum vermitteln ein gänzlich anderes Bild der Stadt. Mit dem Castel dell'Ovo und dem Park der Villa Comunale ist die hier beginnende Riviera di Chiaia eine der schönsten Straßen der Stadt. Und der Posillipo ist, wenn auch heute dicht bebaut, noch immer eine der besten Adressen Neapels.

Highlights Neapel

Neapel von oben

Den schönsten Blick auf die Stadt hat man vom Belvedere der Certosa di San Martino.

▸ Seite 237

Centro storico

Bezaubernder Majolika-Klostergarten, fantasievolle Pastori in der Krippenstraße, eine Reise in die Vergangenheit, prunkvolle Kirchen und Kapellen, historische Stadtpaläste sowie einladende Straßencafés im Herzen der Stadt.

▸ Seite 194 – 218

Große Kunst

Griechische und römische Kunst in Vollendung im Museo Archeologico, eine der bedeutendsten Gemäldesammlungen des Landes im Capodimonte-Museum sowie frühchristliche Kunst in den Katakomben.

▸ Seite 215, 221, 219 – 220

Das königliche Neapel

Die Via Toledo, die eigentliche Hauptstraße Neapels, Palazzo Reale, Galleria Umberto I. und Castel Nuovo

▸ Seite 223 – 234

NEAPEL ERLEBEN

AUSKUNFT

AACST Napoli
Piazza del Plebiscito 1 (Palazzo Reale)
80132 Napoli
Tel. 08 12 52 57 11, Fax 0 81 41 86 19,
www.inaples.it
www.napolinapoli.com
www.portanapoli.com

Info-Büros:
Piazza del Gesù Nuovo 7/8
Via San Carlo 9 (Galleria Umberto)
und Via Santa Lucia 107
Mo. – Fr. 8.30 – 19.00, Sa. und So.
9.00 – 14.00 Uhr

EPT
Piazza dei Martiri 58
www.eptnapoli.info

Info-Büro: Hauptbahnhof/Piazza Garibaldi (Nähe Gleis 23), Mo. – Sa. 8.30 – 20.00, So. 9.00 – 18.00 Uhr

! Baedeker TIPP

Immer informiert

Aktuelle Veranstaltungshinweise, Öffnungszeiten und Fahrpläne gibt es in Neapels Tageszeitung »Il Mattino« (www.ilmattino.it), in der Lokalausgabe von »La Repubblica« (www.napoli.larepubblica.it) und in der monatlich erscheinenden Broschüre »Qui Napoli« der AACST Napoli (auch online www.inaple-

VERKEHR

Parkplätze
Parcheggio di Interscambio Autosilo Brin (Via B. Brin) zwischen Piazza Garibaldi und Hafen bzw. in der Nähe des Hafens Mergellina die Autorimessa Mergellina (Via G. Bruno 112) oder Autorimessa Sannazaro (Piazza Sannazaro 142).

Uniconapoli-Ticket
Die an Bahnhöfen, in Zeitungs- und Tabakläden erhältliche Fahrkarte gilt in der Metro, allen städtischen Bussen und Standseilbahnen. Sie muss vor Fahrtantritt entwertet werden.

Metro Napoli/Funicolare
Es gibt zwei U-Bahnlinien (Metropolitana) in Neapel, die zwischen 6.00 und 23.00 Uhr im 10- bis 20-Minutentakt verkehren:
Linea 2 ist die älteste Metrolinie Italiens und verbindet größtenteils oberirdisch Neapel mit Pozzuoli. Die *Linea 1* verbindet die nördlichen Vorstädte und das hochgelegene Stadtviertel Vomero mit dem Centro storico. Beide Linien kreuzen sich an der Station »Museo-Cavour«.
Metronapoli unterhält auch die vier Drahtseilbahnen (funicolare): drei erklimmen von der Unterstadt den Vomero bzw. Posillipo, die Mergellina-Linie verbindet den Hafen mit der Via Manzoni (www.metro.na.it).

Bus/Tram
Die orangefarbenen Busse der *ANM* sind oft überfüllt und bewegen sich nur langsam durch die Innenstadt.
Die meisten der blauen *Überlandbusse* starten von der Piazza Garibaldi/ Bahnhof: SEPSA bedient die Städte um die Campi flegrei, CTP fährt nach Aversa und Caserta, die blauen SITA-Busse starten in der Via G. Ferraris (südöstl. der Piazza Garibaldi) bzw. von der Piazza Immacolatella Vecchia (nördl. der Stazione Marittima) nach Pompeji, Salerno und über Sorrent an die Costiera Amalfitana.

Taxi
Neapels autorisierte Taxis sind weiß und tragen das Stadtwappen. Tarif-

Neapel Metroplan

Metro-Linie 1
Metro-Linie 2
Metropolitana servizi regionali
Station
Umsteigestation

F1, F2, F3, F4 – Standseilbahn: Funicolare di Mergellina, Funicolare di Chiaia, Funicolare centrale, Funicolare di montesanto

Trenitalia-Stationen
Circumvesuviana-Stationen
Cumana-Stationen

Capolinea Autobus
Parken
aliscafi

tabellen liegen am Flughafen, Bahnhof, in Touristenbüros und Hotels aus und sind in Taxis angeschlagen.

Bahn
Neapels Hauptbahnhof *Stazione Centrale F.S.* liegt an der Piazza Garibaldi. Regionalzüge aus Rom halten auch an der Stazione Mergellina F.S. Neapels Nahverkehrszüge sind das ideale Verkehrsmittel auch für Tagesausflüge am Golf. Infos über die verschiedenen Linien ►S. 99.

Schiff
►Praktische Informationen, S. 101

Mit dem Flugzeug
Der ***Aeroporto Internazionale di Napoli Capodichino*** (www.gesac.it) liegt

8 km von der Piazza Garibaldi/Hauptbahnhof entfernt.
Blauer Alibus und gelber ANM-Bus 3S über Piazza Garibaldi ins Zentrum zur Piazza Municipio/Molo Beverello (Tickets im Bus).
Curreri sechs Mal tägl. über Vico Ecquense nach Sorrent (Tickets direkt im Bus). SITA nach Salerno.

VERANSTALTUNGEN · AUSGEHEN

Maggio dei Monumenti
Ganz Neapel (und Heerscharen von Touristen) ist auf den Beinen, wenn von der letzten Aprilwoche bis in die erste Juniwoche Museen, Kirchen, Kastelle und viele sonst der Öffentlichkeit verschlossene Orte ihre Pforten öffnen. »Il Mattino« veröffentlicht jede Woche das Begleitprogramm.

Festa di San Gennaro
Am ersten Maiwochenende und am 19. Sept., ►Baedeker Special S. 204

Napoli Teatro Festival
Das internationale Theaterfestival hat sich im europäischen Kulturkalender etabliert. Die Aufführungsorte sind mindestens so spannend wie die Stücke selbst. Das Ganze wird getragen von dem sich ständig neu zusammensetzenden Europäischen Ensemble (www.teatrofestivalitalia.it).

Theater · Oper · Konzerte · Jazz · Film
Im weltberühmten Teatro di San Carlo (Via San Carlo 98F, Tel. 08 17 97 24 12, www.teatrosancarlo.it) ist nur im Juli und August keine Saison.
Das Teatro Nuovo zeigt experimentelles Theater (Montecalvario 16, Tel. 0 81 42 59 58, www.nuovoteatro nuovo.it).
Napoli-Jazz im Around Midnight (Via Bonito 32 A, www.aroundmidnight.it) und Otto Jazz Club (hier auch neapolitanischen Folk, Salita Cariati 23 A).
Das Ensemble Pietà dei Turchini bringt Kompositionen des 17., 18. Jh.s in Vollendung zu Gehör, Nov. bis Mai meist Sa., So. am frühen Abend. Karten 1 Std. vor Konzertbeginn (Via Santa Caterina da Siena 38, www.turchini.it).
Juni – Sept. Jazz-Festivals in Neapel und Provinz (www.circuito jazz.it). Kartenvorverkauf c/o Box Office (Galleria Umberto I. 17, Tel. 08 15 51 91 88, Fax 0 81 40 15 88, www.boxoffice napoli.it).
Aktuelle italienische und internationale Filme für wenig Geld von Mitte Juli bis Anfang Sept. auf dem Freiluftkino-Festival Accordi e Disaccordi im Parco del Poggio in Nähe des Capodimonte-Parks (Metro 1 Colli Aminei, www.accordiedisaccordi.com).

Ausgehen
Studenten gehen im Centro storico aus, schicker sind die Treffs im Chiaia-Viertel oder auf dem Vomero. Aktuelle Szene-Tipps kursieren im Internet, Flyer liegen in Copy- und Platten-Läden aus. In Sommernächten verwandelt sich der Sandstrand Arenile di Bagnoli im Norden der Stadt zur Tanzpiste unter freiem Himmel. Die coolste Disco Napolis ist die Freezer Stereo Bar (Centro Direzionale Isola G 6) im Büroviertel hinter dem Bahnhof. Längst Kultstatus haben die Jazz-Lokale Around Midnight und Otto Jazz Club (►oben).

Fußball
»Forza Napule! Jammo Ja'!« Die heiligste Stätte Neapels neben dem Duomo ist das Stadio San Paolo. Spiele finden Sept. – Juni jeden Sonntagnachmittag statt (Kartenvorverkauf c/o Azzuro Service, Via F. Galeota 17, Fuorigrotta, Tel. 08 15 93 94 45, www.azzuroservice.net).

GUT ZU WISSEN

Campania Artecard

Bares Geld beim Besuch von Museen und Ausgrabungen spart man durch den Erwerb der Campania Artecard. Es gibt sie in verschiedenen Varianten (3, 7 Tage) und mit Vergünstigungen für Jugendliche. Erhältlich am Flughafen, an Bahnhöfen, in Museen, vielen Hotels und manchmal am Kiosk (www.artecard.it).

Stadtbesichtigung

Die Busse von Citysightseeing Napoli fahren an den Hauptsehenswürdigkeiten vorbei (mit Aus- und Wiedereinstieg); eine Linie fährt bis zum Capo Posillipo. Haupthaltestelle: Piazza Municipio vor dem Castel Nuovo (Tel. 08 15 51 72 79, www.napoli.city-sightseeing.it).

Nicola Prisco (Mobil 34 05 92 13 54, www.quovadisnapoli.net) und seine polyglotten Freunde führen Familien und kleine Gruppen auf wenig ausgetretenen Pfaden durch Neapel und Umgebung.

Einkaufen

Volksnah geht es auf den ***Märkten*** zu, z. B. in den Quartieri spagnoli um die Piazza Pignasecca. Ein Inbegriff des neapolitanischen Mercato popolare ist auch der Markt an der Porta Nolana in der Nähe des Hauptbahnhofs. Im Chiaia-Viertel begegnet man dem in edles Tuch gehüllten Bürgertum. In der Altstadt gibt es Straßen, an denen sich ein einziger Berufsstand angesiedelt hat, wie z. B. die Weihnachtskrippenmacher in der Via San Gregorio Armeno.

An der Port'Alba konzentrieren sich einige der besten ***Buchläden***. An der nahen Piazza Bellini behauptet sich Evaluna, die einzige Frauenbuchhandlung Süditaliens. Eine Riesenauswahl an Büchern, CDs und DVDs bietet auch Feltrinelli an der Piazza dei Martiri.

Figuren in der Via Gregorio Armeno

Schöne Stiche und Gouachen gibt es in ***Antiquariaten*** entlang der Via S. Maria di Costantinopoli, bei Bowinkel in der Via Santa Lucia 24 oder an der Piazza dei Martiri 24.

In einer Seitengasse des Toledo fertigt die Familie Talarico (Vico due Porte a Toledo 4b) seit 1860 Regenschirme.

Auf der Suche nach ***Alta moda*** wird man auf dem Toledo, z. B. bei Fusaro, und im Chiaia-Viertel fündig. Neapels bekanntester Krawattenschneider Marinelli (Riviera di Chiaia 287) fertigt Binder für Bill Clinton & Co. Nahe der Piazza dei Martiri drängen sich in der Via Calabritto und Via Filangieri alle hippen Edelmarken, während Cilento & F.llo (Via Medina 61a) seit 1780 den Adel und das gehobene Bürgertum.

Empfehlenswerte Fundgruben mit Antiquitäten und Trödel: Renato Rivieccio, Mobili e Oggetti del Passato, Via dei Tribunali 363 (Palazzo Spinelli), und Giuseppe Gavitone, I Ricordi del Cuore, Via Santa Maria di Costantinopoli 123.

ESSEN

Die Nummern 1, 2 etc. ►Neapel-Ausschnitt auf der großen Reisekarte sowie auf den Detailkarten S. 196, 224 und 239.

► Fein & teuer

① ***Da Dora***
Via F. Palasciano 30
Tel. 0 81 68 05 19; So. geschl.
Kein Geheimtipp mehr, aber immer noch ein Garant für beste Fischküche. Gut besucht.

② ***Stanza del Gusto***
Via Costantinopoli 104
Tel. 0 81 40 15 78, www.lastanzadel gusto. com; So. geschl., Mo. nur mittags
Zwei Schritte von der Piazza Bellini wirkt Mario Avallone, ein großer Experimentatoren der kampanischen Küche. Auf Straßenniveau servieren die Squisitezze mittags auch leckere Kleinigkeiten zu einem Glas Wein.

③ ***Terrazza Calabritto***
Piazza Vittoria 1
Tel. 08 12 40 51 88; Mo. geschl.
Gemüseantipasti und hervorragende Fischgerichte.

► Erschwinglich

④ ***Europeo di Mattozzi***
Via Marchese Campodisola 4
Tel. 08 15 52 13 23; Sa., So. geschl.
Nicht nur die Angestellten der nahen Uni schätzen die traditionelle Küche.

⑤ ***La Cantina di Triunfo***
Riviera di Chiaia 64
Tel. 0 81 66 81 01; So. geschl.
Täglich wechselndes Menü vom Besten! Die vielen Weinflaschen an den Wänden sind nicht nur Dekoration.

⑥ ***Ristorante Al 53***
Piazza Dante 53
Tel. 08 15 49 93 72
Einheimische schätzen die gemüseorientierte Küche in zentraler Lage. Von den Antipasti alleine wird man schon fast satt!

⑦ ***Taverna dell'Arte***
Rampa S. Giovanni Maggiore 1/A
Tel. 08 15 52 75 58, So. geschl.
Sympathisches Ristorante im alten Univiertel. Die Vorliebe von Alfonso Galotti gilt der parthenopäischen Küche des 17. Jh.s, als die Neapolitaner noch als »mangiafoglie« (Blattesser) bezeichnet wurden.

► Preiswert

⑧ ***Da Michele***
Via Sersale 1/2
Tel. 08 15 53 92 04, So. geschl.
Die traditionellste neapolitanische Pizzeria: Solange der Teig reicht, werden an schlichten Marmortischen die Pizza-Klassiker Marinara und Margherita serviert. Abends lange Schlangen.

⑨ ***Gastronomia L.U.I.S.E.***
Via Toledo 266
Tel. 0 81 41 53 67
Via S. Caterina a Chiaia 68
(Piazza dei Martiri)
Tel. 0 81 41 77 35
Ausgezeichnete Tavola calda (Schnellimbiss) mit zwei Filialen.

⑩ ***Pizzeria Starita a Materdei***
Via Materdei 27
Tel. 08 15 57 36 82; Mo. geschl.
Bekannt für köstliche Pizza fritta und Sophia Loren, die in den 1960er-Jahren hier im Film »L'Oro di Napoli« einen Auftritt hatte. Ca. 15 Min. zu Fuß vom Museo Archeologico entfernt.

⑪ ***Trattoria da Giovanni dal 1936***
Via Soprammuro a Portanolana 9/10
Tel. 0 81 26 83 20; So. geschl.
In dritter Generation geführte volkstümliche Fischtrattoria im Herzen des Mercato di Porta Nolana.

ÜBERNACHTEN

Die Nummern 1, 2 etc. ►Neapel-Ausschnitt auf der Reisekarte sowie auf den Detailkarten ►Essen.

► Luxus

① ***Grand Hotel Parkers***
Corso Vittorio Emanuele 135
Tel. 08 17 61 24 74
www.grandhotelparkers.com
Luxusherberge auf dem Vomero, seit 1865 beliebte Adresse betuchter Reisender aus aller Welt. Traumhafte Blicke auf die Stadt und den Golf, mit schöner Dachterrasse.

② ***Costantinopoli 104***
Via S. Maria di Costantinopoli 104
Tel. 08 15 57 10 35
www.costantinopoli104.it
Hinterhofoase wenige Schritte vom Archäologischen Museum. Moderne Accessoires setzen Akzente im Liberty-Palazzo. Dachterrasse mit Solarium und winziger Pool im Garten.

► Komfortabel

③ ***Hotel del Real Orto Botanico***
Via Foria 192, Tel. 08 14 42 15 28
www.hotelrealortobotanico.it
Gepflegtes Haus wenige Schritte vom Archäologischen Museum und Centro storico, die Metro »Piazza Dante« und der Botanische Garten vor der Tür. Schöne Dachterrasse.

④ ***Parteno***
Lungomare Partenope 1
Tel. & Fax 08 12 45 20 95
www.parteno.it
B & B in gleicher Lage wie die benachbarten Luxushotels, aber mit weitaus mehr Charme.

! Baedeker TIPP

Cioccolato, caffè e sfogliatella

In Neapel gibt es den besten Espresso Italiens, z. B. bei Mexico (Piazza Dante 86), im Gambrinus (Via Chiaia 1–2) zwischen Piazza Trieste e Trento und Piazza del Plebiscito oder wenige Schritte weiter im Carolina (Piazza Carolina 18). Sfogliatella, ein verführerisch duftendes Blätterteiggebäck gibt es dazu auf die Hand bei La Sfogliatella Mary (Galleria Umberto I. 66). Neapels Edel-Chocolatier Gay Odin ist mit mehreren Filialen und einer Eisdiele (Via Benedetto Croce) im Centro storico vertreten.

⑤ ***Terminus***
Piazza Garibaldi 91
Tel. 08 17 79 31 11, www.starhotels.it
Geschäfts- und Gruppenreisende schätzen das gepflegte Haus am Bahnhofsplatz und die komfortablen Zimmer mit Schallschutzfenstern.

⑪ ***Hotel Piazza Bellini***
Via Costantinopoli 101
Tel. 0 81 45 17 32
www.hotelpiazzabellini.com
Frischer Wind und komfortable, ruhige Zimmer in einem alten Palazzo zwei Schritte von der Piazza Bellini entfernt.

► Günstig

⑥ ***Bellini***
Via S. Paolo 44 (Ecke Via Tribunali)
Tel. 0 81 19 32 35 62 96
www.hotelbellini.net – Übernachtungstipp im Centro storico. Garage gegen Aufpreis.

⑦ ***Chiaro di Luna***
Via Santa Teresa degli Scalzi 118
Tel. 08 15 49 88 99, 33 98 10 73 70
www.chiarodiluna-napoli.it
Freundliches B & B in der Nähe des Museo Archeologico an der Straße Richtung Capodimonte.

! *Baedeker* TIPP

Zimmer mit Einblick

In Neapel ist der Bed-&-Breakfast-Boom ausgebrochen. Großbürgerliche Wohnungen, Palazzi und ehemalige Klöster öffnen ihre Pforten und oft genießt man den Komfort eines Hotels zum fairen Preis, gepaart mit Einblick in den neapolitanischen Alltag (www.bb-napoli.com, www.rentabed.it).

⑧ ***Europeo/Europeo Flowers***
Via Mezzacannone 109/C
Tel. & Fax 08 15 51 72 54
www.sea-hotels.com
Zwei Hotels unter einem Dach, im Univiertel wenige Schritte von der Piazza San Domenico.

⑨ ***Ostello Mergellina***
Salita della Grotta a Piedigrotta 23
Tel. 08 17 61 23 46, www.ostellionline.org – Neapels offizielle Jugendherberge, ein nüchterner Zweckbau oberhalb des Mergellina-Bahnhofs.

⑩ ***La Casa del Monacone***
Piazza Sanità 14
Tel. & Fax 08 17 44 37 14
www.casadelmonacone.it
Topadresse im volkstümlichen Sanità-Viertel: wunderschöne Zimmer und ein Appartement mit Küche im ehem. Konvent. Zur Kirche gehören die Catacombe di San Gaudioso (www.catacombedinapoli.it).

Centro storico, Spaccanapoli und Museo Archeologico

Lebendiges Freilichtmuseum

Neapels Altstadt gehört zu den Höhepunkten eines Stadtbesuchs. Der anarchische Charme des seit 1995 zum Weltkulturgut der UNESCO zählenden Centro storico macht die Altstadt mit ihren Palazzi und Kirchen zu einem lebendigen Freilichtmuseum. Das Museo Archeologico Nazionale liegt am Nordrand der Altstadt (►S. 215).

Piazza Dante

Die Via Pessina führt zur Piazza Dante. Heute einer der zentralen Plätze Neapels, lag der ehem. Largo del Mercatello einst vor der Stadt. Nach Plänen Luigi Vanvitellis wurde er in der 1. Hälfte des 18. Jh.s für Karl III. zum **Foro Carolino** umgebaut.

Museo Nitsch

Die schönen Räume des nahe gelegenen ehem. Elektrizitätswerks beherbergen ein Museum für den österreichischen Aktionskünstler Hermann Nitsch. Doch vor den wahren Wundern Neapels wirken seine Werke doch recht banal (Fondazione Morra, Vico Lungo Portecorvo 29/d; Mi. – Mo. 10.00 – 19.00 Uhr).

Piazza Bellini

Von der Piazza Dante führt die 1625 errichtete Port'Alba zuerst auf die Piazza Bellini, einen der reizvollsten Plätze Neapels mit dem

Blick in die Stadtgeschichte: Reste der griechischen Stadtmauer auf der Piazza Bellini

Denkmal des Komponisten. Nicht versäumt werden sollte der Blick in das kleine Areal mit Resten der griechischen Stadtmauer, die in den 1950er-Jahren bei Straßenarbeiten entdeckt wurden.

Galleria L'Accademia di Belle Arti di Napoli

Die Via Santa Maria di Costantinopoli führt von der Piazza Bellini und parallel zur Via Pessina zurück zum Archäologischen Nationalmuseum. Hier liegt auf der linken Straßenseite Neapels Kunstakademie. Seit 1864 ist das von Karl III. gegründete Institut im ehemaligen Konvent der Kirche San Giovanni delle Monache untergebracht (Mo. – Fr. 10.00 – 14.00 Uhr). Im 2. Stock wurde 2005 ein Museum eingerichtet, das sich vor allem der neapolitanischen Malerei des 19. Jh.s widmet, mit Werken von Giacinto Gigantes und anderen Malern der **Schule des Posillipo**.

Via Santa Maria di Costantinopoli

Bis auf die Chiesa Santa Maria di Costantinopoli sind sämtliche Kirchen an der gleichnamigen Straße spätestens seit dem Erdbeben von 1980 geschlossen. Nur während des Maggio dei Monumenti können bedeutende Sakralbauten wie die **Chiesa della Sapienza** oder **San Giovanni Battista delle Monache** besichtigt werden. Von der Piazza Bellini führt der Weg in die Via San Pietro A Maiella und vorbei an Neapels Musikhochschule. Im **Konservatorium**, Teil des Konvents der benachbarten Chiesa San Pietro a Maiella mit schönem Kreuzgang, bewahrt das Museo Storico Musicale eine sehenswerte Sammlung von historischen Instrumenten, Noten und an berühmte Komponisten erinnernde Devotionalien (Accademia San Pietro A Maiella; Mo. – Do. 9.30 – 13.00 Uhr).

✶ ◂ Museo Storico Musicale

San Pietro A Maiella

Die gotische Chiesa San Pietro A Maiella gehört zu den wichtigsten Sakralbauten Neapels (Via San Pietro A Maiella 4; Mo. – Sa. 7.30 bis

12.00, 17.00 – 19.30, So. 9.00 – 13.00 Uhr). Die Kirche aus dem frühen 14. Jh. geht zurück auf Pietro da Morrone, der in den Abruzzen am Monte Maiella als Einsiedler lebte und als hochbetagter Papst Coelestin V. eher glücklos agierte. Das Königshaus Anjou finanzierte den Bau, der 1319 – 1343 entstand. Die Holzdecke stammt aus dem 17. Jh. und ist neben dem Altar von Cosimo Fanzago mit schönen Marmorintarsien der einzige Rest einer barocken Ausstattung. Heute besticht der Bau wieder durch die Schlichtheit gotischer Architektur.

★ **Cappella Pontano**

Gleich neben dem 1907 fertiggestellten Komplex des Policlinico, des großen innerstädtischen Krankenhauses, liegt mit der Cappella Pontano eines der raren Bauwerke der Renaissance in Neapel (Via del Tribunali 16; Mo. – Sa. 9.00 – 13.00 Uhr). Giovanni Pontano, Philosoph, Schriftsteller und Sekretär König Alfons von Aragons, ließ das

Centro storico Orientierung

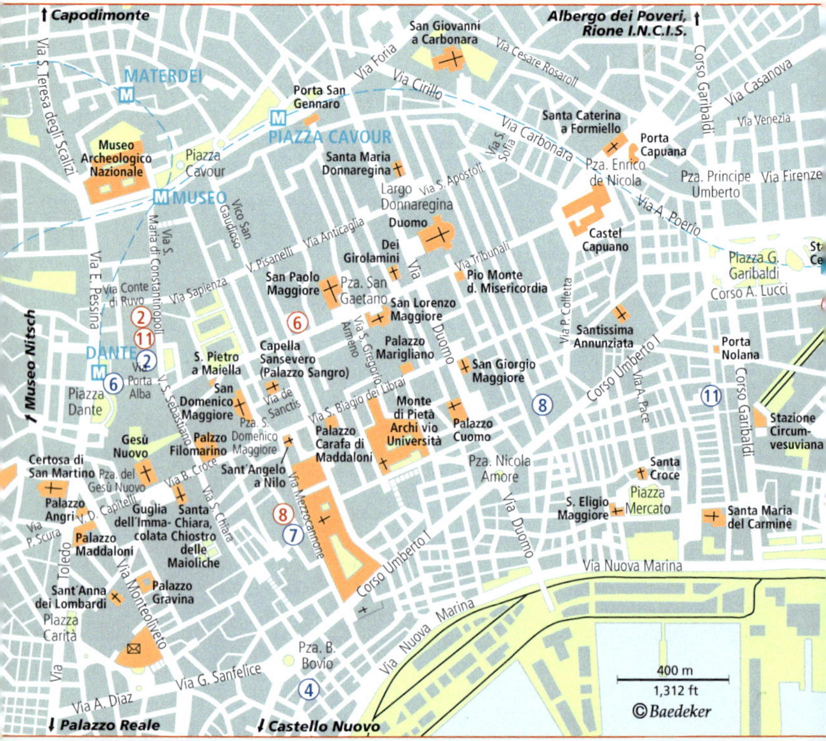

Essen
② La Stanza del Gusto
④ Europeo di Mattozzi
⑥ Ristorante Al 53
⑦ Taverna dell'Arte
⑧ Da Michele
⑪ Trattoria da Giovanni dal 1936

Übernachten
② Costantinopoli 104
⑤ Terminus
⑥ Bellini
⑧ Europeo/Europeo Flowers
⑪ Piazza Bellini

anmutige, ganz von der Antike inspirierte Gebäude 1490 – 1495 als Familiengrabstätte errichten. Innen ist vor allem der schöne Majolikafußboden aus der Entstehungszeit beachtenswert. Die zahlreichen, auch an den Außenwänden angebrachten Epigrafen zitieren aus Pontanos Werken, u. a. beklagt der Humanist den frühen Tod seiner Frau und ihrer drei Kinder. Zudem sind in den Wänden griechisch-römische Epitaphe aus der Sammlung Pontanos eingemauert.

! Baedeker TIPP

Neapel fährt ab auf Kunst

In Neapels Untergrund geht es bunt zu, seit renommierte Künstler für die Gestaltung der neuen Metro-Stationen der Linea 1 verantwortlich zeichnen. Die Arbeiten für den U-Bahnbau sorgten auch für archäologische Sensationen. Bei Ausschachtungsarbeiten kamen Reste eines römischen Tempels und perfekt erhaltene Schiffrümpfe im antiken Hafen zum Vorschein. Die Funde werden in den fertiggestellten Stationen präsentiert. Bis 2013 soll das ambitionierte Projekt abgeschlossen werden. Einen Vorgeschmack auf die »Stazioni dell'arte« bietet www.metro.na.it.

Die **Chiesa Santa Maria Maggiore della Pietrasanta** liegt über den Resten einer frühchristlichen Basilika (1. Hälfte des 6. Jh.s). Jüngste archäologische Grabungen haben Reste antiker Gebäude zutage gefördert. Der heutige Kirchenbau stammt aus den Jahren 1653 – 1667 und ist ein Hauptwerk Cosimo Fanzagos. Bombardierungen während des Zweiten Weltkriegs haben die Kirche nachhaltig beschädigt, allein die Fassade ist halbwegs erhalten geblieben. Der rechts von der Hauptfassade stehende Campanile ist der älteste Neapels. Von sämtlichen An- und Umbauten befreit, ist er eines der wenigen erhaltenen Beispiele **frühmittelalterlicher Baukunst** in Neapel. Wie selbstverständlich im 10./11. Jh. die Verwendung antiker Spolien war, beweisen die Fragmente römischer Bauten, die in den Glockenturm eingemauert sind.

* ◄ Campanile di Pietrasanta

Via dei Tribunali

Die Via dei Tribunali führt direkt zum Castel Capuano, wo sich mit der Pretura Neapels wichtigstes Gerichtsgebäude befindet. Ihr schnurgerader Verlauf ist – bei allerdings verändertem Bodenniveau – der des Decumano Maggiore, der Hauptstraße der antiken Stadt.

Palazzo Spinelli di Laurino

Auf der rechten Straßenseite an der Ecke der Via Nilo liegt mit dem Palazzo Spinelli di Laurino einer der für Neapel typischen Paläste des Centro storico. Um 1500 erbaut, erfuhr der Palazzo ab 1776 gravierende Veränderungen. Ferdinando Sanfelice entwarf das Treppenhaus, auch Ferdinando Fuga war an den Umbauten beteiligt. Originell ist der ovale Innenhof.

** **Santa Maria delle Anime del Purgatorio** ⏲

Fast schon ein Wahrzeichen der Via dei Tribunali ist die viel fotografierte Chiesa Santa Maria delle Anime del Purgatorio ad Arco, ein Bau von Cosimo Fanzago (Via dei Tribunali 39; Mo. – Sa. 10.00 – 13.00; die Grüfte nur samstags 10.00 – 13.00 Uhr). Besonders die bronzenen Totenköpfe vor der Treppe zum Portal sind ein belieb-

? WUSSTEN SIE SCHON ...?

- Neapel ist aus Tuff gebaut. Dieser weiche, nicht besonders witterungsbeständige Stein vulkanischen Ursprungs wurde schon von den griechischen Stadtgründern unterirdisch abgebaut. Übrig geblieben sind riesige Höhlen, die sich wie eine Negativform des oberirdischen Neapels als Labyrinth unter dem Centro storico hinziehen.

tes Fotomotiv. Die Kirchengründung (1604) geht auf eine heute noch bestehende Bruderschaft zurück, die die Kirche den armen Seelen im Fegefeuer (ital. = Purgatorio) weihte. Im 17. Jh. sollen hier bis zu 60 Messen täglich gelesen worden sein. Berühmt ist die Kirche für den darunterliegenden Friedhof, der bis in die 1970er-Jahre der Ort seltsamer Totenkulte war. Der **ausgeprägten Jenseitsverliebtheit der Neapolitaner** und ihrer heidnisch anmutenden Riten setzten erst Vatikanstellen ein Ende. Seitdem werden keine Totenköpfe mehr »adoptiert«, d. h. geschmückt, beleuchtet und mit beschriebenen Wunschzettelchen bestückt.

Piazza San Gaetano

Die Chiesa San Paolo Maggiore und die Piazza San Gaetano markieren einen der zentralen Orte der antiken Stadt. Hier lag die griechische Agora und später das römische Forum. Die wichtigsten öffentlichen Bauten Neapolis säumten den Platz oder befanden sich in seiner unmittelbaren Nähe. Überirdisch erhalten sind nur die beiden gewaltigen korinthischen Säulen an der Fassade von San Paolo Maggiore. Seit ca. 2500 Jahren pulsiert hier urbanes Leben.

✶ San Paolo Maggiore

San Paolo Maggiore ist ein wesentlicher Bau des neapolitanischen Frühbarocks (Mo. – Sa. 9.00 – 13.30, So. 10.00 – 12.30 Uhr). Ein den hl. Petrus und Paulus geweihter Vorgängerbau entstand im 9. Jh. auf den Trümmern eines römischen Castor- und Pollux-Tempels. Bis zum Erdbeben 1688 war der Pronaos (Vorhalle) des heidnischen Tempels noch in die Kirchenfassade integriert. Erhalten blieben die das Kirchenportal flankierenden Säulen. Aber auch die zweiläufige Treppe (1576) erinnert an den Podiumstempel. Rechts neben der Treppenanlage führt eine Tür in die Krypta mit dem Grab des hl. Caejetan. Seine Statue auf der Piazza wurde 1737 errichtet. Der heutige Kirchenbau entstand 1583 – 1603 nach Plänen Francesco Grimaldis, die Seitenschiffe folgten 1627. Das Innere ist lichtdurchflutet und prachtvoll ausgestattet. Sehenswert ist die Sakristei mit Bildern des neapolitanischen Malers Francesco Solimena (1689/90).

Napoli Sotterranea

Links neben der Kirche befindet sich der Eingang zu einer etwas überschätzten Sehenswürdigkeit. Die private Initiative Napoli Sotterranea bietet Führungen durch das unterirdische Neapel an. Der Abbau von Tuff hat ein System riesiger Höhlen hinterlassen, die während des Zweiten Weltkriegs den Neapolitanern als Luftschutzbunker dienten. Die **griechischen und römischen Zisternen** befinden sich genau an jenen Stellen, wo sich in der Antike oberirdisch Gebäude befanden. Der Rundgang beinhaltet auch eine Besichtigung von bescheidenen Teilen des **antiken Theaters** (Piazza San Gaetano 68; Führungen Mo. – Fr. 12.00, 14.00, 16.00, Do. auch 21.00, Sa., So. 10.00, 12.00, 14.00, 16.00 und 18.00 Uhr).

Teatro Romano

Wesentlich empfehlenswerter ist eine der jüngsten und spektakulärsten archäologischen Ausgrabung im antiken Stadtzentrum. Seit einigen Jahren wird zwischen Via Anticaglia, Via San Paolo und Via dei Cinquesanti das **römische Theater** aus augusteischer Zeit ausgegraben. Mitten in der Atstadt ist zu einem großen Teil die Cavea (das Halbrund des Zuschauerraums) zum Vorschein gekommen. Man hofft, nun auch auf Reste der Scena (den architektonischen Bühnenhintergrund) zu stoßen. Noch sind die Besichtigungsmöglichkeiten sehr begrenzt, reguläre Öffnungszeiten jedoch geplant. Sofern es möglich ist, lohnt die Ausgrabung einen Besuch. An kaum einem anderen Ort im heutigen Neapel ist die antike Vergangenheit so präsent (Via San Paolo; Besichtigungstermine vor Ort im Tourismusbüro der Altstadt an der Piazza del Gesù Nuovo erfragen).

✶✶ **San Lorenzo Maggiore**

Die bedeutendste aller gotischen Kirchen Neapels ist die Chiesa San Lorenzo Maggiore schräg gegenüber von San Paolo Maggiore (Via dei Tribunali 316; tgl. 8.00 – 12.00, 15.00 – 19.00 Uhr). Wenige Mosaikreste des frühchristlichen Vorgängerbaus aus dem 6. Jh. sind noch im rechten Querhaus zu sehen. Die Kirche entstand unter Karl von Anjou ab 1270 und gilt als Meisterwerk französischer Gotik in Italien. Gerühmt wird wegen seiner Eleganz und architektonischen Raffinesse vor allem der Umgangschor für die Franziskanermönche. Nach jahrzehntelangen Restaurierungsarbeiten ist die Schlichtheit des einschiffigen Langhauses (Abb. S. 202) mit je neun Seitenkapellen wieder hergestellt. Das wichtigste Kunstwerk der Kirche ist das **Grabmal der Katharina von Österreich**. Noch nicht dreißigjährig war die Gattin Karl von Kalabriens und Schwiegertochter Robert von Anjous 1323 gestorben. Der sienesische Bildhauer **Tino da Camaino** schuf im gleichen Jahr das Grabmal für die habsburgische Prinzessin – ein frei stehender, von vier Spiralsäulen auf Löwenpostamenten getragener Baldachin – und entwickelte damit das für die folgenden Jahrhunderte gültige Modell des frei stehenden Fürstengrabs.
San Lorenzo Maggiore war Schauplatz einer Begegnung, die Literaturgeschichte schrieb. Hier traf **Boccaccio** zum ersten Mal **Fiammetta**. Zeitweise lebte Petrarca im Konvent der Franziskaner. In einigen Räumen des Konvents ist das **Museo dell'Opera di San Lorenzo** unterbracht. Sieben Meter unter dem heutigen Bodenniveau wurde eine **römische Straße** ausgegraben, die als Cardo die antiken Hauptstraßen Decumano maggiore (Via dei Tribunali) und Decumano inferiore (Via S. Biaggio dei Librai) miteinander verband.

✶✶ ◄ Archäologische Ausgrabungen

Krippenstraße

Vor San Lorenzo Maggiore beginnt rechts die **Via San Gregorio Armeno**, Neapels berühmte Krippenstraße. Viele der Ladengeschäfte sind gleichzeitig Werkstätten, in denen ganze Familien mit der Her-

◄ weiter auf S. 202

SAN LORENZO MAGGIORE

★★ **Neapels bedeutendste gotische Kirche liegt im Herzen des Centro storico an der Piazza San Gaetano. Diese liegt rund 7 m über der Agora der antiken Neapolis. So ist ein Besuch San Lorenzos eine Zeitreise in die Vergangenheit der Stadt (www.sanlorenzomaggiorenapoli.it).**

Öffnungszeiten:
täglich 8.00 – 12.00, 15.00 – 19.00 Uhr (Kirche)
Mo. – Sa. 9.30 – 17.30, So. nur bis 13.30 Uhr (Ausgrabungen und Museum)

① Baugeschichte

Das Langhaus entstand ab 1270 an der Stelle eines frühchristlichen Vorgängerbaus. Diese ältere Laurentiuskirche aus dem 6. Jh. erhob sich genau über der Agora der antiken Neapolis. Aus allen Perioden sind Spuren erhalten geblieben.

② Grabmäler

In den Kapellen und im Chor gibt es einige prunkvolle Gräber, u. a. für die habsburgische Prinzessin Katharina von Österreich (1323, zwischen den ersten beiden Pfeilern des Chorumgangs rechts), für Ludovico Caracciolo (1335, im nördlichen Querschiff) und für Karl von Durazzo (1348, im südlichen Querschiff).

③ Alltag in der Antike

Aus dem Kreuzgang steigt man auf einer Treppe hinab in die griechisch-römische Antike. Etwa 7 m unterhalb von San Lorenzo befanden sich die griechische Agora und später das römische Forum. Auf einer Länge von 54 Metern spaziert man auf dem über 2000 Jahre alten gepflasterten Cardo an Ladengeschäften vorbei, wie man sie aus Pompeji kennt, u. a. eine Bäckerei mit Ofen in Kuppelform, eine Wäscherei mit Abwasserkanälen und das Aerarium zur Aufbewahrung des Stadtschatzes. Die römischen Mauern aus Ziegelwerk werden ins 1. Jh. n. Chr. datiert, während die Tuffblöcke aus dem 5. Jh. v. Chr. stammen und griechischen Ursprungs sind. Der Cardo mündet auf den Kryptoportikus, den überdachten Markt.

④ Museo dell'Opera di San Lorenzo

Dieses Portal führt in den Franziskanerkonvent. Er war, in Erinnerung an die Bedeutung des Orts als Agora der griechischen Stadt, ab 1442 Sitz des königlichen Parlaments. Heute ist hier ein Museum untergebracht. Sehenswert ist vor allem das Modell der griechischen Agora und ihrer Umgebung. In den Vitrinen sind Keramikfunde von der Antike bis zum Mittelalter ausgestellt. Das dritte Stockwerk zeigt liturgische Gewänder und einige besonders hübsche Pastori, neapolitanische Krippenfiguren.

Eine der Langseiten des Sarkophags Katharina von Österreichs

Über dem Eingang in den Franziskanerkonvent hängen die Wappen der mittelalterlichen Stadtbezirke (sedili). Ihre Vertreter versammelten sich hier zur Beratung.

Blick in den Kryptoportikus, den überdachten Markt, in den der unter dem Querschiff von San Lorenzo verlaufende Cardo mündet. Hier steht sogar noch eine Reihe steinerner Verkaufstische.

Im 14. Jh. wurden Querhaus und Chorkapellen mit Fresken geschmückt. Leider sind sie nur in Fragmenten erhalten: hier ein lesender Mönch (rechter Querschiffarm).

Im Museo dell'Opera di San Lorenzo erinnern Reste des Fußbodenmosaiks, kostbare Beispiele frühchristlicher Dekorationskunst, an den Vorgängerbau aus dem 6. Jahrhundert.

stellung der Pastori beschäftigt sind. Zwischen den Heerscharen von Engeln und hl. Familien in jeder Größe stehen als Terrakottafiguren auch die Lieblinge des modernen Neapels: Totò, Maradona, Padre Pio und Sophia Loren.

✶✶ San Gregorio Armeno

Unter den vielen barocken Kirchen Neapels ist die Chiesa San Gregorio Armeno die prachtvollste (tgl. 9.00 – 13.00 Uhr; Zugang zum Kreuzgang über die Via Giuseppe Maffei). Die düstere Fassade verbirgt einen Innenraum, der noch immer überwältigend ist. Die Kirche geht auf eine Klostergründung des 8. Jh.s zurück, als griechische Nonnen mit dem Schädel des armenischen Bischofs Gregor in Neapel eintrafen. Ab 1580 wurden Kirche und Konvent neu gebaut. Aus dieser Zeit stammt die schwere holzgeschnitzte Decke des Langhauses. An der Ausstattung des Innenraums wurde bis zum Ende des 17. Jh.s gearbeitet. Ein Freskenzyklus (1678/79) von **Luca Giordano** zeigt die abenteuerliche Reise der Nonnen mit den Reliquien und ihre Ankunft in Neapel. Jeden Dienstag geschieht in San Gregorio mit der Verflüssigung des Bluts der hl. Patricia das zweite der neapolitanischen Blutwunder. Der **Campanile** (1716) mit der grazilen, die Via San Gregorio Armeno überspannenden Brücke, ist zum Wahrzeichen der Straße geworden. Nicht immer zugänglich ist der Kreuzgang des noch heute von Ordensschwestern bewohnten Konvents.

✶ Chiesa dei Gerolamini (San Filippo Nero)

Kurz bevor die Via dei Tribunali auf die Via Duomo trifft, liegt links der Komplex der Chiesa dei Gerolamini, auch San Filippo Nero genannt. Die Kirche wurde 1592 vom Orden der Padri dell' Oratorio di San Filippo gegründet. Ihre Fassade von 1780 ist ein Alterswerk von Ferdinando Fuga. Die Kirche mit angeschlossenem Konvent, Kreuzgängen, der Biblioteca Oratoriana und der Gemäldegalerie Quadreria wurde nach schweren Kriegschäden vorbildlich restauriert (Mo. – Sa. 9.00 – 13.00 Uhr; Zugang über die Via Duomo 142–144). Hauptwerk der Kirche ist das Fresko der Eingangswand: **Luca Giordanos** Vertreibung der Wechsler aus dem Tempel (1684). In einer Nebenkapelle der Sakristei hängt ein Altarbild **Guido Renis** (1620/25), das Johannes den Täufer und Christus in arkadisch anmutender Landschaft zeigt. Vom ehem. Konventsgebäude führt der Weg in die **Biblioteca Oratoriana**, die schönste Bibliothek Neapels. Der heiter festliche Raum stammt aus den Jahren 1726/36.

Via del Duomo

Von der Via dei Tribunali sind es nur wenige Schritte links in die Via del Duomo hinein, wo Neapels Kathedrale liegt. Die Via del Duomo gehört zum Straßensystem des antiken Neapel und ist während der Stadtmodernisierung im späten 19. Jh. begradigt und mit Wohnhäusern der italienischen Gründerzeitjahrzehnte bebaut worden. Hier finden sich die **führenden Geschäfte für Hochzeitsmode**.

Cappella della Santa Maria del Principo: Maria, flankiert von San Gennaro und Santa Restituta

★ Duomo di San Gennaro

Der Duomo di San Gennaro (Via Duomo 147) ist die wichtigste Kirche der Stadt. **2500 Jahre Baugeschichte** machen das Areal zu einem architektonischen Denkmal neapolitanischer Stadtgeschichte.
Die Fassade wie auch das Innere der Kirche sind im Laufe der Jahrhunderte so oft umgestaltet und nach Erdbebenschäden wieder aufgebaut worden, dass von der ursprünglich gotischen Kirche nicht allzu viel übrig geblieben ist. Schon die Fassade entstand mit der Neugestaltung der Via Duomo in ihrer heutigen Gestalt erst Ende des 19. Jh.s im Stil der Neugotik. Nur das **Portal** mit seinem Skulpturenschmuck stammt, wenn auch aus Fragmenten und Einzelwerken neu zusammengesetzt, aus dem späten Mittelalter.

Öffnungszeiten:
Mo. – Sa.
8.30 – 12.30
16.30 – 19.00
So. 8.00 – 13.30
16.00 – 19.30

Das Innere der dreischiffigen Kirche ist im 17. und 18. Jh. dem barocken Zeitgeschmack zum Opfer gefallen. Trotzdem sind noch bemerkenswerte Architekturreste der Vorgängerbauten erhalten. In den unter Karl von Anjou Ende des 13. Jh.s begonnenen gotischen Bau wurden zwei frühchristliche Kirchen integriert. So ist das linke Seitenschiff des Doms die ehemalige Chiesa della Santa Restituta. Um 320 von Kaiser Konstantin d. Gr. gegründet, ist die fünfschiffige Kirche **die älteste Basilika Neapels**. Trotz der unvermeidlichen Barockisierung (1688) ist die Grundform der Kirche erhalten geblieben. So entspricht die Aufstellung der Spoliensäulen noch der konstantinischen Basilika. Sehenswert ist im linken Seitenschiff die **Cappella**

★ **Chiesa della Santa Restituta**

Öffnungszeiten:
Mo. – Sa.
8.30 – 12.00
16.30 – 18.30
So. 8.30 – 13.00

◄ weiter auf S. 206

Der Erzbischof von Neapel hält am 19.9.2003 während der Messe in der Kathedrale von Neapel die Reliquie mit dem Blut San Gennaros. Das Schwenken des weißen Tuches zeigt an, dass sich auch dieses Jahr das Wunder wieder ereignet bzw. das Blut sich wieder verflüssigt hat.

WUNDER GIBT ES IMMER WIEDER

Die Liebe der Neapolitaner zu ihrem Stadtpatron San Gennaro ist ebenso unergründlich wie das in wundersamer Regelmäßigkeit zweimal jährlich stattfindende Blutwunder.

Noch immer ist Gennaro der gebräuchlichste Männername in Neapel und seine Kurzform Gennà hört man in den Gassen der Quartieri spagnoli ebenso wie in den vornehmen Cafés an der Piazza dei Martiri. Der **Bischof von Benevent, Januarius**, starb 305 n. Chr. den Märtyrertod in der Solfatara bei Pozzuoli. Da die Löwen im Amphitheater den zukünftigen Heiligen partout nicht fressen wollten, wurde er geköpft. Eine Verwandte des Bischofs, andere Legenden berichten von einer Blinden, fing das frische Blut in zwei kleinen Glasampullen auf. Dieses Blut ist bis heute das **Lebenselixier Neapels**.

Die sagenhafte Verflüssigung ist für das Jahr 1389 erstmals belegt, soll aber schon bei der Überführung der heiligen Gebeine samt Blutampulle von Pozzuoli nach Neapel im Jahr 413 geschehen sein. Seitdem verflüssigt sich das Blut regelmäßig. Einmal am 19. September, dem Tag des Martyriums, und dann am Samstag vor dem ersten Maisonntag in Erinnerung an die Überführung der Reliquie. Für Mark Twain, der 1867 der Zeremonie beiwohnte, handelte es sich um eine der »erbärmlichsten aller religiösen Betrügereien«, und wer nicht fest im katholischen Glauben verwurzelt ist, der wird dem Geschehen auch heute noch im wahrsten Sinne des Wortes ungläubig gegenüberstehen. Das Maiwunder gilt der ganzen Welt, das im September hingegen dem Wohlergehen der Stadt und ihrer Bewohner.

Dabei wurde San Gennaro erst im 16. Jh. aus der Vielzahl der neapolitanischen Schutzheiligen zu dem, was er heute unangefochten ist: der **Gott Neapels**. Vor allem sein wundertätiges Eingreifen bei Ausbrüchen des Vesuv machte ihn zum alleinigen Patron der Stadt. Während des berühmten Vesuvausbruchs 1631 wurden in zwei

Prozessionen Blut und Schädel San Gennaros zum feuerspeienden Berg geführt. Nur im Zusammenwirken beider Reliquien kann das Wunder geschehen. Das Bild des gewaltigen Vulkans und der sich auf die Stadt zuwälzenden Lavaströme, aufgehalten allein durch zwei kleine Ampullen mit roter Flüssigkeit, gehört zu den unerklärlichsten Mythen Neapels.
Zu diesen gehört auch der bei jedem Wunder anwesende kleine Kreis der **»parenti«**. Dieser besteht aus ungefähr dreißig Frauen, die sich »Verwandte des Herzens« nennen. Ihr Wissen um den komplizierten Ablauf der auf neapolitanisch gesungenen, gesprochenen, gestöhnten und geschrienen Gesänge und Gebete kann kaum gelernt, sondern nur in vielen Jahren verinnerlicht werden. Diese Innigkeit mit San Gennaro ist bis heute lebendiges Erbe vieler Generationen und die Existenz der alten Frauen ein Wunder für sich.

Das Blutwunder

Die Verflüssigung im Mai geschieht nach einer Prozession durch die Altstadt traditionell in der Kirche Santa Chiara. Kardinal Pepe, Erzbischof von Neapel, hält nach langer Predigt die Monstranz mit den Blutampullen fest an seine Brust gedrückt. Die andächtige Stille in der mit Tausenden Neapolitanern gefüllten Kirche ist in dem zur Stadt gewordenen Chaos Neapel schon erstaunlich genug. Wenn dann aber der Schatzmeister des »tesoro«, wie die Kapelle des Heiligen genannt wird, mit einem **weißen Taschentuch** winkt, ist das immer wieder einmalige **Wunder** geschehen: das göttliche Zeichen, das Neapel seit Jahrhunderten mit einer impulsiven Energie erfüllt und in einem solchen Moment, im Taumel der Begeisterung und im Triumph über das Unwahrscheinliche, in der Kirche der hl. Klara für einen kurzen Augenblick tatsächlich spürbar zu sein scheint.
Im Mai beginnt die Zeremonie in der Kapelle des San Gennaro im Dom und endet in der Kirche Santa Chiara. Das Septemberwunder findet nur im Dom statt. Nach erfolgter Verflüssigung wird die Reliquie noch für acht Tage in der Kapelle den Gläubigen vorgeführt.

della Santa Maria del Principo mit einem Mosaik (1322) der von San Gennaro und Santa Restituta flankierten Muttergottes.

★★ Baptisterio di San Giovanni in Fonte ►

Das sich anschließende **Baptisterio di San Giovanni in Fonte** ist die älteste Taufkapelle des Abendlands und wurde wahrscheinlich unter Bischof Severus (364–410) errichtet und unter Bischof Soter (465–486) umgebaut. Einzigartig sind die Mosaiken der Kuppelwölbung, die noch ganz in der Antike verwurzelt sind. Gut erkennbar sind die Szene mit dem Weinwunder der Hochzeit von Kana und die der Begegnung zwischen Christus und der Samariterin am Brunnen.

★★ **Archäologische Ausgrabungen**

Die archäologischen Ausgrabungen (Zugang in Santa Restituta) sind nicht weniger interessant als die unter der Kirche San Lorenzo Maggiore. Hier wurden beachtliche Reste einer zweiten frühchristlichen Basilika, der sog. Stefania, ausgegraben. Ganz in der Nähe des Baptisteriums liegen unterirdisch mehrere Lagerräume aus römischer Zeit.

Sehenswertes im Dom

Die rechts neben der Apsis liegende **Cappella Minutolo** mit Kreuzgewölbe und Fresken aus dem 14./15. Jh. hat noch ganz ihr gotisches Erscheinungsbild bewahrt. Über dem Altar befindet sich das imposante **Grabmal des Kardinals Arrigo Minutolo** von Antonio Baboccio (1402–1405). In der benachbarten **Cappella dell'Assunta** hängt mit der Himmelfahrt Mariens ein Perugino zugeschriebenes Gemälde. Auch die Figurengruppe der barocken Hauptchorkapelle zeigt eine Himmelfahrt Mariens. Die auf Fernwirkung angelegte und von Engeln umgebene Gottesmutter ist ein Werk des römischen Bildhauers **Pietro Bracci** (1739). Die vergoldete Kassettendecke des Langhauses entstand 1621.

? WUSSTEN SIE SCHON ...?

- Der Duomo di San Gennaro hat eine hochkomplizierte Baugeschichte. Das linke Seitenschiff war ursprünglich eine antike römische Straße, an der die beiden frühchristlichen Basiliken **Santa Restituta** und **San Salvatore** (die Reste der heutigen Stefania) als erste Kirchenbauten Neapels lagen. Erst der gotische Neubau des 13. Jh.s. machte aus den zwei Kirchen und dem Baptisterium einen zusammenhängenden Baukörper.

★★ Cappella del Tesoro di San Gennaro ►

Das **religiöse Zentrum Neapels** ist bis heute die Cappella del Tesoro di San Gennaro. Als Folge der verheerenden Pestepidemie 1526/28 gründete sich eine noch heute bestehende Deputazione del Tesoro, um dem Heiligen eine prachtvolle Kapelle im Dom errichten zu lassen. Die Arbeiten begannen erst 1605 unter dem Architekten Francesco Grimaldi. In dieser überaus reich ausgestatteten frühbarocken Kapelle werden der Schädel wie auch die Blutampullen aufbewahrt (► Baedeker Special S. 204). Das Deckengemälde mit einer Paradiesdarstellung schuf Giovanni Lanfranco.

★ **Museo del Tesoro di San Gennaro** 🕒

Im Domschatz-Museum (rechts der Domfassade) beeindruckt besonders die silberne Büste der hl. Irene, die mit der rechten Hand einen Pfeil abwert und mit der linken das Stadtmodell Neapels beschützt (Di.–Sa. 9.30–17.00, So., Fei. nur bis 14.30 Uhr).

Weitere Sehenswürdigkeiten im Centro storico

MADRE

Der Largo Donnaregina liegt in unmittelbarer Nähe des Doms. Hier befindet sich das Museo d'Arte Contemporanea Donna Regina, MADRE. Das sehenswerte Museum zeitgenössischer Kunst in dem vom portugiesischen Stararchitekten **Alvaro Siza** aufwendig umgestalteten **Palazzo Donna Regina** kämpft aktuell mit finanziellen Schwierigkeiten und droht geschlossen zu werden (Via Settembrini 79; Infos www.museomadre.it).

Santa Maria Donnaregina Vecchia

Die nahe Chiesa Santa Maria Donnaregina Vecchia (frühes 14. Jh.) ist einer der verstecktesten Kunstschätze Neapels (Largo Donnaregina; Mo. – Fr. 8.30 – 12.30 Uhr). Als eines der bedeutendsten gotischen Bildhauerwerke Süditaliens gilt das **Grabmal der Königin Maria von Ungarn**, Gemahlin Karls II. von Anjou, von **Timo da Camaino** (um 1325/26). Bedeutend sind auch die Fresken des Nonnenchores.

Museo Diocesano

◄ www.museodiocesanonapoli.it

Das jüngste der neapolitanischen Museen ist eines der schönsten. Das liegt an der kürzlich wunderbar restaurierten Chiesa Santa Maria Donnaregina Nuova (17. Jh.), die schon allein einen Besuch wert ist. Von der Gemäldegalerie im Obergeschoss blickt man in das grandiose Kirchenschiff. Zu den schönsten Exponaten, fast alle Namen aus der großen Zeit des **neapolitanischen Barocks** sind vertreten, u. a. Luca Giordano und Francesco Solimena, gehört die »Collare di San Vincenzo«: Der mit goldenen Ringen, Uhren und Ketten geschmückte Umhang wurde bei Prozessionen der Heiligenfigur umgelegt (Largo Donnaregina; Mi. – Mo. 9.30 – 16.30, So. bis 14.00 Uhr).

★★ Pio Monte della Misericordia

Im nordöstlichen Teil der Via dei Tribunali liegt hinter der Kreuzung der Via Duomo mit dem Pio Monte della Misericordia eine der **ältesten**, 1601 gegründeten **Wohlfahrtseinrichtungen** Neapels (Via dei Tribunali 253; Do. – Di. 9.00 – 14.00 Uhr). Das Gebäude wurde 1658 – 1678 erbaut. Die von Adligen gegründete Stiftung (Monte bedeutet hier Vermögen, Kapital; ital. Misericordia = Barmherzigkeit) verschrieb sich der Kranken- und Armenpflege. Caravaggios berühmtes Altarbild **»Die sieben Werke der Barmherzigkeit«** (1606/7) wirkt noch immer erschreckend realistisch. Das grandiose Gemälde bezieht sich auf das Matthäus-Evangelium. Die noch tätige Stiftung besitzt eine erlesene Gemäldesammlung, die in der angeschlossenen Pinakothek besichtigt werden kann.

★★ ◄ Caravaggios Altarbild

Guglia di San Gennaro

Die marmorne, von Cosimo Fanzago entworfene Säule Guglia di San Gennaro gegenüber auf der Piazza Riario Sforza erinnert an den Vesuvausbruch 1631 und die Rettung der Stadt durch den Heiligen, der seitdem die ungeteilte Verehrung der Neapolitaner genießt.

Castel Capuano

Die Via dei Tribunali endet am Castel Capuano, einem Gebäude, das seit **850 Jahren ununterbrochen genutzt** wird. Errichtet Mitte des

12. Jh.s. vom Normannenherzog Wilhelm I., ließ sein staufischer Nachfolger Friedrich II. das Kastell zu einer befestigten Residenz ausbauen. Für einige Jahrhunderte war es das politische Machtzentrum der Stadt. Erst mit dem Bau des heutigen Palazzo Reale unter Pedro di Toledo wurde das Castel Capuano zum **Gerichtsgebäude** (Tribunale) der Stadt und als solches wird es bis heute genutzt. Sein heutiges Aussehen stammt vom Umbau 1857/58.

✶ **San Giovanni a Carbonara**

Der heutige Zustand dieses bahnhofsnahen Viertels lässt nicht vermuten, dass hier eine der am **prächtigsten ausgestatteten Kirchen Neapels** steht (Via Carbonara 5; tgl. 9.30 – 12.00 Uhr). Grandios ist die **Freitreppe** (1708) des jungen Ferdinando Sanfelice. In der Madonna Consolatrice (Madonna des Trostes) genannten Unterkirche wurde 1620 ein Marienfresko entdeckt und als wundertätig verehrt. Herausragendes Kunstwerk ist das **Grab des Königs Ladislaus von Anjou-Durazzo**. Seine Schwester und Erbin Johanna II. ließ dieses letzte gotische Grabmal in Neapels Kirchen um 1415 errichten.

✶ **Porta Capuana**

Frisch restauriert präsentiert sich seit kurzer Zeit die Porta Capuana, Teil der aragonesischen Stadtmauer von 1484 – 1488. Die beiden gewaltigen Rundtürme sind **Wahrzeichen Neapels** und werden Onore und Virtù (Ehre und Tugend) genannt. Der Florentiner Bildhauer und Architekt Giuliano da Maiano schuf die marmorne Außenwand mit Figuren- und Reliefschmuck. Ein weiteres Stadttor befindet sich mit der Porta Nolana an der gleichnamigen Piazza am Corso Garibaldi. Die Rundtürme Fede und Speranza (Glaube und Hoffnung) sind allerdings in einem recht desaströsen Zustand.

Porta Nolana ►

✶✶ Spaccanapoli

Parallel zur Via dei Tribunali verläuft mit dem als Spaccanapoli (ital. spaccare = teilen) bekannten Straßenzug ein weiterer Decumanus der antiken Stadt. Die knapp 3 km lange schnurgerade Straße ändert mehrmals ihren Namen (Via Benedetto Croce, Via S. Biaggio dei Librai, Via Vicaria Vecchia) und verbindet die Piazza del Gesù Nuovo mit dem Forcella-Viertel in Hauptbahnhofnähe.

✶ Guglia dell' Immacolata ►

Die **Piazza del Gesù Nuovo** wird beherrscht von der monumentalen Diamantquaderfassade der gleichnamigen Kirche und der Guglia dell'Immacolata. 1741 wurde der Grundstein zu dieser 34 m hohen barocken **Mariensäule** gelegt. In Süddeutschland als Pestsäulen bekannt, werden diese oftmals fast bizarr wirkenden Bauwerke in Italien seit der Renaissance auch »macchine« genannt.

✶✶ **Gesù Nuovo**

Die Chiesa Gesù Nuovo war Neapels wichtigste Jesuitenkirche und hat – schon die für eine Kirche merkwürdige Fassade zeigt es – eine bewegte Baugeschichte (Piazza del Gesù Nuovo; tgl. 6.30 – 12.30, So. bis 13.30, 16.30 – 19.30 Uhr). Der Bau entstand 1455 – 1470 als Palast

Der lagernde Flussgott Nil, das eigentliche Wahrzeichen des Centro storico

der Familie Sanseverino. Die Seitenportale sowie das Hauptportal mit Wappenschmuck in der Innenrahmung sind aus dieser Zeit erhalten. 1584 erwarben die Jesuiten das Gebäude und rissen es bis auf die Fassade ab. Nach einem Brand 1639 entwarf der in Neapel viel beschäftigte **Cosimo Fanzago** die Pläne für die Innenausstattung, die dann erst im 18. Jh. fertiggestellt wurde und bis auf wenige Umbauten erhalten ist. Wesentlichstes Kunstwerk ist **Francesco Solimenas** Fresko »Vertreibung des Heliodor aus dem Tempel« (1725) an der Innenseite der Eingangswand. Im linken Seitenschiff befindet sich ein Ignatius von Loyola geweihter Wandaltar. Ebenfalls von Fanzago stammen die barock expressiven Statuen von David und Jeremias. 1767 übernahmen die Franziskaner die Kirche. Im Santuario Giuseppe Moscati wird **Giuseppe Moscati** (geb. 1880 in Benevent, mit 47 Jahren in Neapel gestorben), einer der jüngsten Heiligen der katholischen Welt verehrt.

◄ »Vertreibung des Heliodor aus dem Tempel«

Fast vollkommen zerstört wurde bei einem mehrtägigen Großbrand 1943 die barocke Innenausstattung (1741 – 1747) der Chiesa Santa Chiara (Via Benedetto Croce; tgl. 7.00 – 12.30, 16.00 – 19.00 Uhr). Bei der Restaurierung wurde der gotische Innenraum in seiner ursprünglichen Erscheinung so weit wie möglich rekonstruiert. Robert von Anjou gründete die Kirche 1310, ihre Weihe fand 30 Jahre später statt. Santa Chiara wurde als Hauptwerk der angiovinischen Gotik neben San Domenico Maggiore zur wichtigsten Kirche Neapels und bevorzugten **Grablege des Hauses Anjou**. Die Baugeschichte des frei stehenden Campanile ist durch eine gotische Inschrift (um 1328) in seinem Sockelgeschoss dokumentiert. Durch ein Portal (14. Jh.) in der den gesamten Komplex umgebenden Mauer betritt man den

★★ **Santa Chiara**

★ ◄ Campanile

kleinen Platz vor der Hauptfassade. Das Rosettenfenster wurde nach Kriegszerstörung wieder rekonstruiert. Nur die wenigsten Bauteile der Fassade stammen aus der Erbauungszeit der Kirche. Das Innere der Kirche überrascht durch seine Dimensionen (92 x 30 m) und die strenge Schlichtheit des einschiffigen Langhauses. Links und rechts verlaufen Kapellenreihen, die eine einfache Empore tragen. Eine Dreiergruppe fürstlicher Gräber bildet den Mittelpunkt der Altarwand. Das Grabmal des Königs Robert von Anjou (1278 bis 1343), auch Robert der Weise genannt, ist trotz seiner vom Rauch der Brandkatastrophe geschwärzten Steine noch immer von beeindruckender Schönheit. Das über 14 m hohe Grab von **Tino di Camaino** ist eines der **Hauptwerke gotischer Plastik in Süditalien**. Rechts neben dem monumentalen Königsgrab befindet sich, ebenfalls von Tino di Camaino, das **Grab Karls von Kalabrien** (um 1332/33). Der Sohn Robert von Anjous starb 31-jährig während der Falkenjagd an einem plötzlichen Fieberanfall. Das benachbarte **Grab der Marie von Valois** (der Gemahlin Karls von Kalabrien) ist das letzte Werk Tino di Camainos (1337) und wurde von dessen Werkstatt vollendet. Der hinter der Wand des Hauptaltars liegende **Chor der Klarissinnen** ist nur an manchen Tagen des Maggio dei Monumenti zugänglich. Ursprünglich von Giotto und seiner Werkstatt ausgemalt, werden die wenigen erhaltenen Fragmente der Malereien seit Jahren restauriert und wissenschaftlich erforscht. Mit **Giotto di Bondone** (um 1267 – 1337) arbeitete 1328 – 1334 einer der größten Maler der italienischen Kunstgeschichte in Neapel. Robert von Anjou berief den schon zu Lebzeiten berühmten Künstler, um die beiden wichtigsten öffentlichen Gebäude seiner neuen Residenzstadt ausmalen zu lassen. Allerdings sind von den großen Freskenzyklen im Castel Nuovo und in Santa Chiara nur minimale Reste erhalten.

✶✶ Grabmal Roberts von Anjou ▶

Giotto in Neapel ▶

✶✶ Chiostro delle Maioliche

Eine der zauberhaftesten Sehenswürdigkeiten Neapels, ein weltfern wirkendes **Rokoko-Arkadien** inmitten der Altstadt, ist der Chiostro delle Maioliche. Der ursprünglich gotische Kreuzgang erhielt 1739 bis 1743 sein heutiges Gesicht (Mo. – Sa. 8.30 – 12.30, 15.30 bis 18.30, So. 9.00 – 12.30 Uhr). Maria Amalia von Sachsen, die in Porzellan vernarrte Gemahlin von Karl III., initiierte die Neugestaltung des Kreuzgangs. Der 82 x 78 m große **Klostergarten** wurde in vier von halbhohen Mauern umfasste Parterres unterteilt, die ebenso wie die steinernen Sitzbänke und die oktogonalen, hölzerne Pergolen tragenden Säulen mit farbenprächtigen Majolikakacheln bedeckt sind. Die Bilder zeigen paradiesische Fantasielandschaften, inspiriert von den Schönheiten des Golfs von Neapel. Im kleinen Museo dell'Opera werden neben liturgischem Gerät vor allem Architekturfragmente der gotischen Innenausstattung von Santa Chiara ausgestellt (Mo., Di., Do. – Sa. 9.00 – 12.30, 15.30 – 17.30, So. 9.00 – 12.30 Uhr).

Museo dell'Opera ▶

Kirche und Kloster stehen auf den Resten einer weiträumig freigelegten, 900 m² großen Thermenanlage, wohl der Hauptthermen aus dem 1. Jh. n. Chr.

Zona Archeologica ▶

Mittelpunkt der Piazza San Domenico Maggiore ist die Guglia di San Domenico.

Der Palazzo stammt aus dem 14. Jh., wurde allerdings mehrfach umgebaut und zuletzt aufgestockt. Das festliche Eingangsportal entwarf Ferdinando Sanfelice. Der Philosoph, Historiker und Politiker **Benedetto Croce** (1866 – 1952) gründete hier 1947 das Istituto Italiano per gli Studi Storici. Croce, der schon 1925 sein »Manifesto degli Intellettuali antifascisti« veröffentlicht hatte, wurde zu einer Lichtgestalt des europäischen Widerstands gegen den Faschismus.

Palazzo Filomarino della Rocca

Die Piazza San Domenico Maggiore ist fest in der Hand der Studenten der Università degli Studi di Napoli, wegen ihrer Fakultäten für Sinologie und Orientalistik kurz auch L'Orientale genannt, und der Università Federico II. Beherrscht wird die Piazza von der **Guglia di San Domenico**, die nach der Pest von 1656 errichtet wurde. Im Gegensatz zur beschwingt barocken Guglia dell'Immacolata auf der Piazza Gesù Nuovo wirkt dieser frühe Obelisk mit seinem streng gegliederten Ornamentschmuck noch ganz dem 16. Jh. zugehörig.

*** Piazza San Domenico Maggiore**

Mit dem Bau der Chiesa San Domenico Maggiore wuchs die mittelalterliche Stadt in Richtung Westen dem Hügel des Vomero entgegen. Karl I. von Anjou legte 1289 den Grundstein an der Stelle eines

*** San Domenico Maggiore**

Vorgängerbaus, der in den Neubau einbezogen wurde. 1324 war das Gebäude fertiggestellt und dann für nahezu fünf Jahrhunderte Sitz der Dominikaner und eine der wichtigsten Kirchen der Stadt. Von dem einstigen Hauptwerk der angiovinischen Gotik in Neapel haben Erdbeben (1455/56) und Feuersbrünste (1506) wenige, aber sehenswerte Reste übrig gelassen. Ihr heutiges Erscheinungsbild geht auf eine Restaurierung im 19. Jh. zurück (Vico San Domenico Maggiore 18; Mo. – Sa. 7.15 – 12.00, 17.00 – 19.00, So. 9.00 – 13.00, 17.00 bis 19.00 Uhr). Der Innenraum der dreischiffigen Basilika wird dominiert von sieben auf Pfeilern ruhenden Spitzbogenarkaden, die, wenn auch vielfach restauriert und im 19. Jh. zum Teil vergoldet, noch aus der Entstehungszeit stammen. Die hölzerne Decke wird ins Jahr 1665 datiert, wurde aber im 19. Jh. ebenfalls neu gefasst. Kunstwerke von Rang sind die Basis des **Osterleuchters** vor dem Chor aus der Werkstatt des Tino da Camaino und das **Grabmal des Johann von Anjou** in einer der rechten Seitenkapellen.

Kircheninneres ►

★★ **Cappella Sansevero**

Der Vico San Domenico Maggiore führt zur nahen Cappella Sansevero. Anstelle eines kleinen Marienheiligtums im Garten seines Palazzo ließ Alessandro De Sangro zu Beginn des 18. Jh.s die heutige Kapelle als Familiengrabstätte errichten. Sein Sohn Raimondo entwarf später ein von Zeitgenossen viel bewundertes Ausstattungsprogramm, das zu den überraschendsten Raumkunstwerken des neapolitanischen Barock gehört (Via Francesco De Sanctis 19; Mi. – Mo. 10.00 – 17.00, So. nur bis 13.30 Uhr). Drei Skulpturen haben größtes Aufsehen erregt. Rechts neben der Hauptapsis steht die Il Disinganno genannte Skulptur des Genueser Bildhauers **Francesco Queirolo**. Der sich mithilfe eines Engels aus einem Netz befreiende Mann stellt die »Enttäuschung« des Menschen da, die Befreiung von den weltlichen Irrtümern. Links steht mit der Pudicizia (Schamhaftigkeit) eine Skulptur des Venezianers **Antonio Corradini** (1751). Die ganz in einen Schleier gehüllte weibliche Gestalt versinnbildlicht unantastbare Keuschheit. Höhepunkt der Kunstfertigkeit ist der mitten im Raum liegende Cristo velato. Nach einem Entwurf von Corradini schuf der Neapolitaner **Giuseppe Sammartino** 1753 die von einem hauchdünnen Schleier bedeckte Figur des toten Christus. Diese nie zuvor gesehene Bearbeitung des eigentlich spröden Marmors gehört zu den Mysterien der Kapelle. Makaber sind die beiden Skelette in der Krypta. Hier war kein genialer Bildhauer am Werk, die Präparate sind Resultat eines düsteren Experiments. Der Fürst von Sansevero soll zwei seiner Diener bei lebendigem Leib eine Substanz injiziert haben, die nach dem Tod der bedauernswerten Opfer das Fleisch zwar verwesen, das Gefäßsystem des Blutkreislaufs hingegen versteinern ließ.

★ Il Disinganno ►

Pudicizia ►

Cristo velato ►

Università degli Studi di Napoli

Erste staatliche Universität Europas ►

In entgegengesetzter Richtung führt die Via Mezzocannone an der Universität vorbei hinunter zum Corso Umberto I. Die Università degli Studi di Napoli »Federico II« wurde am 5. Juni 1224 vom **Stauferkaiser Friedrich II.** als erste »staatliche« Universität Europas ge-

Marmor über Marmor in der Capella Sansevero

gründet und ist mit über 100 000 Studenten eine der größten Universitäten Italiens. Um 1880 bezog sie den weitläufigen Gebäudekomplex zwischen der Via Mezzocannone und dem Corso Umberto I.

★ **Sant'Angelo a Nilo**

Schräg gegenüber der Piazza San Domenico Maggiore liegt die kleine Chiesa Sant'Angelo a Nilo. Kardinal Rinaldo Brancaccio ließ die Kirche Ende des 14. Jh.s in unmittelbarer Nähe seines Familienpalastes errichten. 1709 wurde der Bau komplett umgestaltet und im Inneren barockisiert (Piazzetta Nilo 23; Mo. – Sa. 9.00 – 13.00, 16.30 – 13.00, So. 9.00 – 13.00 Uhr). Die vor dem Hochaltar rechts gelegene Kapelle enthält mit dem Grabmal des Kardinals Rinaldo Brancaccio das schönste Renaissancegrab Neapels. **Donatello und Michelozzo** schufen das Monument in ihrer Werkstatt in Pisa, von wo es 1428, im Todesjahr des Kardinals, nach Neapel verschifft wurde. Umstritten ist die Zuschreibung einzelner Teile an die beiden Künstler. Zweifellos jedoch hat Donatello das Relief der **»Assunzione della Vergine«** geschaffen. Diese Darstellung der Himmelfahrt Mariens ist in der für Donatello typischen Technik des »relievo schiacciato« ausgeführt. Weniger effektvolle Perspektiven als vielmehr feinste Nuancierungen der dargestellten Figuren erzeugen die Tiefenwirkung dieses Flachreliefs. Über dem Hauptaltar hängt das Gemälde **»San Michele Arcangelo«** von Marco Pino da Siena (1573).

◄ Grabmal des Kardinals Rinaldo Brancaccio

★★ **Statue des Nils**

Genau gegenüber liegt auf dem Largo Corpo di Napoli mit der Statue des Nils das eigentliche **Wahrzeichen** des Centro storico. Die marmorne Figur stellt den **Flussgott Nil mit Sphinx und Füllhorn** da. Aufgestellt wurde sie wahrscheinlich von alexandrinischen Händlern im 1. Jh. n. Chr. (Abb. S. 209).

! *Baedeker* TIPP

Götter und Caffè

Neben dem Eingang der gegenüberliegenden Bar hängt ein kleiner Wandaltar mit einem einzelnen Haar von Diego Maradona. Seit der Fußballspieler mit dem SSC Neapel 1989 den UEFA-Cup gewann, gehört er neben San Gennaro und Totò zu den Göttern der Stadt. Der ob dieser Kuriosität staunende Neapelbesucher sollte den daneben hängenden Zettel des Barbesitzers zur Kenntnis nehmen: nicht nur staunen und ein Foto machen, sondern in diesem freundlichen Etablissement auch einen schnellen guten Caffè trinken.

Historische Stadtpaläste in der Via San Biaggio dei Librai:

Mit dem Bau der **Chiesa di Santa Chiara** und ihrem Klosterkomplex wurde im 14./15. Jh. das Gebiet rund um den heutigen Largo Corpo di Napoli zum bevorzugten Wohngebiet des Adels. Die meisten dieser Palazzi storici sind heute zu Wohnhäusern umgebaut, und auch wenn keiner von ihnen zu besichtigen ist, lohnt doch ein Blick auf die Fassaden und in die Innenhöfe. Einer der bedeutendsten Paläste ist der **Palazzo Carafa di Santangelo** von 1466 (Via San Biaggio dei Librai 121). Eine Inschrift über dem Portal nennt den Bauherrn: Diomede Carafa (1406 – 1487) war ein humanistisch gebildeter Adliger und Vertrauter des Königs Alfons I. von Aragon. Seine Antikensammlung war eine der ersten ihrer Art und europaweit berühmt. Der kürzlich restaurierte **Palazzo di Capua-Marigliano** (Via San Biaggio dei Librai 39) mit einer strengen Renaissancefassade entstand 1512/13. Das Baumaterial ist teilweise antik und soll aus dem römischen Theater von Nola stammen.

★ **Monte di Pietà**

Die Via San Biaggio dei Librai ist traditionell die **Straße der Goldschmiede und Juweliere**. Seit Jahrhunderten sind hier auch die Leihhäuser Neapels zu finden. 1539 gründeten einige Adlige die wohltätige Stiftung Monte di Pietà, die Geld zu festgesetzten Zinssätzen verlieh, um dem grassierenden Kreditwucher Einhalt zu gebieten. 1579 ließ die Stiftung den heutigen Palast errichten. Im Innenhof, durch das eindrucksvolle Vestibül der Fassade effektvoll eingerahmt, liegt die **Cappella della Pietà**. Die schöne Renaissancefassade mit ihren ionischen Pilastern wird geschmückt von zwei symbolhaften Skulpturen von Pietro Bernini (1601): In der linken Wandnische steht die **Carità** (Nächstenliebe) in einem faltenreichen Gewand, drei nackte Knaben klettern Hilfe suchend an ihr empor. In der rechten Nische steht **Securitas** (Sicherheit), ruhig schlafend an eine Säule gelehnt. Pietro Bernini (1562 – 1629), der ab 1584 als Bildhauer in Neapel viel beschäftigt war, ist der Vater von Gian Lorenzo Bernini, dem bedeutendsten römischen Architekten und Bildhauer des 17. Jh.s, der Rom in eine barocke Stadt verwandelte.

Die Pietà-Gruppe des Dreieckgiebels stammt von Michelangelo Naccherino. Der Monte di Pietà ist heute Eigentum der Banco di Napoli, die in den restaurierten Räumen **Teile ihrer Kunstsammlung**, vor allem sakrale Kunstgegenstände, zeigt (Via San Biaggio dei Librai 114; Sa., So. 9.00 – 14.00 Uhr). Vor allem die Stuckdekorationen, die Majolikafußböden und das teilweise erhalten gebliebene Mobiliar zeugen vom einstigen Reichtum der Stiftung. Die Decke der Kapelle zeigt einen Freskenzyklus mit Szenen aus der Passion Christi von Belisario Corenzio (1601 – 1618).

◄ Kunstsammlung der Banco di Napoli

Bevor die Via San Biaggio dei Librai das volkstümliche, aber etwas heruntergekommene Forcella-Viertel erreicht, trifft sie auf die Via Duomo. Der Palazzo Cuomo wurde bei der Erweiterung der Via Duomo (1880) abgerissen und unter Beibehaltung der Renaissancefassade nur 20 m entfernt wieder aufgebaut. Der Familienpalast des Kaufmanns Angelo Cuomo entstand 1464 – 1490, das Innere stammt aus den Jahren 1880/82. Der Fürst Gaetano Filangieri finanzierte nicht nur den Wiederaufbau des Gebäudes, er stiftete auch die **Kunstsammlung seiner Familie** (Museo Civico Filangieri, Via Duomo 288; Di. – Sa. 9.00 – 18.30, So. nur bis 13.30 Uhr).

✶ Palazzo Cuomo

◄ Museo Civico Filangieri

✶ Archäologisches Nationalmuseum

Das am nördlichen Rand der Altstadt gelegene **Museum gehört zu den berühmtesten der Welt** und seine Sammlung griechischer und römischer Kunstwerke ist einzigartig. Das Gebäude entstand 1612 als Universität (Palazzo degli Studi), 1748 wurde es von Sanfelice erweitert und ab 1773 auf Initiative Ferdinands IV. zum Real Museo Borbonico ausgebaut. Kern der Sammlung, die einst auf verschiedene Standorte verteilt war, sind die reichen Kunstschätze der neapolitanischen Bourbonen aus der farnesischen Erbschaft Karls III. und die Funde aus den verschütteten Vesuvstädten. Nach dem Umzug der Gemälde in das Schloss von Capodimonte (►S. 221) begann der bis heute andauernde Um- und Ausbau zum Archäologischen Museum. Auch in den nächsten Jahren wird es deswegen immer wieder zu geschlossenen Sälen und der Neuaufstellung von Exponaten kommen.

Museo Archeologico Nazionale

Öffnungszeiten:
Mi. – Mo.
9.00 – 20.00
letzter Einlass 19.00

Rechts unterhalb der zum Haupteingang hinaufführenden Treppe befinden sich (auch mit der neuen Metro-Station Museo verbunden) einige der jüngsten und interessantesten Ausstellungsräume des Museums. Zu sehen sind während des Baus der Metrolinie vor allem an der Piazza Municipio im Bereich des antiken römischen Hafens gemachten Funde.

Führung durch das Museum

Die große **Eingangshalle** des Museums präsentiert sich heute auf dem Niveau europäischer Spitzenmuseen. Ein gut sortierter **Buchshop** ist ebenso vorhanden wie ein meist auch besetzter Informationsschalter. In den Räumen des Untergeschosses sind die **ägyptischen und epigrafischen Sammlungen** untergebracht. Das Erdge-

Doryphoros

schoss beherbergt einige der schönsten aus der Antike erhaltenen Skulpturen, meist römische Kopien griechischer Originale.
Im von der Eingangshalle links abgehenden Flügel befindet sich mit der 1797 in der Palästra von Pompeji gefundenen Marmorstatue des **Doryphorus** ein Schlüsselwerk der Kunstgeschichte, dessen verlorenes Bronzeoriginal vom griechischen Bildhauer **Polyklet** (460 bis Ende 5 Jh. v. Chr.) stammt. Die Statue des eine Lanze tragenden nackten Jünglings markiert eine Revolution in der griechischen Bildhauerkunst: die Weiterentwicklung vom archaischen, mit beiden Beinen fest auf dem Boden stehenden Kouros (Jüngling) zu den zwischen Stand- und Spielbein in sich ruhenden Statuen des Polyklets. In der Umgebung des Doryphoros sind weitere Kopien griechischer Statuen höchst malerisch, dafür aber ohne ausreichende Beschriftung versammelt. Beachtenswert ist noch das zarte Relief von **Orpheus und Euridyke** nach einem Original aus dem 5. Jh. v. Chr.

Sammlung Farnese

Die gegenüberliegenden Flügel sind zwar zugänglich, werden aber bis 2010 neu eingerichtet. Sie beherbergen die Sammlung römischer Skulpturen und Porträtbüsten sowie mit den Tyrannenmördern **Harmodios und Aristogeiton** eine der bedeutendsten Figurengruppe der Antike. Die Kopie eines bronzenen Originals aus dem 5. Jh. v. Chr. ist ein Schlüsselwerk der Kunstgeschichte, denn es zeigte als erstes im öffentlichen Raum auf der Athener Agora aufgestelltes Bildwerk keine Götter, sondern reale Personen. **Herzstück des Museums** ist die Sammlung Farnese. Im Rom des 16./17. Jh.s war geradezu ein Antikenrausch ausgebrochen. Humanistisch gebildete Adlige und selbst ein Papst wie Paul III. aus dem mächtigen Haus Farnese – eines der berühmtesten Porträts der Kunstgeschichte, Tizians Bild »Paul III. und seine Neffen« im Musum von Capodimonte, zeigt den Begründer der farnesischen Familiensammlung (► S. 221) – waren die Auftraggeber gezielter Ausgrabungen. Der **Farnesische Stier** wurde 1545 in den römischen Caracallathermen entdeckt und war neben der Laokoongruppe der Sensationsfund des 16. Jh.s. Die vielfach restaurierte und ergänzte Figurengruppe stellt die Bestrafung der Dirke dar: Amphion und Zethos, die beiden Söhne der Antiope, binden Dirke an einen wilden Stier. Die fast den Raum sprengende Skulptur korrespondiert eindrucksvoll mit der Statue des ruhenden **Herakles Farnese** im gleichen Saal. Die zunächst fehlenden, erst ergänzten und später wieder gefundenen Beine des Herkules interessierten schon Goethe.

Zwischengeschoss

Das dem römischen Pantheon nachempfundene Treppenhaus mit einer Statue des Museumsgründers Ferdinand IV. führt in die oberen Stockwerke. In den Räumen 58 – 64 des Zwischengeschosses beeindrucken die in Pompeji und Herculaneum gefundenen **Mosaike**. Zwei bezaubernde Genreszenen aus der pompejanischen **Villa di Cicerone** zeigen Straßenmusikanten sowie drei reich gekleidete Damen, deren Mimik und Gestik besonders ausdrucksvoll sind. Der Künstler **Dioskourides** hat beide Werke signiert. Das Mosaik der Alexanderschlacht wurde am 24. Okt. 1831 in der Casa del Fauno gefunden. Es ist 2,71 x 5,12 m groß und besteht aus rund 3 Millionen Steinchen. Allein das ungewöhnliche Format und die hohe Kunstfertigkeit der Ausführung unterstreichen die Bedeutung des Kunstwerks. Ob hier die Schlacht von Issos (333 v. Chr.) oder die von Gaugamela (331 v. Chr.) dargestellt ist, bleibt fraglich. Keinerlei Zweifel hingegen gibt es an der Identität der Protagonisten. Aus dem linken Bildrand stürmt **Alexander der Große**, König von Makedonien, ins Schlachtengetümmel. In der rechten Bildmitte flieht auf seinem Streitwagen der persische Großkönig **Dareios III.** Der Sieg Alexanders war von historischer Bedeutung und wurde wahrscheinlich noch zu seinen Lebzeiten in einem Gemälde festgehalten, nach dem das Mosaik in der 1. Hälfte des 2. Jh.s angefertigt wurde. Um 100 v. Chr. gelangte das Kunstwerk vermutlich aus dem östlichen Griechenland nach Pompeji und wurde im reichsten Haus der Stadt verlegt.

★★

◂ Alexanderschlacht

Dareios III. flieht vor Alexander dem Großen.

Gabinetto Segreto

Seit Bestehen des Museum war das Gabinetto Segreto im Raum 65 zum »sittlichen Schutz« seiner Besucher nur mit einer Sondererlaubnis zu besichtigen. Seit einigen Jahren genügt die vorherige Anmeldung an der Museumskasse. Zu sehen sind im **Geheimkabinett** Vasen, Skulpturen, darunter Phalli als Glücksbringer in allen möglichen Größen, sowie Fresken, teils Darstellungen erotischer Szenen, die die ersten Ausgräber im 18. Jh. schockierten. Im gleichen Stock ist die größte numismatische Sammlung Italiens untergebracht, die Säle mit Münzen aus der Antike bis in die Zeit des Königreichs Beider Sizilien sind jedoch meist wegen fehlendem Aufsichtspersonal geschlossen.

Münzsammlung (Säle 51 – 55) ►

1. Stock

Die **antiken Wandmalereien** aus Pompeji, Herculaneum und Stabia waren viele Jahre nicht zugänglich und werden nun in 12 Sälen neu präsentiert. **Gebrauchsgegenstände aus Pompeji und Herculaneum** sind in den Sälen 85 bis 89 ausgestellt. Kleinbronzen, Küchengeräte, Keramik und Glas zeugen vom alltäglichen Luxus in den Vesuvstädten. Die Säle 79 bis 84 versammeln Dekorationen und ein verkleinertes Modell des Isistempels von Pompeji. Das Korkmodell der Stadt (Saal 96; 1861/64) im Maßstab 1:100 ist ein trauriges Dokument der Zerstörungen in Pompeji während der vergangenen 150 Jahre. Ein Höhepunkt der Sammlung sind die Bronzestatuen aus der Villa dei Papiri in Herculaneum. Ihren Namen erhielt die Villa von den darin entdeckten **Papyrusrollen**, die die Wissenschaftler des 18./19. Jh.s wegen ihrer Empfindlichkeit zur Verzweiflung brachten. Eine kleine Apparatur zum Aufrollen des karbonisierten Materials ist in einem Seitenraum zu besichtigen.

Modell Pompejis ►

✶✶ Villa dei Papiri ►

Der **Grande Salone dell'Atlante** ist der größte profane Raum Neapels. Sein Deckengemälde zeigt eine Allegorie der Künste und Wissenschaften unter Ferdinand IV. Auf einem sog. Meridian zeigt der Strahl der Mittagssonne je nach Jahreszeit auf das entsprechende im Boden eingelassene Sternbild. Weitere Säle, vor allem die zur Stadtgeschichte des antiken Neapolis und der griechischen Siedlung Pithekoussai auf Ischia, sind zwar didaktisch erstklassig aufbereitet, wegen Personalmangels aber häufig geschlossen.

Sanità, I Vergini und Capodimonte – Neapels lebendige Totenstadt

Sanità

Gleich hinter der Piazza Cavour, noch in Sichtweite des Archäologischen Museums, liegt zwischen dem Centro storico und den Hügeln von Capodimonte Sanità. Hier ist eines der volkstümlichsten Viertel zu entdecken, das schnell etwas rau wirken kann, einen Besuch aber vor allem wegen der frühchristlichen Katakomben lohnt. Ein abendlicher Spaziergang ist nicht zu empfehlen, aber der aufmerksame und nicht mit Schmuck behangene Tourist ist bei Tageslicht wie überall in Neapel auch hier sicher. **Totò**, der in Neapel wie ein Heiliger verehrte Filmkomiker, wurde hier geboren. In griechisch-römischer Zeit lagen hier die **Nekropolen des antiken Neapolis**.

Metro-Stationen Museo, Piazza Cavour ►

Fresken in den Katakomben von San Gennaro

Zentrum des belebten Viertels ist die **Via dei Vergini** mit einem der eindrucksvollsten Paläste des neapolitanischen Architekten **Ferdinando Sanfelice**, dem Palazzo dello Spagnolo. Fassade und Treppenhaus sind perfekt restauriert. Nur wenige Schritte weiter an der Via Arena della Sanità steht **Sanfelices Palazzo**. Er wird von zahlreichen Familien bewohnt. Der Portiere gestattet bei freundlicher Nachfrage den Zugang zum auch noch im Verfall sehenswerten Treppenhaus.

Palazzo dello Spagnolo

Die frühbarocke Chiesa della Sanità (auch San Vicenzo genannt) auf dem gleichnamigen Platz ist ein Werk des Architekten und Ordensbruders **Giuseppe Donzelli**, der als Fra Nuvolo den neapolitanischen Kirchenbau revolutionierte. Das angrenzende Dominikanerkloster wurde durch den Bau der **Ponte della Sanità** zu Beginn des 19. Jh.s fast komplett zerstört. Die Brücke überspannt das in einer Senke liegende Sanitàviertel (noch im 17. Jh. La valle dei morti, das Tal der Toten genannt) und entstand als direkte Verbindung zwischen der Stadt und dem Jagdschloss von Capodimonte.

**** Chiesa della Sanità (San Vicenzo)**

Ist die Chiesa della Sanità schon wegen der **Bilder Luca Giordanos** einen Besuch Wert, so sind die unter ihr liegenden Katakomben des San Gaudioso eine einmalige Sehenswürdigkeit. **Gaudioso, Bischof von Abitina**, floh 439 mit einem Teil des nordafrikanischen Klerus vor den Vandalen Geiserichs nach Neapel. Vor den Toren der Stadt, inmitten der antiken Nekropolen, gründete er ein kleines Kloster, worauf der Name I Vergini verweist. Gaudioso starb 482 und sein Grab wurde zum Mittelpunkt eines weitläufigen Katakombenkomplexes. Mit der Überführung der verehrten Gebeine im 9. Jh. in die Stadt verlor die Grabstelle an Bedeutung und wurde allmählich von der »Lava dei Vergini«, den während frühsommerlicher und herbstlicher Unwetter von den umliegenden Hügeln herabgespülten Sand-

**

◀ Catacombe di San Gaudioso

Führungen:
tgl. 9.30, 10.15, 11.00, 11.45, 12.30

und Erdmassen, verschüttet. Mit dem zufälligen Fund eines Madonnenfreskos aus dem 5./6. Jh. begann ab 1577 die Wiederbelebung der Katakombenanlage. Das Fresko, heute in einer Seitenkapelle der Sanitàkirche ausgestellt, galt bald als wundertätig und gab der Kirche, dem Viertel und dem benachbarten Quartier Miracoli seinen Namen. Der Zugang zu den Katakomben liegt direkt unter dem Hochaltar. Die teilweise sehr gut erhaltenen Fresken sind **einmalige Beispiele frühchristlicher Kunst**, die denen der römischen Katakomben in nichts nachstehen. Unter den Dominikanern wurden die Katakomben im 16. und 17. Jh. erneut zum Friedhof, wovon einige makaber wirkende Spuren wie in die Wände eingelassene und mit Fresken geschmückte Skelettreste erhalten blieben.

** **Catacombe di San Gennaro**

Führungen: tgl. 9.00, 10.00, 11.00, 12.00, 14.00

Der Weg führt dann entweder durch höchst lebendige Straßen oder bequem mit dem Fahrstuhl (gleich neben der Sanitàkirche) hinauf zum Corso Amedeo di Savoia. Ein kurzer Spaziergang endet an der Chiesa dell'Incoronata Madre del Buon Consiglio. Links neben dem pompösen Bau geht es hinab zu den Katakomben des San Gennaro (Bus: C 64, C 67, R 4, 178).

Die zweistöckige, vom 2. bis 10. Jh. genutzte Anlage überrascht durch ihre Weite und Großzügigkeit. Der Zustand dieser einmaligen **Pinakothek frühchristlicher Malerei** ist jedoch katastrophal. Das »Pompeji des Christentums« (Ferdinand Gregorovius) benötigte dringend eine umfangreiche Restaurierung und Sicherung der Fresken, Mosaiken und im Schutt ehemaliger Bodengräber herumliegenden Keramikfragmente. Die Gebeine des Stadtheiligen San Gennaro wurden Anfang des 5. Jh.s aus Pozzuoli hierhin überführt, damit wurde die Katakombe zu einem zentralen Ort der Stadtgeschichte. Die **Basilika San Gennaro extramoenia** (zugänglich nur über das Krankenhaus San Gennaro dei Poveri in der gleichnamigen Straße) stammt zwar aus dieser Zeit, ist aber wegen zahlreicher Umbauten nur noch rudimentär erhalten. Die **Bischofskrypta** ist so der eigentliche Mittelpunkt der Katakombe. San Quodvultdeus, Bischof von Karthago und Metropolit ganz Nordafrikas, ist Mittelpunkt eines prachtvollen Mosaiks. Höhepunkt des unterirdischen Raumlabyrinths ist eine Deckenmalerei aus dem 2./3. Jh. n. Chr.: Adam und Eva zwischen Blütenranken und Grotesken. Berührend ist das Grab der Familie des Teotecnus, dessen Tochter Nonnorosa mit nur 2 1/2 Jahren starb. 841 raubten Langobarden die Gebeine San Gennaros aus der Katakombe, die zwar weiterhin Grabstätte der neapolitanischen Bischöfe blieb, ab dem 12. Jh. aber an Bedeutung verlor.

Wahrscheinlich gehörten die **unterirdischen Friedhöfe** – neben San Gennaro und San Gaudioso gibt es noch den leider nahezu komplett zerstörten Komplex von San Severo – ursprünglich zusammen.

Cimiterio delle Fontanelle

▸Special Guide

Unweit von Sanità liegt eine weitere, wenn auch nicht frühchristliche Katakombe. Der berühmte Cimiterio delle Fontanelle ist endlich wieder geöffnet (Via Fontanelle 77, Do. – Di. 10.00 – 17.00 Uhr).

Während die Via Santa Teresa degli Scalzi direkt zum Museo di Capodimonte führt, verbindet die Via Foria die Piazza Museo (Archäologisches Museum) mit der **Piazza Carlo III.** An dem viel befahrenen Platz liegt eines der erstaunlichsten Gebäude Neapels – der Albergo dei Poveri. Im Auftrag von Karl III. von Ferdinando Fuga errichtet, war das gigantische Gebäude zu seiner Zeit das größte Armenhaus Europas. Die frisch renovierte Fassade täuscht über den ruinösen Zustand hinweg. Zerstörungen während des Zweiten Weltkriegs und das Erdbeben 1980 haben den Bau beschädigt. Über eine Instandsetzung und zukünftige Nutzung als Universitätsgebäude wird heftig debattiert. Gleich nebenan liegt mit dem Orto Botanico eine der wenigen neapolitanischen Grünanlagen. Als botanischer Garten von Joseph Bonaparte gegründet, ist der heute zur Universität gehörende Park nur nach telefonischer Voranmeldung zu besichtigen (Via Foria 223; Tel. 0 81 44 97 59, Mo.–Fr. 9.00–14.00 Uhr).

◀ Albergo dei Poveri

◀ Orto Botanico

✶ Il Museo Nazionale di Capodimonte

In der Museumslandschaft ganz Süditaliens ist diese Pinakothek einmalig: reguläre Öffnungszeiten, keine Abteilungen »in restauro« und die gelungene Präsentation einer Sammlung, die zu den berühmtesten der Welt gehört. Ein **Selbstbedienungsrestaurant** in einem Innenhof bietet kleine Mahlzeiten an.

Wie fast alle bourbonischen Könige hatte auch Karl III. drei große Leidenschaften: die Jagd, die Kunst und die Architektur. Mit dem **Real Palazzo di Capodimonte** entstand ab 1738 auf dem gleichnamigen Hügel nicht nur ein repräsentatives Jagdschloss, sondern auch eine königliche Gemäldegalerie für die enorme Kunstsammlung der Farnese, die er geerbt hatte und aus Rom und Parma in seine neue Residenz Neapel überführen ließ. Capodimonte war damit **der erste europäische Museumsbau.** Auf Anregung von Königin Maria Amalia wurde auch gleich eine **Porzellanmanufaktur** gegründet. Der große und gepflegte Park ist **eine grüne Oase** und der Blick auf den Golf noch genauso überwältigend wie zu Zeiten Karls III. (tgl. 8.00 Uhr bis 1 Std. vor Sonnenuntergang). Mit der Gründung des vereinigten Königreichs Italien wurde Capodimonte Eigentum des Hauses Savoyen, bis 1947 war es Wohnsitz des Herzogs von Aosta, seit 1957 ist es Museum. Zu einer Pinakothek von Weltbedeutung wurde Capodimonte erst in den 1990er-Jahren, als die restaurierten Säle mit einer neu konzipierten Hängung dem Publikum zugänglich gemacht wurden. Die Fülle der Meisterwerke ist so groß, dass eine umfassende Beschreibung unmöglich ist.

◀ Via Miano 2
Bus: C 64, C 67, 178

Öffnungszeiten:
Do.–Di.
8.30–19.30

◀ Parco di Capodimonte

Der Rundgang beginnt im 1. Stock gleich mit einem der berühmtesten Bilder von **Tizian**, dem abgründigen Porträt »Paul III. und seine Neffen«. Weitere Preziosen der Kunstgeschichte sind Tizians »Danae« (um 1544) und **Raffaels** »Cardinale Alessandro Farnese« (1509/11). **Masaccios** »Kreuzigung« hängt in Saal 3.

1. Stock

Jagdschloss, Sommerresidenz und Museum: Palazzo di Capodimonte

Im Saal 9 hängen Gemälde aus der Werkstatt Raffaels, Saal 12 versammelt einige Bilder von **Parmigianino**, darunter das bekannte Porträt der »Antea« (1531/35), einer jungen Frau mit forschendem Blick. **Brueghels** »Blindensturz« (1568) befindet sich im Saal 17.

Einige großformatige Gemälde von **Guido Reni** befinden sich im Saal 22. Mit dem ganz im pompejanischen Stil ausgestatteten Schlafzimmer Franz I. beginnt die Folge der königlichen Prunkräume. Ein herrschaftliches Porträt Karls III. von Antonio Sebastiani im Saal 32 zeigt den König, der 1759 die Stadt verließ, um König von Spanien zu werden. Das Porträt des kindlichen Ferdinands IV. über dem Kamin ist von **Anton Raphael Mengs**. Im nächsten Saal hängt das von **Goya** porträtierte Königspaar Karl V. und Maria Louisa von Spanien.

Königliche Prunkräume ▶

Seitenkabinette ▶

In den Seitenkabinetten (Säle 35/36) sind **Porzellane** vor allem aus der Manufaktur von Capodimonte ausgestellt. Im prachtvoll ausgestatteten Saal 37 hängen großformatige Familienporträts der Bourbonenkönige auf Neapels Thron. **Angelika Kauffmann** malte 1783 die kinderreiche Familie Ferdinands IV. Genau gegenüber, schon ganz im bürgerlichen Geschmack der Zeit, posieren König Franz I. und seine Familie in einem Gemälde von Giuseppe Cammarano vor dem rauchenden Vesuv. Durch den festlichen **Ballsaal** gelangt man in Saal 43 mit einigen Landschaftsveduten von **Jakob Philipp Hackert**. Ferdinand IV. ließ seinen deutschen Hofmaler die wichtigsten Häfen, Städte und Schlösser des Königreichs Beider Sizilien malen.

Porzellankabinett ▶

Der Saal 52 beherbergt mit dem Porzellankabinett der Königin Maria Amalia eine der schönsten europäischen Raumdekorationen des 18.

Jh.s. Das zerbrechliche Gesamtkunstwerk wurde 1757 – 1759 angefertigt und schmückte einen Raum in der Sommerresidenz von Portici. Als diese zur Landwirtschaftlichen Universität wurde, zerlegte man das Kabinett und installierte es 1866 hier. Das Bild von Louis Nicolas Lemasle (Saal 54) zeigt die Söhne Gioacchino Murats, des Königs von Neapel (1808 – 1815), die das **Theater von Herculaneum** besuchen. Das bis zu 27 m unter der Erde gelegene, für den Publikumsverkehr geschlossene Theater sieht heute noch genauso aus.

2. Stock

Der zweite Stock ist vor allem ein Parcours durch die **neapolitanische Malerei des 13. – 18. Jh.s**. Vor dem Eingang zur spätmittelalterlichen Sammlung hängen zwei großformatige Bilder **Anselm Kiefers**. Nichts kann stärker miteinander kontrastieren als die bleischwere Düsternis dieser zeitgenössischen Gemälde mit den goldfunkelnden mittelalterlichen Altarmalereien der folgenden Säle. Auf eine dramatische Fernwirkung hin platziert hängt im Saal 78 **Caravaggios** »Geißelung Christi« (1607/1610). Die Säle 101 und 103 sind dem neapolitanischen Maler **Luca Giordano** gewidmet. Ebenfalls im 2. Stock findet man eine Sammlung von Gobelins sowie aus konservatorischen Gründen wechselnde Ausstellungen aus den großen Beständen der **grafischen Sammlung**.

Der **3. Stock** ist der neapolitanischen Schule des späten 19. Jh.s gewidmet, wobei die folkloristische Süßlichkeit ihrer Sujets etwas ermüdend sein kann. Sehenswert sind hier vor allem die Gemälde von **Giacinto Gigante**. Vollkommen zusammenhanglos präsentiert sich dann die Sammlung **zeitgenössischer Kunst** mit Werken von Mario Merz, Sol LeWitt oder Janis Kounellis. Selbst Andy Warhols großformatiger »Vesuvius« von 1985, eine der Ikonen neapolitanischer Kunst der Moderne, wirkt in diesem Ambiente seltsam verstaubt.

! *Baedeker* TIPP

Schnäppchen-Käufer, aufgepasst!

Im südlichen Teil der Via Toledo, vor der Banco di Napoli, verkaufen Schwarzafrikaner Kopien europäischer Luxuslabels. Vor einem Kauf sei jedoch dringend gewarnt. Seit 2005 werden nicht nur Verkäufer, sondern auch Käufer der Imitate mit empfindlichen Geldbußen bestraft, die schnell den Ladenpreis der Originale erreichen können. Die afrikanischen Händler sind das letzte – und schwächste – Glied in einer Kette krimineller Organisationen, in der die Camorra federführend ist.

Toledo und Piazza del Plebiscito – Königliches Neapel

✶✶ Via Toledo

Die Via Toledo ist die eigentliche **Hauptstraße Neapels**. Sie entstand ab 1536 unter Vizekönig Don Pedro Alvarez de Toledo, dem Statthalter des spanischen Königs Karl V., und wurde schon während ihrer Entstehung als städtebauliche Innovation bewundert und schnell zum bevorzugten Wohnort des Adels. Die schlicht Toledo genannte Straße verbindet die Piazza del Plebiscito mit der Piazza Dante.

Via Toledo, Piazza del Plebiscito, Castel Nuovo

Essen
- ② Terrazza Calabritto
- ③ Europeo di Mattozzi
- ⑨ Gastronomia L.U.I.S.E.

Übernachten
- ④ Parteno

► Adressen S. 192-194

Montesanto-Viertel

Gegenüber der Piazza Dante beginnt das Gassengewirr des Montesanto-Viertels, das unterhalb des Vomero-Hügels liegt. Ein Spaziergang hier ist sehr atmosphärisch. Von der Stazione Cumana Montesanto fahren Züge in die Campi flegrei, nach Pozzuoli und Cuma.

◄ Stazione Cumana

★ **Palazzo Doria d'Angri**

Etwas südlich der Piazza Dante, an einer der exponiertesten Straßengabelungen der Innenstadt, steht der Palazzo Doria d'Angri. Auf einem Dreiecksgrundstück zwischen der Via Toledo und der Via Sant' Anna dei Lombardi hat **Luigi Vanvitelli** mit Unterstützung seines Sohnes Carlo 1755 einen der schönsten Paläste Neapels errichtet. Die Mitarbeiter Vanvitellis waren gleichzeitig mit der Errichtung des Königsschlosses von Caserta beschäftigt.

Via Sant'Anna dei Lombardi

Die Via Sant'Anna dei Lombardi und ihre Verlängerung, die Via Monteoliveto, führen zu einigen interessanten Sehenswürdigkeiten.

★ ◄ Piazza Monteoliveto

Die Piazza Monteoliveto ist einer der kleinsten, aber architektonisch attraktivsten Plätze Neapels. Der jüngst restaurierte Brunnen stammt von 1688, seine selbstbewusst ausschreitende Bronzefigur zeigt den jugendlichen Karl II. von Spanien.

★★ **Sant'Anna dei Lombardi** 🕑

Den Hintergrund der Piazza beherrscht die Fassade des ehemals zur Chiesa Sant'Anna dei Lombardi gehörenden Konvents. Die Kirche ist eine der am reichsten ausgestatteten Kirchen Neapels und gleicht weniger einem Gotteshaus als einem Museum (Piazza Monteoliveto 44; Mo. – Sa. 8.30 – 12.00 Uhr). Nach schweren Kriegszerstörungen sind die Restaurierungsarbeiten noch immer nicht abgeschlossen. Trotzdem ist ein Besuch unbedingt lohnenswert. Sant'Anna dei Lombardi wurde 1411 als Niederlassung des toskanischen Olivetanerordens gegründet und war über Jahrhunderte eine bevorzugte Grablege neapolitanischer Adelsfamilien. In der Cappella Mastrogiudice (Langhaus, 1. Kapelle rechts) befindet sich der große Verkündigungsaltar (1489) des Florentiner Bildhauers **Benedetto da Maiano**. Wegen der hohen Qualität des rechten der beiden Girlanden tragenden Putti wird dieser mit Michelangelo Buonarotti in Verbindung gebracht. Unbedingt sehenswert ist in der **Cappella della Pietà** die berühmte Terrakottagruppe der Compianto sul Cristo morto. Die acht lebensgroßen Figuren (1492) stammen von **Guido Mazzoni** und waren einst farbig gefasst. Der expressive Verismus dieser Beweinung Christi wurde in ihrer Entstehungszeit viel bewundert. In der benachbarten Sagrestia Vecchia schuf **Giorgio Vasari**, ab 1537 Maler des Ordens der Olivetaner, die Fresken der Gewölbe (1544/45).

! *Baedeker* TIPP

In Neapel Italienisch lernen

Italienische Sprachschulen gibt es viele, doch kaum eine ist so sympathisch wie das Centro Italiano nahe der Chiesa Santa Maria La Nova. Kleine Klassen, engagierte Lehrer und ein liebevoll gestaltetes Begleitprogramm machen hier jeden Kurs zum Erlebnis. Wer Italienisch in einer der aufregendsten Städte Italiens lernen möchte, ist hier richtig aufgehoben (www.centroitaliano.it).

Palazzo Gravina Der Palazzo Gravina mit seiner etwas einschüchternden Fassade wurde 1549 für Ferdinando Orsini, Duca di Gravina, fertiggestellt. Umfangreiche Restaurierungen im 20. Jh. haben die Renaissancefassade annähernd wieder hergestellt. Der Palazzo ist heute Sitz der architektonischen Fakultät, allein der schöne Innenhof blieb erhalten (Via Monteoliveto 3; Mo. – Sa. 9.00 – 19.00 Uhr).

Palazzo delle Poste e dei Telegrafi Gegenüber vom Largo Santa Maria La Nova führen Treppen hinauf zur **Piazza Matteotti**, benannt nach dem sozialistischen Politiker und Oppositionellen **Giacomo Matteotti**, der 1924 von den Faschisten ermordet wurde. Der Palazzo delle Poste e dei Telegrafi, das **Hauptpostamt** Neapels, entstand 1933 – 1936 nach Entwürfen der Architekten Giuseppe Vaccaro und Gino Franzi. Der Bau ist ein Meilenstein italienischer Architekturgeschichte des 20. Jh.s und weniger vom Faschismus als vom Futurismus beeinflusst. Unter Mussolini wurde das alte Viertel San Giuseppe-Carità im Herzen der Stadt planiert und zum neuen Verwaltungszentrum Neapels ausgebaut. Mit der heutigen Rione Carità entstand ein moderner Stadtteil, dessen Architektur zum steinernen Denkmal der faschistischen Ideologie wurde. Die Piazza Matteotti wird flankiert von weiteren Gebäuden dieser Ära. Doch wirken der **Palazzo degli Uffici Finanziari** (1937), der **Palazzo della Provincia** (1934) oder die **Casa del Mutilato** (1938/40) neben der architektonischen Kühnheit der Hauptpost nur pompös. Hinter dem Palazzo delle Poste liegt die **Piazza Carità**, von der aus die Via Toledo hinunter in die Stadt führt.

Quartieri spagnoli Neapels **berüchtigtstes Innenstadtviertel** sind die westlich der Via Toledo zwischen Piazza Carità und Piazza Duca D'Aosta gelegenen Quartieri spagnoli. Die »Spanischen Viertel« entstanden Mitte des 16. Jh.s für die in Neapel stationierten spanischen Garnisonen. Tatsächlich ist ein abendlicher Spaziergang durch das Straßengewirr nicht unbedingt zu empfehlen. Tagsüber jedoch pulsiert hier das Leben. Der schachbrettähnliche Grundriss blieb erhalten, die heutige Bebauung hingegen stammt meist aus dem 18./19. Jahrhundert. Charakteristisch für Viertel wie Sanità, Montesanto und die Quartieri spagnoli sind die sog. Bassi, **ebenerdige Einzimmer-Wohnungen**.

Bassi ►

Weiter auf der Via Toledo Der südliche Teil der Via Toledo wird gesäumt von den Fassaden prächtiger Palazzi, die größtenteils aus dem 16./17. Jh. stammen, als der Toledo die eleganteste Straße der Innenstadt war. Ein Blick in die Innenhöfe dieser Stadtpaläste mit ihren meist schönen Treppenhäusern lohnt immer. Der **Palazzo del Banco di Napoli** (Via Toledo 177 – 178) ist ein weiterer Prachtbau aus faschistischer Zeit (1939) und nimmt die Rückseite des Palazzo San Giacomo (**Municipio**) ein.

Piazza Duca d'Aosta An der hübschen Piazza Duca d'Aosta liegt die **Station der Funicolare Centrale**, die als letzte der drei Linien der Drahtseilbahn 1928 eingeweiht wurde und zum Vomero hinauffährt.

Die Kuppelkirche San Francesco di Paola und das Café Gambrinus

Fast genau gegenüber liegt die Chiesa Santa Brigida (1640 – 1726) in der gleichnamigen Straße. Als **Grabkirche des neapolitanischen Malers Luca Giordano** (1634 – 1705) bewahrt die Kirche einige der schönsten Gemälde des Künstlers: in der ersten Seitenkapelle des Langhauses rechts »Der hl. Philippus in Anbetung der Madonna«, in der gegenüberliegenden Kapelle die »Heilige Anna«. Über dem Grab Giordanos im linken Querschiff hängt ein Frühwerk des Künstlers (1655). Es zeigt den hl. Nikolaus, der als Bischof von Myra einen von Korsaren entführten Knaben befreit und seinen Eltern zurückbringt. Das Kuppelfresko (1678) stammt ebenfalls von dem bedeutendsten neapolitanischen Maler des 17. Jh.s und zeigt die Apotheose der hl. Brigitta (tgl. 7.00 – 12.30, 17.30 – 19.00 Uhr).

★★ **Santa Brigida**

Die Piazza del Plebiscito mit der vorgelagerten **Piazza Trieste e Trento** ist seit der Zeit der Bourbonenkönige das eigentliche Zentrum Neapels und wurde unter Antonio Bassolino auch wieder zum **schönsten Platz der Stadt**. Ursprünglich stand der Palazzo Reale gegenüber den unterhalb des Pizzofalcone gelegenen Elendsquartieren. Erst König **Gioacchino Murat** ließ den Platz ab 1809 zum Foro Murat ausbauen. Als Murat 1815 fliehen musste, gerieten die Arbeiten ins Stocken, doch nahm der zurückgekehrte Bourbonenkönig Ferdinand IV. das Projekt als Foro Ferdinando wieder auf.

★ **Piazza del Plebiscito, das eigentliche Zentrum Neapels**

1817 – 1836 entstand nach Plänen des Architekten **Pietro Bianchi** die dem Königsschloss gegenüberliegende Chiesa San Francesco di Paola

San Francesco di Paola

(Mo. – Sa. 7.30 – 12.00, 15.30 – 18.00, So. 8.30 – 12.30 Uhr). Vorbild für den Bau war das römische Pantheon, die Arkadengänge sind von Palladios Veneto-Villen inspiriert. Dem antiken Vorbild folgend betritt der Besucher die Kirche durch eine Vorhalle, um dann im kreisrunden Innenraum die Dimensionen der Kuppel (53 m hoch, 34 m Durchmesser) auf sich wirken zu lassen. Der Altar, eine prächtige Pietra-dura-Arbeit (1641), ist von **Anselmo Cangiano**.

! *Baedeker* TIPP

Bücher und noch viel mehr

In einem der Geschäfte des rechten Arkadengangs der Chiesa San Francesco di Paola hat mit der Libreria Treves eine besonders traditionsreiche (und freundliche) Buchhandlung Neapels ihren Sitz. Die Associazione culturale del Plebiscito lädt hier auch regelmäßig zu kulturellen Veranstaltungen ein.

Die rechteckige **Piazza del Plebiscito** wird im Norden vom Palazzo della Prefettura (1815) und im Süden vom Palazzo del Principe di Salerno (Ende 18. Jh.) flankiert. Die zwei Reiterstandbilder auf der Piazza des klassizistischen ✶ Bildhauers **Antonio Canova** zeigen Karl III. und Ferdinand I. Das benachbarte Café Gambrinus gehört zu den großen historischen Caféhäusern Italiens und ist nach wie vor in Neapel das erste Haus am Platze. Die Innendekoration ist schönstes Belle Epoque, die Kellner sind meist arrogant, die Kuchen hervorragend, die Sorbets ein Geheimtipp und die Preise hoch. Nichtsdestotrotz gehört ein Besuch des Gambrinus zu einem Neapelaufenthalt.

Café Gambrinus ►

✶ Palazzo Reale

Öffnungszeiten:
Do. – Di.
9.00 – 19.00
Okt. – März nur bis
14.00

Das gegenüber der Chiesa San Francesco di Paola an der Piazza del Plebiscito gelegene Königsschloss schaut auf eine bewegte Vergangenheit zurück. Die königlichen Stadtresidenzen der Normannen, Staufer, Anjous und Aragonesen waren die befestigten Burganlagen Neapels gewesen: Castel Nuovo, Castel Capuano und Castel Sant'Elmo. Erst der spanische Vizekönig Pedro di Toledo ließ an der heutigen Piazza Trieste e Trento einen turmbewehrten Wohnpalast errichten, der (als »Palazzo Vecchio« im 19. Jh. abgerissen) dort lag, wo heute der Palazzo Reale und das Teatro San Carlo zusammentreffen. Im Jahr 1600 begann der Architekt **Domenico Fontana** mit dem Bau der neuen Residenz der spanischen Vizekönige. Ein Brand 1837 führte zu einschneidenden Um- und Anbauten. Vor allem die Südseite des Schlosses wurde ausgebaut. Dort entstanden Terrassengärten, die wegen ihres phänomenalen Ausblicks auf Golf und Vesuv die größte Attraktion des Gebäudes sind. Bei der letzten Umgestaltung 1888 wurden in einigen Nischen der verschlossenen Arkaden die **Statuen der wichtigsten neapolitanischen Könige** aufgestellt: Roger II., Friedrich II. von Hohenstaufen, Karl I. von Anjou, Alfons I. von Aragon, Karl V. von Spanien, Karl III. von Bourbon, Giacchino Murat, der Schwager Napoleons, und Vittorio Emanuele von Savoyen (von links nach rechts). Der Palazzo Reale wurde während des Zweiten Weltkriegs durch Bombardements und anschließend durch die Alliierten beschädigt. In den 1950er-Jahren wurde er restauriert. Heute befinden sich hier die **Biblioteca Nazionale**, verschiedene kommunale Einrichtungen und städtische Büros.

Rundgang durch das Schloss ★★

◄ Treppenhaus

Zu den Prunkräumen im Obergeschoss führt ein monumentales Treppenhaus, architektonischer Höhepunkt der Anlage. Die Besichtigung beginnt mit dem **Teatrino di Corte**, 1768 von Ferdinando Fuga anlässlich der Heirat Ferdinands IV. mit Maria Karolina von Österreich erbaut. Die im Krieg zerstörten Deckenmalereien wurden 1954 rekonstruiert. Die Skulpturen in den Wandnischen (Minerva, Merkur, Apollo und die neun Musen) sind aus Pappmaché. Die Ausstattung der folgenden Räume stammt fast ausschließlich aus dem 18./19. Jh., als der Palazzo Reale nur noch Stadtschloss und die eigentliche Residenz nach Caserta verlegt worden war. Bemerkenswert sind die im pompejanischen Stil reich mit Grotesken und Ornamenten auf goldenem Grund bemalten Türen der Gemächer. Auch einige stuckierte Decken wie die in den Königinnenzimmern sind eindrucksvoll. Die seidenen Wandbespannungen und Möbelstoffe wurden in der königlichen Manufaktur von San Leucio (► S. 161) gefertigt. Das Deckengemälde in der **Sala del Corpo Diplomatico** von Francesco di Mura ist eine Allegorie auf die Herrschaft Karls III. und seiner Gemahlin Maria Amalia.

Im Treppenhaus des Palazzo Reale

Im **Thronsaal** hängen einige Porträts des neapolitanischen Hofmalers **Anton Raphael Mengs**. Der Thron selbst stammt von 1845, unter dem Baldachin aus dem 18. Jh. hat aber zumindest schon Ferdinand IV. gesessen. Von seiner Gattin, Königin Maria Karolina, stammt ein mechanischer Lese- und Arbeitstisch in Saal 23.

Mit dem etwas überladenen Pomp der Räume kann der Blick auf die Terrasse vor dem Südflügel versöhnen. Der **Salone d'Ercole** ist der größte Paraderaum. Eine ehemals hier aufgestellte Kopie des Farnesischen Herkules gab ihm seinen Namen. Die Wände zieren Wandteppiche mit Darstellungen der Geschichte von Psyche und Amor. In der **Sala delle Guardie** sind die hölzernen Architekturmodelle des Palazzo Reale besonders sehenswert. Die im Zweiten Weltkrieg schwer beschädigte, 1646 geweihte **Hofkapelle** ist aufwendig restauriert worden. Der Altar aus vergoldeter Bronze und eingelegten Halbedelsteinen ist ein Werk von Dionisio Lazzari (1672). Im 17./18. Jh. leiteten Musiker wie Scarlatti, Pergolesi oder Paisiello das Orchester der Hofkapelle, das zu den berühmtesten seiner Zeit gehörte.

La Cappella Reale ►

** Teatro San Carlo

In der Rekordzeit von angeblich nur acht Monaten wurde 1737 das zu seiner Zeit **größte Opernhaus Europas** errichtet. König Karl III. eröffnete das Theater im gleichen Jahr an seinem Namenstag. In der Operngeschichte des 18./19. Jh.s spielt dieses Haus eine herausragende Rolle. Opern von Donizetti, Bellini oder Rossini wurden im San Carlo uraufgeführt und die bedeutendsten Sänger und Sängerinnen standen hier auf der Bühne. Heute ist nicht nur der künstlerische Glanz etwas verblasst, das San Carlo hat vor allem mit finanziellen Schwierigkeiten zu kämpfen. Die Konzerte ausländischer Orchester haben aber teilweise immer noch Weltniveau.

1816 brannten Bühnenhaus und Zuschauerraum aus, wurden jedoch umgehend wieder aufgebaut. Ältester Teil des Theaters ist der klassizistische, der Galleria Umberto I. gegenüberliegende Eingang. Die Dekoration des Zuschauerraums stammt von 1841. Die Dimensionen des Theaters sind gewaltig: 3000 Zuschauer haben im Parkett und auf insgesamt sechs Rängen Platz (Via San Carlo 93; Führungen tgl. 9.00 – 17.30 Uhr).

! *Baedeker* TIPP

Achtung Theaterbesucher!

Der Besuch einer Vorstellung oder eines Konzerts ist ein Erlebnis, die Karten sind leider teuer. Da die Logenplätze nicht nummeriert sind (freie Platzwahl!), empfiehlt es sich, rechtzeitig da zu sein. Auch die Mitnahme eines Opernglases ist angesichts der Entfernungen zwischen Bühne und einem Logenplatz in den oberen Rängen von Vorteil.

** Galleria Umberto I.

Gegenüber dem San Carlo liegt mit der Galleria Umberto I. einer der großen Eisen-Glas-Einkaufspaläste des ausgehenden 19. Jh.s. Der von einer gläsernen, 57 m hohen Kuppel bekrönte Bau entstand 1887 – 1891 und ist nur unwesentlich kleiner als die Mailänder Galleria Vittorio Emanuele. Für den Bau der Galerie wurde ein ganzes Stadtviertel planiert.

** Castel Nuovo

Die Via San Carlo führt entlang dem kleinen Park des Palazzo Reale weiter zum Castel Nuovo. Das **Castrum Novum**, die neue Burg, entstand in den ersten Jahren der angiovinischen Herrschaft. Karl I. ließ

Elegante Galleria Umberto I.

den Bau 1279 beginnen, schon drei Jahre später war er bezugsfertig. Unter Karl II. und Robert dem Weisen gab es Erweiterungen, an denen so namhafte Künstler wie der Architekt und Bildhauer **Tino di Camaino** und der Maler **Giotto di Bondone** beteiligt waren. Das im neapolitanischen Volksmund **Maschio Angioino** genannte Kastell erlebte seine eigentliche Blüte unter den Königen aus dem Haus Aragon, die einen der glanzvollsten Höfe der italienischen Frührenaissance führten. Mit dem Baubeginn des Palazzo Reale (1600) verlor das Kastell seine Bedeutung, blieb jedoch neben Sant'Elmo die wesentliche Wehranlage zur Verteidigung der Stadt. Sein Haupteingang befindet sich auf der westlichen, der Stadt zugewandten Seite.

Öffnungszeiten:
Mo. – Sa.
9.00 – 19.00

Die außerordentliche Wirkung des Triumphbogens Alfonsos I. von Aragon liegt an dem Kontrast zwischen dem strahlend weißen Carraramarmor und dem düsteren Gestein der ihn einfassenden Türme, dem Torre di Mezzo (links) und dem Torre della Guardia (rechts). Der Triumphbogen gehört zu den **wichtigen Kunstwerken der Renaissance** Unteritaliens. Am 26. Februar 1422 zog Alfonso von Aragon nach jahrelangen kriegerischen Auseinandersetzungen mit dem Haus Anjou als Sieger in Neapel ein. Dem denkwürdigen Ereignis wurde mit dem Triumphbogen ein steinernes Denkmal gesetzt. Unter Mitarbeit meist nord- und mittelitalienischer Meister wurde der Bogen, eigentlich ein monumentales Portal, 1465/66 fertiggestellt. Das Untergeschoss mit korinthischen Doppelsäulen ist ganz der römischen Antike entlehnt. Über dem Rundbogen ist das von Löwen und Füllhörnern umrahmte **Königswappen**, darüber das Relief mit

★★
◄ Triumphbogen

dem **Triumphzug des Königs** zu sehen. Die individuelle Charakterisierung der Köpfe lässt vermuten, dass es sich um wirkliche Porträts handelt. Vorbilder für den Bau waren der römische Trajansbogen von Benevent sowie das Brückentor Friedrichs II. in Capua. Die berühmten **Bronzetüren** (rechts an der Innenwand des Vestibüls aufgestellt) zeigen vor allem Szenen siegreicher Schlachten, die Alfonso und Ferrante gegen die Anjous führten. Der Künstler bzw. Gießer dieser Türen hat sich mit einem Selbstporträt an der linken unteren Ecke ein Denkmal gesetzt.

Rundgang durch das Castel Nuovo

Trotz der wechselvollen Baugeschichte des Castel Nuovo und mehrmaliger Beinahzerstörung durch Kriege oder Naturkatastrophen (Erdbeben 1456, Großbrand 1919) ist der Gesamteindruck beim Betreten des Innenhofs noch immer überwältigend. Links führt eine Treppe hinauf zur Sala dei Baroni, einem 1457 von Alfonso von Aragon eingeweihten **Prunksaal**, in dem sich noch heute der neapolitanische Stadtrat versammelt. Der 28 m hohe Raum wird überwölbt von einer sternenförmigen Kuppel, die vom spanischen Baumeister **Guglielmo Sagrera** 1453 konzipiert und nach dessen Tod von seiner Werkstatt realisiert wurde. Die Sala dei Baroni ist einer der bedeutendsten Profanräume des späten Mittelalters. Am nördlichen Ende der Eingangswand liegt mit der **Porta del Trionfo** der Zugang zu den ehemaligen königlichen Wohnräumen.

★★ Sala dei Baroni ▸

Rechts unterhalb neben der Treppe zur Sala dei Baroni befindet sich der Eingang zu Cappella Palatina. Die ehemalige **Hofkapelle** ist nach umfassender Restaurierung und der Entfernung barocker Dekorationen der einzige aus angiovinischer Zeit erhaltene Raum des Castel Nuovo. Für immer verloren allerdings ist Giottos Freskenzyklus, der beim Erdbeben 1456 unrettbar beschädigt wurde. Erhalten sind nur wenige kostbare Reste in den Fensterumrahmungen.

1992 wurde im Castel Nuovo das **Museo Civico** eingerichtet. Diese Pinakothek präsentiert mit dem Schwerpunkt auf dem 19. Jh. eine beachtenswerte Gemäldesammlung.

? WUSSTEN SIE SCHON ...?

- Das von einer Kanonenkugel herrührende Loch in der Bronzetür gibt den meisten Betrachtern Rätsel auf. Wahrscheinlich ist die Beschädigung eine Folge der Seeschlacht von Rapallo (1495). Die mit neapolitanischer Beute beladenen Schiffe Karls VIII. von Frankreich wurden von den Genuesern in ein Seegefecht verwickelt und besiegt. Dabei könnten die später nach Neapel zurückgekehrten Türen beschädigt worden sein.

★ **Piazza del Municipio**

Die Piazza del Municipio ist seit dem Risorgimento das politische Zentrum der Stadt. Vom klassizistischen **Palazzo San Giacomo** an der Westseite des Platzes (**Municipio**, Rathaus) aus wird Neapel verwaltet und regiert. Die verkehrsumtoste und nur noch wenig attraktive Piazza entstand im Zuge der Stadtmodernisierung nach 1884. Seit Jahren ist der Platz wegen des Baus der neuen U-Bahn-Linie eine riesige Baustelle. 2004 wurden hier sensationelle archäologische Fun-

Das mächtige Castel Nuovo mit seinem doppelten Renaissance-Triumphbogen

de gemacht. In 13 m Tiefe entdeckten die Wissenschaftler Überreste des antiken römischen Hafens aus dem 2. Jh. n. Chr. Die Entdeckung dieses Hafens erlaubt ganz neue Erkenntnisse über die Topografie des antiken Neapolis. Geplant ist, die gemachten Funde zum größten Teil vor Ort zu belassen, sodass der künftige U-Bahnhof zugleich Museum werden wird.

◄ Überreste des antiken Hafens

Die Chiesa San Giacomo degli Spagnuoli ist heute Teil des gleichnamigen Palastes und war Hauptkirche der spanischen Könige (Mo. – Sa. 7.30 – 11.30, So. 10.30 – 13.00 Uhr). Sie wurde von Vizekönig Don Pedro de Toledo 1540 gegründet. Mit dem Umbau des Palazzos 1819 – 1825 in ein königliches Verwaltungsgebäude verschwand die Fassade, doch das Kircheninnere hat die Umbauten nahezu unverändert überstanden. Eines der bedeutendsten Fürstengräber der Renaissance in Süditalien ist das hinter dem Hochaltar liegende Grabmal Pedro de Toledos und seiner Gattin Maria Ossoria Pimentel. Der Vizekönig hat sein Grabmal beim damals berühmtesten neapolitanischen Bildhauer, **Giovanni da Nola**, in Auftrag gegeben, ohne allerdings hier bestattet worden zu sein. Er starb 1553 auf einer Reise in Florenz, wo er im dortigen Dom begraben wurde. Die Reliefs des Sarkophags stellen wichtige Geschehnisse aus der Regierungszeit Pedro de Toledos dar, gut zu erkennen sind der Golf von Pozzuoli, das Kastell von Baia und sogar die Silhouette von Ischia.

* **San Giacomo degli Spagnuoli**

** ◄ Grabmal Pedro de Toledos

Das charmante **Teatro Mercadante** eröffnete 1779 mit Cimarosas »L'Infedeltà Fedele«. Das Innere stammt von einem Umbau 1849/51, die etwas plumpe Fassade folgte 1892. Sein Programm ist anspruchs-

Weitere Gebäude an der Piazza del Municipio

voll, oft gastieren ausländische Theaterkompanien. Genau gegenüber dem Palazzo San Giacomo liegt die Stazione Marittima, **Neapels Passagierhafen**. Mussolini wollte Neapel zum »Hafen des Imperiums« machen und ließ das Gebäude zwischen 1933 und 1936 von Cesare Bazzani errichten. Heute ankern hier die großen Kreuzfahrtschiffe, während vom Molo Beverello aus die Traghetti und Aliscafi zu den im Golf liegenden Inseln fahren.

Stazione Marittima ►

✶ **Piazza Giovanni Bovio**

Die parallel zur Via Medina verlaufende Via Agostino Depretis führt zur Piazza Giovanni Bovio, auch **Piazza della Borsa** genannt und ein Mittelpunkt städtischen Lebens. Der hübsche Neptunbrunnen ist ein Gemeinschaftswerk von Michelangelo Naccherino, Cosimo Fanzago und Pietro Bernini. Von hier aus führt der Corso Umberto I. zur Piazza Garibaldi und zum Hauptbahnhof.

Piazza Garibaldi, Centro Direzionale und Mercato-Viertel

Piazza Garibaldi

Der größte Platz Neapels (120 x 350 m) ist zugleich der hässlichste. Seit Jahren wird an seiner Umgestaltung gearbeitet. Wer mit der Bahn in der Stadt ankommt, erlebt noch immer ein Inferno aus Verkehr, Baustellen und illegalem Marktleben. Ob die hochfliegenden Pläne mit Grünanlagen und Brunnen je realisiert werden, ist angesichts des seit Jahrzehnten andauernden baulichen Provisoriums unwahrscheinlich. Ursprünglich lag der **Hauptbahnhof** Neapels in der Platzmitte, seine Fassade befand sich fast unmittelbar vor dem Garibaldi-Denkmal. Nach Kriegsschäden wurde die Ruine abgetragen und die heutige Piazza entstand. Der durchaus beachtenswerte Bahnhofsneubau (**Enrico Tremenzini**; 1959 – 1970) entstand am Ostrand des Platzes, den ansonsten vor allem gründerzeitliche Bauten flankieren (der Zugang zum Tiefbahnhof der **Circumvesuviana** befindet sich etwas südlich am Corso Garibaldi). Der Corso Garibaldi, auch eine der nach 1882 in die Stadt geschlagenen Schneisen, verbindet die Piazza Carlo III. mit dem alten Mercato-Viertel (►S. 235).

Stazione Centrale ►

Corso Garibaldi ►

Corso Umberto I.

Der schnurgerade Corso Umberto I. verbindet die Piazza Garibaldi mit der Piazza Giovanni Bovio und diese durch die Via Agostino Depretis mit der Piazza Municipio und dem Rathaus (► S. 232). Als gründerzeitlicher Prachtboulevard geplant, ist der auch **Rettifilo** genannte Corso **eine der unattraktivsten Straßen** der Innenstadt.

✶ **Centro Direzionale**

Die weitere Umgebung der Piazza Garibaldi mit der Piazza Nazionale und dem Gefängnis von Poggioreale ist trostlos. Ein städtebaulicher Höhepunkt ist allerdings der **Hochhauskomplex** des Centro Direzionale, den man am besten zu Fuß erreicht. 1982 legte der japanische Architekt Kenzo Tange Entwürfe vor, die dann 1987 bis 1995 realisiert wurden. Entstanden ist ein teilweise futuristisch wirkendes Büro- und Geschäftsviertel mit sieben Hochhäusern, von denen der

Torre Telecom Italia mit 129 m das höchste ist. Neben der italienischen Telecom hat auch der Stromanbieter Enel seinen Verwaltungssitz im Centro Direzionale

★ Piazza del Mercato

Westlich des Corso Garibaldi liegt mit dem Mercato-Viertel eines der **lebhaftesten Quartieri Neapels**. Mittelpunkt ist die Piazza del Mercato, einst quirliger Marktplatz in unmittelbarer Meeresnähe. Heute spielt sie in der Topografie Neapels keine wesentliche Rolle mehr. Zerstörungen während des Zweiten Weltkriegs, ein planloser, nie abgeschlossener Wiederaufbau und vor allem der mehrspurige Ausbau der Via Nuova Marina haben das einstige Erscheinungsbild des Platzes und seiner Umgebung fast vollkommen ruiniert.
Die Piazza del Mercato wurde im 13. Jh. vor den Mauern der Stadt von den Anjou-Königen angelegt und allmählich zum eigentlichen **Markt- und Handelsplatz Neapels**. Ein Großbrand 1781 machte eine Neubebauung notwendig. Für die deutsch-italienische Geschichte ist die Piazza von geradezu symbolhafter Bedeutung. Am 29. Oktober 1268 wurde hier der jugendliche **Konradin von Hohenstaufen**, letzter legitimer Erbe des staufischen Kaiserhauses, hingerichtet. Ebenso wie das Grab seines Großvaters Friedrich II. im Dom von Palermo ist das Konradingrab in der **Chiesa Santa Maria del Carmine** ein besonderer Erinnerungsort. Der staufische Traum eines großen schwäbisch-sizilianischen Reichs liegt hier begraben.

? WUSSTEN SIE SCHON ...?

- Eine Händler-Revolte auf der Piazza del Mercato gegen eine vom spanischen Vizekönig erhobene Obststeuer erschütterte zehn Tage lang Neapel und ist als Masaniello-Aufstand in die europäische Revolutionsgeschichte eingegangen. Tommaso Aniello, ein 26-jähriger Fischer aus Amalfi, wurde am 7. Juli 1647 eher zufällig zum Kopf der Erhebung, bis er von seinen eigenen Gefolgsleuten ermordet wurde. Knapp 150 Jahre später wurde Masaniellos rote neapolitanische Fischermütze zur Kopfbedeckung der französischen Revolutionäre.

★ Santa Maria del Carmine

Die Kirche entstand ab 1283 an der Stelle eines Vorgängerbaus, in dem die Karmelitermönche das wundertätige **Madonnenbild »La Bruna«** verehrten. Karl I. von Anjou hatte den Mönchen das Grundstück geschenkt, die Mittel für den Bau stammten von seiner zweiten Frau Margarethe von Burgund und der Witwe Konrads IV., Elisabeth von Bayern, die hier für ihren enthaupteten Sohn Konradin eine Gedenkstätte errichten wollte. Die ursprünglich gotische Kirche wurde wegen zahlreicher Erdbebenschäden vielfach umgebaut, ihr heutiges Erscheinungsbild ist die Folge einer Barockisierung 1755–1766 (Mo. bis Sa. 6.30–12.00, 16.45–19.00, So. 6.30–13.00, 17.00–19.30 Uhr). Die schlichte Statue des jugendlichen Konradin von Bertel Thorvaldsen zwischen der 4. und 5. Kapelle links stiftete 1847 König Maximilian von Bayern. In der Apsis hängt hinter dem Hochalter die als **La Bruna** verehrte Marienikone. Ein neapolitanisches Wahrzeichen ist der 75 m hohe **Campanile**, der höchste der Stadt.

Sant'Eligio Maggiore

Die Chiesa Sant'Eligio Maggiore an der Südwestecke der Piazza del Mercato entstand ab 1270 unter Karl I. von Anjou. Das Innere beeindruckt durch seine strenge Schmucklosigkeit. Erhalten sind Kreuzgewölbe, Kapitelle und vereinzelte Freskenreste (Mo. – Sa. 8.00 – 12.30, 17.00 – 19.00, So. 8.00 – 13.00 Uhr).

Vomero

Neapels bürgerliche Seite

Anfahrt ►

Der 224 m hoch gelegene Hügel Vomero bietet wunderbare Ausblicke auf den Golf und mit dem Museo di San Martino das dritte wichtige Museum der Stadt. Drei Schienenseilbahnen, die berühmten **Funicolari**, verbinden die Innenstadt mit Neapels bürgerlichstem Viertel: Funicolare Centrale vom Toledo, Funicolare Montesanto aus den Quartieri spagnoli und Funicolare di Chiaia von der Piazza Amedeo aus.

Noch bis kurz nach dem Zweiten Weltkrieg war Vomero mehr ein grüner Villenvorort als ein Stadtviertel. Ein ausländisches Bankenkonsortium hatte ab 1885 den ländlichen Hügel bebauen lassen. Dort wo sich die Dörfer Vomero und Antignano befanden, entstand, als Gegenentwurf zur chaotischen Innenstadt, das bis heute **beliebteste Wohnviertel** der neapolitanischen Mittelschicht. In den Nachkriegsjahrzehnten beschädigte eine blühende Bauspekulation rücksichtslos die Belle-Epoque-Eleganz des Viertels. Aber an der **Piazza Vanvitelli**, der **Via Scarlatti** und der **Via Bernini** blieb der etwas plüschige Charme des Vomero mit stuckverzierten Hausfassaden und kleinen, gepflegten Plätzen gut erhalten.

Schönster Wochenmarkt ►

Unweit der Piazza Medaglie d'Oro liegt der **Largo Antignano**. Auf dem schönsten Wochenmarkt Neapels werden jeden Vormittag die frischesten Gemüse, Fische und Früchte in Überfülle angeboten. Die **Via Scarlatti** ist Fußgängerzone und belebte Einkaufsstraße. Lebhaft ist die Piazza Vanvitelli auch abends, wenn das Centro storico ausgestorben daliegt. Zwischen 1817 und 1819 entstand für Lucia Migliaccio, Mätresse und spätere Ehefrau von Ferdinand IV., die klassizistische **Villa Floridiana** inmitten eines englischen Landschaftsgartens. Die Raffinesse der Anlage mit plätschernden Brunnen, sich durchs Grün schlängelnden Wegen und immer wieder stupenden Ausblicken auf den Golf macht einen Besuch unbedingt empfehlenswert. Die Villa ist heute Staatsbesitz und beherbergt mit dem **Museo Nazionale della Ceramica Duca di Martina** eine bedeutende Porzellan- und Keramiksammlung (Via Cimarosa 77; Mi. – Mo. 8.30 bis 13.30 Uhr).

Porzellanmuseum ►

Castel Sant'Elmo

Den höchsten Punkt des Vomero nimmt das Castel Sant'Elmo ein Via Tito Angelini 20, zu Fuß oder mit dem Bus V1; Do. – Di. 9.00 – 18.30 Uhr). Das Kastell war eine zentrale Verteidigungsanlage der Stadt und wurde unter Pedro di Toledo zu dem sternenförmigen Komplex ausgebaut. Heute sind hier verschiedene Kultur- und Wissenschaftseinrichtungen untergebracht.

★★ **Certosa di San Martino**

Ebenfalls auf dem Vomero liegt graziös das ehemalige Kartäuserkloster San Martino, eine der Hauptsehenswürdigkeiten Neapels. Allein der **Blick auf die Stadt ist spektakulär**. Die antiken Hauptstraßen des Centro storico, die Via dei Tribunali und Spaccanapoli, lassen sich von hier oben bestens lokalisieren. Die Kartause entstand 1325 bis 1368 als gotischer Bau, wurde aber vor allem im 17. Jh. umgebaut und mit geradezu verschwenderisch wirkenden Innendekorationen ausgestattet. Unter napoleonischer Herrschaft säkularisiert, ist das Gebäude schon seit 1866 **Museum** (Piazzale San Martino 5; Do. – Di. 8.30 – 19.30, So. 9.00 – 19.30 Uhr). Nach umfangreichen Renovierungen und einer Neuordnung der Sammlungsbestände ist hier heute ein Museum zur **neapolitanischen Stadtgeschichte** untergebracht.

◂ Museo di San Martino

Die Kartäuser, deren Ordensregeln ein streng kontemplatives Leben vorschreiben, erlaubten sich in Neapel eine verblüffende Prachtentfaltung. Die hauptsächlich von Cosimo Fanzago 1623 – 1656 umgestaltete **Kirche** wirkt wie ein riesiger Marmorschrein. Wände und Fußboden sind bedeckt mit kostbaren Einlegearbeiten. Hinter dem Hauptaltar mit zwei Engeln von **Giuseppe Sanmartino** führt der Weg in die Sakristei. Die Schränke sind geschmückt mit 56 Intarsienarbeiten (Ende 16. Jh.). Das Altarbild in der Capella del Tesoro zeigt eine Pietà (1637) von **Jusepe de Ribera**, das Deckenfresko »Triumph der

◂ Capella del Tesoro

Im großen Kreuzgang der Certosa di San Martino

Judith« malte **Luca Giordano** 1704. Vom Kreuzgang der Prokuratoren führt ein langer Korridor in den großen Kreuzgang der Mönche. Vorher geht es rechts in die Krippenabteilung.

La Presepe Napoletana ► La Presepe Napoletana, die **Neapolitanische Krippe**, gehört zum Außergewöhnlichsten, was europäisches Kunsthandwerk des 18. Jh.s hervorgebracht hat. Mit größter Detailfreudigkeit gestaltet, wurde das heilige Geschehen im Stall von Bethlehem mit neapolitanischen Volksszenen erweitert.

Großer Kreuzgang ► Der große Kreuzgang der Mönche ist das Zentrum der Klosteranlage. Der mit marmornen Totenköpfen verzierte **Cimitero** war der Friedhof der Kartäuser. In den Zellen sind heute die Museumssäle eingerichtet. Die Räume versammeln Bilder zur neapolitanischen Stadtgeschichte. Am berühmtesten ist die **»Tavola Strozzi«** (Saal 32), ein Stadtpanorama aus dem 15. Jh. Ein ganzer Raum ist dem Aufstand des **Masaniello** gewidmet (Saal 36). Ein Spaziergang durch den als Terrassen in den Hügel hinein gebauten Garten ist ein Erlebnis.

Garten ►

Über 414 Stufen in die Innenstadt

Von der Piazza vor dem Museum führt die **Via Pedamentina** als Treppenweg mit 414 Stufen hinunter zum Corso Vittorio Emanuele. Fast alle Gebäude sind Ruinen, die meisten unbewohnt. Daher sollte ein Spaziergang nicht allein und nur tagsüber unternommen werden.

Vom Pizzofalcone zum Posillipo

Von der Piazza Trieste e Trento führt die belebte Geschäftstraße Via Chiaia in den vornehmen, nicht selten sogar hochelegant wirkenden Westen Neapels. Weit außerhalb des antiken und auch noch des mittelalterlichen Stadtzentrums gelegen, waren Chiaia, Santa Lucia und Mergellina kleine Fischerdörfer, bevor die spanischen Vizekönige die Gegend zu ihrer Sommerfrische machten.

✶ Palazzo Cellamare

Der noch vor der Piazza dei Martiri liegende, vielfach umgebaute Palazzo stammt aus der 2. Hälfte des 16. Jh.s und war das Landhaus der Familie Carafa. Seine Blütezeit erlebte das Gebäude im 18. Jh., als es nach einem Umbau durch Ferdinando Fuga Stadtresidenz des Prinzen von Francavilla wurde.

✶ Piazza dei Martiri

Die Piazza dei Martiri ist zusammen mit der Via Calabritto das Zentrum des **eleganten Neapel**. Das Monumento ai Martiri Napoletani beherrscht die Mitte des Platzes und erinnert an die antibourbonischen Aufstände der Jahre 1799, 1820, 1848 und 1860. Einige bedeutende Palazzi säumen den Platz, so der dem Meer zugewandte **Palazzo Calabritto** von Luigi und Carlo Vanvitelli oder der **Palazzo Sessa** an der Kreuzung zur Via Morelli. Eine neapolitanische Institution ist das kleine, berückend altmodische Geschäft der **Fa. Bowinkel**, in dem seit 1879 die Besucher Neapels gediegene Andenken kaufen.
Die Via Calabritto führt hinunter zu der von Palmen bestandenen Piazza Vittoria und dem Lungomare.

Das viel besungene, in unzähligen Reisetagebüchern und Briefen beschriebene Santa Lucia gibt es schon lange nicht mehr. Die Verwandlung Neapels nach 1870 zu einer »modernen« Großstadt, der Ausbau der Küste zum eleganten Lungomare bedeutete das Ende des Viertels. Die durch Aufschüttungen entstandene Via Partenope ist seit dem späten 19. Jh. das Aushängeschild Neapels. Die exklusivsten Hotels Neapels bieten ihren Gästen hier einen Blick auf das Castel dell'Ovo.

Santa Lucia

Neapels geheimnisvolle und geschichtsträchtige Befestigungsanlage ist das Castel dell'Ovo (Mo. – Sa. 8.30 – 18.00, So. 8.30 – 14.00 Uhr). Auf der kleinen **Felsinsel**, dem griechischen Megaris, landeten die griechischen Seefahrer aus Rhodos, die Gründer von Parthenope, der Vorgängersiedlung von Neapolis (»Neustadt«). Von hier aus besiedel-

★ **Castel dell'Ovo**

Mergellina und Posillipo Orientierung

Essen
① Da Dora
③ Terrazza Calabritto
⑤ La Cantina di Triunfo
⑨ Gastronomia L.U.I.S.E.

Übernachten
① Grand Hotel Parkers
④ Parteno
⑨ Ostello Mergellina

► Adressen S. 192-194

Das Castel dell'Ovo, Neapels älteste Burg

ten sie den Pizzofalcone. In römischer Zeit war Megaris Teil der Villenanlage des Generals und Feinschmeckers Lucio Lucullos.
Die kleine Insel – der Damm entstand erst Ende des 19. Jh.s – war **Zeugin dramatischer Schicksale**. Der letzte weströmische Kaiser Romulus Augustulus betrat hier 476 kampanischen Boden, um ins Exil nach Misenum weiterzureisen. Unter den Normannen und Friedrich II. wurde die strategisch günstig gelegene Insel zum Kastell ausgebaut. Konradin, der unglückliche Erbe des Stauferreichs, war vor seiner Hinrichtung im Castel dell'Ovo eingekerkert. Im neapolitanischen Volksglauben ist das Kastell mit **Vergil** verbunden. Der im Mittelalter als Magier verehrte Dichter soll erst ein Ei in eine Flasche, diese dann in einen eisernen Käfig hineingezaubert und in den Fundamenten des Baus versteckt haben. Von der Unversehrtheit des Eis hängt seitdem das Schicksal Neapels ab. Der heutige Bau stammt aus dem 16. Jh. In den darauffolgenden Jahrhunderten verwahrloste die Burg. Heute ist das Castel dell'Ovo bestens restauriert, Kongresszentrum und Ort von Wechselausstellungen. Besonders sehenswert ist die **Sala delle Colonne** mit einigen teils gut erhaltenen Säulen aus der Villa des Lucullus (Mo. – Sa. 8.30 – 18.00, So. 8.30 bis 14.00 Uhr).

? WUSSTEN SIE SCHON ...?

- Neapels Ursprünge liegen im mythischen Dunkel. Die von Odysseus verschmähte Sirene Parthenope soll an den Klippen von Megaris angespült worden sein. Sie gab der ersten Ansiedlung ihren Namen. Archäologische Grabungen auf dem Pizzofalcone belegen eine erste Siedlung zwischen 650 – 550 v. Chr.

Borgo Marinari ▶

Der Borgo Marinari ist heute ein **eleganter Jachthafen**. Die traditionsreichsten (und teuersten) Fischrestaurants Neapels bewirten hier ihre meist aus den gegenüberliegenden Luxushotels kommenden Gäste.

Pizzofalcone

Das sich westlich von der Piazza del Plebiscito einen Hügel hinaufziehende Viertel Pizzofalcone (Falkenspitze) wird von Neapel-Touristen nur wenig besucht, dabei ist es einer der **sympathischsten Quartieri** der Stadt. Hier lag Parthenope: Auf dem **Monte Echia**, dem heutigen Pizzofalcone, siedelten die ersten Griechen. Die geografische Situation des über dem Meer gelegenen Felsens war ideal für die Gründung der Stadt. Wohl im 5. Jh. v. Chr. wurde Parthenope aufgegeben und Neapolis entstand. Der Pizzofalcone wurde dann erst wieder unter den spanischen Vizekönigen bebaut. Unter den Palästen ist besonders der Palazzo Serra di Cassano hervorzuheben. Das Hauptwerk des Architekten Ferdinando Sanfelice (1725/26) ist heute Sitz des »Istituto Italiano per gli Studi Filosofici« und berühmt für sein schönes Treppenhaus mit einer doppelläufigen Freitreppe.

◀ Die Ursprünge Neapels

✶ ◀ Palazzo Serra di Cassano

Villa Comunale

Die nach dem Park von Capodimonte **zweitgrößte Grünanlage** Neapels ist ein gepflegter Park, der vor allem an Wochenenden gerne von den Neapolitanern besucht wird. Er geht auf die Zeit der spanischen Vizekönige zurück, die die heutige Riviera di Chiaia erstmals pflastern ließen. Im Auftrag Ferdinands IV. entstand dann 1778 bis 1781 nach Plänen von Carlo Vanvitelli die in weiten Teilen erhaltene Anlage. Für den neapolitanischen Adel wurde der Küstenstreifen zwischen Pizzofalcone und Posillipo fern der engen, lichtlosen Altstadt zu einem bevorzugten Wohngebiet. Die den Park umgebenden **Statuen** sind Kopien berühmter Werke aus Antike und Renaissance. Die monolithische **Schale aus rotem Granit** des zentralen Brunnens soll aus Paestum stammen.

✶ **Stazione Zoologica (Aquario)** 🕐

Dominierendes Gebäude in der Villa Comunale ist die Stazione Zoologica, in Neapel nur kurz Aquario genannt (Di. – Sa. 9.00 – 18.00, So. 9.30 – 19.00 Uhr). 1870 erwarb der aus Stettin stammende Naturwissenschaftler **Anton Dohrn** ein ursprünglich direkt am Wasser gelegenes Grundstück in der Villa Comunale, um hier das **erste meeresbiologische Forschungsinstitut Europas** zu gründen. Der Architekt des repräsentativen Gebäudes war der deutsche Bildhauer Adolf von Hildebrand. Schon 1874 konnte das Institut seine Arbeit aufnehmen. Eine Sensation war die Einrichtung des **Schauaquariums**, in dessen zahlreichen Wasserbecken die Artenvielfalt des Mittelmeers gezeigt werden konnte. Ein sog. »halboffener Wasserumlauf« versorgt bis heute die Becken beständig mit frischem Meerwasser. Dieses Wasser wird 300 m von der Küste entfernt in 11 m Tiefe aus dem Meer gepumpt.

✶ ◀ Die Fresken Hans von Marées

Eine **Inkunabel deutscher Italiensehnsucht am Golf von Neapel** sind die Fresken Hans von Marées in der ehem. Bibliothek der Zoologischen Station. Er malte seinen Traum eines südländischen Arkadiens in nur vier Monaten zwischen Juli und November 1873. Der als Musiksaal konzipierte Raum war wegen seiner Proportionen und Wandaufteilungen für eine Ausmalung denkbar ungeeignet, trotzdem schufen Hildebrand und Marées ein Gesamtkunstwerk von großer

Schönheit. Die Zoologische Station ist Forschungsstelle und kein Museum. Eine Besichtigung der Fresken Hans von Marées ist an Werktagen auf Anfrage an der Kasse möglich.

Villa Pignatelli

Zu den elegantesten Residenzen an der Riviera di Chiaia gehört die Villa Pignatelli. Ihre letzte Besitzerin, Principessa Rosina Pignatelli, stiftete die Villa samt Mobiliar und Sammlungen 1955 der Stadt (Riviera di Chiaia 200; Mi. – Mo. 9.00 – 14.00, letzter Einlass 13.00 Uhr). Das neoklassizistische Gebäude wurde 1826 von Pietro Valente errichtet. 1841 gelangte es in den Besitz der Familie Rothschild. Nach dem Risorgimento verließen die Rothschilds Neapel und der Prinz Diego Aragona Pignatelli Cortes erwarb die Villa. Die üppige Innendekoration stammt vor allem aus der 2. Hälfte des 19. Jh.s und ist ein einzigartiges Beispiel für die **Wohnkultur des neapolitanischen Adels** in dieser Zeit. Aus der Erbauungszeit erhalten ist neben dem kreisrunden **Vestibül** der Salottino pompeiano, ein reizender Toilettenraum mit Wandmalereien im pompejanischen Stil von Guglielmo Bechi. Die zentralen Salons des Erdgeschosses (Salotto azzurro, Salotto verde, Salotto rosso) hingegen sind prunkvoll im Stil des Neo-Rokoko eingerichtet und dekoriert. Zum besonderen Charme des Museum tragen vor allem die vielen persönlichen Gegenstände aus dem Besitz der Familie Pignatelli bei. Ebenfalls in der Villa untergebracht, aber leider nicht immer zugänglich ist die Gemäldesammlung der Banco di Napoli. Das Museo delle Carozze in einem Nebengebäude zeigt eine der umfangreichsten europäischen Sammlungen von Kutschen aus dem 18./19. Jh. (leider zz. geschl.).

Salottino pompeiano ►

Chiesa dell' Ascensione a Chiaia

Die Chiesa dell'Ascensione a Chiaia hinter der Villa Pignatelli ist ein Werk Cosimo Fanzagos (1622 – 1645). Ihr bedeutendster Schmuck sind zwei Bilder **Luca Giordanos**: eine Darstellung der hl. Anna mit der Gottesmutter als Kind über dem Hauptaltar sowie ein grandioser Erzengel Michael (1657), der über dem rechten Seitenaltar in siegessicherer Bewegung und antikisierendem Gewand auf die stürzenden Teufel hinabstürmt (Piazetta Ascensione 15; Mo. – Sa. 7.30 – 12.00, 17.00 – 20.00, So. 7.30 – 12.00, 18.00 – 20.00 Uhr).

Piazza Amedeo

Oberhalb der Villa Pignatelli liegt die überaus noble Piazza Amedeo. Prachtvolle **Gründerzeit- und Jugendstilgebäude** (ital. Liberty) säumen den Platz und die umgebenden Straßen. Eine **Funicolare** führt von hier hinauf auf den **Vomero** (►S. 236). Der Corso Vittorio Emanuele, eine der schönsten Straßen Neapels mit atemberaubenden Ausblicken auf den Golf, verläuft kurvenreich parallel zur Küstenlinie von Mergellina bis zum Viertel Montesanto. Ihre Verlängerung endet am archäologischen Nationalmuseum (►S. 215).

Corso Vittorio Emanuele ►

Mergellina

Das einstige Fischerdorf ist heute eines der eleganten Wohnviertel Neapels. Am ehemaligen Fischerhafen liegen vor allem die Jachten wohlhabender Neapolitaner. Vom **Porto Sannazaro** fahren regelmäßig Tragflügelboote (aliscafi) zu den Inseln Capri, Procida und Ischia. Gleich neben dem Bahnhof von Mergellina, einem frisch renovierten Bau aus dem Ende des 19. Jh.s, führt der Weg in den **Parco Virgiliano a Piedigrotta** und zum vermeintlichen **Grab Vergils**. Die heute etwas verlassen daliegende Anlage (Via Salita Piedigrotta 20; tgl. 9.00 Uhr bis 1 Std. vor Sonnenuntergang) war nicht erst für die Reisenden des 18. und 19. Jh.s eine der großen neapolitanischen Attraktionen. Schon in der Spätantike war das Grab ein besonders verehrter Ort, auch Petrarca gedachte hier seines großen Kollegen. Ob Vergil in dem Kolumbarium aus augusteischer Zeit tatsächlich bestattet wurde, ist fraglich. Ohne Zweifel aber ist der Dichter **Giacomo Leopardi** im benachbarten Grabmonument beigesetzt.

◄ Boote nach Capri, Procida und Ischia

◄ Tombe dei Poeti

Posillipo

Der Hügel des Posillipo, einst wegen seiner Naturschönheit gerühmt, trennt Neapel von den Campi flegrei. Um eine direkte Verbindung zwischen der Stadt, dem Hafen von Puteoli (Pozzuoli) und vor allem der im Porto Julius und später in Misenum stationierten Militärflotte herzustellen, ließ Agrippa, Feldherr des Augustus, einen 705 m langen **Tunnel durch den Posillipo** graben. Das als **Crypta Neapolitana** berühmte Bauwerk war bis Mitte des 19. Jh.s in Benutzung.

★ **Palazzo Donn'Anna**

Als eine der berühmtesten Palastruinen Europas hat der Palazzo Donn'Anna seit jeher die Fantasie der Neapelbesucher angeregt. Das monumentale, von seinem Architekten Cosimo Fanzago nie fertiggestellte Gebäude ist eines der Wahrzeichen der Stadt. Heute verbergen sich hinter den romantisch verwitterten Fassaden Luxuswohnungen.

Panoramastraße Via di Posillipo

Die in südwestliche Richtung weiterführende Via di Posillipo wird hinter dem Palazzo Donn'Anna zu einer beeindruckenden **Panoramastraße**. Viele der in parkähnlichen Grundstücken liegenden Villen haben einen direkten Zugang zum Meer. Hier herrscht eine Exklusivität, die mit den üblichen Neapelklischees nichts zu tun hat.

★ **Marecchiaro**

Noch immer voller Zauber, wenn auch etwas verwahrlost, ist das ehemalige Fischerdörfchen Marechiaro. Vom Parkplatz am Ende der Via Marechiaro führen viele Stufen hinunter ans Meer. Besonders empfehlenswert ist es, sich mit den regelmäßig verkehrenden Fischerbooten zu den im Meer liegenden Felsklippen übersetzen zu lassen. Die Wasserqualität ist je nach Wind- und Strömungsverhältnissen durchaus akzeptabel. Die Küstenlinie zwischen Marechiaro und Nisida steht seit 2002 als **Parco Sommerso della Gaiola** unter Naturschutz. Zahlreiche Reste römischen Retikulat- und Backsteinmauerwerks, wie z. B. die Ruine des sog. **Palazzo degli Spiriti**, lassen auf eine dichte Bebauung dieses Küstenstreifens in der Antike schließen.

Villa Imperiale del Pausilypon

Durch jüngste Ausgrabungen wurde der seit Langem bekannte Komplex der römischen Villa Imperiale del Pausilypon weiter erforscht. Ein gewisser Publius Vedius Pollio baute sich hier eine Villa, die er

? WUSSTEN SIE SCHON ...?

- Publius Vedius Pollio, ein aus Benevent stammender, zu Macht und Reichtum gekommener Freigelassener, ist eine wegen seiner Grausamkeit berüchtigte Gestalt der römischen Antike. In seinem Roman »Pompeji« beschreibt Robert Harris ausführlich die oft kolportierte Szene, in der Pollio einen seiner Sklaven an die Muränen in seinen Fischteichen verfüttern lässt.

Pausilypon (griech. = Einhalt des Schmerzes) nannte und die mit Gärten, Thermen, Weinbergen und Fischteichen neun Hektar eingenommen haben soll. Nach dem Tod des Pollio gelangte die Villa in kaiserlichen Besitz. Dieses antike Sanssouci ist nur zu einem Teil freigelegt. Vieles ist noch im Erdreich verborgen oder modern überbaut. Von der Größe der ehemaligen Anlage zeugt vor allem das Theater mit einst 2000 Sitzplätzen (Parco Archeologico del Pausilypon, Zugang über die Dicesa Coroglio; Di., Do., Sa. 9.00 – 13.00 Uhr; tel. Anmeldung ist empfehlenswert, Tel. 08 12 30 10 30).

Weiter auf der Via di Posillipo

Von den historischen Villen des Posillipo – viele davon stammen aus dem 19. Jh. – kann keine besichtigt werden. Die meisten der oft palastähnlichen Anwesen sind bis heute Privatbesitz oder gehören Unternehmen. Staatseigentum und neapolitanische **Residenz des italienischen Staatspräsidenten** ist die Villa Rosebery. Hier unterzeichnete am 9. Mai 1946 der letzte italienische König seine Abdankungsurkunde. Die Via di Posillipo endet als Discesa Coroglio vor der **schönsten Parkanlage** Neapels. Seit einigen Jahren neu gestaltet, ist der Parco Virgiliano di Posillipo nicht nur eine grüne Oase, sondern bietet auch spektakuläre Ausblicke in Richtung der Phlegräischen Felder, den Golf von Pozzuoli und auf die kleine Insel Nisida (Viale Virgilio; tgl. 7.00 – 22.00, im Winter nur bis 20.00 Uhr).

Villa Rosebery ►

★ Parco Virgiliano di Posillipo ►

Nisida

Die Insel Nisida (Nesis = kleine Insel), durch einen 300 m langen Damm mit der Küste und dem Strand von Coroglio verbunden, spielt für den Tourismus am Golf von Neapel schon lange keine Rolle mehr. Dabei war Nisida schon im 16. Jh. eine elegante Sommerfrische des neapolitanischen Adels. Heute befindet sich auf der Insel die **Jugendstrafanstalt** Neapels. Die fast perfekt runde Kraterinsel ist nur 2 km² groß und umweht von Weltgeschichte. In der **Villa des Lucullus**, von der einige Reste erhalten sind, planten Brutus und Cassius die Verschwörung gegen Julius Cäsar. Schon unter den Bourbonen wurden hier Gefängnisse eingerichtet. Seitdem ist Nisida für die Öffentlichkeit nicht mehr zugänglich.

Bagnoli

Auf der anderen Seite des Posillipo liegt mit Bagnoli eines der **größten Probleme Neapels**. Die an einer der schönsten Küstenabschnitte des Golfs von Pozzuoli 1907 errichteten ILVA-Stahlwerke sind heute eine **Industrieruine**. Ambitionierte Pläne, das Areal zu reaktivieren und touristisch zu erschließen, scheiterten bislang an der fehlenden Finanzierung. Ein erfolgreicher Versuch, die in ihrem rostigen Verfall

Schöne Villen säumen Neapels Via di Posillipo.

durchaus eindrucksvolle Anlage zu reaktivieren, ist die Città della Scienza. Die sog. **Stadt der Wissenschaft** versucht als erstes italienisches Museum seiner Art die Besucher interaktiv mit der Welt der Naturwissenschaften vertraut zu machen (Via Coroglio 104; Di. bis Sa. 9.00 – 17.00, So. 10.00 – 19.00 Uhr).

◄ Città della Scienza

★ Paestum und Cilento

H/I 6

Region: Campania
Höhe: 18 m ü. d. M.

Provinz: Salerno
Einwohnerzahl: 900

Die griechischen Tempel von Paestum liegen zwar nicht am Golf von Neapel, sie gehören aber seit den Zeiten der »Grand Tour« zu den Höhepunkten jeder Süditalienreise. Ihre archaische Schönheit, die Ruinen der sie umgebenden römischen Stadt und das Archäologische Museum machen einen Besuch Paestums zum Erlebnis.

Geschichte

Griechische Kolonisten aus dem an der Südküste des heutigen Kalabrien gelegenen Sybaris gründeten gegen Ende des 7. Jh.s Poseidonia. Als sogenannte Pflanzstadt (griech. = Apoikia) war Poseidonia also die Kolonie einer Kolonie. Die Fruchtbarkeit der Sele-Ebene und vor allem der rege Handel mit den Etruskern, dem Nachbarvolk, ermöglichte ein schnelles wirtschaftliches Gedeihen.

Archaische Schönheit: Tempio di Cerere bzw. Athenatempel in Paestum

Innerhalb nur eines Jahrhunderts (Mitte des 6. – Mitte des 5. Jh.s v. Chr.) konnte sich die dem **Meeresgott Poseidon** geweihte Stadt den Bau dreier repräsentativer Tempel leisten, die prachtvoller waren als die des griechischen Mutterlands. Um 400 v. Chr. geriet das wohlhabende Poseidonia unter den Einfluss des samnitischen Stammes der Lukanier. Auf eine kriegerische Übernahme der Stadt weisen die archäologischen Funde nicht hin, wahrscheinlich hat sich die Kolonie Poseidonia langsam an die sie umgebende lukanische Bevölkerung assimiliert. Im Zuge der römischen Eroberung Kampaniens wurde Poseidonia 274/3 v. Chr. zur römischen Kolonie und erhielt den neuen Namen Paestum. Die Ansiedlung von Veteranen diente nicht nur der Versorgung altgedienter Legionäre mit Land, diese »Romanisierung« sollte auch die eroberten Provinzen zu einem Teil des Imperiums machen. Poseidonia verlor seine griechische Identität; nur die Tempel und das unterirdische Heiligtum des Heroon blieben aus Respekt vor den Göttern unangetastet, die Stadt mit ihren öffentlichen Gebäuden entstand jedoch neu. So ist eine Besichtigung des archäologischen Geländes ein Spaziergang durch eine **römische Ruinenstadt**.

? WUSSTEN SIE SCHON ...?

- Das wesentliche Motiv der griechischen Kolonisierung Süditaliens war nicht nur Abenteuerlust, sondern angesichts des kargen Bodens im Mutterland und innenpolitischer Konflikte zwischen den verschiedenen Pòleis (Polis = griechischer Stadtstaat) auch schlichte Notwendigkeit. Homers Sagenepos der Odyssee war keineswegs nur literarische Fiktion, vielmehr beschreiben die 12 200 Hexameterverse die ins Sagenhafte gesteigerten Reisen der ersten griechischen Kolonisten.

Berühmt war Paestum für seine zweimal jährlich blühenden Rosen, die lange Zeit wichtigster Exportartikel der Stadt waren. Die ätherischen Öle aus den Blütenblättern dienten der Parfümherstellung oder wurden Wein beigemischt. An der nördlichen Seite des Forums blieb in den Ruinen eines Ladengeschäfts eine steinerne Mühle erhalten, die der Gewinnung von Rosenöl diente.

◀ Die Rosen von Paestum

Mit dem Zerfall des Weströmischen Reichs versank auch Paestum im wahrsten Sinne des Wortes. Die Sele-Ebene versumpfte, die Malaria breitete sich aus und die verbliebene Bevölkerung zog sich in die nahen Berge zurück. Zwar wurde der Athenatempel noch in eine frühchristliche Kirche umgebaut und die Stadt im 5. Jh. Bischofssitz, doch machten ab dem 9. Jh. Überfälle der Sarazenen die Küstenregion unbewohnbar. Der normannische Herzog Robert Guiscard ließ im 11. Jh. die Ruinen Paestums plündern, um Baumaterial für den Dom von Salerno zu gewinnen, danach versank die Stadt für fast 1000 Jahre in einen Dornröschenschlaf. Erst nach den groß angelegten Entwässerungen der Sele-Ebene und der Ausrottung der Malaria-Mücke in den 1920/30er-Jahren zogen die Bewohner Capaccios nach und nach zurück in die Nähe der Ruinen.

Die »Wiederentdeckung« der antiken Stadt

Die heutige Staatsstraße (SS) 18 entstand ab 1740 unter Karl III. als Verbindung zwischen Neapel und dem bis dahin vollkommen isoliert gelegenen Kalabrien. Diese »Strada delle Calabrie« wurde nicht nur zu einer wichtigen Fernverbindung des Königreichs, zufälligerweise lagen an ihr auch mit Herculaneum, Pompeji und Paestum die bis heute bedeutendsten archäologischen Stätten Kampaniens. 1829 entstand die heutige, parallel zu den Tempeln verlaufende Via Magna Graecia. Sie durchschneidet nicht nur die antike römische Stadt, ihr Bau zerstörte auch Teile des Amphitheaters. Noch vor den versunkenen Vesuvstädten wurde Paestum zu einem favorisierten Ziel der Grand-Tour-Reisenden – auch dank der in ganz Europa verbreiteten fantasievollen Stiche **Giovanni Battista Piranesis**.

? WUSSTEN SIE SCHON ...?

- Der Hofarchitekt Karls III., Ferdinando Sanfelice, machte 1740 den Vorschlag, die Tempel von Paestum zu demontieren, um die Steine und Säulen für den Bau des Schlosses von Capodimonte in Neapel zu verwenden. »Tutta la quantità di pietre necessaria ...«, schrieb er an den König. Glücklicherweise kam es nicht zu diesem Vorhaben, das die schönsten Tempel Großgriechenlands in einen Steinbruch verwandelt hätte.

Paestum im 20. Jh.

Im September 1943 landeten die Alliierten am Golf von Salerno und an den seinerzeit noch gänzlich unberührten Stränden von Paestum. Heute ist das Gebiet der Kommune Capaccio-Paestum außer vom Tourismus stark landwirtschaftlich geprägt. Berühmt ist die Gegend für den wahrscheinlich besten Mozzarella Italiens. Dieser **Mozzarella di bufala** wird aus der Milch von Wasserbüffeln hergestellt, die zu Wahrzeichen der Landschaft geworden sind. Die kleine Bar neben dem Eingang zum Museum ist nicht nur wegen ihrer Auswahl an

◀ Bester Mozzarella

Gelati besuchenswert. Fotografien aus der 1. Hälfte des 20. Jh.s zeigen die seit 1998 zum **Weltkulturerbe der UNESCO** gehörenden Tempel als Schauplatz antikisierender Festspiele in faschistischer Zeit und als Hintergrund vorbeiziehender allliierter Soldaten.

Die jüngsten Restaurierungen

Mit der Aufnahme in die Liste des Weltkulturerbes begannen 1998 umfangreiche Restaurierungen der zwar monumental wirkenden, nach 2500 Jahren jedoch porös gewordenen Steinmassen der Tempel, die aus Muschelkalk bestehen. Nach chemischen und physikalischen Analysen wurden die Tempel nacheinander eingerüstet, gesäubert und ihre gefährdeten Teile gesichert. 25 Mio. € flossen in den Erhalt dieser einmaligen Kultbauten.

PAESTUM ERLEBEN

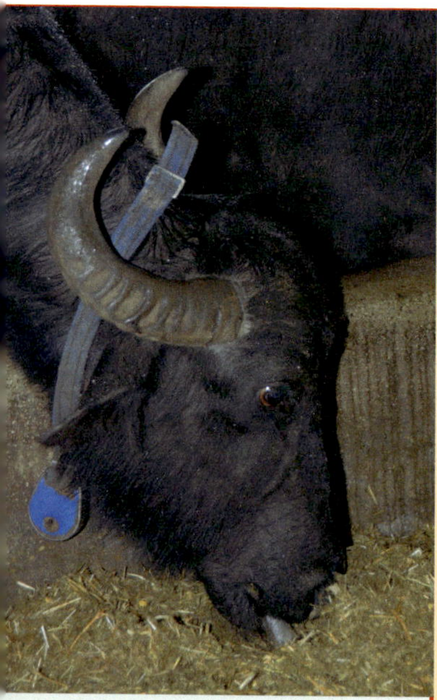

Bufala im Musterbetrieb Vannulo

AUSKUNFT

AACST
Via Magna Graecia 889
84063 Paestum
Tel. 08 28 81 10 16
Fax 08 28 72 23 22
www.infopaestum.it, www.paestum.it
Auf Höhe des Archäologischen Museums, freundliche Auskunft auch zum nahen Cilento.

GUT ZU WISSEN

Verkehr

Bus: Stündlich SITA- und CSTP-Busse von und nach Salerno/Piazza della Concordia, CSTP weiter in den Cilento über Agropoli nach Santa Maria di Castellabate, San Marco di Castellabate, Acciaroli und Pioppi (Tickets in Paestum in der Bar Anna, Fahrpläne auch bei der AACST).

Bahn: Regionalzüge von und nach Salerno halten an der Stazione F.S. Capaccio-Roccadaspide, von hier mit Taxi oder Bus in die 3 km entfernte Archäologische Zone. Lokalzüge halten auch an der Stazione F.S. Paestum, 10 Gehminuten von den Tempeln (Fahrpläne in Tageszeitungen oder bei der AACST).

Mozzarella über alles

Der ökologische Musterbetrieb Tenuta Vannulo (Via G. Galilei 10, Capaccio Scalo, Tel. 08 28 72 47 65, www.vannulo.it) liegt an der SS 18 (km 93), wenige Kilometer nördlich von Paestum. Die täglich frisch »gezupfte« Mozzarella di bufala findet hier reißenden Absatz, die Bar serviert köstliche Eiscreme und Joghurt aus Büffelmilch.

Urlaub aktiv

Vor Paestum erstreckt sich ein kilometerlanger Dünenstrand mit vielen freien Strandabschnitten. Zwischen Paestum und Agropoli liegt der empfehlenswerte Lido Maremirtilli (Linora di Paestum-Capaccio, Tel. & Fax 08 28 72 23 28, www.maremirtilli.it) mit Camper-Park. Die Familie Gorga betreibt auch den Edel-Agriturismo Il Cannito (►unten).

VERANSTALTUNGEN

Festa della Madonna del Granato: Die antiken Kulte Paestums leben fort in katholischem Gewand. Am 2. Mai und 15. August pilgern die Gläubigen zu der Madonna, die wie einst Hera einen Granatapfel in der Hand hält. Das Heiligtum der Madonna del Granato erhebt sich in Belvedere-Lage über der Sele-Ebene (Stichstraße von der SP 13 kurz vor Capaccio).

ESSEN

► Fein & teuer

① Nettuno

Via Nettuno 2, Tel. 08 28 81 10 28
www.ristorantenettuno.com; Mo geschl., nur mittags
Das feine Restaurant mit Blick auf die Tempel existiert seit den 1920er-Jahren. Auch schnelle, günstige Menüs.

► Erschwinglich

② Museo

Via Magna Graecia 921
Tel. 08 28 81 11 35
www.ristorantemuseo.it
Mo geschl., nur mittags
Auch schon fast historisch. Bodenständig gute Küche zu anständigen Preisen.

Capaccio Scalo · ③ La Pergola

Via Magna Graecia 1
Tel. 08 28 72 33 77; Mo. geschl.
Familiengeführte, hochgelobte Slow-Food-Adresse im modernen Ortsteil mit großem Garten, 3,5 km nördlich von Paestum.

► Preiswert

④ La Fattoria del Casaro

Via Licinella 5, Tel. 08 28 72 27 04
www.lafattoriadelcasaro.it
Im Caseificcio wird jeden Morgen Mozzarella frisch zubereitet und kann anschließend, zusammen mit anderen lokalen Produkten, im Hofladen erworben oder im kleinen Restaurant verzehrt werden. Zufahrt auf Höhe des Ristorante Nettuno.

ÜBERNACHTEN

► Luxus

Capaccio · ① Il Cannito

Via Cannito, Tel. 0 82 81 96 22 77
Mobil 33 33 65 23 24
www.ilcannito.com
Von 15 ha duftender Macchia umgeben, edle Materialien, unaufdringlicher Luxus und Blicke auf Capri. Auf Vorbestellung kann man hier auch ausgezeichnet speisen. Die antiken Tempel von Paestum, die Strände und Berge des Cilento sind mit dem Auto schnell zu erreichen. Sehr gastfreundlicher Besitzer.

► Komfortabel

② Calypso Art Hotel

Via Mantegna 63
Tel. 08 28 81 10 31
www.calypsohotel.com
März – Ende Okt.
Sympathisches Strandhotel (es gibt auch ein paar einfache, günstige Zimmer) mit gutem Restaurant

(Cucina cilentana und makrobiotische Küche) 2 km südlich der Torre di Paestum. Die Besitzer sind selten um gute Tipps verlegen.

③ ***Villa Rita***
Via Nettuno 5
Tel. & Fax 08 28 81 10 81
www.hotelvillarita.it; März – Ende Okt. – Ruhiges Familienhotel in einem großen Park mit Swimmingpool, nur wenige Schritte von der Archäologischen Zone. Die Familie Pisani betreibt in unmittelbarer Nähe das empfehlenswerte Ristorante Nettuno mit Blick auf die Tempel.

► **Günstig**
Belizzi · ④ Agriturismo La Morella
Via Fosso Stazione 3
Tel. & Fax 0 82 85 10 08
Mobil 33 87 15 99 58
www.la-morella.it
Typische Masseria der Sele-Ebene mit ruhigen, geräumigen Appartements und hübschen Gästezimmern im Gutshaus. Fabio Miletto und seine deutsche Frau Anette betreiben Büffelzucht. Gute Küche mit Zutaten aus eigenem biologischen Anbau, ca. 15 km nördlich von Paestum. Anfahrtsbeschreibung auf der Website.

✶✶ Zona Archeologica di Paestum

Öffnungszeiten: tgl. 9.00 bis 1 Std. vor Sonnenuntergang

Schräg gegenüber vom Museum befindet sich einer der beiden Eingänge zum archäologischen Gelände. Es empfiehlt sich, von hier aus über die Via Sacra zur Porta della Giustizia zu spazieren. Eindrucksvoll, wenn auch wegen des Straßenverkehrs nicht ganz ungefährlich, ist ein Spaziergang entlang der antiken Stadtmauer.

Die Stadtmauer

Die 4750 m lange Stadtmauer stammt vor allem aus lukanischer und römischer Zeit, geht aber in ihren Ausmaßen sicherlich auf die Gründung des griechischen Poseidonias zurück. Diese **Cinta muraria** umfasst ein Gelände von 120 Hektar, wovon heute nur ca. 20 Hektar staatliches Eigentum sind. Die vier Stadttore stammen aus dem frühen 3. Jh. v. Chr., als sich Poseidonia in das römische Paestum verwandelte. Entlang ihrer Ausfallstraßen lagen die Nekropolen der Stadt; die wichtigsten der bislang hier gefundenen Gräber sind im Archäologischen Museum ausgestellt. Besonders eindrucksvoll ist die westliche Porta Sirena, deren Straße heute am kleinen Bahnhof von Paestum endet.

Porta Sirena ►

Tempio di Cerere, Athenatempel

Berühmt ist die Ruinenstadt für ihre drei Tempel, die exemplarisch die Entwicklung des dorischen Tempelbaus dokumentieren. Der nördlich gelegene Tempel wird Tempio di Cerere genannt, war jedoch der **Göttin Athena geweiht** und ist um 520/500 v. Chr. entstanden. Auf einem Stylobat mit den Maßen 14,50 x 32,90 m ruhen auf den Schmalseiten je 6 und auf den Längsseiten je 13 Säulen. Ihre Ordnung ist von fast schon klassischer Ausgewogenheit. So sind die Säulenabstände perfekt austariert, der Innenraum der Cella harmonisch in den Bau eingefügt und die Entasis (Schwellung) der Säulen

deutlich reduziert. Erstmals wurden hier im Pronas, dem Vorraum zum heiligen Innenraum, auch ionische und dorische Säulen kombiniert. Farbspuren zeigen, dass die mit Stuck überzogenen Säulen weiß, die Triglyphen hingegen blau bemalt waren.
Nördlich des Athenatempels lag die griechische **Agora**, das wirtschaftliche und politische Zentrum Poseidonias. Zwei im 20. Jh. entdeckte und ausgegrabene Bauten sind aus griechischer Zeit erhalten geblieben. Das kreisrunde **Ekklesiasterion** wurde um 480/70 v. Chr. direkt in den felsigen Boden hineingebaut. Hier tagte die Volksversammlung (griech. Ekklesia). Dem höchsten Souverän der Stadt gehörten ca. 1000 bis 1500 Vollbürger an. Mit der Übernahme Poseidonias durch die Römer erlosch die Funktion des Gebäudes, es wurde zugeschüttet und mit einem kleinen Heiligtum bebaut.

Paestum *Orientierung*

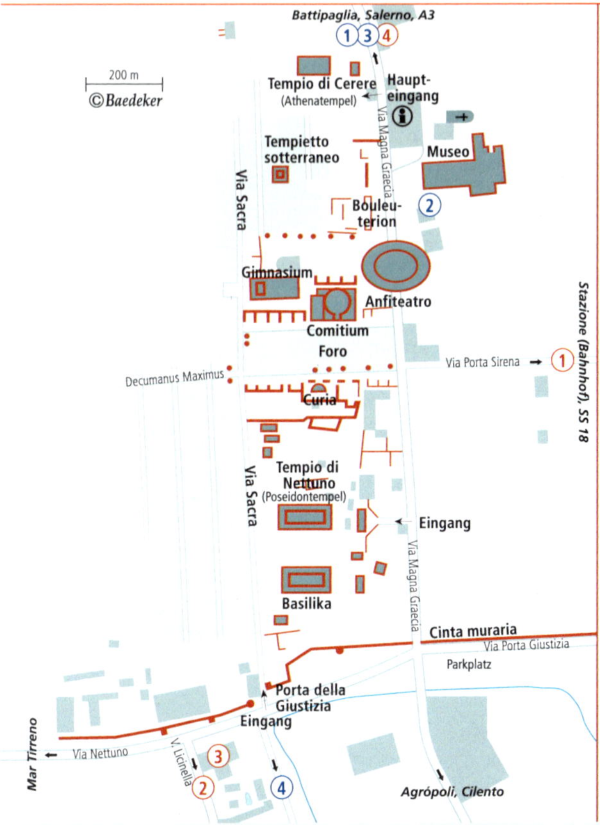

Essen
1. Nettuno
2. Museo
3. La Pergola
4. La Fattoria del Casaro

Übernachten
1. Il Cannito
2. Calypso Art Hotel
3. Villa Rita
4. Agriturismo La Morella

DER DORISCHE TEMPEL

»Der Säulenschaft, auch die Triglyphe klingt; Ich glaube gar, der ganze Tempel singt«, dichtete Goethe im Faust II und wird dabei die dorischen Tempel von Paestum vor Augen gehabt haben, die er im März 1787 besichtigt hatte.

Dabei beschrieb er in der »Italienischen Reise« eben diese Tempel mit ihren »stumpfen, kegelförmigen, enggedrückten Säulenmassen« als »lästig, ja furchtbar«. Ähnlich wie Goethe sind nicht wenige Besucher Paestums von der **Schwerfälligkeit** der antiken Kultbauten irritiert. Sie entsprechen zu wenig dem Bild einer klassischen Antike mit der strengen Eleganz ionischer Säulenordnungen oder den rankenden Akanthusblättern korinthischer Kapitelle.

Die Ursprünge des antiken Ringhallentempels liegen im Dunkeln. Von hölzernen Vorgängerbauten sind so gut wie keine Spuren erhalten. Erst mit dem Auftauchen der indogermanischen Dorer (auch Dorier), die spätestens ab dem 8. Jh. v. Chr. fest auf dem Peleponnes beheimatet waren, kommt es im 6. Jh. zu einem wahren Bauboom, wobei der bewährte Typus des hölzernen, von Säulen umstandenen Tempels 1 : 1 in Stein umgesetzt wird.

Der Beginn abendländischer Architektur

Die **»Erfindung« der Säule** als tragendem Element von Architrav, Giebel und mit Ziegeln bedecktem Dach ist für die Architekturgeschichte ebenso bedeutend wie viel später die der Kuppel. So markiert der dorische Tempel den eigentlichen Beginn einer ästhetischen und technischen Auseinandersetzung mit gebautem Raum

Dorische Säulenordnung

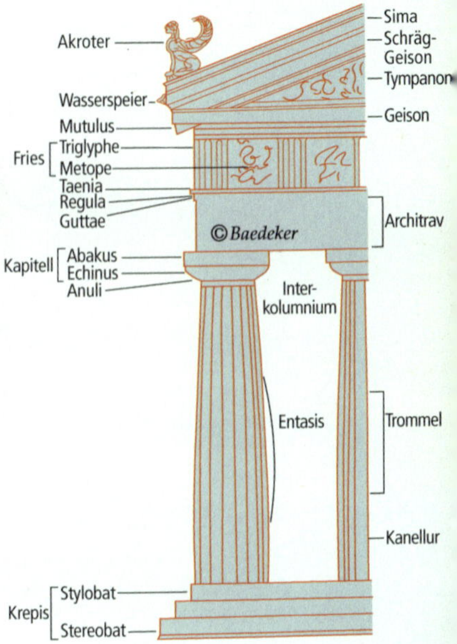

und somit der Architektur (griech. arché = Anfang; techné = Kunst, Handwerk). Der in der Antike entwickelte Formenkanon war bis weit ins 19. Jh. vor allem beim Bau öffentlicher oder repräsentativer Gebäude gültig.

Aufbau eines dorischen Tempels

Trotz der Komplexität von Säulenordnungen und der architektonischen Schwierigkeiten wie dem berühmten **Dorischen Eckkonflikt** ist der Aufbau eines dorischen Tempels fast simpel. Auf einem Fundament liegt das rechteckige, die Größe des Tempels vorgebende **Stereobat** und auf diesem die dreistufige **Krepis**. Auf der obersten Stufe, dem **Stylobat**, ruhen die Säulen, die in dorischen Tempeln noch ohne Basis auskommen. Eine Besonderheit dieser kannelierten, aus sog. Trommeln zusammengesetzten Säulen ist ihre **Entasis**, Wölbung, eben das, was Goethe als kegelförmig bezeichnete. Im Fall der Basilika von Paestum ist dieser Effekt besonders ausgeprägt. Die 6,45 m hohen Säulen haben einen unteren Durchmesser von 1,45 m, um sich nach oben auf einen Durchmesser von nur 0,98 m zu verjüngen. So scheinen die Säulen der Basilika unter ihrer Last etwas nachzugeben.

Auch das **Kapitell**, zusammengesetzt aus den Anuli, dem Echinus und dem Abakus als quadratischer Deckplatte, wirkt wie ein gequetschtes Kissen. Diese durchaus beabsichtigte Stauchung der tragenden Elemente lässt die Tempel weniger statisch, vielmehr fast organisch wirken. Der Effekt wird verstärkt durch die offenen Säulenreihen, die die Monumentalität des

Der Poseidontempel, der jüngste Bau der Trias, zeigt das klassische Baukonzept.

Gebäudes zusätzlich transparent macht. Die Säulen tragen den einfachen **Architrav**, darüber liegt der Fries mit den sich abwechselnden schlichten **Triglyphen** und den aufwendig gestalteten Reliefplatten, **Metopen**. **Geison** und **Schräg-Geison** rahmen das dreieckige, oft mit Skulpturen geschmückte Giebelfeld ein.

Im Inneren des Tempels befand sich mit der Cella ein geschlossener Raum, in dem die Statue der verehrten Gottheit und auch der Tempelschatz aufbewahrt wurden. Der Altar, an dem die Opfer dargebracht wurden, befand sich grundsätzlich außerhalb des Gebäudes in gebührendem Abstand zur Hauptfassade.

Farbige Antike

Der europäische Klassizismus adaptierte die griechisch-römische Antike in strahlendem Weiß. Winckelmanns »edle Einfalt und stille Größe« prägt das Antikenbild bis heute. Dabei waren die Tempel und ihr Skulpturenschmuck farbig gefasst. Während der jüngsten Restaurierungen des Athenatempels wurden wenige Spuren der einstigen Bemalung entdeckt. Als wichtigste Gebäude des religiösen und öffentlichen Lebens der griechischen Stadt zeugten die Tempel vor allem auch von Macht und Reichtum der Polis. Gerade die aus dem griechischen Mutterland nach Süditalien eingewanderten Kolonisten bewiesen mit der Errichtung dieser auch Identität stiftenden Kultbauten das Gelingen ihres Unterfangens. Die Tempel Poseidonias waren farbig leuchtende, weit vom Meer aus zu erkennende Wahrzeichen der Stadt.

Auf der westlichen Seite der Agora befand sich mit dem Heroon das **spirituelle Zentrum** der griechischen Pòlis. Das wie die Tempel nach Osten ausgerichtete, ehemals von einem Tumulus (kegelförmigen Erdhaufen) bedeckte Heiligtum war kein Grab, sondern der Ort, an dem der Gründer der Mutterstadt Sybaris verehrt wurde. In römischer Zeit funktionslos geworden, genoss der kleine Tempel keine kultische Verehrung mehr. Es entstand die rechteckige Außenmauer, deren östliche Wand den Altar des Heiligtums bedeckt. Das Heroon wurde 1954 freigelegt. Im Inneren fanden die Archäologen – nach 2500 Jahren unberührt – acht mit Honig gefüllte Bronzegefäße, eine attische Amphore sowie fünf Eisenspieße mit ledernen Handgriffen (im Museum).

Heroon

Unmittelbar vor dem römischen Forum liegt ein 47 x 21 m großes Wasserbecken, das als Heiligtum der Fortuna Virilis einem Fruchtbarkeitskult diente. Während des Festes der Venus Fortuna nahmen die Frauen der Stadt hier gemeinsam mit einer Statue der Göttin rituelle Bäder. Auf der seltsamen Pfeilerkonstruktion im westlichen Teil des Beckens standen vermutlich hölzerne Aufbauten. In römischer Zeit wurde das Becken zugeschüttet und bebaut.

Heiligtum der Fortuna Virilis

Wie tiefgreifend der Wandel der griechischen Stadt zu einer römischen Colonia war, beweist eindrücklich auch das römische Forum. Inmitten der griechischen Stadt wurde eine 60 x 150 m² große Fläche planiert und zum Forum mit den wichtigsten öffentlichen Gebäuden ausgebaut. Der Platz war umgeben von einem Portikus mit dorischen Säulen, in dem sich Ladengeschäfte befanden. An seiner nördlichen Seite lagen zudem der Kapitolstempel und das kreisrunde Comitium, der Ort römischer Volksversammlungen. An der südlichen Längsseite lagen das Macellum (Markthalle) und die Curia (Sitz des städtischen Magistrats). Bemerkenswert ist an der nordöstlichen Ecke das Amphitheater. Es entstand im 1. Jh. v. Chr. und wurde im 1. Jh. n. Chr. umgebaut. Erhalten sind einige Sitzreihen und der Korridor, durch den die Tiere die Arena betraten. Die 1829 gebaute Straße hat das Amphitheater halbiert.

Forum, Amphitheater

Südlich des Forums liegt mit dem Poseidontempel **der jüngste der drei griechischen Tempel**. Der um 470/50 v. Chr. entstandene Tempel war – zahlreiche gefundene Votivgaben beweisen das – nicht Poseidon, sondern Hera geweiht. Auf dem Stylobat (24,30 x 59,90 m) ruhen an den Schmalseiten je sechs und an den Längsseiten je 14 Säulen. Gut erhalten sind Teile der Cella. Im Vergleich zu der benachbart liegenden Basilika sind die enormen Fortschritte der griechischen Baumeister bemerkenswert. Die Proportionen des Tempels sind perfekt berechnet und seine gewaltigen Baumassen von harmonischer Ausgewogenheit. Dieses **Wunderwerk klassischer Architektur** entstand kurz nach dem Bau des Zeustempels in Olympia und war stilbildend für den griechisch-römischen Tempelbau Unteritaliens.

Tempio di Nettuno, Poseidontempel

Basilika, Heratempel

Die im Süden des Ausgrabungsgeländes fast schon an der Stadtmauer gelegene Basilika wirkt dagegen mit ihren gedrungenen Säulen auf den ersten Blick fast plump. Der um 550 v. Chr. entstandene Tempel war der erste Paestums und zudem einer der frühesten steinernen Kultbauten dieser Größe in der griechischen Antike. Die Bezeichnung Basilika geht auf das 18. Jh. zurück, archäologische Funde belegen aber, dass auch dieser Tempel der Hera geweiht gewesen sein muss. Je neun Säulen an den Schmal- und achtzehn an den Längsseiten stehen auf einem Stylobat von 24,50 x 54,30 m.

Die antiken Wohnviertel

Ein Durchstreifen der westlich der Via Sacra gelegenen antiken Wohnviertel ist außergewöhnlich eindrucksvoll. Obwohl von den meisten Bauten nur die Grundmauern erhalten sind, liegen im wuchernden Dickicht teilweise sehr schöne Mosaikfußböden oder vereinzelt auch das marmorgefasste Impluvium (Wasserbecken) eines Atriums. Besonders sehenswert ist das Wasserbecken der **Casa con Piscina**. Allein die Größe dieses Schwimmbads zeugt von der vergangenen Pracht der römischen Villa. Das streng rechtwinklig verlaufende Straßennetz entspricht dem der griechischen Koloniegründung. Nur ein Bruchteil der antiken Stadt ist ausgegraben. Die Ost-West Achse des antiken Decumanus in Richtung Porta Marina endet heute im Grün landwirtschaftlich genutzter Grundstücke.

★★ Museo Archeologico

Öffnungszeiten:
tgl. 9.00 – 18.30
jeden 1. und 3. Montag des Monats geschl.

In dem 1952 neben dem Ausgrabungsgelände eröffneten archäologischen Museum sind alle Ausgrabungsfunde der letzten Jahrzehnte ausgestellt. Gleich im Erdgeschoss sind neben Stichen und Plänen des 18. Jh.s die berühmten Metopen (Reliefplatten) der Tempel des **Santuario di Hera Argiva** ausgestellt. Das 8 km von Paestum entfernte Hera-Heiligtum ist in den 1930er-Jahren erforscht und in seinen Resten ausgegraben worden. Die archaischen Metopen thematisieren vor allem die Heldentaten des Herakles. Ebenfalls im Erdgeschoss befinden sich die acht im Heroon gefundenen und mit Honig gefüllten Bronzegefäße. Zahlreiche der Hera geweihten Votivgaben, vor allem tönerne Kleinskulpturen, belegen die Bedeutung dieser Göttin für das griechische Poseidonia. Faszinierend ist der Kontrast zwischen den Malereien lukanischer Kastengräber mit ihren meist schwer bewaffneten Kriegern und den heiter mythologischen Szenarien auf der griechischen Keramik oder den Malereien des sog. Tauchergrabs.

Das 1968 am südlichen Rand der Stadt entdeckte **Grab des Tauchers** gehört zu den raren Beispielen griechischer Grabmalerei und ist heute eine der großen Attraktionen

? WUSSTEN SIE SCHON ...?

- Kottabos war ein in der Antike beliebtes Geschicklichkeitsspiel: Dabei mussten Männer, die auf Klinen (Ruheliegen) lagen und der Musik einer Leier lauschten, den letzten Schluck Wein aus der Trinkschale zielgenau in eine im Raum aufgestellte Schüssel schleudern (Abb. S. 79).

Der Verstorbene auf dem Weg ins Jenseits (Detail des »Grab des Tauchers«)

des archäologischen Museums. Die auf 480/470 v. Chr. datierten Malereien des Kastengrabs zeigen ein sogenanntes **Symposion**. Das gesellige Trinken im Anschluss an ein Festmahl war in der griechischen Antike ausschließlich den Männern vorbehalten. Die heiter erotische Szenerie ist dem Jenseits gewidmet. Der athletische Jüngling auf der das Grab abdeckenden Platte springt von einer Säule ins Wasser (Abb. S. 40). Diese Säule des Herakles symbolisiert das Ende der damals bekannten bewohnten Welt, die vom Okeanos (Ozean) umgeben war. Der Tuffatore (Taucher) des zauberhaften Bilds springt in ein Jenseits, das dem Tod jeden Schrecken nimmt und ihn lediglich als Grenze zweier Welten darstellt. Im 1. Stock des Museums werden Exponate aus dem römischen Paestum präsentiert, darunter Skulpturen, Architekturfragmente und Funde aus römischen Gräbern.

★★

◄ La Tomba del Tuffatore

Umgebung von Paestum

Santuario di Hera Argiva

8 km von Paestum entfernt liegt an der Sele-Mündung das sogenannte Santuario di Hera Argiva. Die antiken Historiker **Strabon** und **Plinius** berichten davon in ihren Schriften. Die Gründung schreiben sie Jason zu, dem mythischen Anführer der Argonauten. Allein aufgrund der literarischen Überlieferung des Heiligtums begannen 1934 archäologische Ausgrabungen, die die Richtigkeit der antiken Quellen bestätigten und bewiesen, dass die Kolonisten aus Sybaris vor der Gründung Poseidonias erst an der Sele-Mündung gesiedelt und hier zwei Tempel errichtet hatten. Von der einstigen An-

lage ist oberirdisch kaum etwas erhalten. Allerdings fanden die Archäologen im damals noch sumpfigen Gelände eine Anzahl von **Reliefmetopen**, die zu den bedeutendsten hocharchaischen Skulpturen der griechischen Antike gehören. Während die Originale im Archäologischen Museum von Paestum ausgestellt sind, zeigt das Museo Narrante del Santuario di Hera Argiva eine durchaus sehenswerte **Multimedia-Ausstellung** zur Geschichte des heiligen Orts. Mithilfe computeranimierter Filme wird der Heraion virtuell rekonstruiert und der Besucher in die Sagenwelt des Herakles eingeführt (Masseria Procuriali, Via Barizzo Foce Sele 29; Di. – Sa. 9.00 – 16.00 Uhr).

Museo Narrante ►

Capaccio

Das 419 m hoch in den **Monti Alburni** gelegene Capaccio ist Verwaltungszentrum der gleichnamigen Kommune, zu der neben Paestum noch zahlreiche andere kleine Ortschaften gehören. In diese Berge flüchtete im 9./10. Jh. die Restbevölkerung von Poseidonia vor der Malaria und den Überfällen der Sarazenen. Seit einigen Jahren gibt es in Capaccio ein Museum, das sich dem Phänomen der **Grand Tour** am Golf von Neapel widmet. Alte Stiche, Karten und Zeichnungen dokumentieren den Reiz, den die Landschaft des Golfs und die antiken Ruinen auf ganze Generationen von Italiensehnsüchtigen ausübten. Glanzstück des Museums ist ein Gemälde des deutschen Malers Franz Ludwig Catel (1778 – 1856). Seine »Veduta di Paestum con i templi« (1838) zeigt die während eines Sonnenuntergangs golden aufleuchtenden Tempel inmitten einer Sumpflandschaft (Museo Paestum nei Percorsi del Grand Tour, Piazza Vittorio Veneto; Okt. – Mai Di. – Sa. 9.00 – 13.00, 15.00 – 18.00, So. 9.00 – 13.00, Juni – Sept. Di. – Sa. 9.00 – 13.00, 16.00 – 20.00, So. 9.00 – 13.00 Uhr; die Öffnungszeiten werden etwas flexibel gehandhabt, aktuelle Infos unter www.comune.capaccio.sa.it).

Museo Paestum nei Percorsi del Grand Tour ►

! *Baedeker* TIPP

Cilento aktiv

Ob zu Fuß, auf dem Rad, zu Pferd, mit dem Kajak, Gleitschirm oder am Meer: Der handliche Führer »Cilento aktiv – mit Costa di Maratea« (R. Mankau Verlag, Murnau 2007, www.cilento-aktiv.info) von Peter Amann ist eine Einladung, den Cilento sportlich zu entdecken (selbst kulinarische Adressen zur Stärkung fehlen nicht).

★★ Cilento

Cilento heißt die Landschaft im Südosten der Provinz Salerno: schöne, teils wilde Küsten, türkisblaues Meer, weite Strände, Hafenstädtchen, die zwar längst vom Tourismus entdeckt wurden, denen aber Bettenburgen und gesichtslose Appartementhäuser erspart geblieben sind, im unerwartet grünen Hinterland waldreiche Berge mit alten, noch ganz bäuerlich geprägten Ortschaften.

Landschaftsbild

Die Cilento-Küste erstreckt sich vom Golf von Salerno fast 100 km lang zum Golf von Policastro. Im Hinterland dominieren die bis zu 1750 m hohen Gipfel der Monte Alburni. Ein großer Teil steht unter

CILENTO ERLEBEN

AUSKUNFT

Parco Nazionale del Cilento e Vallo di Diano
Piazza S. Caterina 8
84078 Vallo della Lucania
Tel. 09 74 71 99 11
www.cilentoediano.it

GUT ZU WISSEN

Verkehr
Bus · Bahn · Fähren: SITA-Busse aus Salerno über Capaccio Scalo und Paestum nach Agropoli, CSTP-Busse aus Salerno über Paestum nach Agropoli, S. Maria di Castellabate, Acciaroli und Pollica.
Die Bahnlinie Napoli-Salerno-Reggio di Calabria passiert die Cilento-Küste, allerdings liegen die Bahnhöfe oft außerhalb der Orte. Gleiches gilt für die Linie Battipaglia-Lagonegro, die im Landesinneren durch das Vallo di Diano führt. Günstiger ist die Anreise mit der Bahn bis Salerno bzw. Agropoli und ab hier die Weiterfahrt mit Bussen.
Fähren der Metro del Mare (www.metrodelmare.com; Anfang Juni bis Ende Sept.) von den Häfen des Cilento nach Salerno, an die Amalfitana und in den Golf von Neapel.

Einkaufen
Bufalina
Corso Matarazzo 155
Santa Maria di Castellabate
Tel. 09 74 96 13 56
So. Vormittag geschl. Gut sortiertes Feinkostgeschäft mit Spezialitäten des Cilento.

De Conciliis
Località Querce 1
Prignano Cilento (SS 18 Ausfahrt Prignano) Tel. & Fax 09 74 83 10 90
www.viticoltorideconciliis.it
Mo. – Fr. 9.00 – 13.30, 14.00 – 17.00 Uhr.
Das vielfach ausgezeichnete Familienunternehmen hat sich auf autochthone Reben des Cilento spezialisiert. Die jungen, engagierten Winzer setzen nicht auf hohe Erträge, sondern auf Qualität.

Urlaub aktiv
Wassersport: Familienfreundliche Sandstrände erstrecken sich vor Santa Maria di Castellabate, Ascea, Palinuro und Marina di Camerota. Die schönsten Tauchreviere liegen vor der Punta Licosa, an Capo Palinuro und Costa degli Infreschi (hier auch Tauchschulen).

Familienfreundlicher Strand bei Marina di Camerota

Der Cilento ist ein *Wanderparadies*, vor Ort gibt es Informationen, lokale Initiativen bieten geführte Touren an. Weitere Infos: ►www.cilento-aktiv.info

VERANSTALTUNGEN

Velia Teatro: Von Anfang August bis Anfang September werden in der Archäologischen Zone von Velia griechische Tragödien und römische Komödien in italienischer Sprache aufgeführt (Info c/o Pro Loco di Ascea, Tel. 09 74 97 22 30, www.asceaturismo.it, www.veliateatro.com).

ESSEN

► Fein & teuer

Santa Maria di Castellabate · La Taverna del Pescatore
Via Lamia 1, Tel. 09 74 96 82 93
Mo. und Dez. – März geschl.
Das edel-rustikale Ambiente harmoniert mit den raffiniert zubereiteten Speisen, selbst ein schlichter Teller frittierter Tintenfische oder mit Provola-Käse gefüllte Sardinen sind hier ein Gedicht.

► Erschwinglich

Ogliastro Marina · Da Carmine
Via Provinciale, Tel. 09 74 96 30 23
www.albergodacarmine.it
März – Okt.; seit 1965 ein Garant für ausgezeichnete Fischküche. Angemessen sind auch die Preise. Den selbst gefangenen Fisch gibt es gegrillt, gedünstet oder »all'acqua pazza«. Terrasse über dem Strand, darüber ein kleines Albergo.

► Preiswert

San Mauro Cilento · Al Frantoio
Casal Sottano, Tel. 09 74 90 32 43
www.cilentoverde.com
Juni – Sept. tgl., sonst nur Sa. und So. Das Lokal nennt sich »Laboratorio di Ricerca della Cucina del Cilento Antico« und ist ein Ableger der Olivenölmühle Cooperativa Agricola Nuovo Cilento. Der Name ist Programm: Im großen Saal mit Holztischen werden zu absolut fairen Preisen Speisen der traditionellen bäuerlichen Küche serviert.

Pioppi · La Caupona
Via Caracciolo
Tel. 09 74 90 52 51
Mitte Sept. – Mitte Juni nur Sa. und So. Einfache und schmackhafte Cilento-Küche, wie sie den amerikanischen Ernährungswissenschaftler Ancel Keys in den 1960er-Jahren zu seiner »dieta mediterranea« inspirierte. Meeres-Antipasti und im Frühjahr Wildgemüse, frischer Fisch je nach Fang.

ÜBERNACHTEN

► Luxus

Santa Maria di Castellabate · Villa Sirio
Via Lungomare De Simone 15
Tel. 09 74 96 01 62
www.villasirio.it
Apr. – Ende Okt. Charmantes ehemaliges Patrizierhaus am Lungomare. Stilvolle Zimmer mit Aufschlag für Meerblick. Gutes Restaurant, im Sommer auf der Holzveranda über dem Meer.

► Komfortabel

San Marco di Castellabate · Hermitage
Via Catarozza
Tel. 09 74 96 66 18
www.hermitage.it
Gepflegtes ruhiges Hotel in vornehm ausgebautem Gutshof, ca. 2 km vom Meer am Hang. Blick auf Meer und Castellabate, Swimmingpool und Tennisplätze. Gute Küche.

Santa Maria di Castellabate · Grand Hotel Santa Maria
Via Velia 15

Tel. & Fax 09 74 96 10 01
www.grandhotelsantamaria.it
Apr. – Okt.
In den 1970er-Jahren erbautes, kürzlich modernisiertes Hotel am schönsten Strandabschnitt von Santa Maria, der alte Ortskern ist nur wenige Gehminuten entfernt. Geräumige Zimmer, die meisten mit Meerblick. Das Restaurant pflegt eine bodenständige Cilento-Küche, großes Frühstücksbuffet.

Rofrano · Il Centauro
Località Viggiano
Tel. & Fax 09 74 98 55 81
www.centaurohotel.com
Modernes familiengeführtes Hotel-Ristorante an den Hängen des Monte Centaurino, bei Einheimischen auch für Familienfeiern beliebt! Ideal gelegen zwischen Küste und Naturpark (nicht weit von der SS 18).

► Günstig

Ferienhaus-Agentur Cilentano
Margaretenstr. 14
93047 Regensburg
Tel. 09 41/5 67 64 60
www.cilento-ferien.de
Einer der zuverlässigsten Anbieter im Cilento, der Schwerpunkt des Angebots liegt bei Pisciotta und Marina di Camerota. Gäste erhalten Wandertipps.

Pollica-Cannicchio · Agriturismo Il Mulino
Località Monaco, Mobil 34 79 17 41 53
www.ilmulinoagriturismo.com
Liebevoll geführter Agriturismo-Betrieb (5 Zimmer) in einer ehemaligen Olivenölmühle, 6 km vom Badeort Acciaroli entfernt. Luisa Bassallo kocht, die Zutaten stammen zum großen Teil aus der eigenen Landwirtschaft; die Fische fängt ihr Mann Giuseppe.

Contrada Galdo · Terra Nostra
Tel. 33 34 56 02 87 (Mobil)
www.agriturismoterranostra.it
Von dem Agriturismo an der SS 116 zwischen Corleto Monforte und Bellosguardo lässt sich das Innere des Cilento sehr gut erkunden; einfache Zimmer, moderne Bäder. Im Restaurant werden eigene Produkte aus biologischem Anbau serviert.

! Baedeker TIPP

Castellabate Residenz San Leo
Contrada San Leo , Tel. in Deutschland 030 812 01 47, www.cilentissimo.de
Birte Kokocinsky hat ein Naturstein-Bauernhaus samt Nebengebäuden umfassend mit vielen guten Ideen und gutem Geschmack renoviert. Die komfortablen Apartements lassen sich z.T. für Familien oder Gruppen zusammenlegen. Dazu gibt es den Blick aufs Meer hinunter und einen großen Obst- und Gemüsegarten, aus dem man sich nach Herzenslust bedienen kann. Frühstücksbrötchen liefert der Bäcker Maurizio. Um das leibliche Wohl kümmert sich ansonsten die Nachbarin Anna De Marco, die auf Wunsch vorab den Kühlschrank füllt.

Naturschutz (**Parco Nazionale del Cilento e Vallo di Diano**) und gehört zum UNESCO-Welterbe. Der hier propagierte »sanfte« Tourismus und die isolierte Lage der Region bis in die 1960er-Jahre haben den Cilento vor der sonst in Kampanien grassierenden Bauspekulation bewahrt. Allein die ehemals schönen Strände der Sele-Ebene rund um Paestum haben etwas an Ursprünglichkeit verloren.

Badeorte
Agropoli ►

Das lebendige Agropoli ist mit ca. 20 000 Einwohnern der größte Ort des Cilento. Im Juli und August ist das Städtchen mit seiner von alten Mauern umgebenen, verwinkelten Altstadt vor allem bei Neapolitanern sehr beliebt. Wesentlich ruhiger geht es weiter südlich entlang der Küstenstraße SS 267 zu. Hübsch ist das 278 m hoch gelegene Castellabate mit seinen Gassen, Treppen und schönen Ausblicken auf den Cilento. Der historisch eindrucksvoll erhaltene Ortskern mit seinen Panoramen ist das, was Italiener »una cartolina« nennen. Diese Postkartenidylle ist nicht lange unentdeckt geblieben, so wurde hier die erfolgreiche italienische Filmkomödie **»Benvenuto nel Sud«** gedreht. Kleinstädtisches Leben hat sich in die direkt am Meer gelegenen Orte **Santa Maria** und **San Marco di Castellabate** verlagert.

✶ Castellabate ►

✶ **Velia**

Die ca. 40 km südlich von Paestum oberhalb des Badeorts **Marina di Ascea** gelegene Ruinenstadt Velia gehört zu den weniger bekannten archäologischen Stätten Kampaniens. Die Polis wurde als Elea um 540 v. Chr. von phokäischen Griechen auf einem in antiker Zeit direkt am Meer gelegenen Bergsattel gegründet. Schon 200 Jahre später war Elea eine blühende Handelsmetropole. Die immer romtreue Stadt war während des Zweiten Punischen Kriegs (216 v. Chr.) ein militärischer Hauptstützpunkt in Süditalien im Kampf gegen Karthago. 88 v. Chr. wurde Elea Municipium und in Velia umbenannt. Der Niedergang begann im 1. Jh. n. Chr. mit der Verlagerung der Handelswege. Neben Puteoli (Pozzuoli) war es vor allem Roms neuer Hafen Ostia, über den nun der Fernhandel abgewickelt wurde. Außerdem verlandete die Küste und so entfernte sich die Hafenstadt langsam vom Meer. In der Spätantike war Velia ein Fischerdorf, im 9. Jh. verließen es die letzten Bewohner. Die Wiederentdeckung der durch antike Quellen bekannten Stadt geschah zufällig beim Bau der Eisenbahnlinie Napoli – Reggia di Calabria. Archäologische Ausgrabungen begannen in den 1920er-Jahren und dauern bis heute an. Berühmt war Velia in der Antike wegen der vom Philosophen **Parmenides** (um 515 – 445) begründeten **Eleatischen Philosophenschule**.

Rundgang ►

Unter dem Besucherparkplatz vermuten die Archäologen einen Nekropolenkomplex. Gleich hinter dem Haupteingang und noch vor den Stadtmauern liegen die als Hafenviertel identifizierten Mauerreste einiger Gebäude. Der eigentliche Hafen lag nordwestlich der **Porta Marina**, die einst vom Wasser umspülten Molen und Kais liegen halb im Boden versunken. Die Porta Marina führt ins Innere der knapp zu einem Fünftel ausgegrabenen Stadt. Erhalten und freigelegt sind Fundamente und Mauerreste vor allem **griechischer Wohnhäuser** – ihre aus Feldsteinen errichteten Mauern waren zwar verputzt, wirken jedoch im Vergleich zum römischen Ziegelmauerwerk fast archaisch – sowie eine römische Thermenanlage aus dem 2. Jh. n. Chr.
Imposantestes Bauwerk ist die 1964 entdeckte **Porta Rosa** aus dem 4. Jh. v. Chr. Ein schöner Spazierweg führt hinauf auf die Akropolis, der ursprünglichen Siedlung der griechischen Kolonisten. Nachdem das antike Elea schnell wuchs und eine wohlhabende Handelsmetro-

Velia Orientierung

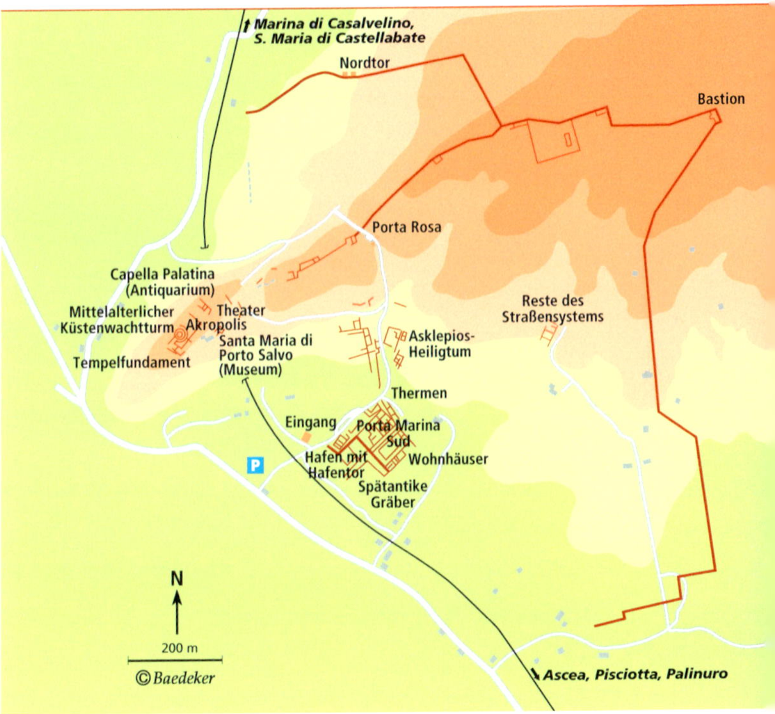

pole geworden war, wurde schon im 5. Jh. v. Chr. die Stadt erweitert und die Akropolis vollkommen neu mit öffentlichen Gebäuden und Heiligtümern bebaut. Erhalten ist allein das Fundament eines ionischen Tempels, auf dem ein im 13. Jh. größtenteils aus antikem Baumaterial errichteter Wehrturm steht.

★ **Palinuro**

Das südwestlich von Velia gelegene Palinuro ist nicht nur wegen seiner Strände eines der schönsten Städtchen im Cilento. Benannt ist es nach dem legendären Steuermann des Äneas, der laut Vergil an diesem Kap Schiffbruch erlitten haben soll. Zu seinen Attraktionen gehören die vielen **Naturgrotten** wie die Grotta Azzurra oder die **Grotta del Sangue**, die auf Bootsexkursionen erkundet werden können. Die Küste des Cilento endet eindrucksvoll mit dem Golfo di Policastro. Davor liegt mit **Marina di Camerota** ein viel frequentierter Badeort mit einem bis fast nach Palinura reichenden Sandstrand.

◄ Marina di Camerota

Im Hinterland

Das Landesinnere des Cilento gehört zu den ältesten besiedelten Gebieten Italiens. Das bewiesen steinzeitliche Knochen- und Werkzeugfunde in den **Höhlen des Hinterlands**. Zwei besonders schöne Grot-

San Giovanni a Piro im Cilento

★★ Spektakuläre Höhlen ▶

ten sind gut erschlossen (innen ganzjährig 16 °C): die **Grotte dell'Angelo** (auch Grotta di Pertosa genannt, Ausfahrten Petina oder Polla von der A 3; www.grottedellangelo.sa.it, 1.4.–31.10. 9.00–19.00, 1.11.–31.3. 10.00–16.00 Uhr) und die **Grotta di Castelcivita** bei Controne (www.grottedicastelcivita.com, nur mit Führung 16.3. bis 30.9. tägl. 10.30, 12.00, 13.30, 15.00, 16.30, 18.00 Uhr, 1.10.–15.3. tägl. 10.30, 12.00, 13.30, 15.00 Uhr). Ihr Besuch lässt sich gut mit einer Fahrt durch den Cilento verbinden. Nicht weit von Paestum erreicht man die SS 166, die man bei Roccadaspide in Richtung Controne verlässt. Nach einem Höhlenbesuch geht es Richtung Norden ins 600 m hoch gelegene **Sicignano degli Alburni** und weiter über die Flanken der Monti Alburni nach Petina und ins Tanagro-Tal nach Pertosa und zur Grotte dell'Angelo. Über Polla, das nördliche Tor zum Vallo di Diano mit einer mittelalterlichen Altstadt, erreicht man wieder die SS 166. Über das auf einem Felsrücken gelegene Örtchen **Corleto Monforte** gelangt man nach **Sant'Angelo a Fasanella**. Die unterhalb des Ortes gelegene Grotta di San Michele wurde im Mittelalter als Kirche genutzt. **Roscigno Vecchio**, südlich der SS 166, ist ein malerisches Museumsdorf. Wegen Erdrutschgefahr mussten es seine Bewohner Anfang des 20. Jh.s verlassen und in einen gleichnamigen neuen Ort wenige Kilometer oberhalb umziehen. Von hier erreicht man den Bergort Laurino und den Wallfahrtsort **Madonna della Neve**, der allerdings nur zu Fuß zu erreichen ist. Bedeutender ist der »Heilige Berg«, auch Monte Gelbison genannt, mit der 1705 m hoch gelegenen Wallfahrtskirche **Madonna di Novi Velia**. Jedes Jahr findet hier am 15. August ein großes Wallfahrtsfest statt. Von dem hübschen Städtchen **Vallo della Lucania** erreicht man die SS 18, auf der es recht zügig nach Paestum zurückgeht. Wer hinunter ans Meer möchte, fährt auf der SS 447 a, einer schönen Bergstraße, weiter in

Richtung Süden. Von Polla bietet sich ein Abstecher nach **Teggiano** – der strategisch günstig gelegene Ort war schon in der Antike besiedelt und hat sein mittelalterliches Stadtbild bewahrt – und die Weiterfahrt zur Certosa di San Lorenzo an.

✶ **Certosa di San Lorenzo**

Im **Vallo di Diano**, dem nordöstlichen Teil des Cilento, liegt in der Nähe des Städtchens Padula ein bedeutendes sakrales Baudenkmal Italiens (Abfahrt Padula von der A 3). Gegründet wurde die Certosa di San Lorenzo 1306 für die irdischem Prunk zugeneigten Kartäuser. Der Orden war Großgrundbesitzer, außergewöhnlich vermögend und einflussreich. Im Lauf der Jahrhunderte entstand die größte Klosteranlage Italiens, stilprägend war vor allem die Barockzeit. 1860 fiel der Komplex an den Staat, 1957 wurde die Kartause Kulturzentrum und 1995 UNESCO-Weltkulturerbe. Heute ist sie **Schauplatz zeitgenössischer Kunst**, viele der ausgestellten Werke internationaler Künstler werden eigens für die Certosa geschaffen. Außerdem zeigt das **Museo Archeologico di Lucania Occidentale** archäologische Funde aus der römischen Provinz Lucania (tgl. 9.00 – 19.30 Uhr).
Der Eingang führt in einen repräsentativen, von Wirtschaftsgebäuden eingefassten Ehrenhof. Auf der gegenüberliegenden Seite erhebt sich das Hauptgebäude mit einer prachtvollen Schaufassade (um 1720) und den Statuen der Heiligen Petrus, Paulus, Bruno und Laurentius zwischen den Säulen des Untergeschosses. Um drei kleinere Kreuzgänge gruppieren sich die Wohnung des Priors, das Refektorium, Bibliotheken und die Klosterkirche. Dahinter liegt mit einer Grundfläche von 90 x 130 m der **größte Kreuzgang der Welt**. Die zweigeschossigen Arkaden führten zu den Mönchszellen, die mit Wohn-, Arbeitsraum und kleinem Garten dem Ideal einer Einsiedelei entsprachen. Im 17. und 18. Jh. wurde die Certosa verschwenderisch barock umgestaltet, wovon vor allem die grandiose Freitreppe und die Innendekoration der Klosterkirche zeugen.

★ Pompeji · Pompei

E 4

Provinz: Napoli
Einwohnerzahl: 26 000
Höhe: 16 m ü. d. M.

Wohl kein zweiter Ort der Welt bewegt seine Besucher bis heute so sehr wie das nach eine Naturkatastrophe zerstörte und unter Ascheschichten konservierte Pompeji. Seit fast 250 Jahren ist die Stadt das große Memento-mori-Erlebnis jeder Italienreise. Ihre Wiederentdeckung und der Beginn systematischer Ausgrabungen 1748 versetzten ganz Europa in einen Taumel der Begeisterung. Die Faszination ist bis heute ungebrochen, die antike Ruine jedoch nur noch ein Rest dessen, was die ersten Ausgräber vorfanden.

Geschichte der Stadt

Baugeschichte

Was für den heutigen Besucher einfach nur »antik« aussieht, hat eine komplexe Baugeschichte. Pompeji war bei seiner Zerstörung ca. 700 Jahre alt und ist zur Überraschung vieler keine »versunkene« Stadt, sondern liegt auf einem natürlichen Hochplateau aus prähistorischen Lavaströmen. Auch gründeten nicht Römer die Stadt, sondern das italische Volk der Osker. Etruskischer und griechischer Einfluss, vor allem aber die Eroberung durch die Samniten prägten die frühe Stadtgeschichte. Erst ab dem 3. Jh. v. Chr. waren die Römer in Kampanien präsent. Während des Zweiten punischen Kriegs stand Pompeji als eine der wenigen kampanischen Städte treu zu Rom, was nach dem Sieg über Hannibal zu einer Phase außerordentlichen Wachstums führte. Als Stadt mit zwei Häfen wurde Pompeji zum Handelszentrum für die im Hinterland liegenden Städte wie Nola oder Nuceria. 80 v. Chr. wurde Pompeji als Colonia Cornelia Veneria Pompeiana römische Kolonie und die samnitische Oberschicht verlor an Einfluss. Nach der Ansiedlung römischer Kriegsveteranen hatte Pompeji 10 000 bis 12 000 Einwohner. Weitere 5000 Menschen lebten in den schnell entstehenden Vororten oder den vielen Villae rusticae, den Landgütern vor der Stadt. Pompeji entwickelte sich zu einem lebhaften Industrie- und Dienstleistungszentrum. Zahlreiche textilverarbeitende Kleinunternehmen sowie Garum herstellende Betriebe erwirtschafteten einen Reichtum, der sich in den vielen aufwendig ausgestatteten Häusern und der Pracht der öffentlichen Gebäude zeigt.

? WUSSTEN SIE SCHON ...?

- Das antike Pompeji kannte keine Straßennamen, sondern nur Symbole. Die heutigen Namen der Häuser, Straßen und Stadttore stammen aus der Zeit der frühen Ausgrabungen. In einigen Fällen sind die Besitzer durch Funde von Siegeln oder Inschriften bekannt, sodass diese Häuser nach ihren früheren Eigentümern benannt werden konnten.

◂ Katastrophen

Im Jahr 62 n. Chr. erschütterte ein heftiges **Erdbeben** die gesamte Region. Die Schäden in Pompeji und im benachbarten Herculaneum waren so groß, dass erst an eine Aufgabe der Städte gedacht wurde. Der **Ausbruch des Vesuv** am 24. August 79 n. Chr. begrub in einer drei Tage andauernden Naturkatastrophe somit eine Stadt, die noch immer eine Großbaustelle war. Die Überlebenden und die von Rom entsandte Kommission wateten durch die Asche und sahen auf eine durch die Auswurfsmassen völlig veränderte Küstenlinie. Schon wenige Jahrzehnte später wuchs über dem einstigen Pompeji ein Pinienwald. Als »Civita« erinnerte dieser Hügel viele Jahrhunderte an das untergegangene Pompeji.

◂ Wiederentdeckung

1592 baute der Architekt Domenico Fontana einen Kanal, der dicht am Isistempel vorbeiführte, doch wurde den Funden keinerlei Bedeutung beigemessen. Erst Jahrzehnte nach der zufälligen Entde-

← Pompejis Faszination ist bis heute ungebrochen.

ckung Herculaneums und auf Anregung des neuen neapolitanischen Königspaares Karl III. und Maria Amalia begannen systematische Ausgrabungen. Am 23. März 1748 wurde der erste Spatenstich getan. Was zu Beginn noch planlosen Raubgrabungen glich, wurde im 19. Jh. unter dem Grabungsdirektor **Giuseppe Fiorelli** mit wissenschaftlicher Genauigkeit betrieben. Pompeji wurde in Regionen und Häuserblocks aufgeteilt. Fiorelli entwickelte die Methode, mit der man die von den Leichen hinterlassenen Hohlformen ausgoss, um die erschütternden Gipsabdrücke der vom Tode überraschten Pompejaner zu erhalten. Da von nun an sämtliche Fresken und andere Gegenstände am Fundort belassen wurden, erschloss sich die antike Stadt in ihrem Gesamtkontext und wurde zum viel gerühmten »Zeitfenster in die Vergangenheit«. Im 20. Jh. war **Amedeo Maiuri** der prägende Direktor der archäologischen Stätte. Die in der 200-jährigen Ausgrabungsgeschichte entstandenen Schuttberge wurden erst ab 1954 abgetragen. 500 000 m³ Abraum mussten beseitigt werden, bevor das einstige Stadtpanorama wieder sichtbar wurde. Noch zwei Fünftel der Stadt liegen in der Erde verborgen, neue Ausgrabungen wird es in absehbarer Zeit aber keine mehr geben.

Pompejanische Häuser

Das pompejanische Haus folgt einem Grundschema: Um einen Innenhof (atrium) mit Wasserbecken (impluvium) reihen sich Wohn- und Schlafräume (cubiculum). Hinter dem Atrium, in der für den Eintretenden zentralen Blickachse, liegt das Empfangszimmer (tablinum). Nie fehlt ein den Vorfahren und Hausgöttern gewidmeter Altar (lararium). Hellenistischen Ursprungs ist das sich ab dem 2. Jh. v. Chr. verbreitende Peristyl, das als aufwendig gestalteter Ziergarten den Nutzgarten (hortus) ablöste. Wohlhabende Pompejaner leisteten sich private Thermen.

Malerei in Pompeji

Archäologen unterscheiden vier aufeinander folgende, jedoch nicht immer ganz genau zu trennende Stile: **Erster Stil** (auch Inkrustationsstil, bis ins 2. Jh. v. Chr.): Gemalte oder farbig gefasste Quader aus Stuck gliedern die Wände und täuschen marmorverkleidete Wände vor (Casa del Fauno, Casa di Sallustio). **Zweiter Stil** (auch Architekturstil, 2. Jh. v. Chr. bis 10. n. Chr): Illusionistische Architekturmalereien schmücken die Wände, die wie perspektivische Bühnenbilder gestaltet sind und weite Durchblicke vortäuschen (Villa dei Misteri, Villa Oplontis). **Dritter Stil** (auch Kandelaberstil, bis 62 n. Chr.): In die reine Architekturmalerei werden Szenen der griechischen Mythologie integriert. Ornamentale Verzierungen nehmen zu, die Farbigkeit wird stärker (Casa del Criptoportico, Villa dei Misteri). **Vierter Stil** (auch Illusionsstil, ab 40 – 79 n. Chr.): Nach dem Erdbeben (62 n. Chr.) war der Bedarf an neuen Wandmalereien besonders groß, sodass dieser Stil ab hier dominiert. Eine manchmal schon exzentrisch wirkende Prachtentfaltung zeichnet ihn aus. Grotesken, Girlanden und verspielt manieristische Architekturmalerei schmücken nun die Wände (Casa dei Vettii, Villa Imperiale).

AUSKUNFT

AACST
Via Sacra 1, 80045 Pompei
Tel. 08 18 50 72 55
www.pompeiturismo.it
Städtische Touristeninfo im Zentrum gegenüber der Wallfahrtskirche sowie am Haupteingang der Ausgrabungen, Piazza Porta Marina 12.

Sopraintendenza Archeologica di Pompei
Porta Marina 12, Tel. 08 18 57 53 47
www.pompeiisites.org
Info-Point am Haupteingang der Scavi. Gratis-Plan, Toiletten!

GUT ZU WISSEN

Verkehr

Auto: A 3, Ausfahrt Pompei Scavi. Gebührenpflichtige Parkplätze nahe dem Haupteingang der Scavi, am Viale delle Ginestre und in der Nähe des Amphitheaters auf der Piazza Immacolata.
Bus: Vesuviana Mobilità von Pompei/Piazza Anfiteatro bzw. Porta Marina über Ercolano auf den Vesuv zur Quota mille (Parkplatz auf 1000 m Höhe). Aus Salerno CSTP-Bus 50.
Bahn: Am bequemsten erreicht man Pompeji mit der Circumvesuviana. Auf der Strecke Napoli-Sorrento an der Station Pompei Scavi-Villa Misteri aussteigen, von hier zu Fuß zum Haupteingang an der Porta Marina; auf der Strecke Napoli-Poggiomarino an der Station Pompei-Santuario aussteigen und von hier zu Fuß zum Nebeneingang an der Piazza Anfiteatro.

Pompeji privat

Nach ihrer Restaurierung sind einige der öffentlichen Gebäude und privaten Häuser von Pompeji, wie z. B. die Terme Suburbane, Casa del Menandro, Casa dell'Ara Massima oder Casa degli Amorini Dorati, nur nach Online-Voranmeldung auf der Website www.arethusa.net zu besuchen. Ohne zusätzliche Kosten entgeht man den großen Besuchermassen! Zu den neu zu besichtigenden Häusern gehören die Domus di Giulio Polibio und der Cantiere-evento dei Casti Amanti, wo man den Archäologen beim Arbeiten über die Schultern schauen kann. Anmeldung auf www.ticketone.it (»Pompei« eingeben) bzw. Tel. 06 39 96 78 50.

Fresken in der Villa dei Misteri

Pompeji virtuell

In Google-Earth-Manier punktgenau im Ausgrabungsgelände landen und auf der ausgezeichneten Website der Sopraintendenza Archeologica di Pompei (Altertümerverwaltung) durch Pompeji streifen. Kleine und große Kinder erkunden die antike Stadt in Begleitung des 8-jährigen Caius. Darüber hinaus ausführliche Beschreibungen, Hintergrundinfos und touristische Tipps auch zu Boscoreale, Herculaneum, Oplontis und Stabia (www.pompeiisites.org).

ESSEN

▸ Fein & teuer

① ***Il Principe***
Piazza B. Longo 8, Tel. 08 18 50 55 66
www.pompeii-restaurant.com
So. Abend und Mo. geschl.
Spezialitätenrestaurant im Zentrum des modernen Pompei. Von der römischen Antike inspirierte Küche.

▸ Erschwinglich

② ***Autogrill***
Terme del Foro, Tel. 08 15 36 40 98
Apr.–Okt. 8.30–19.30, im Winter bis 17 Uhr
Schnellimbiss und Toiletten im Ausgrabungsgebiet auf Höhe der Forumsthermen. Edler und teurer speist man nebenan im Ristorante, dessen Tische im schattigen Säulenhof der antiken Palästra stehen.

③ ***Zi Caterina***
Via Roma 20, Tel. 08 18 50 74 47
Auf halbem Weg zwischen Piazza Anfiteatro und Santuario. Holzofenpizza auch schon mittags.

ÜBERNACHTEN

▸ Komfortabel

① ***Forum***
Via Roma 99, Tel. 08 18 50 11 70
www.hotelforum.it
Das Hotel liegt ca. 200 m vom Eingang Anfiteatro. Zu empfehlen sind die renovierten Zimmer. Frühstück im Grünen unter Zitronenbäumen.

▸ Günstig

② ***B & B Casa Country Villa Pompei***
Via Traversa Adinolfi 23
Tel. 08 15 36 98 69
www.villapompei.it
Gepflegte Neubauvilla in der Nähe der Villa dei Misteri, der Bahnhof der Circumvesuviana ist ebenfalls noch in Gehdi stanz.

③ ***Camping Spartacus***
Via Plinio 127
Tel. 08 18 62 40 78
www.campingspartacus.it
Ganzjährig geöffneter, gepflegter Campingplatz mit Bungalows in Gehdistanz zu den Ausgrabungen. Leider auch in der Nähe von Circumvesuviana und Autobahn, daher laut.

Scavi di Pompei · Die größte archäologische Stadtruine der Welt

Öffnungszeiten:
Nov.–März
tgl. 8.30–17.00
(letzter Einlass 15.30)
Apr.–Okt.
tgl. 8.30–19.30
(letzter Einlass 18.00)

Um Pompeji kennenzulernen, benötigt man bestenfalls einen Tag, festes Schuhzeug und in den Sommermonaten eine Kopfbedeckung. In der Nähe des Forums gibt es ein Selbstbedienungsrestaurant und eine Bar. Die beiden Eingänge zum Ausgrabungsgelände (Piazza Anfiteatro und Porta Marina) sind beide gleichermaßen überlaufen. Zum Verstehen der antiken Stadtstruktur empfiehlt sich allerdings der Beginn der Besichtigung an der **Porta Marina**. Gegen 16.00 Uhr leert sich in den Saisonmonaten das Gelände und grundsätzlich sind an den Wochenenden mehr Häuser geöffnet als an Werktagen.

Schon der steile Zugang hinauf zur **Porta Marina** macht deutlich, dass Pompeji eine gut befestigte Stadt war. Links vor dem Stadttor liegt die **Terme Suburbane**, berühmt für ihre erotischen Fresken in einem der Umkleideräume. Die Anlage wurde erst 1985 – 1987 ausgegraben und ist nur nach Voranmeldung zu besichtigen. Die Porta Marina führte zum Seehafen, dessen einstige Lage noch immer umstritten ist. Der Ausbruch des Vesuv hat den Küstenverlauf erheblich verändert. Pompejis Stadtmauer war mehr als 3 km lang, verfügte über zwölf Wachtürme und sieben Stadttore.
Hinter der Porta Marina liegen auf der linken Seite erste Tabernae (Geschäfte) und Thermopolia (Garküchen), in denen sich Reisende nach ihrer Ankunft in der Stadt stärken konnten. Rechts hinter einer Mauer liegen die wenigen Reste des **Tempio di Venere**. Dieser der Venus geweihte Tempel stammt aus den ersten Jahren Pompejis als römisches Municipium. Gleich nebenan steht die **Basilica** aus dem 2. Jh. v. Chr. Dieses meist mehrschiffige Gebäude fehlte in keiner römischen Stadt und diente als Börse und Gerichtsgebäude. Genau gegenüber liegt mit dem **Tempio di Apollo** eines der ältesten Heiligtümer Pompejis. Grundriss sowie einige Dekorationselemente stammen aus dem 6. Jh. v. Chr., seine heutige Gestalt geht auf das 2. Jh. v. Chr. zurück. Die Apollo- und Diana-Skulpturen sind Kopien, die Originale befinden sich im archäologischen Museum von Neapel.

Auf Pompejis Forum zu Füßen des Vesuv spielte sich das öffentliche Leben ab.

★★ Forum

Gleich hinter dem Tempel trifft die Via Marina auf das Forum. Seit der Gründung Pompejis war dieser Platz das wirtschaftliche, administrative und religiöse Zentrum.

Rund um das lang gestreckte Forum (142 x 38 m) versammeln sich die wichtigsten öffentlichen Gebäude. An der Nordseite liegt der **Tempio di Giove**, der dem Jupiter geweihte zentrale Tempel der Stadt. Nach 80 v. Chr. wurde der Tempel zum **Kapitol**, in dem neben Jupiter auch Juno und Minerva verehrt wurden. Ihm gegenüber stehen mit den **Edifici Amministrazione Pubblica** städtische Verwaltungsgebäude, die im Gegensatz zum eigentlichen Forumsplatz nach dem Erdbeben 62 n. Chr. zügig wieder aufgebaut worden waren. Das **Edificio di Eumachia** auf der westlichen Forumsseite entstand für ei-

Pompeji *Ausgrabungen*

ne höchst erfolgreiche Unternehmerin aus der Familie der Eumachii. Eine Inschrift auf dem Architrav des Portikus nennt ihren Namen und Status als Priesterin. Das großzügige Gebäude wird als Woll- und wahrscheinlich auch als Sklavenmarkt genutzt worden sein. Die großen Tongefäße am Eingang dienten zur Aufnahme von Urin. Der benachbarte **Tempio di Vespasiano** war dem Kaiserkult geweiht, ebenso das **Santuario dei Lari Pubblici**, in dem zudem die Schutzgötter Pompejis verehrt wurden. Der Kaiserkult beschränkte sich nicht auf die Tempel: In fast jedem öffentlichen Gebäude waren kaiserliche Statuen aufgestellt, auch auf dem **Macellum** (Marktplatz). Gegenüber liegen die ehem. Kornspeicher, in denen heute Architekturfragmente, Skulpturen und Keramik aus ganz Pompeji zusammengetragen sind.

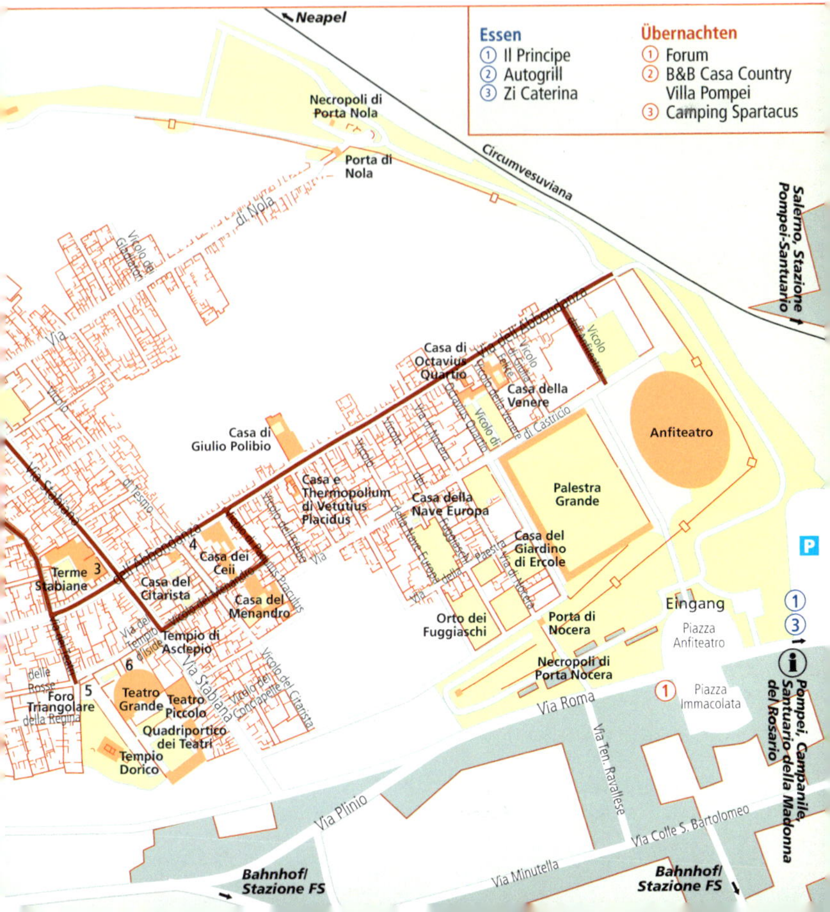

Vom Forum zur Villa dei Misteri

Während sich rund ums Forum und in der Via dell'Abbondanza die Besuchergruppen drängen, empfiehlt es sich, erst einmal durch ruhigere Viertel über die Via delle Terme und die Via Consolare in Richtung Porta di Ercolano zu gehen.

Am Ende der Via del Foro liegt rechts der **Tempio della Fortuna Augusta**, eines der vielen öffentlichen Gebäude, das nach dem Erdbeben 62 n. Chr. nicht wieder aufgebaut worden war. Links beginnt die Via delle Terme. Nur ein paar Schritte entfernt im Vicolo della Fullonica liegt die reich ausgestattete Casa del Poeta Tragico, berühmt wegen des Fußbodenmosaiks »Cave Canem« (Warnung vor dem Hund!) im Eingang. Einen ganzen Häuserblock (Insulae) an der Via delle Terme nimmt die **Casa di Pansa** ein. Wie viele andere pompejanische Patriziervillen wurde auch sie nach dem Erdbeben von 62 n. Chr. in ein Mehrfamilienhaus umgewandelt. Halbrechts geht es zur Via Consolare. Die **Casa del Forno** an der Via Consolare war eine der größten der 35 bekannten pompejanischen Bäckereien. Gut erhalten sind die Mühlsteine und der Backofen.

★ Casa del Poeta Tragico ►

? WUSSTEN SIE SCHON ...?

- ... dass Urin für die Weiterverarbeitung von Wolle ein wichtiger Grundstoff war? Bevor die Wolle gesponnen und verwebt werden konnte, wurde sie zunächst in großen mit menschlichem und tierischem Urin gefüllten Kesseln entfettet. Unter Kaiser Vespasian (69 – 79 n. Chr.) spülte er außerdem Geld in die Kassen: Zur Sanierung der zerrütteten Staatsfinanzen führte er die Urinsteuer ein. Als sein Sohn Titus über die neue Einnahmequelle die Nase rümpfte, ließ er ihn an einer Münze riechen. »Pecunia non olet!« (»Geld stinkt nicht!«) wurde zum geflügelten Wort. Und heute noch wird in Italien eine öffentliche Toilette als Vespasiano bezeichnet.

Die benachbarte **Casa di Sallustio** ist eines der ältesten Häuser der Stadt und geht auf das 3. Jh. v. Chr. zurück. Ihr Atrium ist beeindruckend groß. Wohl eher Platz- als Geldmangel führte zu der durchaus originellen Dekorationsidee eines nur durch Säulen angedeuteten Peristyls. Noch vor der Porta di Ercolano liegt rechts die **Casa del Chirurgo**, so benannt nach den hier gefundenen chirurgischen Instrumenten. An der **Porta di Ercolano** begann die nach Herculaneum und Neapel führende Straße. Das Tor selbst wurde wohl 89 v. Chr. errichtet, die Stadtmauer in ihren Ursprüngen im 6. Jh. v. Chr.

★ **Die Gräberstraße vor der Porta di Ercolano**

Die **Nekropole** außerhalb des Tores führt mit der Via delle Tombe/ Via di Sepolcri in eine der am besten erhaltenen Gräberstraßen der römischen Antike. Die zwischen 1763 und 1770 ausgegrabene **Via delle Tombe** war eine der großen Attraktionen des frühen Pompeji-Tourismus. Schon fast am Ende der Gräberstraße liegt links die **Villa di Diomede**, ein luxuriöses Landhaus vor den Toren der Stadt.

★★ **Villa dei Misteri**

Ein von wildem Wein berankter Weg führt zur Villa dei Misteri (Plan S. 41). Das Gebäude aus dem 2. Jh. v. Chr. wurde nach dem Erdbeben komplett umgestaltet. Die einstmals herrschaftliche Vorstadtvilla mit Panoramablick aufs Meer wurde zum landwirtschaftlichen Betrieb. In den ehemaligen Salons lagerten Zwiebeln und ohne Rücksicht auf Wandmalereien wurden Türen durch freskierte Wände geschlagen. Diese rüde Umnutzung diente den Archäologen – Maiuri grub das Gebäude ab 1929 aus – als Beweis für die These, dass die Stadt nach dem verheerenden Erdbeben in die Hände von Spekulanten gefallen sei. Erhalten blieb in der Villa dei Misteri der vielleicht **schönste Freskenzyklus der Antike**. Im Triclinium überzieht ein monumentales Fresko die Wände, auf dessen in pompejanischem Rot leuchtendem Hintergrund sich bis heute nicht vollends entschlüsselte Szenen abspielen (Abb. S. 8/9, 269). Womöglich zeigt die zwischen 70 und 50 v. Chr. entstandene Kopie eines hellenistischen Originals den Initiationsritus einer jungen Frau in dionysische Kulte.

! *Baedeker* TIPP

Pompeji-Schmöker

»Attilius erreichte die Ecke des Castellum aquae mit gesenktem Kopf, vom Staub halb geblendet, und zerrte Corelia hinter sich die schmale Gasse entlang ...« Pompejis Schicksal hat seit jeher Dichter und Schriftsteller inspiriert. Robert Harris' Roman »Pompeji« (2003) war ein Welterfolg. Präzise recherchiert und spannend schildert Harris das Leben in der antiken Stadt.

★ **Entlang der Stadtmauer**

Auf dem Rückweg in die Stadt führt vor der Porta di Ercolano links eine kleine Pforte zur **Passeggiata fuori le mura**. Ein Spaziergang entlang der Stadtmauer bis zur Porta di Nocera erlaubt außergewöhnliche Aus- und Einblicke in die antike Stadtruine und ist auch landschaftlich eindrucksvoll. Der Rundweg ist auf Wällen aus Grabungsschutt angelegt und verläuft somit auf dem Niveau der Stadtmauer. Bei eingeschränkter Zeit empfiehlt es sich jedoch, schon an der Porta del Vesuvio die Ausgrabungen wieder zu betreten.

Castellum Aquae

Hinter der **Porta del Vesuvio** steht der Castellum Aquae, einer der Wasserspeicher der antiken Stadt. Von hier, dem höchsten Punkt Pompejis (42 m ü. d. M), wurde das Wasser in die drei Hauptkanäle geleitet. Zur Zeit des Vesuvausbruchs war dieser Speicher, wie das gesamte Netz der Wasserversorgung, noch nicht wieder in Betrieb.

Im Nordwesten der Stadt

★

◂ Casa dei Vettii

Der **Vicolo dei Vettii** führt zu zwei der berühmtesten Häuser Pompejis. Die Casa dei Vettii wurde gleich nach dem Erdbeben prunkvoll wieder aufgebaut. Die Besitzer der Villa entstammten einer zu Wohlstand gekommenen Familie von Freigelassenen und das anspruchsvolle Ausstattungsprogramm ihres Hauses diente vor allem der Selbstdarstellung. So sind die Malereien im Ixion- und im Pentheus-Zimmer Kopien berühmter griechischer Werke. Berühmt ist der bezaubernde Fries in einem der an das Peristyl anschließenden Prunkräume mit Psychen und Eroten, die den unterschiedlichsten Berufen und Beschäftigungen nachgehen. Die putzigen, an Putten des 18. Jh.s erinnernden Darstellungen geben einen Einblick in pompejanisches Alltagsleben.

An manchen Tagen schieben sich bis zu 10 000 Menschen durch die Straßen der antiken Stadt. Ähnlich zerstörend wirken Wind, Regen und Sonne. Pompeji ist heute vor allem ein Mahnmal für den leichtfertigen Umgang mit einem einzigartigen Weltkulturerbe.

UNTERGANG EINES WELTWUNDERS

Erst seit 1997 gehört Pompeji zum Weltkulturerbe der UNESCO. Zugleich stand die antike Ruinenstadt auf der Liste der hundert am stärksten gefährdeten Kulturdenkmäler des World Monument Found. Unzureichende finanzielle Mittel, eine überforderte Sopraintendenza und weit mehr als zwei Millionen Besucher jährlich haben die antike Ruine zu einem Trümmerfeld gemacht.

Die berühmte Szene aus Federico Fellinis Film »Roma«, in der beim Bau der U-Bahn entdeckte Fresken durch den Sauerstoffeinbruch in wenigen Augenblicken verblassen, ist das passende Bild, um den **desaströsen Zustand** der größten archäologischen Stadtruine der Welt zu beschreiben. Gut 250 Jahre dauerte es, bis aus dem Weltwunder Pompeji, einst eine unter Asche und Lapilli gut konservierte Stadt, die Ruine einer Ruine wurde. Von dem, was Besucher noch vor 100 oder 50 Jahren besichtigen konnten, ist nur noch ein Bruchteil vorhanden. Die Via dell'Abbondanza, Decumanus der antiken Stadt, erinnert in ihrer von Sonne, Regen und Wind zerklüfteten Tristesse an die Nachkriegsbilder deutscher Innenstädte.

Die ersten Grabungen waren **Raubgrabungen**. Die entdeckten Häuser wurden ihrer Kunstschätze beraubt und wieder zugeschüttet. Die Archäologie als Wissenschaft entstand, untrennbar mit dem Namen **Johann Joachim Winkelmanns** verbunden, in den 1860er-Jahren. Erst ab 1869 kann man in Pompeji von Grabungen sprechen, die wissenschaftlichen Maßstäben nahekommen. Plünderungen, eine korrupte Verwaltung, vor allem aber die Witterung, der viele Gebäude nach wie vor schutzlos ausgeliefert sind, haben die antike Stadt schwer beschädigt. Ende 2010 machten die Einstürze verschiedener Gebäude weltweit Schlagzeilen. Schuld waren neben der maroden, weil ungeschützten Bausubstanz vor allem heftige Regenfälle.

Verfall im Zeitraffer

Mit der **Lex pompeiana** gelang der italienischen Regierung 1995 ein gewagtes Experiment. Die Sopraintendenza von Pompeji, zuständig für sämtliche archäologische Stätten am Golf von Neapel, arbeitet seither autonom und verwaltet Eintrittsgelder wie auch die spärlichen Subventionen selbst. Ziel war, die pompejanische Verwaltung flexibler und unabhängiger von der starren italienischen Bürokratie zu machen. Allerdings, so Sopraintendente Pietro Giovanni

Guzzo, wären 250 Mio. Euro nötig, um die antike Bausubstanz für kommende Generationen zu retten. Unter Guzzo wurden über 30 Gebäude vor dem Verfall bewahrt, außerdem ist der Norditaliener, anders als einige Vorgänger, für seine Unbestechlichkeit und Integrität bekannt. Aber mit gerade 700 fest angestellten Mitarbeitern, darunter nur 12 Archäologen und 30 Restauratoren, kann der zweite **Untergang Pompejis** nicht aufgehalten werden.

Pompeji als Erlebnispark

An manchen Sommertagen schieben sich bis zu 10 000 Menschen durch die fragile Bausubstanz. Da kratzen, wenn es enger wird, Rucksäcke 2000 Jahre alten Putz von den Wänden, trampeln Tausende Schuhe auf den antiken Mosaikfußböden der innerstädtischen Thermen und fingern neugierige Hände an altem Mauerwerk. Pompeji ist schon lange nicht mehr das große Memento-Mori-Erlebnis einer Italienreise. **Die antike Stadt ist in den vergangenen Jahrzehnten ein Erlebnispark geworden.** Für die in der Stadt arbeitenden Fremdenführer, die nicht der Sopraintendenza unterstehen, gibt es kaum einen lukrativeren Arbeitsplatz. Die begehrten Stellen werden wie die Lizenzen für die zahlreichen Verkaufsbuden mit ihrem abgründigen Souvenirramsch von Generation zu Generation weitervererbt.

Immer wieder Diebstähle

Alte Fotografien zeigen teils reich ausgestattete Häuser. Diese sind heute, sofern überhaupt geöffnet, leer. Was sich an beweglichen Gegenständen nicht in den Depots des archäologischen Museums befindet, wurde geraubt. Selbst in das seit Jahrzehnten geschlossene Antiquarium wurde mehrmals eingebrochen. Auch heute noch gibt es – trotz aufwendiger Sicherheitsanlagen – immer wieder Zwischenfälle mit **»tombaroli«**, wie die Plünderer antiker Stätten genannt werden. Im Frühjahr 2006 entdeckte die neapolitanische Polizei das Warenlager einer Hehlerbande, gefüllt mit Architekturfragmenten, Keramik, Fresken und Kleinskulpturen. Sämtliche Funde stammen aus einer noch nicht identifizierten römischen Villa des 1. Jh.s. »Es ist viel Unheil in der Welt geschehen, aber wenig, das den Nachkommen soviel Freude gemacht hätte«, schrieb Goethe nach seinem Besuch der antiken Stadt. Heute ist Pompeji vor allem **Mahnmal für den leichtfertigen Umgang** mit einem einzigartigen Weltkulturerbe.

✶ Casa degli Amorini Dorati

Nur wenige Schritte entfernt liegt ein Haus, dessen Innendekoration zum Raffiniertesten gehört, was Pompeji zu bieten hat. Die Casa degli Amorini Dorati ist nach seit Kurzem abgeschlossenen Restaurierungsarbeiten (nach Voranmeldung) wieder zugänglich. Der exquisite Luxus des Hauses mit Amoretten auf vergoldeten Glasscheiben und in die Wände eingelassenen Obsidianspiegeln ist einzigartig. Außergewöhnlich ist auch das Atrium, dessen Schauseite wie ein Bühnenprospekt gestaltet ist. Die Besitzer des Hauses waren mit Neros zweiter Frau Poppaea verwandt.

✶ Casa del Fauno

Im **Vicolo di Mercurio** blieben Reste eines ursprünglich unterirdisch verlaufenden Rohrleitungssystems erhalten. Ein kleiner Durchgang in der Mauer führt in den Garten der größten pompejanischen Villa. Es ist durchaus empfehlenswert, sich der Casa del Fauno von der Rückseite zu nähern. Die unglaublichen Dimensionen des Gebäudes erschließen sich so besonders gut. Auf fast 3000 m² entfaltete sich eine Pracht, die selbst als Ruine noch beeindruckt. Das Raumprogramm eines römischen Hauses ist hier verschwenderisch vervielfacht.

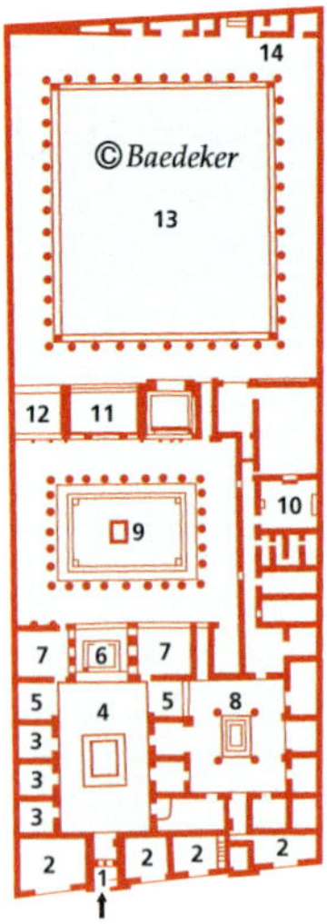

1 Eingang
2 Tabernae
3 Cubicula
4 Tuskanisches Atrium
5 Alae
6 Tablinum
7 Winter- und Sommer-Triclinium
8 Atrium
9 Kleines Peristyl
10 Küche
11 Exedra mit Alexandermosaik
12 Sommer-Triclinium
13 Großes Peristyl
14 Hintertür

Zwei der bekanntesten Kunstwerke der Antike, das Mosaik der **Alexanderschlacht** und die hellenistische Bronzeplastik des **tanzenden Fauns** (beide im Archäologischen Nationalmuseum; Abb. S. 217 bzw. 9), wurden hier gefunden. Der eigentliche Eingang der Casa del Fauno liegt an der Via della Fortuna. Von hier geht es, vorbei am Arco Onorario, rechts in die Via di Mercurio. Der ursprünglich mit Marmor verkleidete Ehrenbogen war womöglich Nero gewidmet.

Häuser in der Via di Mercurio

Links liegt die **Casa della Fontana Piccola** mit einem schönen, mosaikverzierten Brunnen im Peristyl. Schräg gegenüber an der Kreuzung des Vicolo di Mercurio nimmt die **Casa dei Dioscuri** eine ganze Insulae ein. Hier war derselbe Künstler wie in der Casa dei Vettii tätig. Ein Großteil der Wandfresken befindet sich jedoch im Archäologischen Museum in Neapel. Am Ende der Straße liegt rechts die **Casa di Meleagro**. Außergewöhnlich für pompejanische Wohnhäuser ist der mit korinthischen Säulen dekorierte Oecus (Wohn- und Empfangsraum). Über die Via della Fortuna geht es zurück in Richtung Porta di Nola. Rechts liegt die **Casa della Caccia Antica**, ein prunkvolles Patrizierhaus, dessen Fresken vor allem Jagdszenen zeigen.

Mosaik der Alexanderschlacht als Kopie in der Casa del Fauno

An der nächsten Kreuzung geht es links in die Via del Vesuvio zur **Casa di Cecilio Giocondo**, in der die 154 Wachstäfelchen gefunden wurden, die Aufschluss geben über die Geschäfte eines pompejanischen Bankiers.

Pompejanische Thermen

Die benachbarten **Terme Centrali** in der Via Stabiana sind ebenso Ruine wie auch antike Baustelle. Die Anlage wurde nach dem Erdbeben 62 n. Chr. begonnen, der Bau aber nie fertiggestellt. An der Kreuzung zur Via dell'Abbondanza (Eingang) liegen die Terme Stabiane, die größte öffentliche Badeanlage der Stadt. Der vielfach umgebaute und modernisierte Bau geht auf das 4. Jh. v. Chr. zurück. Das ursprüngliche Gebäude verfügte über eine Palestra (Sportplatz), ein Schwimmbecken sowie kleine Räume mit Sitzbädern. Im 2. Jh. folgten größere Modernisierungen und der Anbau von Apodyterium (Umkleideraum), Frigidarium (Kaltbaderaum), Tepidarium (Warmbaderaum) und Caldarium (Heißbaderaum). Außergewöhnlich ist das System der Heizanlage, die die Männer- wie die Frauenabteilung mit zirkulierender Heißluft versorgen konnte. Diese **Hypokaustenheizung** ist eine der ältesten der Antike. Erhalten blieben zudem farbig gefasste Stuckaturen und Malereien aus dem 1. Jh. n. Chr.

✶

◀ Terme Stabiane

Scavi nuovi

Gegenüber den Thermen liegt auf einem Eckgrundstück der Via dell' Abbondanza die **Casa del Citarista**. Mit einer Grundfläche von 2700 m² war sie nur unwesentlich kleiner als die Casa del Fauno. Zwischen dem von der Via dell'Abbondanza rechts abgehenden Vicolo del Citarista und dem parallel verlaufenden Vicolo di Paquius Proculus liegen die als **Scavi nuovi** bekannten Ausgrabungen mit einigen bedeutenden Häusern, darunter der Casa del Menandro. Besitzerin des Anwesens war die mit Neros zweiter Frau Poppaea verwandte Familie des Quintus Poppaeus. Ihr Reichtum zeigt sich nicht nur in der Eleganz dieser vielfach erweiterten Stadtresidenz, sondern auch im Fund eines 118-teiligen Silberservices. Die Casa del Menandro ist nur nach vorheriger Anmeldung zu besichtigen.

✶✶ Casa del Menandro ►

Auf der Via dell'Abbondanza zum Anfiteatro

Die Via dell'Abbondanza war die **Hauptstraße** der antiken Stadt. Ladengeschäfte, Garküchen und Handwerksbetriebe reihen sich hier aneinander. Erhebliche Restaurierungsmaßnahmen haben in den vergangenen Jahren Wesentliches an Bausubstanz gesichert, doch viele antike Graffitis, die einst an den Hausfassaden zu lesen waren, sind mittlerweile fast völlig verblichen. Die **Casa di Giulio Polibio** zeigt im Triclinium die bekannte mythologische Szene, in der Amphion und Zethos ihre Mutter rächen, indem sie Dirke an einen wilden Stier binden (►Archäologisches Nationalmuseum).

Schon in Höhe des Amphitheaters liegt die **Casa della Venere in Conchiglia**. Das Fresko der einer Muschel entsteigenden Venus mit vollkommen verunglückten Proportionen amüsiert schon seit Jahrzehnten seine Betrachter. Die benachbarte Casa di Octavius Quartio besticht durch einen prachtvollen Garten mit Wasserbecken, Kanälen und Skulpturenschmuck. Die ursprüngliche Bepflanzung wurde rekonstruiert und der Besitzer des Hauses durch einen Siegelring identifiziert. Die Gartenanlage bezieht sich auf den ägyptischen Kult der Isis und der die Anlage durchziehende Kanal stellt den Nil da.

✶ Casa di Octavius Quartio ►

✶ **Anfiteatro**

Rechts führt der Vicolo dell'Anfiteatro zu einem der ältesten Amphitheater der römischen Antike. Schon um 70 v. Chr. als massiver steinerner Bau entstanden – also zu einer Zeit, als die Theater Roms noch Holzkonstruktionen waren – wurde dieses Gebäude zum Prototyp vieler Nachfolgebauten. Vor 20 000 Zuschauern fanden hier vor allem Gladiatorenkämpfe statt. Anders als im Amphitheater von Pozzuoli fehlen die Kellergeschosse unter dem Boden der Arena, komplizierte Bühneneffekte waren also nicht möglich. Über die Cavea, das Oval des Zuschauerraums, konnten Segel gezogen werden, die die Zuschauer vor der Sonne schützten. Die benachbarte **Palestra Grande** stammt aus der Zeit des Augustus und war eine der zentralen Sportstätten des antiken Pompeji. In der Mitte des von Arkadengängen um-

? WUSSTEN SIE SCHON ...?

- Ein Amphitheater mit 20 000 Plätzen bei einer wesentlich geringeren Einwohnerzahl deutet darauf hin, dass die Zuschauer auch aus der weiteren Umgebung kamen. Belegt ist für das Jahr 59 n. Chr. eine blutige Auseinandersetzung zwischen Pompejanern und Gästen aus dem nahen Nuceria (Nocera). Die Nachricht von diesem Aufruhr mit zahlreichen Todesopfern erreichte auch Rom, worauf der Kaiser ein zehnjähriges Spielverbot erließ. Allerdings machte das verheerende Erdbeben drei Jahre später jedes kaiserliche Verdikt hinfällig.

Pompejis Amphitheater bot 20 000 Zuschauern Platz.

gebenen Gebäudes liegt ein Schwimmbad. Gegenüber im Vicolo dell' Anfiteatro werden auf einem ausgedehnten Feld antike Rebsorten rekultiviert.
Gleich nebenan liegt der große Garten der **Casa di Giulia Felice**, in den man durch die Pforte einen Blick werfen kann. Das Haus ist zwar restauriert, aber nicht zugänglich. Eine Inschrift an der Hauptfassade, in der eine Wohnung zur Vermietung angeboten wurde, hat die Besitzerin identifiziert. Nach dem Erdbeben sah sich Giulia Felice genötigt, ihr prachtvolles Anwesen teilweise unterzuvermieten.

Im Theaterviertel

◂ Foro Triangolare

Gleich hinter den Stabianer Thermen führt links die **Via dei Teatri** zum kunst- und kulturgeschichtlich interessanten Foro Triangolare. Der dreieckige Platz besticht durch seine noble Architektur. Hier steht – ursprünglich außerhalb der Stadtmauer – der **Tempio Dorio**, das älteste Heiligtum Pompejis. Dieser dorische Tempel ist heute ein Trümmerhaufen und seine einstige exponierte Lage nur noch zu erahnen. Im 2. Jh. v. Chr., während eines ganz Pompeji erfassenden Baubooms, wurden der Platz und die neben ihm liegenden Theater komplett umgestaltet, bzw. neu errichtet. Das Teatro Grande, ursprünglich nach griechischer Tradition in einen natürlichen Hang hineingebaut, war durch eine große Freitreppe mit dem Dorischen Tempel verbunden. In augusteischer Zeit wurde das Theater modernisiert und erweitert und bot daraufhin ca. 5000 Zuschauern Platz. Typische Stilmerkmale römischen Theaterbaus sind die dreifach unterteilte Cavea (Zuschauerraum) mit verschiedenen Zugängen sowie das Proscenium als Bühne und der Scenae frons als eigentliche Bühnenrückwand. Hinter dem großen Theater liegt der mit ioni-

*

◂ Teatro Grande

schen Säulen umstandene **Quadriportico dei Teatri**, eine Art Foyer für die Theaterbesucher, der in den letzten Jahren Pompejis als Gladiatorenkaserne genutzt wurde. Gleich nebenan liegt das **Odeion** genannte kleine Theater für rund 1000 Besucher. Das Gebäude entstand um 80 v. Chr. und soll, da überdacht, über eine ausgezeichnete Akustik verfügt haben.

★★ Tempel der Isis

Im Theaterviertel stehen zwei kleine Heiligtümer, von denen sich das der Isis größter Beliebtheit erfreute. Die römische Religion, sowieso ein Konglomerat der griechischen und etruskischen Götterwelten, war durchaus offen für fremde Gottheiten. Die ägyptische Göttin Isis verhieß, anders als die römischen Götter, ein Leben nach dem Tod. Wie wichtig für die Pompejaner der **Tempio di Isis** war, zeigt die Tatsache, dass er als einziges sakrales Gebäude nach dem Erdbeben 62 n. Chr. umgehend wieder aufgebaut wurde. Der von Mauern umfasste Tempelbezirk ist gerade wegen seiner Intimität besonders reizvoll. Vor dem eigentlichen Tempel steht das sogenannte Purgatorium, dessen Außenwände mit schönen Stuckaturen geschmückt sind. Im Kellerraum dieses Tempelchens wurde das für die rituellen Handlungen notwendige Nilwasser aufbewahrt. Der Isistempel wurde ab 1764 ausgegraben und war eine der großen Pompeji-Attraktionen des 18. Jh.s. Der reiche Freskenschmuck wurde während der ersten Ausgrabungen von den Wänden gelöst und befindet sich heute im Archäologischen Nationalmuseum.

Lupanare

Die in Rekordzeit erfolgte Restaurierung des Lupanare zeigt, wozu die Sopraintendenza in der Lage ist, wenn es darum geht, Pompejis Ruhm als touristische Attraktion zu erhalten. Während zahlreiche Häuser seit Jahren auf rettende Maßnahmen warten, wurde das führende Bordell der antiken Stadt, eines von ca. dreißig, so schnell restauriert und konserviert wie noch nie ein Gebäude zuvor. Die Bezeichnung Lupanare ist eine Ableitung von Lupa (= Wölfin), dem lateinischen Wort für Prostituierte. Pompejis größtes Bordell wurde von Africanus und Victor betrieben. Auf den gemauerten Bettstellen in den zehn Zimmerchen lagen Matratzen, erotische Malereien kündeten vom Angebot der Prostituierten. Nicht nur ihre Namen, sondern auch die ihrer Kunden sind als in die Wände eingekratzte Graffitis erhalten.

! *Baedeker* TIPP

Pompeji aus der Luft

Ein Aufzug führt auf den 80 m hohen Campanile. Vom Aussichtsbalkon genießt man einen weiten Blick über die Ausgrabungen, das moderne Pompeji und die Sarno-Ebene (Mai – Okt. 9.00 bis 13.00, 15.30 – 18.30, Nov. – Apr. 9.00 bis 13.00 Uhr).

Das moderne Pompeji

Pompeji ist nicht nur das meistbesuchte Museum Italiens, sondern für die katholische Welt auch ein **wichtiger Wallfahrtsort** der Marienverehrung. Im **Santuario della Beata Vergine Del Rosario** (2. Hälfte des 19. Jh.s) wird das Gnadenbild der Rosenkranzmadonna von jährlich zwei Millionen Pilgern besucht. Papst Johannes Paul II. war zweimal in Pompeji, zuletzt kurz vor seinem Tod im Herbst 2003. Sein Nachfolger Benedikt XVI. kam 2008 zu einem offizielle Besuch.

★ Pozzuoli und die Campi flegrei

C 4

Region: Campania
Höhe: Meereshöhe
Provinz: Napoli
Einwohnerzahl: 82 000

Der Kleinstadtcharme von Pozzuoli entfaltet sich vor allem am Hafen: Hier legen die Fähren nach Procida und Ischia ab und morgens findet ein lebhafter Fischmarkt statt. Beliebt bei Neapolitanern sind die Fischrestaurants am Lungomare Yalta und am Tempio di Serapide. Der Ehrgeiz der Stadt, an vergangene touristische Glanzzeiten anzuknüpfen, hat in den letzten Jahren zu bemerkenswerten Resultaten geführt. Am Lungomare und in den Straßen unterhalb des Rione Terra werden Fassaden restauriert und Gebäude saniert.

Brennende Felder

Nordwestlich von Neapel erstreckt sich eine der berühmtesten Landschaften der Antike. Die **Campi flegrei** (griech. phlegràios = brennend), die mythenumwobenen, 65 km² großen brennenden Felder,

Die Restaurierungsarbeiten in Pozzuolis Altstadt sind noch lange nicht abgeschlossen.

sind in der griechisch-römischen Sagenwelt Schauplatz meist unheimlicher Geschehnisse. Die vulkanische Landschaft inspirierte die für Naturschauspiele so empfänglichen Griechen, die hier in den Tiefen der hohl klingenden Erde, aus deren Spalten noch immer schweflige Dämpfe steigen, den Sitz der im Kampf gegen die Götter unterlegenen Titanen vermuteten. Der römische Dichter Vergil besang die Schönheit der Gegend. Vom einstigen Zauber hat die Baufreudigkeit des 20. Jh.s nicht allzu viel übrig gelassen. Zudem hat der **Bradyseismus** (griech. brady = langsam, seismos = Stoß), eine langsame, aber beständige Auf- und Abwärtsbewegung der Erdkruste, die Landschaft im Laufe der Jahrtausende erheblich verändert.

Aufstieg und Niedergang

Das griechische Dikaiàrchia, die »Stadt der gerechten Regierung«, wurde von griechischen Kolonisten im 8. Jh. v. Chr. am heutigen Golf von Neapel gegründet. Die griechische Stadt wurde im 4. Jh. v. Chr. römisch und 194 v. Chr. als Puteoli zur Colonia erhoben. Der rasante Aufstieg zum wichtigsten Hafen des römischen Imperiums verwandelte die griechisch-römische Kleinstadt in wenigen Jahrzehnten in einen **internationalen Warenumschlagsplatz** mit mehr als 40 000 Einwohnern. Vor allem die für Rom so wesentliche Versorgung mit Getreide wurde von hier aus abgewickelt. Eine riesige zwischen Afrika, Ägypten, Sizilien und Puteoli verkehrende Flotte versorgte die Hauptstadt mit Korn, aber auch mit orientalischen Luxusgütern. Im Winter des Jahres 61 n. Chr. soll, so berichtet die Apostelgeschichte, der **Apostel Paulus** nach stürmischer Fahrt in Puteoli von Bord seines Schiffes gegangen sein (Apg 28,13) und eine erste Christengemeinde gegründet haben.

Vom Aufstieg zum Welthafen ... ►

Als Wunderwerk der Ingenieurskunst und Wahrzeichen der Stadt galt die 370 m ins Meer hineinreichende Mole, geschmückt von auf Säulen stehenden Statuen der Dioskuren und einer kaiserlichen Quadriga. Die Pracht der öffentlichen Bauten und der gewaltigen Lagerhäuser ist vor allem durch schriftliche Quellen überliefert.

... bis zum Niedergang ►

Mit dem Bau des Hafens von Ostia an der Tibermündung bei Rom und der Verlagerung der Handelswege begann ab dem 2. Jh. n. Chr. der lange Weg in die Bedeutungslosigkeit. Der Untergang des weströmischen Reiches, Verwüstungen durch die Goten und vor allem der immerwährende Bradyseismus machten schließlich aus dem einstigen Welthafen ein kleines Fischernest. Die Restbevölkerung zog sich auf den Altstadthügel, den Rione Terra, zurück und erst im 16. Jh. gab es unter dem spanischen Vizekönig Pedro di Toledo wieder nennenswerte Bautätigkeiten. Im 20. Jh., vor allem nach dem Zweiten Weltkrieg, entwickelte sich Pozzuoli zu einem kleinen Wirtschaftszentrum. Neben dem Fischfang und der dazugehörigen Lebensmittel verarbeitenden Industrie ist das architektonisch höchst eindrucksvolle Werk der Fa. Olivetti (1951–54) Hauptarbeitgeber. Als Stützpunkt der amerikanischen Nato-Streitkräfte im Mittelmeer sind in und um Pozzuoli zahlreiche Soldaten stationiert. Oberhalb der Stadt befindet sich eine Ausbildungsakademie der italienischen Luftwaffe.

Nato-Stützpunkt ►

POZZUOLI ERLEBEN

AUSKUNFT

AACST
Largo Matteotti 1 a, 80078 Pozzuoli
Tel. 08 15 26 66 39, Fax 08 15 26 50 68
www.icampiflegrei.it
www.infocampiflegrei.it
www.comune.pozzuoli.na.it
Monatlich erscheinende Info-Broschüre »Benvenuto nei Campi flegrei/Welcome to the Phlegrean Fields«, auch online.

GUT ZU WISSEN

Verkehr · Auto
Aus Neapel über die Tangenziale; Astroni-Krater und Solfatara erreicht man über die Ausfahrt Agnano, Pozzuoli über die Ausfahrt Pozzuoli und Baia und Cuma über die Ausfahrt Arco Felice. Von Norden mündet die SS 7 quater in die Tangenziale Napoli.

Bus
ANM-Bus 152 von Neapel/Piazza Garibaldi nach Pozzuoli (Solfatara, Amphitheater, Serapistempel, Hafen). EAV-Bus von Neapel/Piazza Garibaldi über Pozzuoli (Solfatara), Arco Felice, Lucrino, Bacoli, Torregaveta bis Monte di Procida.
EAV-Bus vom Bahnhof Lucrino über Baia, Bacoli, Miseno, Torregaveta zum Ausgrabungsgelände Cuma.
In *Pozzuoli* CTP-Bus 9 zwischen Via Roma (Hafen, Serapistempel), F.S.-Bahnhof, Metro-Station Pozzuoli und Solfatara. CTP-Stadtbus 12 vom Hafen nach Cuma.

Bahn
Metropolitana 2 Neapel – Pozzuoli; Ferrovia Cumana Neapel nach Pozzuoli (Bhf. oberhalb des Hafens in der Nähe des Serapistempels).
Ferrovia Circumflegrea Neapel – Cuma.

Fähren/Tragflügelboote
Von Pozzuoli Autofähren (traghetti) nach Procida und Ischia (Tickets und Auskunft am Hafen; aktuelle Fahrpläne auch in Tageszeitungen und bei den Fährgesellschaften).

Tauchen
Tauchausflüge zu den versunkenen Ruinen von Baiae organisieren Sea Point (Via Molo di Baia 14, Baia, Tel. 08 18 68 88 68, www.seapointitaly.it) und Antonio Emanato mit Ormeggi Sea World (Via Lucullo 110, Tel. 08 18 54 92 53, www.divingseaworld.com). Tauch- und Schnorchelausflüge veranstaltet ganzjährig auch das Centro Subacqueo Ulisse (Via Molo di Baia ¾, Tel. 08 13 04 38 24, www.marinesub.it/divingcenter.htm).

VERANSTALTUNGEN

Festa dell'Assunta: Am 15. August beginnt das dreitägige Fest der Madonna Assunta, Schutzpatronin der Fischer von Pozzuoli. Ein beliebtes Spektakel ist der Wettkampf »Palo al Mare«. Von der Hafenmole ragt ein eingeseifter Mastbaum über das Meer, an dessen Spitze eine Fahne angebracht ist. Barfuß und ohne Handschuhe versuchen junge Männer die Fahne zu erreichen, fallen dabei aber meist ins Wasser.

ESSEN (1, 2 etc. ▸Karten S. 287, 293)

▸ Erschwinglich

① ***Antimo & Diletta***
Via Serapide 37
Tel. 08 15 26 35 16, So. und Mi. geschl.
Breite Auswahl an Meeresantipasti, auch Primi und Secondi folgen dem Angebot des nahen Fischmarktes. Im Sommer sitzt man im Freien mit Blick auf den Serapistempel.

Bei Antimo & Diletta

Fondi di Baia* · ② *Il Casolare di Tobia
Via Pietro Fabris 12
Tel. 08 15 23 51 93, 33 96 70 10 64 (Mobil), www.datobia.it
So. Abend und Mo. geschl. Zur urigen Azienda enogastronomica am Grund eines erloschenen Vulkankraters führt auf Höhe der API-Tankstelle südlich des Castello di Baia ein lauschiger Feldweg. Delikate Bauernküche, die mit den Jahreszeiten wechselt. Auch Appartements.

Baccoli* · ③ *La Catagna
Via Pennata 26
Tel. 08 15 23 42 18; Mo. geschl.
Etwas verstecktes Fischristorante nördlich des Porto di Miseno mit tollem Golfblick. Der Padrone geht selbst auf Fischfang, das kulinarische Angebot hängt von seinem Jagdglück und der Gartensaison ab.

④ ***Sale e Pepe***
Via Sacchini 25, Tel. 08 15 26 69 70; So. geschl.. www.ristorante-saleepepe.com
Die Nähe des Fischmarktes spiegelt sich auf der Speisekarte wieder.

ÜBERNACHTEN

► Komfortabel

Bacoli* · ① *Cala Moresca
Via del Faro 44
Tel. 08 15 23 55 95
www.calamoresca.it
Charmantes Hotel in weitläufigem Garten am Capo Miseno. Zimmer mit Balkon und tollem Blick auf Procida. Gutes Restaurant, Pool und privater Felsstrand.

Lucrino* · ② *Villa Luisa
Via Tripergola 50
Tel. 08 18 04 28 70
www.villaluisaresort.it
Gepflegtes Haus schräg gegenüber der Cumana-Station. Wellness-Center, die Gäste können die Thermen Stufe di Nerone aufsuchen. Großes Frühstücksbuffet.

► Komfortabel/Günstig

Bacoli* · ③ *Albergo Miseno
Via delle Shoa 21
(Ex-Via Miseno)
Tel. 08 15 23 50 00
www.hotelmiseno.it
Familiengeführtes Haus am Porticciolo Casevecchie, einem romantischen Fischer- und Yachthafen im Kraterrund. Fischrestaurant mit Plätzen im Freien, Parkpklatz vor dem Haus.

► Günstig

④ ***Camping Internazionale Vulcano Solfatara***
Via Solfatara 161
Tel. 08 15 26 74 13
www.solfatara.it; März – Nov.
Angenehmer, schattiger und sauberer Platz im Solfatara-Krater (man riecht es, gewöhnt sich aber daran). Auch Bungalows. Pool und Schwefelbäder. Gute Zug- und Busverbindungen nach Neapel. Tangenziale Napoli, Ausfahrt 11 Agnano.

Sehenswertes in Pozzuoli

★★ **Anfiteatro Flavio**

Das eindrucksvollste Zeugnis des antiken Puteoli ist das direkt an der Hauptdurchgangsstraße Corso Terracciano gelegene **Amphitheater** (tgl. 9.00 Uhr bis 1 Std. vor Sonnenuntergang). Das sogenannte **Flavische Amphitheater** war nach dem römischen Kolosseum und dem Amphitheater von Capua das drittgrößte im römischen Reich. Mit einer Ausdehnung von 149 x 116 m bot es 40 000 Zuschauern Platz. Nero hat den Bau wohl Mitte des 1. Jh.s n. Chr. begonnen, unter Kaiser Vespasian wurde er beendet. Vier Haupt- und zwölf Nebeneingänge gewährleisteten die Sicherheit der Menschenmassen beim Betreten und Verlassen des Theaters. Nicht weniger gut organisiert war die Aufteilung der Zuschauerränge. Die 75 x 42 m große Arena war auch Schauplatz der beliebten **Venationes**, blutiger Jagdspektakel

◄ weiter auf S. 290

Pozzuoli Orientierung

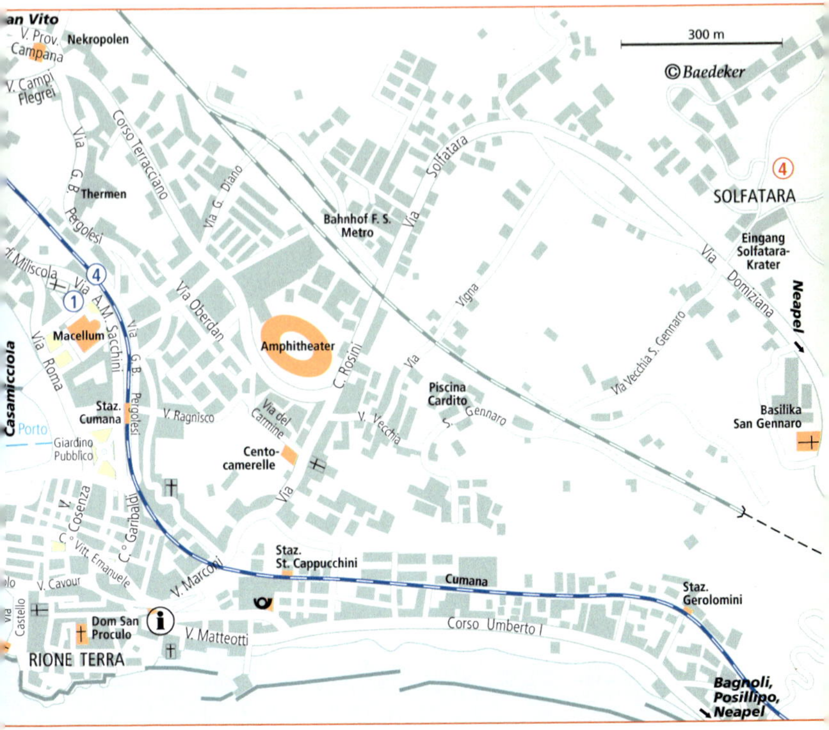

Essen
① Antimo & Diletta
④ Sale e Pepe

Übernachten
④ Camping Solfatara

Johann Wolfgang von Goethe in einer Osteria. Zeichnung von Woldemar Friedrich (1846–1910)

FAMILIE GOETHE AUF REISEN

Neapel war im 17./18. Jh. neben Rom das wichtigste Reiseziel der Grand Tour. Junge Adlige aus ganz Europa bereisten die klassische Landschaft der Antike.

Wohl kaum eine Gedichtzeile der deutschen Romantik hat so folgenschwer Herzen und Seelen in sehnsuchtsvolle Schwingungen versetzt wie das Lied der Mignon aus **Johann Wolfgang von Goethes** Roman »Wilhelm Meisters Lehrjahre«. Sein »Kennst du das Land, wo die Zitronen blühn?« kann heute fast jeder Mitteleuropäer mit Ja beantworten. Italien ist nach wie vor das Sehnsuchtsland schlechthin, und im Zeitalter von Massentourismus und Billigflieger ist es ein Leichtes, »Auch ich war in Arkadien« von sich sagen zu können. Goethes italienische Reise 1786/88 hat als Reisetagebuch einen Platz in der Weltliteratur, nebenbei das Italienbild der Deutschen geprägt und ist außerdem im Straßenbild italienischer Städte bis heute gegenwärtig. Wo auch immer der Dichter Rast machte, besichtigte oder gar übernachtete, erinnert eine Marmortafel an seinen Aufenthalt.

Die Grand Tour

Im Jahrhundert der Grand Tour war Goethe, wenn auch der berühmteste, doch nur einer von vielen überwiegend jungen Männern, die neben Vergnügungen im sinnlichen, sonnendurchfluteten Italien vor allem ein klassisches Bildungsprogramm absolvierten. Neapel als europäische Metropole und die von griechischen Mythen umwobene Landschaft der Phlegräischen Felder waren neben Rom der Höhepunkt jeder Italienreise. »Unter reinstem Himmel der unsicherste Boden«, schrieb Goethe am 1. März 1787 nach einem Ausflug in die vulkanische Landschaft bei Pozzuoli in sein Reisetagebuch.

Knapp fünfzig Jahre zuvor war schon sein Vater, der kaiserliche Rat **Johann Caspar Goethe**, mit wissenschaftlichem Ernst durch eben diese Gegend spaziert, um römische Inschriften abzuschreiben. Durch die vielen Grand-Tour-Reisenden konnte das mit antiken Ruinen übersäte Fischerstädtchen Pozzuoli im 18. Jh. schon vom Fremdenverkehr leben, was der strenge Vater Goethe missmutig notiert: »Solche Leute kennen tausenderlei Schliche, um die fremden Reisenden auf den Leim zu locken, da diese es oft nicht für ratsam halten, dass es auch die anderen erfahren, wenn sie geprellt werden«. Johann Caspar Goethe kehrte mit Manuskrip-

ten, Stichen, kleinen Antikenfragmenten und einem Reisetagebuch nach Frankfurt zurück. Aus seinen Aufzeichnungen wurde in vielen Jahren der Überarbeitung die auf Italienisch geschriebene »Reise durch Italien im Jahr 1740«.

Sehnsucht nach Arkadien

Die im elterlichen Haus am Hirschgraben verteilten Souvenirs infizierten den kleinen Johann Wolfgang auf ewig mit einer Sehnsucht nach Italien. Viele Jahrzehnte später schreibt er während seiner eigenen italienischen Reise: »Ich verzieh es allen, die in Neapel von Sinnen kommen, und erinnere mich mit Rührung meines Vaters, der einen unauslöschlichen Eindruck besonders von den Gegenständen, die ich heut zum erstenmal sah, erhalten hatte.«

1830 steht dann noch ein weiterer Goethe in den Phlegräischen Feldern vor genau den Sehenswürdigkeiten, die sein Großvater und Vater besucht und beschrieben hatten. **August von Goethe**, im Schatten des berühmten Vaters immer etwas ungeschickt und oft angeheitert durchs Leben wankend, bestaunte in Pozzuoli die berühmten Säulen des Macellums mit den Bohrmuschellöchern und meldete nach Weimar: »Das ist ein Problem, man begriff nicht, wie das Wasser bis dahingedrungen.« 1740 aß Johann Caspar vor den **Stufe di Nerone**, einer antiken Thermalanlage, gekochte Eier, wo neunzig Jahre später der nur mit einem Taschentuch bekleidete August ein Schwitzbad nahm. »Es ist keine Kleinigkeit hier zu seyn«, schreibt August von Goethe, »man muß sich sehr zusammennehmen, sonst geht man auseinander. Man wird ordentlich vom Leben gerammelt ...«

Die Reisen der Goethes an den Golf von Neapel sind Literaturgeschichte, aber auch Parameter für die sich von Generation zu Generation verändernde Rezeption dieser klassischen Landschaft. Spätestens mit dem fröhlich von Weinlokal zu Weinlokal eilenden August von Goethe endete das Zeitalter der Grand Tour, das über zweihundert Jahre lang den europäischen Adel an den Golf von Neapel geführt hatte. Lange bevor die antiken Ruinenstädte Pompeji und Herculaneum zu touristischen Attraktionen wurden, bewunderten die Reisenden in den Phlegräischen Feldern eine arkadisch wirkende Natur und die darin malerisch verteilten Trümmer der großen Vergangenheit. In den unterirdischen Zisternen der **Piscina Mirabilis** und den **Cento Camerelle** ebenso wie an den Wänden des **Tempio di Mercurio** in Baia blieben in den Stuck hineingekratzte oder mit dem Ruß von Fackeln geschriebene Namen dieser frühen Reisenden erhalten.

unter Beteiligung exotischer Raubtiere, mit denen Puteoli als Großimporteur auch die anderen Arenen des römischen Reichs belieferte. Einzigartig sind die außergewöhnlich gut erhaltenen unterirdischen Gewölbe des Theaters, ein Labyrinth von Räumen und Gängen, aus denen mithilfe komplizierter Hebevorrichtungen Bühnenprospekte und Tierkäfige in die Arena befördert wurden. Im gesamten Ausgrabungsgelände liegen höchst malerisch verteilt in Pozzuoli und den Campi flegrei gefundene Spolien aus römischer Zeit.

Rione Terra

Aus unerfindlichen Gründen sind die Ausgrabungen zur Zeit geschlossen. Es gibt jedoch Pläne, sie wieder zugänglich zu machen.

Die archäologischen Ausgrabungen auf dem Altstadtfelsen von Pozzuoli gehören zu den jüngsten ganz Kampaniens. Noch bis weit in die 1970er-Jahre hinein brodelte hier zwischen maroden Barockpalästen, Garküchen und flatternder Wäsche süditalienisches Volksleben. Starke bradyseismische Bewegungen 1970 und vor allem die Erdbeben 1980 und 1983 machten eine komplette und endgültige Evakuierung der Altstadt notwendig. Nach gut 2600 Jahren kontinuierlicher Besiedlung wurde der Rione Terra zu einer Geisterstadt. Unter der barocken Stadt des 16./17. Jh.s lag die **Keimzelle des römischen Puteoli**. Stahlträger mussten die Gebäude abstützen, bevor mit den Grabungen begonnen werden konnte. Ausgegraben wurden seit 1993 neben den Hauptstraßen der römischen Stadt Ladengeschäfte, Lagerräume, Bäckereien und eine große Menge Töpferwaren. Die entdeckten Kunstwerke, darunter intakte Marmorskulpturen, sind im Archäologischen Museum der Campi flegrei im Kastell von Baia (►S. 295) zu sehen. Ein Rundgang durch die unterirdische Stadt auf verglasten Stegen und antikem Straßenpflaster ist ein besonderes Erlebnis. Eindrucksvoll sind vor allem die fensterlosen, mittels erhaltener Bleirohre belüfteten **Sklavenunterkünfte**.

Dom des hl. Procolo ►

Die Grabungs- und Restaurierungsarbeiten im Rione Terra sind noch lange nicht abgeschlossen. So ist das bedeutendste Gebäude, der Dom des hl. Procolo, noch nicht zugänglich. Die barocke Kirche brannte 1964 aus und zum Vorschein kamen die imposanten **Reste eines Kapitoltempels** aus augusteischer Zeit.

★ **Macellum, Tempio di Serapide**

Unterhalb des Rione Terra liegt der sogenannte Tempio di Serapide in einem kleinen, nicht zugänglichen, jedoch gut einsehbaren archäologischen Park. Während erster Ausgrabungen unter Karl III. wurde eine Statue des ägyptischen Gottes Serapis gefunden und das Gebäude daraufhin fälschlicherweise als Tempel bezeichnet. Tatsächlich handelt es sich um das Macellum, den **Lebensmittelmarkt der Stadt**, wie er sehr ähnlich in Pompeji erhalten ist. Der Haupteingang des »antiken Supermarkts« lag auf der dem Meer zugewandten Westseite. Insgesamt 32 Tabernae (klei-

! *Baedeker* TIPP

Fischrestaurants zu moderaten Preisen

Einige sehr gute Fischrestaurants (und das bei moderaten Preisen) befinden sich direkt neben dem Tempio di Serapide. An Sommerabenden gibt es vor den beleuchteten Ruinen kaum einen romantischeren Ort.

Tempio di Serapide, Lebensmittelmarkt der Stadt Puteoli

ne Ladengeschäfte) verteilen sich an den Mauern um den rechteckigen Innenhof. In der Mitte des Innenhofs steht noch immer der **Tholos**, ein kleiner, ehemals von 16 korinthischen Säulen umgebener Rundbau. Bemerkenswert sind in den Ecken der Ostseite des Gebäudes gut erhaltene Latrinen. Das Phänomen des Bradyseismus (► S. 284) ist hier besonder gut nachvollziehbar. Im 3. Jh. n. Chr. sackte das Macellum mit Teilen der Küste erstmals ab und lag – die Spuren der Bohrmuscheln an den drei monumentalen Säulen zeigen es – 4 m unterhalb des Meeresspiegels. Nach langsamem Wiederauftauchen sank das Gebäude erneut im 16. Jh. auf ein Niveau von 5,50 m. Der heutige Zustand zeigt wieder eine sinkende Tendenz. Im 19. Jh. war in der Ruine ein Thermalbad eingerichtet.

◄ Bradyseismus

Umgebung von Pozzuoli

★★ **Solfatara** ⌚

Der zweite nur ruhende Vulkan Kampaniens ist die Solfatara, die als **»Le petit Vesuv«** seit jeher zu den Hauptsehenswürdigkeiten der Campi flegrei gehört (Via Solfatara 161; tgl. 9.00 Uhr bis 1 Std. vor Sonnenuntergang). Gemeinsam haben Vesuv und Solfatara vor allem eines: ihre Gefährlichkeit. Vom Erscheinungsbild her könnten die beiden Vulkane aber nicht unterschiedlicher sein. Die verhältnismäßig junge Solfatara liegt nur 98 m über dem Meeresspiegel und entstand während einer Eruption vor ca. 5000 Jahren. Der Krater erstreckt sich als flache, ellipsenförmige Ebene über 770 x 580 m und erinnert an die Mondoberfläche. Aus Erdspalten zischen Schwefeldämpfe, die sogenannten Fumarolen, und nach Regenfällen bilden

Heiß und schwefelig: Solfatara

sich durch Vermischung von schwefelhaltigem Grundwasser und tonhaltigem Material brodelnde **Miniaturvulkane**. Die schreckliche Schönheit des Vulkans hat nicht nur die Griechen beeindruckt. Jüngste, mit präzisen Radargeräten an Bord des Umweltsatelliten Envisat aus dem All durchgeführte Messungen haben ergeben, dass der Druck der riesigen unterirdischen Magmakammern den Kraterboden jährlich wieder um 2,8 cm ansteigen lässt.

* **Oasi Naturalistica del Monte Nuovo**

Westlich von Pozzuoli liegt der Monte Nuovo, der als jüngster Berg Europas zu zweifelhaftem Ruhm gekommen ist, denn er verdankt sein Entstehen einer Naturkatastrophe. Der heute unter Naturschutz stehende und mit Macchia begrünte, 134 m hohe Tuffkegel entstand 1538 innerhalb weniger Tage. Zwischen dem 28. September und dem 6. Oktober explodierte der Erdboden, löschte das Dörfchen Tripergole aus und verwüstete Pozzuoli. Als sich am Ende des siebten Tags die Aschewolken langsam verflüchtigten, stand in der Landschaft der Campi flegrei ein neuer Berg (Via Virgilio, Arco Felice-Pozzuoli; tgl. 9.00 bis 1 Std. vor Sonnenuntergang, So. und Fei. 9.00 – 13.00 Uhr).

* Astronikrater ▶

Neben dem Monte Nuovo ist auch der Vulkankrater Astroni eine der **letzten Naturoasen** in den Phlegräischen Feldern. Das 247 Hektar große Gelände mit reichem Baumbestand und einer artenreichen Vogelwelt lädt abseits des chaotischen Neapel zu geruhsamen Spaziergängen ein. Vom 15. bis zum 19. Jh. war der Astronikrater königliches Jagdgebiet (Riserva Naturale Cratere degli Astroni, Via Agnano Astroni 468; tgl. 9.30 – 16.30 Uhr. Wegen der abgeschiedenen Einsamkeit des Geländes ist Einzelpersonen der Zutritt nicht gestattet).

Lago d'Averno

Auf dem Weg nach Baia liegt rechts der Lago d'Averno, ein hübscher kleiner See mit einem oberhalb an der Straße liegenden Belvedere, der einen grandiosen Blick auf die phlegräische Landschaft bietet. Für die Griechen befand sich hier der **Eingang zur Unterwelt**. Der See war damals von einem dichten Wald umgeben und giftige Dunstwolken über der Wasseroberfläche ließen die Vögel tot vom Himmel fallen. Homer und Vergil siedelten in ihren Dichtungen den Eingang zur Unterwelt am Averner See an. Odysseus wie Aeneas betraten hier das Reich der Toten. Die pragmatischen Römer bewunderten zwar alles Griechische, machten aber ab 37 v. Chr. aus dem See einen **Militärhafen**, indem sie ihn mittels Kanälen mit dem kleineren Lago Lucrino und dem Meer verbanden. Dieser Portus Julius war bis zum Ausbau des nahen Hafens von Misenum Stützpunkt der römischen Kriegsflotte. Ruinen römischer Ziegelbauten, die als Reste von Ther-

Eingang zur Unterwelt ▶

men identifiziert wurden, sind vom Belvedere aus links unten am Ufer des Sees zu erkennen.

Kurz vor Baia befinden sich am Ende eines in den Felsen gegrabenen Stollens die berühmten Stufe di Nerone. Ein Besuch der modernen Badeeinrichtungen ist auch heute noch wegen der Qualität der warmen Thermalwasser lohnenswert (Via Stufe di Nerone 37; Mo., Mi., Sa. 8.00 – 20.00, Di., Do., Fr. 8.00 – 23.00, So., Fei. 8.00 – 15.00 Uhr).

★ **Stufe di Nerone**

Das antike Baiae, **luxuriösester Kur- und Badeort des römischen Reiches,** ist mit seinen Palästen, Villen und Thermen infolge des Bradyseismus zum größten Teil im Wasser versunken.

Baia, Baiae

Während sich in Pompejis Häusern und Straßen die Besucher auf die Füße treten, ist der Ruinenkomplex (Via Fusaro 37; Di. – So. 9.00 Uhr bis 1 Std. vor Sonnenuntergang) von Baia meist fast menschen-

★ ◄ Parco Archeologico

Pozzuoli und Campi flegrei *Orientierung*

Essen
② Il Casolare di Tobia
③ La Catagna

Übernachten
① Cala Moresca
② Villa Luisa
③ Albergo Miseno
④ Camping Solfatara

Blick über die Ausgrabungen auf das Castello Aragonese von Baia

leer. Dabei sind hier einige großartige Kuppelbauten erhalten. Der auf vielen Stichen des 17. und 18. Jh.s festgehaltene **Tempio di Mercurio** gehört zu den frühesten Beispielen römischer Kuppelarchitektur. Die Kuppel des römischen Pantheons entstand erst rund ein Jahrhundert später. Die Entwicklung eines besonders leichten, jedoch haltbaren Zements des Opus caementicium aus Bimsstein und Puteolanerde ermöglichte freitragende Kuppelkonstruktionen mit Durchmessern bis zu 29,50 m. Aufgrund ihrer beeindruckenden Monumentalität wurden die Ruinen schon im späten Mittelalter für heidnische Tempel gehalten. Tatsächlich handelt es sich bei den außerhalb des archäologischen Parks liegenden Tempio di Diana und Tempio di Venere um **Profanbauten**, die zu den aufwendigsten Thermenanlagen ihrer Zeit gehörten. Seit dem 2. Jh. v. Chr. bis ins Mittelalter waren die Kuranlagen von Baia in Betrieb. Umbauten, Anbauten und spätere Zerstörungen machen eine eindeutige Identifizierung kompliziert. Im 4. Jh. n. Chr. sank ein großer Teil der prachtvollen Anlage durch bradyseismische Bewegungen auf den Meeresboden. Die **Unterwasserarchäologie** fand hier ein lohnendes Betätigungsfeld. Eine Sensation war die Entdeckung eines Grotten-Nymphäums 1982/83 in 7 m Wassertiefe, die hier gefundene Skulpturengruppe – Odysseus bereitet mit seinen Gefährten die Blendung des Polyphem vor – steht im Archäologischen Museum im Kastell von Baia.

Tempio di Diana, Tempio di Venere ▶

Am Hafen von Baia werden Fahrten mit **Glasbodenbooten** angeboten. Auch bei ruhiger See lohnt sich ein solcher Ausflug nur bedingt, da der rege Bootsverkehr vor allem den Blick auf aufgewirbelten Sand und verschreckte Fische statt auf antike Fragmente bietet.

✶ **Museo Archeologico dei Campi Flegrei e Castello Aragonese**

Das in dem Kastell aus dem 16. Jh. untergebrachte Archäologische Museum (Via del Castello 39; Di. – So. 9.00 – 19.00 Uhr) zeigt in einer fantastischen Neupräsentation Funde aus den Phlegräischen Feldern, darunter die **Skulpturengruppe des Nymphäums**, die in einem der Grotte nachempfundenen Saal präsentiert wird, sowie die ab 1968 bei Misenum entdeckten **Statuen der Kaiser Vespasian und Titus** aus dem Heiligtum der Augustalen. Fremdartig muten die jugendlich-athletischen Körper mit den realistischen, vom Alter gezeichneten Porträtköpfen an. Der Ausblick von der Terrasse des Museums auf den Golf von Pozzuoli ist unvergleichlich.

◄ Ausblick

✶ **Bacoli**

Bacoli (27 000 Einw.), das römische Bauli, war keine Stadt, sondern wie Baia eine Ansammlung eleganter Villen. Heute ist das Städtchen in den Sommermonaten fest in der Hand meist neapolitanischer Urlauber. In der Nähe des Hafens befindet sich das sog. Grab der Agrippina. Das vielfach umgestaltete Gebäude ist sicher nicht das Grab der Kaisermutter, sondern vielleicht das zu einer Villa gehörende Odeon (kleines Theater). Auf keinen Fall versäumen sollte man in Bacoli die römischen Zisternen. Die **Cento Camerelle**, »Hundert Zimmerchen«, ein zweistöckiges unterirdisches Gebäude, das der Wasserversorgung einer nicht mehr vorhandenen Villa diente, sind wegen Einsturzgefahr zur Zeit geschlossen (Wiedereröffnung nicht vor 2015). Ebenfalls beeindruckend ist die nahe **Piscina Mirabilis**. Der riesige Raum, der eher einer unterirdischen Kathedrale denn einem profanen Wasserreservoir ähnelt, ist 70 m lang und 35 m breit. Das Tonnengewölbe wird von 48 Pilastern getragen. 12 600 m³ Wasser konnten hier gespeichert und mit hydraulischen Apparaten hochbefördert werden. So wurde der **Flottenstützpunkt des nahen Misenum** versorgt. In die Literaturgeschichte eingegangen ist die Zisterne durch **Petrarca**, der sie als »mirabile« (wundervoll) bezeichnet haben soll (Kustodin, erstes Haus links am Anfang der Via Piscina Mirabilis 9; Eintritt frei, Trinkgeld!).

Capo Miseno

Capo Miseno, das antike Misenum, ist berühmt als der Ort, von dem aus Plinius d. Ä. den Vesuvausbruch 79 n. Chr. beobachtete. Die von seinem Neffen Plinius d. J. in zwei Briefen beschriebenen Geschehnisse sind die einzigen schriftlich überlieferten **Augenzeugenberichte der Katastrophe**. Die nahe **Spiaggia di Miliscola** ist in den Sommermonaten ein turbulentes Badeparadies für neapolitanische Großfamilien. Die **Grotta della Dragonara**, eine römische Zisterne im Felsen des Capo Miseno, wird zur Zeit restauriert. Der Weg nach Cuma führt am **Lago di Fusaro** vorbei, in dem schon seit der Antike Muscheln gezüchtet werden. Ferdinand IV. ließ von Carlo Vanvitelli auf einer Brücke den eleganten Jagdpavillon **Casino Reale** errichten.

✶✶ **Cuma**

Das antike Kyme ist ein zentraler Ort europäischer Kulturgeschichte. Die ersten griechischen Siedler erreichten hier um 730 v. Chr. italienisches Festland. Sie kamen von der Insel Euböa, hatten zuvor schon auf Ischia den Handelsplatz Pithekoussai gegründet und waren erfüllt von homerischen Sagengeschichten und entschiedenem Eroberungswillen. Der Gott Apollon selbst soll den Führern dieser kühnen Expedition in Gestalt einer Taube den Weg gewiesen haben. »Folge dem Gott«, war eine der Weissagungen der delphischen Pythia und die griechischen Siedler folgten dem strahlendsten ihrer Götter und landeten an den Küsten Süditaliens. Im Gepäck hatten sie nicht nur das Alphabet, sondern auch das im Heimatland erfolgreich erprobte Modell der Polis – des autonomen griechischen Stadtstaates. Die wechselvolle Geschichte der uralten Stadt ist durch antike Quellen und Ausgrabungen in den 1930er-Jahren bekannt. Das römische Cuma war eine wegen ihrer sagenumwobenen Vergangenheit hochgeschätzte Kleinstadt, die sich zwischen Burgberg und Arco Felice erstreckte. Seit Jahren finden hier wieder Ausgrabungen statt.

Parco Archeologico di Cuma ►

Der wunderschön gelegene **archäologische Park** ist wenig besucht und in seiner Abgeschiedenheit von außergewöhnlicher Schönheit (tgl. 9.00 Uhr bis 1 Std. vor Sonnenuntergang). Auf dem eigentlichen Burgberg, gleich am Anfang des Ausgrabungsgeländes, sieht man die **Crypta Romana**, den Lichtschacht eines gewaltigen Tunnels, der durch die Akropolis hindurch auf das römische Forum in der Ebene östlich vor dem Burgberg führte. Spektakulär ist der sog. Antro della Sibilla auf der gegenüberliegenden Hangseite: Als die Archäologen 1932 den 131 m langen, **trapezförmig in den Felsen geschlagenen Gang** entdeckten, war es verlockend, in der geheimnisvollen Anlage den Sitz der Sibylle von Cuma zu vermuten. Seit Mitte des 7. Jh.s hat es in Cuma ein Sibyllenorakel gegeben, der so eindrucksvolle Tunnel ist jedoch ein **Dromos**, ein griechischer Wehrgang späterer Jahrhunderte. Cuma war eine Festung, von der aus die Griechen entscheidende Schlachten gegen die Etrusker schlugen. Wo sich die Grotte der Sibylle befand, ist unbekannt.

Antro della Sibilla ►

? WUSSTEN SIE SCHON ...?

- Das Auftreten der Priesterin des Apollon wird von Vergil dramatisch beschrieben: »Aber die Priesterin tobt, noch nicht fähig genug, des Apollo höhere Macht zu ertragen, entsetzlich in ihrer verborgenen Felskluft umher; die keuchende Brust strebt, womöglich der Gottheit sich zu entlasten. Um so gewaltiger greift sie der Gott an, zerrt ihr den knirschenden Mund, bezähmt den sich sträubenden Busen, quält sie und macht so zu Göttersprache sie fähig ...«

Der Burgberg wird von den Resten zweier Tempel aus dem 6. Jh. v. Chr. bekrönt, die wegen ihrer fantastischen Lage vom Meer aus schon von Weitem zu sehen gewesen sein müssen. Vom Tempel des Apollon – von hier blickt man über die Unterstadt und in Richtung Arco Felice – führt die Via Sacra hinauf zum Jupitertempel. Beide Tempel wurden schon früh in christliche Kirchen umgewandelt. Die wenigen erhaltenen Trümmer sind noch immer beeindruckend. Der **Arco Felice** entstand vermutlich als Triumphbogen für Kaiser Domitian (81 – 96 n. Chr.), durch ihn führt die 95 n. Chr. zwischen Rom und Pozzuoli entstandene Via Domitiana.

★ Procida

C 4

Region: Campania
Fläche: 4 km^2
Einwohnerzahl: 10 700
Provinz: Neapel
Höhe: bis 92 m ü. d. M.

Die kleinste Insel im Golf von Neapel ist der wohl bekannteste »Geheimtipp« Kampaniens. Dabei wirkt Procida (außer während der Hauptsaison) im Vergleich zu Ischia und Capri geradezu unberührt. Das Inselleben geht hier – fast unabhängig vom durchaus willkommenen Tourismus – seinen gemächlichen Gang.

Geschichte

Das in Sichtweite der Phlegräischen Felder gelegene Procida ist vulkanischen Ursprungs und entstand in einem langen Prozess, der vor ca. 55 000 Jahren begann und vor 17 000 Jahren endete. Die erloschenen und halb im Meer versunkenen Krater lassen sich im Küstenverlauf noch gut erkennen. Die Insel war wohl schon in der **Bronzezeit** besiedelt, später lebten hier, der Name Procida deutet darauf hin, griechische Siedler. Nennenswerte Spuren, auch aus römischer Zeit, sind nicht erhalten. Im 9. Jh. entstand auf dem gut zu verteidigenden Plateau im Nordosten eine Fluchtburg, die im 16. Jh. zu einem Kastell, der **Terra Murata**, ausgebaut wurde. Für die weitere Entwicklung war die Übernahme des neapolitanischen Throns durch den jugendlichen König Karl III. einschneidend. Der die Jagd liebende Monarch machte aus der überschaubaren Insel eines seiner persönlichen Jagdreviere. Während Capri der Wachtel- und Nisida der Kaninchenjagd vorbehalten war, wurde auf Procida eigens ausgesetztes Wild gejagt. Die Insulaner selber durften nicht jagen und weder Schusswaffen noch Hunde oder Katzen besitzen. Zum Ausgleich bekam Procida königliche Privilegien wie den Holz- und Kohletransport zugesprochen. Auch die Tradition von Bootsbau und Schiffsausrüstung und später die der Kapitänsausbildung auf Procida hat hier ihre Wurzeln. Zu Wohlstand gekommene Seefahrer bauten sich stolze Wohnhäuser, die bis heute das architektonische Bild der Insel bestimmen. Bis 1907 gehörte der **Monte di Procida** auf der Halbinsel von Miseno zum Gemeindegebiet und wurde landwirtschaftlich genutzt. Ab 1957 war Procida als erste Golfinsel durch eine untermeerische Trinkwasserleitung mit dem Festland verbunden. Von 1830 bis 1988 war Procida sogar **Gefängnisinsel**, erst für politische Gefangene des Bourbonenregimes, später für die kriminelle Halbwelt Neapels.

? WUSSTEN SIE SCHON ...?

- Procida war Kulisse zweier Literaturverfilmungen: Der atmosphärische Hafen von Corricella war Hintergrund für einige Szenen der Neuverfilmung von Patricia Highsmiths Krimiklassiker »Der talentierte Mr. Ripley« (1999, Anthony Minghella) und mit den hier gedrehten Landschaftsaufnahmen für den Erfolgsfilm »Il Postino« (1994, Michael Radford) wurde Procida sogar kurzerhand zu Capri.

PROCIDA ERLEBEN

AUSKUNFT

AACST Pro Loco di Procida
Stazione Marittima
Tel. 08 18 10 19 68
www.prolocoprocida.it
www.ischiaprocida.it
www.procida.net

Graziella Travel
Via Roma 117
Tel. 08 18 96 91 90
Das Reisebüro direkt am Hafen fungiert als inoffizielles, dafür aber umso kompetenteres Info-Büro.

GUT ZU WISSEN

Verkehr
Fähren/Tragflügelboote: Fähren (traghetti) ab Pozzuoli und Neapel/Porta Calata di Massa, Tragflügelboote (aliscafi) ab Neapel/Molo Beverello und Neapel/Mergellina, Fähren und Tragflügelboote nach Ischia Porto und Casamicciola. Aktuelle Fahrpläne in Tageszeitungen, bei der AACST oder bei den Fährgesellschaften.

Auto · Taxi · Bus: Die Insel erstickt bereits am hausgemachten Verkehr und ist so klein, dass man sie zu Fuß in einer halben Stunde der Länge nach durchmessen kann. Der öffentliche Nahverkehr ist gut organisiert, es gibt ausreichend Taxis. Zentrale Bushaltestelle ist der Fähranleger Marina Grande.

Urlaub aktiv
Procida ist klein und die Erkundung der Insel kann durchaus zu Fuß geschehen, auch wenn man sich an enge Straßen, fehlende Fußwege und an die hupenden Kleinbusse und Motorini erst gewöhnen muss.
Die besten Strände liegen im Westen. Im Sommer öffnen zahlreiche Lidi an der langen Spiaggia di Ciraccio. Die sich östlich anschließenden Sandbuchten zwischen bizarr verwitterten Tuffsteinklippen kann man schwimmend erreichen, zu Fuß von der Via Salette. Landschaftlich spektakulär ist auch die Cala del Pozzo Vecchio jenseits der Punta Serra.
Auch ohne Bootsführerschein kann man die Küsten Procidas vom Meer aus »erobern«. An der Marina di Chiaiolella gibt es Bootsvermietungen. Die Einweisung dauert nur Minuten, die Preise sind moderat, das Vergnügen unbezahlbar.

VERANSTALTUNGEN

Die *Processione dei Misteri* beginnt am Karfreitag in aller Herrgottsfrühe vor der Abbazia di San Michele Arcangelo. Lebensgroße Figuren des Gekreuzigten und der trauernden Madonna werden von Männern in weißen Gewändern und blauen Umhängen durch die engen Gassen getragen. Dem Zug folgen die sog. Misteri, Figurengruppen, die die Leidensstationen Christi darstellen.
Am 8. Mai und am 29. September feiert Procida seinen Schutzpatron San Michele Arcangelo mit Umzügen und Feuerwerk.

ESSEN

▸ Fein & teuer

Gorgonia
Via Marina Corricella 50
Tel. 08 18 10 10 60; Juni – Sept. tgl., Apr., Mai, Okt. nur Sa. und So.
Edles Fischristorante, im Sommer Tische auf der Hafenmole.

▸ Erschwinglich

Lo Scarabeo
Via Salette 10
Tel. 08 18 96 99 18

Im Fischerhafen Marina Corricella

Mai – Sept. tgl., im Winter nur Sa. und So.
Rustikales Lokal im Zitronenhain im bäuerlichen Nordosten der Insel. Die Spezialität der Signora Paola ist Coniglio alla cacciatora.

Fishbone
Piazza Marina Chiaiolella 29
Tel. 08 18 96 74 22
März – Nov., Mo. geschl.
Gutes Fischlokal, das Angebot richtet sich nach dem Tagesfang.

ÜBERNACHTEN

Das Reisebüro Procida Holidays vermittelt ausgewählte schöne Appartements in geschmackvoll renovierten Fischerhäusern in der Corricella.
www.isoladiprocida.it

► Komfortabel

Casa sul Mare
Via Salita Castello 13
Tel. & Fax 08 18 96 87 99
www.lacasasulmare.it
Kleines Edel-Hotel in 18.-Jh.-Palazzo in Panoramalage im Nordosten oberhalb der Corricella. Geschmackvoll eingerichtete Zimmer mit Terrasse und Meerblick. Gratis-Shuttle zum Strand.

► Günstig

Solcante
Via Serra 1, Tel. & Fax 08 18 10 18 56
www.solcante.it
In schönem alten Gutshaus familiär geführtes Hotel im stillen Nordwesten der Insel. Die Spiaggia del Pozzo Vecchio in Gehdistanz.

Sehenswertes auf Procida

Terra Murata

Im Norden der Insel liegt mit dem Hafen Sancio Cattolico, der Terra Murata und dem Corricella-Viertel das **städtische Zentrum** Procidas. Neben dem geschäftigen Hafen mit seiner berühmten pastellbunten Ansammlung von Häusern ist die eigentliche Hauptsehenswürdigkeit der Insel die erhöht gelegene **Terra Murata**. Die »ummauerte Erde« entstand im 16. Jh. unter Alfonso d'Avalos, der den Burgberg befestigen und ummauern ließ. Bis zum Entstehen des Viertels Sancio Cattolico im 17. Jh. boten die Festungsmauern den Insulanern Schutz vor Sarazenen-Überfällen. Das seit den letzten Jahrzehnten nur noch teilweise bewohnte Ensemble macht heute einen leicht ruinierten Eindruck, eine Wiederbelebung ist in Vorbereitung. Der Weg hinauf lohnt aber schon wegen des **Panoramablicks**. Nicht weniger interessant ist ein Besuch der Chiesa di San Michele Arcangelo (Via San Michele 1; tgl. 9.45 – 12.45, 15.00 – 18.00 Uhr, So. nur vormittags). Der barocke Bau entstand auf den Resten einer Vorgängerkirche des 13. Jh.s. Im Kircheninneren sind Votivgaben sowie Bilder **Luca Giordanos** und seines Schülers **Nicola Russo** einen Blick wert. Das in die reich verzierte Decke montierte Gemälde des Erzengels Michael im Kampf gegen Luzifer soll von Giordano stammen. Fast interessanter ist eines der vier Russo zugeschriebenen Gemälde in der Apsis: Procida und im Hintergrund Ischia sind gut zu erkennen, während der Erzengel Michael aus dem Himmel herabsteigt, um den von Sarazenen bedrängten Insulanern beizustehen.

✶

San Michele Arcangelo ►

La Marina di Corricella

Die Marina di Corricella mit ihren sich um den kleinen Hafen windenden Gassen ist der Inbegriff eines romantischen Fischerhafens. Entlang des immer nach Fisch riechenden Kais reihen sich wenige Bars und Restaurants. Der große Reiseschriftsteller und Italienkenner **Eckart Peterich** beschrieb die im mediterranen Raum verbreitete Architektur: »Würfel, zugleich anmutig und geheimnisreich zu Dörfern und Städten zusammengewürfelt; darüber milde, schön geschwungene Kuppeln oder flache Dachterrassen; weitbogige Loggien und weit ausholende Außentreppen; und das alles fast immer strahlend weiß, blendend weiß in der Sonne, mondig silbern zur Nacht, leuchtend über schwarz-blauem Meer oder im Blaugrün immergrüner Bäume und Büsche«. Bei dieser Beschreibung hatte er vor allem Procidas Hafen Sancio Cattolico vor Augen, den er für das schönste Beispiel des »mittelmeerischen Inselstils« hielt. Die Herkunft dieser vor allem die Inseln im Golf von Neapel prägenden Architektur ist unklar. Byzantinische oder arabische Einflüsse werden vermutet, doch behauptet Peterich wohl zu Recht, dass diese Bauform sehr viel älter ist.

Der Inselstil ►

Marina di Chiaiolella

Im Sommer liegen in dem idyllischen Fischerhafen Marina di Chiaiolella, im Südwesten Procidas, vor allem Motorboote vor Anker, dann ist Chiaiolella wegen der **schönen Sandstrände** (von denen es auf Procida nicht allzu viele gibt) der bestbesuchte Ort der Insel.

Die kleine, unter Naturschutz stehende Insel Vivara (Riserva Naturale) ist erst seit den 1950er-Jahren durch einen Damm mit Procida verbunden. Archäologische Ausgrabungen brachten Spuren steinzeitlicher Besiedlung hervor. In vollkommener Einsamkeit lassen sich hier schöne Spaziergänge unternehmen (Procidas Fremdenverkehrsamt informiert über die unregelmäßigen Öffnungszeiten). **Vivara**

★ Ravello

F 5

Region: Campania
Provinz: Salerno
Höhe: 350 m ü. d. M.
Einwohnerzahl: 2500

Das oberhalb von Amalfi gelegene Ravello, das sich wegen des alljährlich in den Gärten der Villa Rufolo stattfindenden Musikfestivals auch »La Città della Musica« nennt, ist der vielleicht berückendste Ort in der Umgebung des Golfs von Neapel.

Auf ca. 350 m über dem Meer entfaltet sich eine orientalische Märchenwelt, die durch ihre Architektur und die Ausblicke auf den Golf von Salerno beeindruckt. Die Schönheit Ravellos erschließt sich nicht unbedingt während eines Tagesausflugs. Es empfiehlt sich zumindest eine Übernachtung. **Città della Musica**

Blick von der Villa Rufolo auf die amalfitanische Küste

Geschichte Schon in spätrömischer Zeit, so lassen zumindest Funde vermuten, war der über dem Valle del Dragone liegende Bergsattel besiedelt. Womöglich flüchtete ein Teil der Küstenbevölkerung des zerfallenden römischen Reichs vor feindlichen Invasoren in die sichere Abgeschiedenheit dieser Berge. Die eigentliche Geschichte Ravellos beginnt mit der Amalfis. Die wohlhabende Aristokratie der Seerepublik residierte fern der Stadt in splendider Höhenlage. Doch Ravello war mehr als nur ein Villenvorort Amalfis. Die Stadt besaß eine eigene Handelsflotte und machte der bedeutenderen Schwesterstadt erheblich Konkurrenz. Als Ravello 1086 Bischofssitz wurde, waren die großen Tage Amalfis schon vorüber. Eine seltsame Ambivalenz von konkurrierenden Geschäftsinteressen und familiärer Zusammengehörigkeit prägt die Geschichte beider Städte. Ravello konnte seinen Wohlstand trotz Plünderungen durch die Pisaner bis weit ins 13. Jh. hinein bewahren. Zur märchenhaften Geisterstadt wurde es erst nach einer Pestepidemie im 17. Jh., der ein Großteil der Bevölkerung (noch im 13. Jh. vermutet man 30 000 Einwohner) zum Opfer fiel.

Ravello und seine Besucher Die Schönheit Ravellos zwischen mondäner Sommerfrische und architektonischem Kleinod ist weltweit einzigartig. Die Stadt ist ernsthaft und verträumt. Einige ihrer Hotels gehören zwar zu den luxuriösesten in Italien, doch besticht Ravello durch wirkliches Understatement. Selbst die öffentlichkeitsscheue **Greta Garbo** verbrachte hier ihre Ferien. Die Zahl der prominenten Besucher ist Legion. **Richard Wagner** ließ sich – »Klingsors Zaubergarten ist gefunden!« – vom Garten der Villa Rufolo für den Parsifal inspirieren, in Boccaccios »Decamerone« taucht dieselbe Villa schon als Schauplatz auf. Hillary Clinton besuchte während des G 7-Gipfels ihren Landsmann, den amerikanischen Schriftsteller Gore Vidal, in dessen Villa »La Rondinaia«. Vidal lebte über dreißig Jahre in Ravello und zog erst 2005 zurück nach Amerika.

RAVELLO ERLEBEN

AUSKUNFT

AACST
Via Roma 18 bis, 84010 Ravello
Tel. 0 89 85 70 96, Fax 0 89 85 79 77
www.ravellotime.it
www.ravello.it – Hier gibt es gratis: guter Stadtplan und Wanderkarte.

GUT ZU WISSEN

Verkehr
Auto: Von der SS 163 führt die kurvenreiche SS 373 nach Ravello und setzt sich über den Valico di Chiunzi Richtung Pompeji und Neapel fort (A 30). Gebührenpflichtiger Parkplatz unterhalb der Piazza Vescovado.
Bus: Orangefarbene Stadtbusse verkehren regelmäßig zwischen Ravello, Scala und Amalfi.

Einkaufen
Camo: Giorgio Filocamo ist der Korallenkönig Kampaniens (Piazza Duomo 9, Tel. 0 89 85 74 61). Ausgestellt sind eigene Entwürfe und antike Stücke sowie ein herausragend bestücktes kleines Museum mit Korallenschnitzereien und Kameen.

VERANSTALTUNGEN

Festival Musicale di Ravello
Gesellschaftliches Ereignis zu (relativ) volksnahen Preisen. Ursprünglich ein reines Wagner-Festival, werden heute von April bis Oktober unterschiedlichste musikalische und tänzerische Darbietungen bekannter italienischer und internationaler Künstler geboten. Freiluftaufführungen finden meist in den Gärten der Villa Rufolo statt.
Im Juli symphonische Konzerte, im August Jazz auf der Dompiazza, im September Kammermusik (Termine und Kartenvorverkauf über die AACST Ravello bzw. www.ravello festival. com).

ESSEN

► Fein & teuer

① ***Rossellini's***
Via San Giovanni del Toro 28
Tel. 0 89 81 81 81, www.palazzosasso.com; März – Ende Okt.
Sollte die Urlaubskasse für die Übernachtung im Palazzo Sasso nicht reichen, bleibt die Möglichkeit, dem exzellenten Hotelrestaurant einen Besuch abzustatten.

② ***Villa Maria***
Restaurant des gleichnamigen Hotels (►S. 304). Auf herrlicher Terrasse genießt man den Ausblick und eine delikate Cucina amalfitana. Gemüse aus dem eigenen Garten.

③ ***Garden***
Via Boccaccio 4, Tel. 0 89 85 72 26
www.hotelgardenravello.it
Gute kampanische Küche und eine große Weinauswahl gibt es in dem fantastisch gelegenen Familienrestaurant (mit 10 hübschen Zimmern, Kat. Komfortabel), nur 500 m vom Domplatz entfernt.

Ravello Orientierung

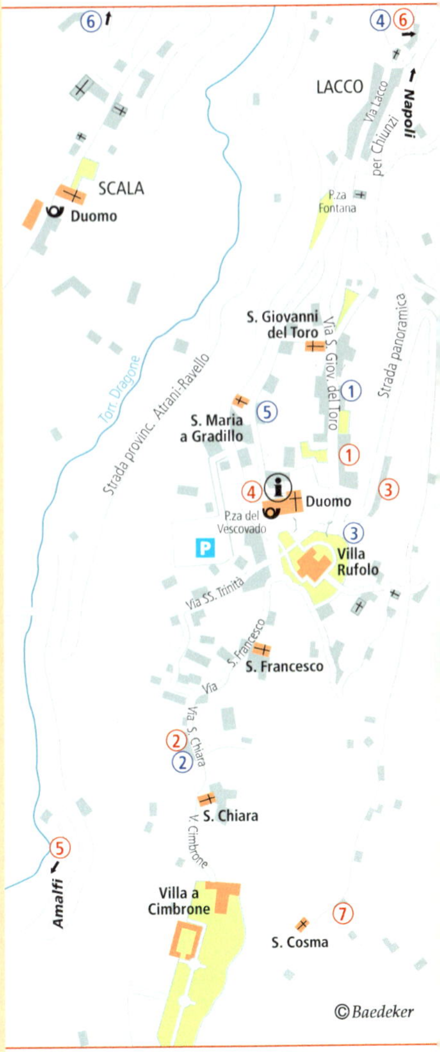

Essen
① Rosselini's
② Villa Maria
③ Garden
④ Cucina Antichi Sapori
⑤ Cumpà Cosimo
⑥ Da Lorenzo

Übernachten
① Palumbo
② Villa Maria
③ Da Salvatore
④ Toro
⑤ Villa San Michele
⑥ B&B Farfalle e Gabbiani
⑦ B&B Il Giardino dei Limoni

► Erschwinglich

Campinola di Tramonti* · ④ *Cucina Antichi Sapori
Via Chiunzi 72, Tel. & Fax 0 89 87 64 91, Mobil 34 75 94 33 89
www.cucinaantichisapori.it
Raffinierte Bergküche zu angemessenen Preisen. Gute Weinauswahl. An der Straße zwischen Maiori und dem Valico di Chiunzi.

⑤ *Cumpà Cosimo*
Via Roma 44
Tel. 0 89 85 71 56; Mo. geschl.
Hausgemachte Pasta, Gemüsegerichte und Fleischsecondi aus hauseigener Metzgerei. Etwas überteuert.

Scala* · ⑥ *Da Lorenzo
Via Fra Gerardo Sasso 21
Tel. 0 89 85 82 90; nur Sa. und So., Juni – Aug. in der Regel tgl. geöffnet – bitte vorher anrufen
www.trattoriadalorenzo.com
Familiäres Fischrestaurant mit schöner Terrasse und Blick auf Ravello. Hierher verirren sich auch Einheimische.

ÜBERNACHTEN

► Luxus

① *Palumbo*
Via San Giovanni del Toro 16
Tel. 0 89 85 72 44, www.hotelpalumbo.it – Fünf-Sterne-Luxus mit viel Atmosphäre in den maurischen Räumen des mittelalterlichen Palazzo Confalone. Shuttleverbindung zum Privatstrand mit Fisch-Restaurant.

② *Villa Maria*
Via Santa Chiara 2
Tel. 0 89 85 72 55, www.villamaria.it
Von der Terrasse, aus dem Garten und den meisten Zimmern Blick durchs Dragone-Tal aufs Meer. Der Besitzer führt auch das nahe gelegene Hotel Giordano, dessen Parkplatz und Pool mitbenutzt werden können.

► Komfortabel

③ *Da Salvatore*
Via della Repubblica 2
Tel. & Fax 0 89 85 72 27
www.salvatoreravello.com; Jan. – Nov.
Der Besitzer des gleichnamigen Ristorante offeriert auch Zimmer mit kleinen Terrassen und Küstenblick.

④ *Toro*
Via Roma 16, Tel. & Fax 0 89 85 72 11
www.hoteltoro.it; Mitte März – Mitte Nov. In vierter Generation geführtes sympathisches Albergo in zentraler Lage wenige Schritte vom Dom. Der Grafiker H. M. Escher hat sich u. a. ins Gästebuch eingetragen.

Località Castiglione* · ⑤ *Villa San Michele
Via Carusiello 2
Tel. & Fax 0 89 87 22 37
www.hotel-villasanmichele.it
Ende Febr. – Nov.; reizendes Albergo inmitten von Felsen und einem schönen Garten. Unterhalb der SS 163, zwischen Amalfi und dem Abzweig nach Ravello. Gute Küche!

► Günstig

Campinola di Tramonti* · ⑥ *B & B Farfalle e Gabbiani
Via Casa Pepe, Tel. & Fax 0 89 85 64 69
Mobil 32 08 37 38 69
www.farfalleegabbiani.it
Freundliche Zimmer im Tramonti-Tal, dem größten Weinanbaugebiet der Amalfitana. Im Hinterland der Costa divina geht das Leben noch einen ruhigeren Gang.

⑦ *B & B Il Giardino dei Limoni*
Via Casanova 3, Tel. & Fax 0 89 85 35 39, Mobil 33 98 63 31 63
www.giardinodeilimoni.com
Unterhalb von Ravello mit schönem Blick auf Minori und Maiori, die Bushaltestelle ist 1200 m entfernt.

Sehenswertes in Ravello

★ **Duomo di San Pantaleone**

★★ ◄ Bronzetüren

Die Piazza del Duomo gehört wegen ihrer einmaligen Lage zu den schönsten Plätzen Italiens. Gewaltige Pinien umrahmen eine Aussicht, die selbst am Golf von Neapel ihresgleichen sucht. Der Duomo di San Pantaleone stammt aus dem 12. Jh., ein Vorgängerbau aus dem 11. Jh. ist als erste Bischofskirche nachgewiesen. Eine Barockisierung wurde im 20. Jh. teilweise wieder rückgängig gemacht. Herausragend sind die Bronzetüren der Kirche und interessant der Vergleich mit denen des Doms von Amalfi. Gut 100 Jahre liegen zwischen ihrer Herstellung. Die in sog. Ritztechnik gearbeiteten Platten der amalfitanischen Tür sind in Ravello schon zu veritablen Reliefplatten geworden. Der Meister dieser Tür, **Barisano** aus dem apulischen Trani, hat noch zwei weitere Türen geschaffen: die Tür des Doms von Trani (heute in Bari) sowie eine weitere im sizilianischen Monreale bei Palermo. Nicht weniger beeindrucken im Dom die prachtvollen **Kanzeln**. Die kleinere stammt aus dem Jahr 1130; ihre Mosaike zeigen Szenen des Jonaswunders. Die größere, geschaffen vom apulischen Bildhauer Nicola di Bartolomeo, ruht auf sechs Säulen, die wiederum von Löwen und Löwinnen getragen werden. Sie

Einige Reliefplatten am Domportal von Ravello

entstand 1272 im Auftrag der reichsten Familie Ravellos. Kleine Porträtköpfe des Stifterpaares, Nicolo und Sigelgaita Rufolo, befinden sich seitlich des Aufgangs zur Kanzel. Die Gebeine **San Pantaleones**, des Schutzheiligen Ravellos, werden links vom Hauptaltar in der barocken Kapelle aufbewahrt. Das Dommuseum ist in der Krypta eingerichtet und zeigt vor allem mittelalterliche Architekturfragmente und Skulpturen. Einen Besuch lohnt allein schon die dem Bildhauer der großen Kanzel zugeschriebene Porträtbüste der Sigelgaita Rufolo (Dom: tgl. 8.30 – 13.00, 16.00 – 19.00; Museo del Duomo: tgl. 9.00 bis 13.00, 14.30 – 17.00 Uhr).

Museo del Duomo ►

✶✶ Villa Rufolo

Nur wenige Schritte vom Dom entfernt liegt die Villa Rufolo, ein irdischen Realitäten ganz und gar entrückt wirkender Komplex aus exotischem Garten und 1001-Nacht-Architektur. Entstanden ist dieses morgenländische Ensemble Ende des 13. Jh.s, als die Familie Rufolo (Matteo Rufolo war Bankier des neapolitanischen Königshauses der Anjou) auf der Höhe ihrer Macht stand. Nach dem Untergang des Hauses Rufolo und häufigem Besitzerwechsel war das Anwesen 1851 nur noch eine Ruine. In diese verliebte sich der englische Botaniker Francis Neville Reid, der den Besitz kaufte und rekonstruieren ließ. Schon das trutzige Eingangstor mit zahlreichen vermauerten Spolien verheißt den Eintritt in eine andere Welt. Die Villa ist heute Sitz eines Denkmalschutzinstituts. Besichtigt werden können einige Räume, der maurische Innenhof sowie ein kleines Museum mit zahlreichen Architekturfragmenten. **Eigentliche Attraktion** aber ist der **Garten** mit seinen Ausblicken auf die Küste (Piazza Vescovado; tgl. 9.00 – 20.00, in den Wintermonaten bis 18.00 Uhr).

✶✶ Villa Cimbrone

Nicht weniger fantastisch als das Anwesen der Villa Rufolo, nur weitaus exzentrischer, ist die Villa Cimbrone. 1904 kaufte der englische Millionär Ernest William Beckett das Grundstück mit der Ruine eines Palazzo aus dem 14. Jahrhundert. Mit viel Fantasie ließ er den Palazzo wieder aufbauen und einen Landschaftsgarten anlegen, der nicht nur wegen seiner exzeptionellen Lage besticht. Mittelalterliche Spolien, Repliken antiker Statuen und allerlei architektonische Merkwürdigkeiten machen die Anlage zu einem »Erlebnispark« des frühen 20. Jh.s. Für seine Tochter baute Beckett die spektakulär am Felsen klebende **»Villa Rondinaia«**, die nach dem Auszug von Gore Vidal 2005 zum Hotel umgebaut wurde. Auch die Villa Cimbrone ist ein Hotel und somit nur für seine Gäste zugänglich. Der Garten mit seiner berühmten Terrasse der Unendlichkeit ist jedoch für das Publikum geöffnet (Via Santa Chiara; tgl. 9.00 – 18.00 Uhr).

Terazza dell' Infinito ►

Die benachbarte **Chiesa di San Francesco** geht auf das 13. Jh. zurück.Auf einem Stein an der Fassade soll sich der hl. Franz von Assisi während seines Besuchs in Ravello 1222 ausgeruht haben.

Sehenswertes im Toro-Viertel

Vom Dom geht es rechts hinauf zum **Toro-Viertel**, der bevorzugten Wohngegend des mittelalterlichen Ravello. Einige Palazzi sind heute

Im Garten der Villa Cimbrone

traditionsreiche Hotels wie das **Palumbo** oder das **Caruso Belvedere**. Die Ausblicke vom Restaurant des Palumbo sind genauso schwindelerregend wie die Preise. Umsonst zu genießen ist hingegen das Panorama vom nahen **Belvedere Principessa di Piemonte**.

Die Chiesa San Giovanni del Toro (12. Jh.) ganz in der Nähe mit einer mosaikgeschmückten Kanzel sowie Fresken (13. Jh.) ist heute Konzertsaal und nicht regelmäßig geöffnet.

★ ◀ San Giovanni del Toro

Die dritte romanische Kirche Ravellos ist die **Chiesa Santa Maria a Gradillo** mit einer eindrucksvollen Kuppel und einem schönen Campanile. Im Inneren sind Reste von Fußbodenmosaiken sowie zahlreiche Spoliensäulen zu sehen. San Giovanni del Toro und Santa Maria a Gradillo ähneln, obwohl christliche Kirchen, orientalischen Moscheen. Die arabisch-normannische Geschichte Süditaliens manifestiert sich auch in diesen bedeutenden Sakralbauten. Im Frühjahr 2010 wurde in Ravello das spektakuläre **Auditorium** des brasilianichen Architekten Oskar Niemeyer eingeweiht. In dem futuristischen Gebäude sollen ganzjährig Konzerte stattfinden.

Umgebung von Ravello

★ **Scala**

Ein Besuch des Ravello gegenüberliegenden Scala wird am besten mit einer Wanderung verbunden. Das Dragone-Tal trennt die beiden Städte, die auf eine lange gemeinsame Vergangenheit zurückblicken. Von Scala aus sollen Amalfi und Ravello gegründet worden sein. Die

Ursprünge des Städtchens liegen im 6. Jh., von 987 bis 1603 war Scala Bischofssitz und im 11./12. Jh. im Seehandel aktiv. Aus der Blütezeit der Stadt stammt der **Duomo San Lorenzo** (12. Jh.). Besonders sehenswert ist die Krypta mit einer geschnitzten Kreuzigungsgruppe (13. Jh.) über dem Altar.

Minuta

Noch höher als Scala liegt Minuta mit der **Chiesa dell'Annunziata** (12. Jh., einige bedeutende Fresken aus der Erbauungszeit). Von hier führt ein reizvoller Treppenweg durch den Nachbarort Pontone nach Amalfi hinab.

★ Salerno

G 4

Region: Campania
Höhe: Meereshöhe
Provinz: Salerno
Einwohnerzahl: 146 000

Das von einem mittelalterlichen Kastell überragte Salerno liegt am gleichnamigen Golf zwischen den grünen Hügeln der Monti Picentini und dem Meer. Die Hauptstadt der größten Provinz Kampaniens ist nach Neapel das bedeutendste Wirtschaftszentrum und Verkehrsknotenpunkt der Region.

Stadt im Aufbruch

Salerno ist Hafenmetropole sowie Tor zur amalfitanischen Küste und zum Cilento. Nach Jahrzehnten einer von Bauspekulation und Verfall der Altstadt geprägten Agonie sowie schweren Schäden durch das Erdbeben von 1980 erlebt die Stadt – ähnlich wie Neapel – seit den frühen 1990er-Jahren eine Renaissance.

Geschichte

Dank der günstigen Lage zwischen der amalfitanischen Küste und der Ebene von Paestum war die Hafenstadt in allen Phasen ihrer Geschichte ein wichtiges Verkehrs- und Handelszentrum. Von der fast 3000 Jahre langen Siedlungsgeschichte haben Naturkatastrophen und nicht zuletzt die Zerstörungen des Zweiten Weltkriegs nur überschaubare Reste hinterlassen. Ausgrabungen im Stadtviertel Fratte brachten Spuren einer **samnitisch-etruskischen Siedlung** namens Irna aus dem 6. Jh. v. Chr. ans Tageslicht (Museo Archeologico di Fratte, Via San Francesco Spirito; tgl. 9.00 bis 1 Std. vor Sonnenuntergang, So. 9.00 – 13.00 Uhr). Sie war ein Zentrum der Keramikproduktion und ein wichtiger Handelsplatz zwischen den in Paestum und Velia siedelnden Griechen und den aus dem Norden nach Kampanien expandierenden Etruskern. 197 v. Chr. gründeten **Römer** die Stadt neu: Salernum war Militärstützpunkt und Verwaltungshauptstadt der antiken Region **Lucania**. Die Via Tasso war der römische Decumanus Maggiore, unter der Piazza Abate Conforti wird das Forum vermutet und die Chiesa dell'Addolorata steht auf den Fundamenten des Kapitoltempels. Ihre Blütezeit erlebte die Stadt im Mit-

Salerno im Mittelalter ►

Salerno, Hafenmetropole sowie Tor zur Amalfitana und zum Cilento

telalter: Der normannische König Robert Guiscard erhob Salerno 1076 zur Hauptstadt seines süditalienischen Reiches. Ihr Ruhm mehrte sich durch die **Scuola Medica Salernitana**, deren Ursprünge im 10. Jh. liegen und die vor allem von den Stauferkönigen gefördert wurde. Ab dem 13. Jh. verlor die Stadt zugunsten von Neapel an Bedeutung. Anfang des 19. Jh.s siedelte sich in Salerno als erster Stadt Süditaliens nennenswerte Industrie an. Vor allem Schweizer gründeten um Salerno textilverarbeitende Unternehmen. Die Fabrikarbeiter stammten ebenfalls meistens aus der Schweiz, sodass sich in Kampanien eine deutschsprachige Kolonie bildete. Zwar verschoben sich nach der Einigung Italiens auch die ökonomischen Zentren in den Norden des Landes, doch waren 1877 in den 21 Textilfabriken Salernos noch ca. 10 000 Arbeiter beschäftigt, in Turin nur 4000 Arbeiter.

Salerno heute

Im September 1943 wurde das von Deutschen besetzte Salerno durch alliierte Bombenangriffe schwer getroffen: 80 % der Gebäude waren beschädigt und der Hafen ein Trümmerfeld. In den Nachkriegsjahrzehnten verdoppelten sich durch Zuzug aus ärmeren Provinzen die Einwohnerzahlen. Wie überall am Golf von Neapel trugen die entstehenden Wohnviertel nicht zur urbanen Verschönerung bei. Wohl keine andere Kommune in Kampanien ist so ehrgeizig darum bemüht, städtebauliche Sünden ungeschehen zu machen und die Stadt ins 21. Jahrtausend zu führen. Die Altstadt wurde erfolgreich saniert und ist heute wieder belebt. Der katalanische Stararchitekt **Oriol Bohigas** ist seit Jahren mit der Umsetzung eines kühnen Bebauungsplans beschäftigt. In Planung ist auch eine neue Stazione Marittima, der Entwurf stammt von der bekannten Architektin **Zaha Hadid**.

SALERNO ERLEBEN

AUSKUNFT

AACST Infopoint Turistico
Corso Vittorio Emanuele 191-195
Tel. 0 89 66 29 51
www.comune.salerno.it
Kommunales Info-Büro in der Fußgängerzone

EPT
Piazza Vittorio Veneto
84125 Salerno
Tel. 0 89 23 14 32
www.eptsalerno.it
Das Infobüro an der Bahnhofspiazza erteilt freundliche Auskunft zu Stadt und Provinz Salerno.

GUT ZU WISSEN

Verkehr

Auto: Großparkplätze in Zentrumsnähe auf der Piazza Alvarez/Molo Manfredi, Piazza Manzini/Bahnhof bzw. Piazza della Concordia/Porto Turistico und am Altstadtrand mit blauem »P« gekennzeichnet und gebührenpflichtig.

Bus: Von der Piazza Vittorio Veneto/Bahnhof CSTP über Cava dei Tirreni nach Pompei und SITA Richtung Amalfitana und zum Flughafen Neapel.
SITA nach Neapel/Hauptbahnhof hält am Corso Garibaldi vor der Bar Cioffi. Von Piazza della Concordia/Porto Turistico CSTP über Paestum in den Cilento. Tickets in Bars und Tabacchi.

Bahn: Vom F.S.-Bahnhof an der Piazza Vittorio Veneto besteht eine gute Anbindung an Neapel, Rom, Avellino und Benevent. Lokalzüge über Paestum in den Cilento.

Fähren/Tragflügelboote: Die Schiffe verkehren Apr.–Okt.; Alicost vom Molo Manfredi nach Amalfi, Positano und Capri, Metro del Mare vom Molo Manfredi über Sorrent nach Neapel und Pozzuoli, nach Capri und in den Cilento, Coop. Sant'Andrea vom Porto Turistico an die Amalfitana. Die Schiffe legen in Vietri, Cetara, Maiori, Minori, Amalfi, Positano und Sorrent an.

Einkaufen

Moda italiana gibt es in der Fußgängerzone Corso Vittorio Emanuele. Edle Boutiquen, Juweliere und Konfektionsgeschäfte säumen die Via dei Mercanti in der Altstadt. Seit 1868 verführt hier die Pasticceria Pantaleone verwöhnte Schleckermäuler.

In der dritten Generation stattet die Antica Cappelleria di Russo Giosuè (Via Duomo 41, Mobil 32 90 69 11 13) Londoner Banker, Männer von Welt und Monsignori mit handgefertigten Bowlern, Borsalinos und tellerrunden Priesterhüten aus.

Urlaub aktiv

Schöne Strände, blitzsauberes Wasser und Wanderwege findet man an den nahen Küsten des Cilento (►S. 258) und der Amalfitana (►S. 118).

VERANSTALTUNGEN

Salerno Porte Aperte: Wie in Neapel öffnen sich auch in Salerno im Mai die Türen ansonsten verschlossener Monumente. Schulklassen »adoptieren« einzelne Denkmäler und bieten Führungen an. Abwechslungsreiches kulturelles Begleitprogramm (www.comune.salerno.it).
San Matteo: Am 21. September feiert Salerno den Apostel Matthäus als Stadtpatron mit Prozession und Riesenfeuerwerk.

ESSEN

▸ Erschwinglich

① ***Antica Pizzeria del Vicolo della Neve***
Vicolo della Neve 24, Tel. 0 89 22 57 05, www.vicolodellaneve.it
Mi. geschl., nur abends geöffnet
Die älteste Trattoria Salernos in einer engen Altstadtgasse unterhalb der Via di Mercanti ist ein »Geheimtipp«.

② ***Santa Lucia***
Via Roma 182
(Ecke Via Porta di Mare)
Tel. 0 89 22 56 96; Mo. geschl.
Seit zwei Generationen eine Institution. Die schmackhafte Fischküche schätzen auch viele Stammgäste aus der Welt des Theaters. Über dem Restaurant das gleichnamige B & B.

▸ Preiswert

③ ***Ciripizza***
Via Fieravecchia 41
Tel. 0 89 23 39 40; Mo. geschl.
Von Einheimischen wegen bester

Salerno *Orientierung*

Essen
① Antica Pizzeria del Vicolo della Neve
② Santa Lucia
③ Ciripizza
④ Pizzeria Trianon

Übernachten
① B&B Villa Avenia
② Plaza
③ Il Convento San Michele
④ Ave Gratia Plena

Zutaten geschätzte Holzofenpizza. Beklagt wird lediglich der Mangel an Parkplätzen.

④ ***Pizzeria Trianon***
Piazza Flavio Gioia 22
Tel. 0 89 25 25 30; So. geschl.
Ableger einer der berühmtesten Pizzerie Napolis. Im Sommer Tische auf der Piazza.

ÜBERNACHTEN

► Komfortabel

① ***B & B Villa Avenia***
Via Porta di Ronca 5 bzw. Via Tasso 83
Tel. 0 89 25 22 81, Mobil 34 03 61 18 13
www.villaavenia.com; Nov. geschl.
Komfortable Zimmer mit guten Betten in herrschaftlichem Palazzo in direkter Nachbarschaft zu den Giardini della Minerva. Auf der Gartenterrasse wird ein opulentes Frühstück serviert, hier liegt auch ein Wellness-Bereich mit Sauna.

② ***Plaza***
Piazza Vittorio Veneto 42
Tel. 0 89 22 44 77
www.plazasalerno.it
Absolut zentral am Ende der Fußgängerzone gelegen. Von den Hotels an der Bahnhofspiazza das empfehlenswerteste.

③ ***Il Convento San Michele***
Via Bastioni 8
Tel. 08 92 75 36 02
www.ilconventosanmichele.it
Im Rücken des Doms liegt der ehemalige mittelalterliche Konvent, nach aufwendiger Restaurierung ein ebenso komfortables wie geschmackvolles Hotel. Mit Restaurant, Winebar und Gästeparkplatz.

► Günstig

④ ***Ave Gratia Plena***
Via dei Canali
Tel. 0 89 23 47 76
www.ostellodisalerno.it
Kein Alterslimit gibt es in der Jugendherberge am nördlichen Altstadtrand nahe der Piazza Amendola, dafür Zimmer ohne unnötigen Luxus, aber mit guten Betten und ordentlichen Bädern in einem restaurierten Konvent. Der barocke Kreuzgang ist ein toller Platz, um die anderen Gäste zu treffen. Von der kleinen Dachterrasse Blick über die Altstadtdächer.

Sehenswertes in Salerno

Überblick Trotz der Nähe zur süditalienischen Kapitale wirkt Salerno nur wenig neapolitanisch. Der Centro storico ist abends voller Leben und auch der Lungomare Trieste lädt zur abendlichen Passeggiata ein. Als Verlängerung des modernen und eleganten Corso Vittorio Emanuele führt die Via dei Mercanti in den Centro storico, wo die wichtigsten Sehenswürdigkeiten liegen, und zur Via Roma.

★ **Duomo di San Matteo** Der Duomo di San Matteo, Mittelpunkt der Altstadt, ist ein schöner **romanischer Kirchenbau** (Piazza Alfano 1; Okt. – Mai tgl. 7.30 bis 12.00, 16.00 – 19.00, Juni – Sept. 7.30 – 12.00, 16.00 – 20.00 Uhr). Errichtet wurde er unter Robert Guiscard 1076 – 1085, der 56 m hohe frei stehende Campanile stammt aus dem 12. Jahrhundert. Trotz einer nach Erdbebenschäden im 18. Jh. vorgenommenen Barockisierung ist von der romanischen Bausubstanz und Ausstattung noch Wesentliches erhalten. Grund dafür ist vor allem die sorgsame Restaurierung nach dem Erdbeben von 1980. Eine barocke Freitreppe führt durch das Löwenportal aus dem 12. Jh. in den Atriumhof. Doppelgeschossige Arkaden ruhen auf antiken Säulen aus Paestum. Die in typisch byzantinischer Ritztechnik verzierten **Bronzetüren** wurden 1099 in Konstantinopel gegossen und sind vergleichbar mit denen in Amalfi und Atrani.

Das Kircheninnere ist eine Mischung aus romanischen und barocken Stilelementen. So sind die Decken der drei Längsschiffe mit barocken Stuckaturen versehen, während im Querschiff die originale offene Holzdecke aus romanischer Zeit wieder freigelegt wurde. Die heute wieder schlanken Spoliensäulen zwischen Haupt- und Seitenschiffen waren im Barock zu massiven Pfeilern vermauert worden. Der Fußboden des Altarbereichs stammt aus normannischer Zeit, sein Marmor wird einmal Gebäude der antiken Stadt Poseidonia (Paestum) geschmückt haben. Die Apsismosaike mit Szenen aus dem Leben des hl. Matthäus stammen teilweise aus dem 11. bis 13. Jahrhundert. Bemerkenswert sind auch die reich mit Marmor verzierten Kanzeln sowie der Osterleuchter (12. bzw. 13. Jh.). In der **Cappella delle Crociate** rechts vom Hochaltar liegt der 1085 in Salerno gestorbene **Papst Gregor VII.** begraben. Als Widersacher Kaiser Heinrichs IV. ist

Kleinod italienischer Marmorintarsienkunst: Krypta im Dom von Salerno

Museo Diocesano ►

dieser Papst in die deutsche Geschichte eingegangen. In der prachtvollen, fast gänzlich mit Marmorintarsien geschmückten barocken Krypta werden die Gebeine des Apostels Matthäus verehrt. Das Dommuseum hütet u. a. eine der größten Sammlungen mittelalterlicher Elfenbeinditpychen (Piazza Plebiscito; tgl. 9.00 – 18.30 Uhr).

Pinacoteca

Die Gemäldegalerie im Palazzo Pinto stellt Werke von der Renaissance bis zur 1. Hälfte des 20. Jh.s aus (Di. – So. 9.00 bis 20.00 Uhr).

Museo della Scuola Medica Salernitana

Die Geschichte der weltberühmten medizinischen Hochschule – sie wurde erst 1812 durch Gioacchino Murat aufgelöst – ist in der ehem. Kirche San Gregorio dokumentiert (Via dei Mercanti 72; tgl. 9.00 – 13.00, 16.00 – 19.00, So. nur bis 13.00 Uhr).

✶ SS. Crocifisso

Die schwungvoll barocke Fassade der kleinen Chiesa del SS. Crocifisso in der Via dei Mercanti verbirgt einen Innenraum, der in großen Teilen aus dem 10. Jh. stammt. Charakteristisch für die Romanik sind die offene Holzbalkendecke und die vielen Spoliensäulen, die vermutlich aus Paestum stammen.

Weitere Sehenswürdigkeiten

Der **Arco Arechi** am Westende der Via dei Mercanti ist ein Rest der langobardischen Residenz aus dem 8. Jh. Die nahe **Chiesa San Pietro a Corte** (Vicolo Adalberga) war die Palastkapelle der langobardischen, später normannisch-staufischen Anlage, von der ansonsten nur noch der vielfach umgebaute heutige Palazzo Frascione (Vicolo dei Satori) erhalten ist. Im **Museo Archeologico Provinciale di Salerno** (Via San Benedetto 38; Di. – So. 9.00 bis 19.30 Uhr) sind archäologische Funde ausgestellt. In der nahe gelegenen Via Acre ist ein imposanter Teil des mittelalterlichen Aquädukts (8./9. Jh.) zu sehen.

✶ Castello Arechi

Der vom Langobardenfürst Arechi auf byzantinischen Fundamenten errichtete Bau wurde von den späteren Herrschern Salernos erweitert. Die strategische Bedeutung dieses Ortes zur Überwachung von Golf und Hinterland verdeutlicht schon der phänomenale Panoramablick. Das Kastell beherbergt ein **Museum zur Stadtgeschichte** (tgl. 9.00 – 14.00, 16.00 bis 1 Std. vor Sonnenuntergang); man erreicht es auf einem Treppenweg aus der Altstadt oder mit dem Bus).

Umgebung von Salerno

Nocera

Nocera Superiore ►

Das ca. 20 km nordwestlich von Salerno entfernte antike Nuceria (heute Nocera superiore, 24 000 Einw.) war ein florierender Handelsplatz. Im beginnenden 12. Jh. machte eine Verlagerung der Handelswege in die Vesuvebene auch eine Verlegung der Stadt notwendig und so entstand das heutige Nocera inferiore (46 000 Einwohner). Ausgrabungen haben in Nocera superiore Reste der römischen Vergangenheit zutage gefördert, u. a. Teile einer Gräberstraße mit Monumenten, die den pompejanischen Gräberstraßen in nichts nachstehen, sowie ein Theater. Das bedeutendste Bauwerk der Stadt ist die **La Rotonda** genannte **Chiesa Santa Maria Maggiore**, ein wunderschöner Rundbau aus dem 7. Jh. Besonders beeindruckend sind die ein Taufbecken umrundenden 15 Doppelsäulen und Mosaikreste des Fußbodens eines Vorgängerbaus aus dem 6. Jahrhundert. (Battisterio di Santa Maria Maggiore, Via Santa Maria Maggiore; Besichtigung nur nach Voranmeldung, Tel. 081 93 15 28).

Pontecagnano
◂ Museo Archeologico

In Pontecagnano Faiano, 15 km südöstlich von Salerno, informiert ein Museum über die Ausdehnung etruskischer Kultur in den Süden Italiens. Die Funde – u. a. Vasen, Krüge, eine Pferdemaske aus dem 8. Jh. v. Chr., Urnen in Form von Holzhütten sowie verschiedene Alltagsgegenstände – stammen aus der Nekropole von Pontecagnano und zeugen von den weitreichenden Handelsbeziehungen dieser vorrömischen Bevölkerung (Via Lucania; Di. – So. 9.00 – 13.30 Uhr). Der archäologische Park ist gleichzeitig Stadtpark (Parco Eco-Archeologico di Picentia, Via Stadio).

★ Sorrent · Sorrento

E 5

Region: Campania
Provinz: Neapel
Höhe: 50 m ü. d. M.
Einwohnerzahl: 16 500

Ähnlich wie Capri haben Sorrent und die Sorrentiner Halbinsel mit ihren Ortschaften seit jeher einen fast magnetischen Reiz auf mitteleuropäische Reisende ausgeübt. Der Traum eines südlichen, nur aus Meer, Himmel und blühender Vegetation bestehenden Italiens scheint hier Wirklichkeit geworden zu sein. Noch immer ist Sorrent schön, den Auswüchsen des pauschalierten Massentourismus jedoch sollte der Besucher möglichst mit Humor begegnen.

Geschichte

Das antike Surrentum war schon in römischer Zeit wegen seiner schönen Lage eine beliebte Sommerfrische. Auf dem natürlichen Felsplateau mit Panoramablick standen prachtvolle Villae maritimae, von denen allerdings so gut wie keine Spuren erhalten sind. Nur das antike Straßennetz, das klassische System von Decumani und Cardines, im rechten Winkel aufeinandertreffende Straßen, ist trotz der neuzeitlichen Bebauung gut nachzuvollziehen. Die heutige Via Tasso entspricht dem Decumanus Maximus, die Via S. Cesareo/Via Fuoro dem Cardo Maximus. An der Schnittstelle, unter dem Niveau der heutigen Straßen und des Doms, lag das antike Forum. Die Ursprünge des schon seit der Jungsteinzeit besiedelten Felsens sind allerdings griechisch. Vor allem der Sieg über die Etrusker in der Seeschlacht vom Cuma (474 v. Chr.) leitete die griechische Expansion am Golf von Neapel ein. Wie fast alle Städte Kampaniens geriet auch Sorrent

später unter samnitischen Einfluss, bevor es infolge der Bundesgenossenkriege 90/89 v. Chr. zum römischen Municipium erhoben und mit Veteranen besiedelt wurde.
In nachantiker Zeit wurde das von der Meeresseite aus so gut wie uneinnehmbare Sorrent von den nach Süditalien strömenden Invasoren heftig umkämpft. Nach einer kurzen Blütezeit als selbstständige Seerepublik im 10. Jh. gliederte der **normannische König Roger II.** die Halbinsel von Sorrent in sein Königreich ein, wo sie dann als Teil des Königreichs Beider Sizilien bis 1860 verblieb. Eine beständige Gefahr für die Küstenorte waren die Überfälle sarazenischer oder türkischer Piraten. In Sorrent baute man nach einer Plünderung 1558 eine Befestigungsmauer, die, dem Verlauf der antiken Stadtmauer folgend, den heutigen Centro storico umschließt.

Traumziel der Grand Tour

Mehr als jeder andere Ort am Golf von Neapel wurde Sorrent schon ab dem frühen 18. Jh. zum Synonym für ein südliches Arkadien. Ganze Generationen wohlhabender Engländer überwinterten hier in den luxuriösen Hotels, genossen das milde Klima und die üppigen Zitronen- und Orangengärten, für die Sorrent noch immer berühmt ist. Neben der schönen Landschaft machte auch der Ausbau touristischer Infrastruktur Sorrent zum »Hot Spot« der eleganten europäischen Welt. Das schon 1824 eröffnete **Hotel Bellevue Syrene** war eines der ersten Häuser Italiens, das nicht nur schlichte Herberge für Durchreisende war, sondern langfristige Erholungsaufenthalte anbot.

SORRENT ERLEBEN

AUSKUNFT

AACST di Sorrento – Sant'Agnello
Via Luigi De Maio 35
80067 Sorrento
Tel. 08 18 07 40 33, Fax 08 18 77 33 97
www.sorrentotourism.com
www.comune.sorrento.na.it
Hier erhältlich sind Unterkunftsverzeichnis, Gratis-Wanderkarten und jeden Monat die zweisprachige Broschüre »Surrentum« mit Stadtplan und Tipps.

AACST di Vico Equense
Via Filangieri 100
80069 Vico Equense
Tel. & Fax 08 18 01 57 52
www.vicoturismo.it
Gutes Info-Material und Gratis-Wanderkarte des Monte Faito.

AACST di Castellammare di Stabia
Piazza Matteotti 34
80053 Castellammare di Stabia
Tel. & Fax 08 18 71 13 34
www.stabiatourism.it

GUT ZU WISSEN

Verkehr

Bus: Busbahnhof vor der Circumvesuviana-Station in Sorrent. SITA auf der Sorrentiner Halbinsel und an der Costiera Amalfitana. Curreri 6 x tgl. von Sorrent über Vico Equense und Castellamare di Stabia zum Flughafen Neapel (Tickets im Bus). In Sorrent orangefarbene Stadtbusse. Fahrpläne und Tickets am Kiosk, in Bars und Tabacchi-Läden, Fahrpläne auch in Tageszeitungen.

Marina Grande in Sorrent

Bahn:
Sorrent ist Endhaltestelle der Circumvesuviana, die über Vico Equense, Castellammare di Stabia, Pompeji und Herculaneum bis Neapel fährt.

Fähren/Tragflügelboote:
Sorrents Fährhafen Marina Piccola ist über Treppen und eine stark befahrene Straße zu Fuß bzw. mit Stadtbussen aus dem Zentrum zu erreichen. Fähren (traghetti) und Tragflügelboote (aliscafi) nach Capri, Ischia und Neapel, im Sommer zusätzliche Schiffe nach Castellammare und an die Amalfitana. In der Hauptsaison herrscht auf den Capri-Schiffen großer Andrang, Tickets können vorab gekauft werden (aktuelle Fahrpläne findet man in Tageszeitungen, bei der AACST oder direkt am Hafen).

Einkaufen
Der verkehrsberuhigte Corso Italia ist die Haupteinkaufsmeile. Parallel dazu verläuft in der Altstadt die Via Cesareo mit ihrer Fortsetzung Via Fuoro. Hier reihen sich Lebensmittelgeschäfte an Bäckereien, Limoncello-Fabriken, Antiquitäten- und Souvenirläden.
Ein altes lokales Handwerk ist die ***Intarsienkunst***. Um das Auge für den Unterschied zwischen Kitsch, Kunst und Fälschung zu schulen, sollte man die Museobottega della Tarsialignea aufsuchen (Via S. Nicola 28; Apr. – Okt. Di. – So. 9.30 – 13.00, 15.00 – 18.00, Nov. – März 9.30 bis 12.00, 16.00 – 20.00 Uhr).
Die Destillerie Nastro d'Oro (Piazza S. Croce 5) in Termini produziert Liköre und Limoncelli, die manchem in Sorrent angebotenen Produkt überlegen sind.

Smaragdgrüner Naturpool: Bagno della Regina am Capo di Sorrento

Urlaub aktiv

Sorrent verfügt nur über einen schmalen Sandstrand. Dem Platzmangel begegnen die Badeanstalten mit langen Stegen ins Meer. Nordwestlich von Sorrent, mit Stadtbus und anschließendem Fußmarsch schnell zu erreichen, lockt am Capo di Sorrento das *Bagno della Regina Giovanna*, ein smaragdgrüner Naturpool. Die schönsten Strände auf der Sorrentiner Halbinsel bietet *Marina del Cantone*. Zu Fuß oder mit Taxibooten lassen sich von hier die verschwiegenen Felsbuchten in der *Baia di Jeranto* erreichen.

VERANSTALTUNGEN

Eine besonders eindrucksvolle *Karfreitagsprozession* gibt es in Sorrent. In aller Herrgottsfrühe ziehen die Bruderschaften in weißen Kapuzengewändern singend durch die nächtlich erleuchteten Straßen.
Am Abend des 13. Juni *Patronatsfest von S. Antonio Abate* in Marina del Cantone mit Bootsprozession und Feuerwerk.
Juli und August *Estate Musicale* in Sorrent mit klassischen Konzerten im Kreuzgang von S. Francesco.

ESSEN

▶ Fein & teuer

Sant'Agata sui due Golfi · ① Don Alfonso 1890
Corso S. Agata 13, Tel. 08 18 78 00 26
www.donalfonso1890.com
März – Dez., Mo. geschl.
Sternendekorierter Gaumentempel. Die Zutaten der innovativen kampanischen Küche stammen aus eigener biologischer Landwirtschaft. Der Weinkeller lässt keine Wünsche offen. Vorbestellen! Mit Gästezimmern.

Marina del Cantone · ② Quattro Passi
Via A. Vespucci 13/N
Tel. 08 18 08 12 71
www.ristorantequattropassi.com
März – Okt., Mo. und Di. Abend geschl. – Das zweite Sternelokal der Sorrentiner Halbinsel. Freundliches Ambiente, im Sommer sitzt man unter einer begrünten Pergola. Auch Kochkurse und Zimmer.

Vico Equense · ③ Torre del Saraceno
Via Toretta 9
Tel. 08 18 02 85 55, www.torredelsaracino.it; So. Abend und Mo. geschl.
Zu Füßen des alten Küstenwachturms

an der Marina di Equa, eines der besten Fischlokale der Gegend.

► Erschwinglich

④ ***Trattoria S. Anna – da »Emilia«***
Via Marina Grande 62
Tel. 08 18 07 27 20; Di. geschl.
Urige Hafentrattoria in Sorrent mit Holzterrasse über dem Meer. Das Essen ist köstlich, die Preise sehr anständig.

► Preiswert

Termini · ⑤ Miracapri
Via Roncato 13
Mobil 36 83 06 08 63
Früher hieß das Lokal »Aspiett nu poc« und lag in Nerano. Man musste ein bisschen warten, verriet der Name. Zu warten lohnt sich immer noch, vor allem auf die reichlichen Antipasti und hausgemachte Pasta. Bis das Essen kommt, kann man sich am Capri-Blick satt sehen.

ÜBERNACHTEN

► Luxus

① ***Bellevue Syrene***
Piazza della Vittoria 5
Tel. 08 18 78 10 24
www.bellevuesyrene.it
Wo sich im Altertum eine römische Patriziervilla erhob, empfängt das Bellevue Syrene (nomen est omen!) seit 1820 Schriftsteller, Künstler und dollarstarke Amerikaner. Restaurant im Stil einer reich dekorierten pompejanischen Villa. Privatstrand.

② ***Parco dei Principi***
Via Rota 1, Tel. 08 18 78 46 44
www.hotelparcoprincipi.com
Ende März – Ende Okt.
Am Steilufer, inmitten von 27 ha Park, ein Traum in Blau des Architekten Gio Ponti (1891 – 1979), komplett durchgestylt im 1960er-Jahre-Stil. Pool und Lift zum Privatstrand.

► Komfortabel

③ ***La Badia***
Via Nastro Verde 8
Tel. 08 18 78 11 54
www.hotellabadia.it
Mitte März – Ende Okt.
Ehem. Kloster inmitten von Oliven an der Straße in Richtung Sant'Agata (15 Gehminuten vom Ort, Busse). Aufmerksame Führung, schön möblierte, ruhige Zimmer, gute Küche.

Baia di Recommone · ④ La Conca del Sogno
Via S. Marciano 9, Tel. & Fax 08 18 08 10 36, www.concadelsogno.it
Ostern – Ende Okt.
Edelpension mit Ristorante an einer abgeschiedenen Traumbucht mit Blick auf die Amalfitana. Flitterwochentauglich! Von Marina del Cantone in 15 Min. zu Fuß oder mit dem Wassertaxi zu erreichen. Zufahrt über die Privatstraße des Campingplatzes »Villaggio Syrenuse«.

Sant'Agnello · ⑤ Seven Hostel
Via Iomella Grande 99
Tel. 08 18 78 67 58
www.sevenhostel.com
Gelungene Verwandlung einer alten Villa in ein modernes, blitzsauberes Hostel, das Gästen jeden Alters offen steht. Tolle Dachterrasse, coole Bar.

► Günstig

Massa Lubrense · ⑥ Agriturismo La Lobra
Via Fontanella 17
Tel. & Fax 08 18 78 90 73
www.lalobra.it
Zitronen-, Olivenhaine und Gemüsegärten umgeben das kinderfreundliche Anwesen an der Straße, die aus Massa zur Marina della Lobra hinabführt. Ausgezeichnete Küche. Für die Gäste werden Bootsausflüge organisiert.

Sehenswertes in Sorrent

Piazza Torquato Tasso

Sorrents städtisches Zentrum, die Piazza Torquato Tasso, wird vom viel befahrenen Corso Italia durchschnitten. Den Platz schmücken zwei Statuen, die des Schutzpatrons Sant'Antonio und die des Dichters Torquato Tasso, dem berühmtesten Sohn der Stadt.

✶ Museo Correale

Das Museo Correale di Terranova, nur wenige Gehminuten von der Piazza Tasso entfernt, gehört zu den sehenswertesten Museen am Golf von Neapel (Via Correale 50; Mi. – Mo. 9.00 – 14.00 Uhr). Das Erdgeschoss des Museums ist der **Familiengeschichte** der Correales di Terranova gewidmet, die in Sorrent schon seit dem frühen 15. Jh. ansässig waren. Außerdem sind antike Architektur- und Skulpturenfragmente aus Sorrent und Umgebung ausgestellt. Im 1. Stock sind Gemälde neapolitanischer Künstler des 16. Jh.s, im 2. Stock u. a. Veduten der Scuola di Posillipo zu sehen. Eigentlicher Sammlungsschwerpunkt ist **Porzellan** aus allen bedeutenden europäischen Manufakturen. Nicht weniger sehenswert sind die vorwiegend aus dem 18. Jh. stammenden Möbel mit aufwendigen Intarsienarbeiten – das Kunsthandwerk hat in Sorrent eine lange Tradition und wird noch heute gepflegt. Die Bibliothek hütet wertvolle Erstausgaben von Werken **Torquato Tassos** sowie Autografen des Dichters.

? WUSSTEN SIE SCHON ...?

- Eine Legende unter den Luxushotels der Welt ist das Grand Hotel Excelsior Vittoria. Zu den vielen illustren Gästen gehörten Richard und Cosima Wagner, die hier im Oktober 1876 Friedrich Nietzsche zum Tee empfingen. Das endgültige Zerwürfnis zwischen Wagner und Nietzsche nahm vor der Traumkulisse Sorrents seinen Anfang. Auch Enrico Caruso war Stammgast im Excelsior – in der Caruso-Suite steht noch das Klavier, auf dem der Tenor spielte.

Weitere Sehenswürdigkeiten

Sorrents eigentliche Attraktion sind die **stupenden Ausblicke** auf das Meer. Beachtenswert sind in der parallel zum Corso verlaufenden Via della Pietà allerdings zwei mittelalterliche Stadtpaläste, der **Palazzo Veniero** (13. Jh.) und der nur wenige Schritte entfernte **Palazzo Correale** (15. Jh.) mit Rund- bzw. Spitzbogenfenstern und eleganten Verzierungen an den Fassaden. Sorrents Dom SS. Filippo e Giacomo (Largo Arcivescovado/Corso Italia) steht an der Stelle des antiken Forums. Der Bau stammt aus der 2. Hälfte des 15. Jh.s und wurde auf einer in das 11./12. Jh. zu datierenden Vorgängerkirche errichtet, von der allerdings bis auf den Bogendurchgang des Campanile mit antiken Spoliensäulen kaum Reste erhalten sind. Die gotisierende Kirchenfassade stammt aus den Jahren 1913 – 1926. **Torquato Tasso**, das italienische Dichtergenie der Spätrenaissance (1544 – 1595), verbrachte seine Kindheit in Sorrent. Im angeblichen Geburtshaus des Dichters, dem heutigen Imperial Hotel Tramontano (Via Vittorio Veneto) sind zwei Zimmer zu besichtigen, die mit der einstigen Wohnung der Familie Tasso in Verbindung gebracht werden.

SS. Filippo e Giacomo ►

Wesentlich reizvoller als der Dom ist der Kreuzgang des ehemaligen Franziskanerkonvents. Ursprünglich eine Gründung der Benediktiner aus dem 8. Jh., waren hier seit dem 15. Jh. Franziskanermönche beheimatet. Der gotisch-maurische Chiostro aus dem 14. Jh. erinnert an die Kreuzgänge von Amalfi und Ravello. Der benachbarte Klostergarten ist heute als **Villa Comunale** jedermann zugänglich und bietet Ausblicke, die ob ihrer Schönheit mit dem touristischen Rummel in Sorrent schnell versöhnen.

★ **Kreuzgang von San Francesco**

Eine viel fotografierte Sehenswürdigkeit Sorrents ist der Sedile Dominova (Piazza Reginaldo Giuliani). Dieses Versammlungsgebäude Sorrentiner Ratsherren aus dem 15. Jh. mit seiner zu zwei Straßen geöffneten Loggia ist Treffpunkt eines Clubs Karten spielender Herren. Das halb öffentliche Ambiente mit der Freskendekoration aus dem 18. Jh. ist durchaus festlich, das Mobiliar aus Spieltischen und Caféhausstühlen hingegen äußerst gemütlich.

★ **Sedile Dominova**

Auf dem Weg zur Marina Grande passiert man ein wenn auch vielfach erneuertes, so doch in Resten gut erhaltenes **griechisches Stadttor** aus dem 5. Jh. v. Chr. In der Nähe des Doms blieb auf einer Länge von 500 m die mittelalterliche Stadtmauer erhalten. Der kleine **Fi-**

Marina Grande

Sorrent *Orientierung*

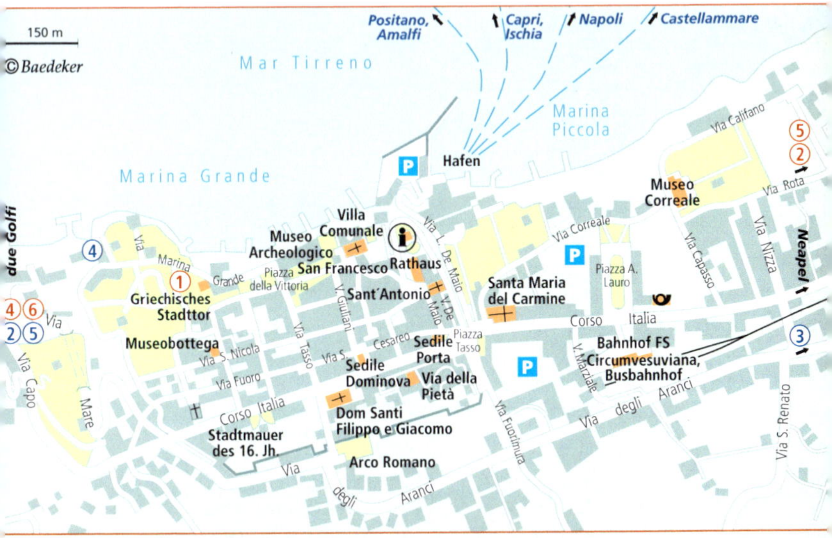

en
Don Alfonso 1890
Quattro Passi
Torre del Saraceno
④ Trattoria S. Anna – da »Emilia«
⑤ Miracapri

Übernachten
① Bellevue Syrene
② Parco dei Principi
③ La Badia
④ La Conca del Sogno
⑤ Seven Hostel
⑥ Agriturismo La Lobra

scherhafen von Marina Grande bietet einen vorzüglichen Ausblick auf das steil ins Meer abfallende Tuffplateau, auf dem Sorrent liegt. Wo heute die berühmten Hotels ihre Gäste mit dem Panoramablick verwöhnen, befanden sich einst die antiken römischen Villen.

✶ Halbinsel von Sorrent

Penisola Sorrentina

Als landschaftliches Naturwunder gilt die Halbinsel von Sorrent mit ihren fantastischen Ausblicken auf den Golf von Neapel und die Inseln Capri, Ischia und Procida. Zwischen den Küsten der Amalfitana und denen von Castellammare di Stabia und Vico Equense liegt zudem mit den Monti Lattari ein geologisch als Ausläufer noch zum Apennin gehörender Gebirgszug mit den Gipfeln Monte Sant'Angelo Tre Pizzi (1444 m), Monte Faito (1131 m), Monte Cervigliano (1204 m) und Monte Cerreto (1316 m). Schon hinter Vico Equense oder dem auf der amalfitanischen Seite gelegenen Positano werden die Monti Lattari in südwestlicher Richtung schnell flacher. Ehemalige Spitze der Halbinsel war in urgeschichtlicher Zeit Capri. Heute endet die Penisola Sorrentina an der Punta Campanella.

? WUSSTEN SIE SCHON ...?

- Den antiken Sagen zufolge lebten an den Küsten der Sorrentiner Halbinsel die verführerischen Sirenen, die mit ihrem Gesang die vorbeifahrenden Seeleute auf die gefährlichen Klippen und in den Untergang lockten. Allein Orpheus und Odysseus widerstanden den weiblichen Mischwesen aus Mensch und Vogel. Orpheus übertönte mit seinem eigenen Gesang die Stimmen der Sirenen und Odysseus ließ sich an den Mast seines Schiffes binden, während seine Mitstreiter ihre Ohren mit Wachs verschlossen hatten. Eine der Sirenen ist Parthenope, die mythische Gründerin Neapels.

Castellammare di Stabia

In Castellammare di Stabia beginnt eine Rundfahrt entlang der sorrentinischen Küste. Die rege Kleinstadt (67 000 Einw.) hat eine große Vergangenheit, kämpft heute allerdings mit einer komplizierten Gegenwart. Noch in den 1960/70er-Jahren war der Ort eine beliebte Sommerfrische. Die starke Verschmutzung des unweit ins Meer mündenden Sarno hat das einstige Badeleben jedoch veröden lassen. Das antike **Stabiae** war für seine Thermen berühmt und noch heute sprudeln 28 verschiedene Thermalwasser aus den Quellen, die moderne Kuranlage ist aber wenig einladend (Nuove Terme Stabiane; www.termedistabia.com). Besuchenswert ist Castellammare vor allem wegen seiner archäologischen Ausgrabungen.
Das antike **Stabiae** war eine oskisch-samnitische Gründung, die ab Mitte des 4. Jh.s v. Chr. mit Rom verbündet war und 89 v. Chr. von Sulla erobert wurde. Wegen seiner prachtvollen Panoramalage auf den Felshängen über dem Meer entwickelte es sich in wenigen Jahrzehnten zu einem bevorzugten sommerlichen Aufenthaltsort der römischen Aristokratie. Anders als Pompeji oder Herculaneum wurde die Stadt nach dem Vesuvausbruch 79 n. Chr. wieder aufgebaut und entwickelte sich zum Hafen von Nuceria (Nocera) und im 2. Jh. zum

Blick von der Punta Campanella in die Baia di Ieranto

Haupthafen des fruchtbaren Hinterlands zwischen Vesuv und den Monti Lattari. Als langobardisches »Castrum ad Mare di Stabiis« taucht der Ort in den Quellen wieder auf. Das heutige Erscheinungsbild, eine Mischung aus ehemaligem Seebad und Industriestandort, geht auf Ferdinand IV. zurück, der 1785 Schiffswerften anlegen ließ. In ewiger Konkurrenz zum schöneren Nachbarort Sorrent erlebte Castellammare im 19. Jh. eine touristische Blütezeit.

Zentrum Castellammares ist die Piazza Giovanni XXIII. Die **Cattedrale di Santa Maria Assunta e di San Catello** entstand im späten 16. Jh., wurde allerdings 1875 – 1893 umgebaut. Die gegenüberliegende **Chiesa del Gesù** (1615) ist ein eklektizistischer Bau aus barockem und antikisierendem Formenrepertoire. Das Altarbild der Madonna del Soccorso stammt von **Luca Giordano**. Lohnenswert ist eine Fahrt mit der Seilbahn (gegenüber der Circumvesuviana-Station Castellammare di Stabia) hinauf zum Gipfel des 1131 m hohen Monte Faito. Der Blick auf den Golf ist an schönen Tagen unvergleichlich. Auf Höhe der Bergstation (1102 m) beginnen Wanderwege.

★ ◀ Monte Faito, Ausblick

Villa Quisisana

Die Villa Quisisana liegt oberhalb der Stadt an der SS 145, die als **Strada Panoramica** ihrem Namen alle Ehre macht. 1310 hatte der neapolitanische König Robert von Anjou ein Gebäude aus der Zeit Friedrichs II. zu einer königlichen Sommerresidenz umbauen lassen. Entscheidende Umbauten erfuhr die Villa unter den Bourbonenkönigen. Das heutige äußere Erscheinungsbild stammt aus den 1820er-Jahren. Nach 1879 war die Villa bis Ende der 1960er-Jahre ein Luxushotel. Der nach jahrelangen Restaurierungsarbeiten 2010 in alter Pracht wiedererstandene Komplex soll in Zukunft ein Kulturzentrum werden.

✶✶ Ville romane di Stabia

An den Hängen des Varano-Hügels oberhalb der Stadt liegt das archäologische Gelände mit den Ausgrabungen **dreier römischer Villen** aus dem 1. Jh. v. Chr. Die **Villa Arianna** und die **Villa B** wirken wie ein zusammengehörender Komplex und zeigen, wie dicht die stabianische Küste in antiker Zeit bebaut gewesen sein muss. Ähnlich wie die Villa dei Papiri in Herculaneum waren diese luxuriösen Sommerpaläste terrassenförmig in die Küstenhänge hineingebaut. Die Villa Arianna besticht trotz aller Beschädigungen mit exquisiten Wanddekorationen. In der durch das Erdbeben 1980 beschädigten **Villa San Marco** zeugt das 30 m lange Wasserbecken vom einstigen Luxus. Das Vergnügen, ganz allein durch die Ruinen einer römischen Villa zu spazieren, ist hier fast garantiert (Via Passeggiata Archeologica; tgl. 8.30 – 19.30, Nov. – März nur bis 17.00 Uhr).

Gragnano, Lettere

An den nordwestlichen Hängen der **Monti Lattari** liegen einige über die Strada Panoramica zu erreichende Ortschaften, die zwar nicht mit großen Sehenswürdigkeiten aufwarten, dafür aber recht charmant sind. Schon **Boccaccio** beschrieb die Reize der Landschaft und die Eleganz der heute meist verschwundenen Villen, in denen der angiovinische Adel die Sommermonate verbrachte. Berühmt ist vor allem **Gragnano** als ein Zentrum der Pasta-Herstellung. Seit dem 17. Jh. wird hier das Grundnahrungsmittel der Italiener in höchster Qualität hergestellt. Das klare Quellwasser aus den Monte Lattari trieb einst die Getreidemühlen an. Das nahe **Lettere** war bis ins frühe 20. Jh. ein kleiner, bei Neapolitanern beliebter Luftkurort für die heißen Sommermonate. Lange vor dem Entstehen des Miglio d'Oro oder der Entdeckung der Inseln im Golf von Neapel als Sommerfrische waren die waldreichen Monti Lattari Schauplatz der »villeggiatura«, des ländlich luxuriösen Lebens in Kampanien. Heute sind Gragnano, Cásola di Napoli oder Santa Maria la Carità auch Zentren der textilverarbeitenden Kleinindustrie. In unzähligen Familienbetrieben wird ein Großteil der in alle Welt exportierten italienischen Bademode hergestellt.

Nudel-Zentrum ►

✶ Vico Equense

Die muntere Kleinstadt ist in den Sommermonaten vor allem bei italienischen Urlaubern sehr beliebt. An den Stränden der Marina di Equa kann man hervorragend baden, das bergige Hinterland lädt zu Spaziergängen ein. Das antike Aequa war schon in vorrömischer Zeit besiedelt. Die zahlreichen Funde aus oskischen, samnitischen und etruskischen Nekropolen, darunter einige schöne Beispiele griechischer, rot- und schwarzfiguriger Keramik, werden im **Antiquarium Aequano** präsentiert (Corso Filangieri, Palazzo Municipale, Mo. – Fr. 9.00 – 13.00 Uhr). Nachdem das ungeschützt auf einem Tuffplateau liegende Städtchen in den Gotenkriegen (6. Jh.) und von den Saraze-

Castello und Badestrand in Vico Equense

nen (9. Jh.) mehrmals zerstört worden war, gründete Karl II. von Anjou es Ende des 13. Jh.s neu; das über der Stadt gelegene **Castello Giusso** geht auf ihn zurück (heute Privatbesitz). Vico (lat. vicus = Ansammlung von Häusern) und später Vico di Sorrento wurde zu einer der Sommerresidenzen der angiovinischen Könige. Auch die spektakulär über einem Steilhang gelegene **Chiesa dell'Annunziata** (Via Vescovado) geht auf eine angiovinische Gründung zurück. Vom ursprünglich gotischen Bau sind trotz einer Barockisierung im Inneren noch Reste erkennbar geblieben, die Fassade stammt aus dem späten 18. Jahrhundert. Stadtmittelpunkt ist die **Piazza Umberto I.** mit dem hübschen Delfinbrunnen. Aus Vico Equenses großer Zeit als angiovinisch-aragonesische Sommerresidenz sind nur wenige architektonische Reste wie gotische Portale und Fenster erhalten. In der Via Michele Natale 3 hat ein Innenhof aus der Renaissance die Zeitläufte überstanden. Im **Museo Mineralogico Campano** (Via San Ciro 2; Di. – So. 9.00 – 13.00, im Sommer auch 16.00 – 19.00 Uhr) sind neben 3500 Mineralien Fossilien urgeschichtlicher Tiere ausgestellt.

Im Hinterland von Vico Equense

Entlang der 20 km langen Via Raffaele Bosco lassen sich reizvolle Exkursionen ins bergige Hinterland unternehmen. Schon unter Augustus war diese Landschaft von Kriegsveteranen besiedelt worden. Mit Beginn der sarazenischen Überfälle zogen sich ab dem 9. Jh. die Küstenbewohner in die Berge zurück und gründeten bäuerliche Ortschaften, in denen die Zeit stehen geblieben zu sein scheint. Wie Perlen einer Kette liegen idyllische Dörfchen an dieser einmaligen Pano-

! Baedeker TIPP

Luxus in der Antike

Ein schöner Spaziergang führt zur Ruine einer römischen Villa aus dem 1. Jh. n. Chr. auf der Punta del Capo westlich von Sorrent, hinter dem Ortsteil Capo di Sorrento. Aufgrund der Beschreibungen des Dichters Statius identifizieren Archäologen sie als die Villa des reichen Kaufmanns Pollius Felix. Auch diese Villa maritima ist ein Gesamtkunstwerk aus Architektur, gestalteter Landschaft und Naturpanorama, dessen einstige Eleganz sich noch erahnen lässt. Ein Modell der Villa ist im Museum von Piano di Sorrento ausgestellt.

ramastraße. In **Massaquano**, der ältesten Siedlung, steht die spätgotische **Cappella di Santa Lucia**, die 1385 als Grabkapelle für Bartolomeo Cioffi errichtet und mit ausgezeichneten, ganz in der Tradition Giottos stehenden Malereien dekoriert wurde.

Je näher sich die aussichtsreiche Küstenstraße Sorrent nähert, desto stärker wird der Eindruck, die einzelnen Ortschaften seien zusammengewachsen. Trotz mancher baulichen Katastrophe des 20. Jh.s und des meist sehr regen Verkehrs entfaltet die Penisola Sorrentina hier ihren ganzen Zauber: schneeweiße Villen in grünen Parks, in der Sonne leuchtende Zitronen und das alles vor einem strahlend blauen Horizont aus Meer und Himmel.

Piano di Sorrento ►

In Piano di Sorrento, einem hübschen und in den Sommermonaten viel frequentierten kleinen Seebad, wurde 1999 das **Museo Archeologico Georges Vallet** eröffnet. Nicht nur die archäologische Sammlung, auch das Gebäude, die klassizistische Villa Fondi, ist sehenswert. Besonders schön ist der Park der Villa mit der Rekonstruktion eines römischen Nymphäums (Via Ripa di Cassano 14; Di. – So. 9.00 – 13.00, 16.00 – 19.00 Uhr).

Sant'Agata sui due Golfi
★★
Ausblick ►

Der kleine Ort, ca. 6 km von Massa Lubrense entfernt an der Straße von Sorrento nach Positano, verdankt seinen Namen einem Ausblick: Vom Belvedere des **Monastero del Deserto** sieht man sowohl über den Golf von Neapel als auch über den von Salerno. Das Kloster war wegen dieser Aussicht schon zur Zeit der Grand Tour eine viel gerühmte Sehenswürdigkeit. Nach Jahrzehnten der Verwahrlosung haben Benediktinerschwestern des Klosters San Paolo aus Sorrent den Konvent mit neuem Leben erfüllt. In der barocken Pfarrkirche Santa Maria delle Grazie überrascht ein reich in Pietra-dura-Technik mit Marmorintarsien verzierter Hauptaltar (Dionisio Lazzari, um 1654).

Massa Lubrense

Der eigentliche Zauber der Penisola Sorrentina entfaltet sich hinter Massa Lubrense (13 000 Einw.) im Süden der Halbinsel. Vom touristischen Rummel des nahen Sorrent ist hier nichts mehr zu spüren und in der noch immer bäuerlich geprägten Landschaft lassen sich schöne Spaziergänge unternehmen. Der Ortsname des mittelalterlichen Städtchens leitet sich von lat. delubrum = Heiligtum/Tempel ab und verweist auf ein dem Kult der Sirenen oder der Minerva geweihtes Heiligtum. Mittelpunkt ist die idyllische und mit einem wunderbaren Golfblick ausgestattete **Piazza Vescovado**. Bemerkenswert ist die 1512 – 1536 entstandene, 1760 erneuerte Chiesa Santa Maria delle

Grazie mit einem Majolikafußboden (18. Jh.). Ein hübscher Spaziergang führt hinunter zur **Marina della Lobra**, einem im Sommer recht belebten Jachthafen.

★★ Punta Campanella

Unumstrittener Höhepunkt einer Wanderung im südwestlichen Zipfel der Halbinsel ist die Punta Campanella. Vom kleinen Örtchen Termini am Fuß des Monte San Costanzo führt der Weg durch eine im Frühjahr üppig blühende Vegetation. Die Landschaft ist als Heimat der gefährlichen Sirenen von Mythen umwoben. Odysseus soll hier ein Athenaheiligtum gegründet haben, das in römischer Zeit in einen Minervatempel umgewandelt wurde. Die Meerenge zwischen Capri und der Spitze der Halbinsel war in der Antike bei den Seefahrern gefürchtet, sodass die Göttinnen mit Opfergaben um Schutz und Beistand gebeten wurden. Die antiken Heiligtümer befanden sich an der Stelle des heutigen Leuchtturms. Auch auf dem 498 m hohen **Monte San Costanzo** befand sich ein Tempel, auf dessen Fundament heute die Chiesa di San Costanzo aus dem 15. Jh. steht.

★★ Vesuv · Vesuvio

E 3/4

Region: Campania **Provinz:** Napoli
Höhe: 1281 m ü. d. M.

Neapels viel bewunderter Hausberg ist zugleich der gefährlichste Vulkan Europas. Obwohl der letzte Ausbruch mehr als 40 Jahre zurückliegt, ist der Vesuv keineswegs erloschen. Ein großer Ausbruch wird von den Vulkanologen jederzeit für möglich gehalten.

3 D ► S. 18

Die Gefährlichkeit des Vesuv liegt in seinem Aufbau als hochexplosiver Schichtvulkan und in der dichten Besiedlung seiner nächsten Umgebung. Die charakteristische Silhouette mit zwei Kegeln entstand während des Ausbruchs im Jahr 79. n. Chr., der die Spitze des ursprünglichen Monte Somma wegsprengte. Der neue Krater stürzte in sich zusammen und in dieser Caldera entstand der heutige Vesuv. Als »Doppelvulkan« mit dem Rest des Monte Somma (1132 m) dominiert der Vesuv seitdem das Panorama des Golfs von Neapel.
Die gut halbstündige Besteigung des Vesuv ist beschwerlich, dafür entschädigt der Blick in den Krater (ca. 200 m tief, Durchmesser 600 m) und auf das Panorama des Golfs. Seit 1991 gibt es den **Parco Nazionale del Vesuvio** mit einem Netz von Wanderwegen (Eintritt). Der Weg zum Krater beginnt in der Nähe des zentralen Parkplatzes.

Der Ausbruch im Jahr 79 n. Chr.

Das Erdbeben 62 n. Chr. war ein Vorbote der Katastrophe, die 17 Jahre später die »Campania felix« treffen sollte. Der Vesuvausbruch vom 24./25. August 79. n. Chr. ist die **erste schriftlich dokumentierte Naturkatastrophe der Menschheitsgeschichte**. Die beiden Briefe von **Plinius d. J.** an den Historiker Tacitus beschreiben ausführlich den Ablauf des Ausbruchs, vor allem die 30 km hohe, pinienförmige Wolke, die aus dem explodierenden Gipfel des Monte Somma aufstieg. Sein Onkel, **Plinius d. Ä.**, überlebte den Ausbruch nicht, sondern erstickte am Strand von Stabiae.

Historische Eruptionen

um 25 000 v. Chr.	Beginn vulkanischer Tätigkeit des Monte Somma
ca. 8000 v. Chr.	Sogenannte Ottaviano-Eruption
ca. 1740 v. Chr.	Avellino-Eruption: In der Nähe des 35 km von Neapel entfernt liegenden Avellino werden bronzezeitliche Siedlungen verschüttet.
24./25. August 79 n. Chr.	Plinianische Eruption: Pompeji und Herculaneum werden zerstört.
202 – 1139	Elf Eruptionen sind dokumentiert.
1631	4000 Menschen sterben während des Ausbruchs. Die Blutampullen San Gennaros werden in einer Prozession zum Vesuv getragen.
1794	Torre del Greco wird zerstört.
1906	Letzte große Eruption mit 500 Todesopfern. In den Straßen Neapels liegt die Asche über einen Meter hoch. Der Vulkankegel stürzt ein, seine Höhe verringert sich um 200 m.
1944	Bislang letzter Ausbruch des Vesuv. Die Städtchen Massa di Somma und San Sebastiano werden zerstört. Seitdem steigt auch die charakteristische Rauchfahne, Il Pennacchio, nicht mehr aus dem Krater in den Himmel.

Vulkanologie

Einer der ersten Vulkanologen war **Lord William Hamilton**, englischer Gesandter am Hof Neapels. Er war nicht nur ein manischer Sammler griechischer Keramik, sondern ebenso fasziniert vom Vesuv. Sein 1776 erschienenes, dreibändiges Werk »Observations of the Volcanos of the two Sicilies« beschäftigt sich ausführlich mit den Vulkanen am Golf von Neapel. Seine Leidenschaft teilte er mit **Goethe**, der während seines Neapelaufenthalts den Vesuv mehrmals bestieg und später in seinem Haus am Frauenplan in Weimar zahlreiche vesuvianische Mineralien aufbewahrte. Heute ist der Vesuv einer der am besten erforschten und beobachteten Vulkane der Welt. Täglich werden im **Osservatorio Vesuviano** und seinen Nebenstellen die aktuellen Messdaten ausgewertet, kleinste Schwankungen der Temperatur im Kraterinneren ebenso registriert wie sich verändernde chemische Zusammensetzungen der austretenden Dämpfe. Die sensiblen Apparaturen registrieren jährlich rund 200 kleine Erdbeben, die allerdings so schwach sind, dass nur seismografische Geräte sie erfassen können. Doch beweisen diese Daten, dass der Vulkan nur schläft. 2001

Auf dem schlafenden Vulkan Vesuv

alarmierte die Entdeckung eines riesigen unterirdischen Magmasees, der sich vom Vesuv bis weit über die Phlegräischen Felder hinaus erstreckt, die Vulkanologen der Universität von Neapel, unterstreicht diese doch noch einmal das konkrete Gefahrenpotenzial nicht nur des Vesuv, sondern auch der Solfatara in den Campi flegrei. Das schon 1841 von Ferdinand II. gegründete Institut ist heute mehr Museum als Forschungsstation. Die Hauptarbeit der Wissenschaftler geschieht in modernen Labors in Fuorigrotta. Im Jahr 2000 wurde im historischen Observatorium die Ausstellung »Vesuvio: 2000 anni di osservazione« eingerichtet, die anschaulich in die Welt der Vulkane einführt. Neben Bildern, Plänen und Fotografien beeindrucken die Computersimulationen. Webcams gestatten einen zeitgleichen Blick in die Krater von Vesuv, Ätna, Vulcano und Stromboli. Die Internetseite www.ov.ingv.it unterrichtet täglich über die aktuelle Befindlichkeit des Vesuv (Via Osservatorio; Sa., So. 10.00 – 14.00 Uhr).

★ ◄ Osservatorio Vesuviana

Dass der Vesuv ausbrechen wird, ist keine Frage, auf das »wann« gibt es keine verbindliche Antwort. Zwei bis drei Wochen vor einer möglichen Eruption, so sagen die Wissenschaftler, könnte mit der Evakuierung der besonders betrof-

? WUSSTEN SIE SCHON …?

- Warum in die Ferne schweifen? Auch in Deutschland steht ein Feuer speiender Vesuv: Fürst Franz von Anhalt-Dessau, zurück von seiner Grand Tour am Golf von Neapel 1765/66, ließ in seinem Schlosspark im sächsischen Wörlitz einen Mini-Vulkan errichten, zu »schreckbaren Explosionen« fähig. Der Park steht auf der Welterbeliste der UNESCO (www.gartenreich.com).

VESUV ERLEBEN

AUSKUNFT

Parco Nazionale del Vesuvio
Via Palazzo del Principe (Castello Mediceo), 80044 Ottaviano
Tel. 08 18 65 39 11, Fax 08 18 65 39 08
www.epnv.it
1www.vesuvioinrete.it
Info-Büro auf der Quota mille (Parkplatz), hier erhält man auch die Wanderkarte »I sentieri del Parco Nazionale del Vesuvio«.

VERKEHR

Auto: A 3 Ausfahrt Ercolano oder Torre del Greco. Die Vesuv-Höhenstraße führt am alten Observatorium vorbei und endet auf der Quota mille (Parkplatz in 1000 m Höhe). Die engen Landstraßen am Fuße des Vesuv führen durch dicht besiedeltes Gebiet und verlangen Autofahrern viel Geduld ab!
Taxi: Aus Ercolano/Circumvesuviana-Station Mini-Busse zur Quota mille (Tel. 08 17 39 36 66, www.vesuvioexpress.it).
Bus: Vesuviana Mobilità von Neapel/Molo Beverello bzw. Piazza Garibaldi und Pompeji/Piazza Anfiteatro bzw. Porta Marina über Ercolano/Stazione Circumvesuviana auf den Vesuv zur Quota mille.
Bahn: Circumvesuviana auf der Hauptstrecke Napoli – Sorrento, Stationen sind Portici, Ercolano, Pompeji und Torre Annunziata. Weitere Strecken führen von Neapel nach Baiano (Bahnhof Nola und Cimitile) bzw. Sarno; Fahrpläne auch in Tageszeitungen.

VERANSTALTUNGEN

Jeden 17. Januar werden in Somma Vesuviana zur *Festa di Sant'Antonio Abate* abends Freudenfeuer auf den Straßen und Plätzen entzündet.

Nur alle vier Jahre (2014, 2018 ...) wird die *Festa delle Lucerne* gefeiert, bei der die Madonna della Neve durch den von Aberhunderten Öllämpchen erleuchteten mittelalterlichen Ortsteil Borgo Casamale getragen wird.

ESSEN

► Erschwinglich

Ercolano · Casa Rossa 1888 al Vesuvio
► Herculaneum, S. 164

Somma Vesuviana · La Lanterna
Via Colonello G. Aliperta 8
Tel. 08 18 99 18 43
www.lanternadisomma.it
Mo. geschl. Touristen verirren sich nur selten auf die Rückseite des Vesuv. Kulinarisch sehr befriedigend lässt sich die Vesuv-Tour im fröhlich-bunten Restaurant Luigi Russos fortsetzen. Am Abend wird auch der Pizzaofen angefeuert.

► Preiswert/Erschwinglich

Ercolano · Kona
Via Osservatorio 14
Tel. 08 17 77 39 68, Mobil 34 75 87 93 81; Mo. und Dez. – Jan. geschl. Nettes Aussichtslokal oberhalb der Casa Rossa. Pastagerichte, lokaler Käse, gemüseorientierte Jahreszeitenküche und frischer Fisch.

ÜBERNACHTEN

► Günstig/Komfortabel

San Sebastiano al Vesuvio · Bel Vesuvio Inn
Via Panoramica Fellapane 40
Tel. 08 17 71 12 43
www.agriturismobelvesuvioinn.it
Eine Sommervilla (18. Jh.) am Fuße des Lavastroms von 1944, die Zimmer mit Blick auf den Vesuv bzw. den Golf. Im Restaurant hofeigene Produkte.

fenen Ortschaften rund um den Vulkan begonnen werden. In dieser »roten Zone« leben heute ca. **600 000 Menschen**. Die Bauspekulation der Nachkriegsjahrzehnte und der »abusivo«, die ohne Baugenehmigung hochgezogenen Gebäude, haben die ehemals ländliche Gegend in zersiedelte Vororte Neapels verwandelt. Mit dem groß angelegten Projekt »Vesuvia« (»weg vom Vesuv«) versucht die Regierung mit Geldprämien die Bewohner der 17 betroffenen Kommunen zum Umzug zu bewegen. Die Sorgen sind begründet, denn das Szenario eines künftigen Vesuvausbruchs ist ohne Vorbild. Und angesichts verstopfter Straßen während des täglich zusammenbrechenden Feierabendverkehrs in den Vesuvgemeinden scheint jeder Evakuierungsplan sowieso eine Utopie zu sein.

! *Baedeker* TIPP

Vesuv virtuell

Die Webseiten des deutschen Vulkanologen Boris Behncke (http://boris.vulcanoetna.com/VESUVIO.html), seiner Schweizer Kollegen Jürg Alean, Roberto Carniel und Marco Fulle (www.stromboli.net) und der Università Roma Tre (http://vulcan.fis.uniroma3.it/) enthalten viel Wissenswertes zur Vulkanologie und brandaktuelle Infos zum Vesuv und den Phlegräischen Feldern.

Archäologische Stätten am Vesuv

Kein Bewohner des antiken Pompeji würde die Landschaft um den Vesuv wiedererkennen. Vulkan und Küstenlinie haben ihr Erscheinungsbild verändert. Wie im 18. Jh. war die Gegend auch in der Antike ein bevorzugtes Wohngebiet. Wer es sich leisten konnte, baute hier eine Sommervilla. So besaß die Familie Octavians, des späteren Kaisers Augustus, ein Anwesen am Nordhang des Vesuv beim heutigen Ort Ottaviano. Die meisten dieser antiken Villen wurden erst im 19. und 20. Jh. entdeckt und ausgegraben.

★★ Villa Oplontis

◄ 3 D S. 332

Torre Annunziata ist eine Camorra-Hochburg mit 60 000 Einwohnern und eine der schlechtesten Adressen am Golf von Neapel. Arbeitslosigkeit und Kleinkriminalität sind die größten Probleme. Besucher müssen trotzdem keine Angst haben. Selbst in diesem trostlosen Städtchen begegnet man fremden Gästen mit süditalienischer Höflichkeit. Ein Besuch lohnt unbedingt, verfügt das Städtchen doch mit der kaiserlichen Villa Oplontis über eine der größten Attraktion Kampaniens (Via Sepolcri, 10 Min. Fußweg von der Circumvesuviana-Station). Die **Villa der Poppaea** ist, obwohl nur zu einem Teil ausgegraben, die größte und luxuriöseste römische Villa am Golf von Neapel. Ob **Poppaea Sabina**, zunächst Geliebte, später Gattin des Nero und von diesem 65 n. Chr. ermordet, tatsächlich die Eigentümerin der riesigen Villa war, ist zwar nicht endgültig gesichert, aber doch wahrscheinlich: Mit ihrem Namen versehene Weinamphoren wurden gefunden, zudem war die Kaiserin mit der Familie des Quintus Poppaeus im nahen Pompeji eng verwandt. Die Villa entstand im 1. Jh. v. Chr. und war womöglich wegen der Erdbebenschä-

◄ weiter auf S. 334

VILLA OPLONTIS

★★ **In den 1960er-Jahren wurde in Torre Annunziata eine römische Prachtvilla entdeckt. Mauertechnik und den Malereien nach zu schließen, wurde sie um die Mitte des 1. Jh.s n. Chr. auf einem zum Meer hin abfallenden Gelände erbaut. Ihr einstiger Meerblick ist jedoch für immer verloren.**

Öffnungszeiten:
Nov. – März tgl. 8.30 – 17.00, Apr.–Okt. täglich 8.30 – 19.30 Uhr

① Atrium

Das große Atrium mit einem Wasserbecken (impluvium) war vermutlich Emfangssaal. Die Dekoration im zweiten Stil gehört zu den größten erhaltenen überhaupt. An der Rückseite führen drei Durchgänge zu weiteren Räumen, der letzte hat keine Rückwand, ein Säulenportikus öffnet sich zum Garten.

② Baderaum

Der Baderaum (caldarium) besitzt Fußbodenheizung (Hypokausten) und doppelte dekorierte Wände (Abb. S. 334). Rechts vom Caldarium befindet sich der Eingang zur Küche und zu einer Treppe in das darüber gelegene Geschoss.

③ Speise- und Festsaal

Auch das Triclinium war aufwendig im sog. Architekturstil dekoriert. Populäre Motive sind Fenster, Säulen und Bögen, Wandöffnungen mit Durchblick auf Gärten oder Landschaften, Statuen, menschliche Gestalten, Tiere, Pflanzen und alllerlei Gegenstände.

④ Festsaal

Die Gesamtkomposition des noch nicht ganz ausgegrabenen Raums im zweiten Stil zeigt ein Apollonheiligtum.

⑤ Porticato

Die Ausmalung der Vorhalle lässt an eine Bühne ohne Kulissen denken.

⑥ Natatio

Dem 100 m langen Schwimmbecken schloss sich ein Garten (hortus) an. Sein Rand wird von Dutzenden Statuenbasen flankiert.

Die Villa, glänzendes Beispiel einer römischen »Lust-« oder »Luxusvilla«, wird heute über den Garten betreten.

Rund um einen Innenhof mit Brunnen und einem Eingang in den Keller lagen Hauswirtschaftsräume.

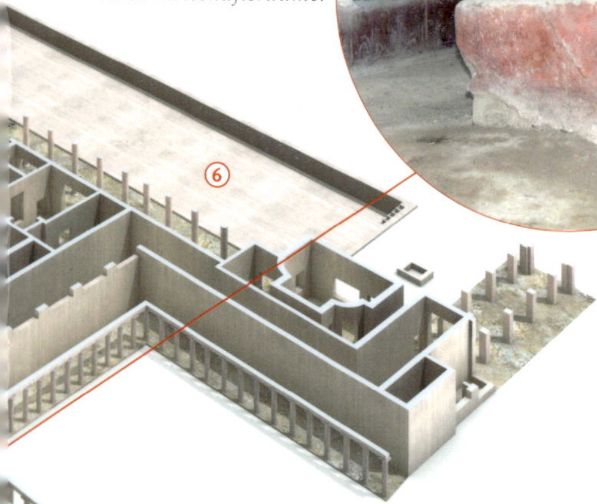

Raffiniert dekorierter Schlafsaal: Die zwei Bettnischen werden durch aufgemalte chitektur vergrößert.

Detail der Wandbemalung im Triclinium, dem Fest- und Speisesaal der Villa

den zum Zeitpunkt des Vesuvausbruchs unbewohnt. So wurden keine Einrichtungsgegenstände gefunden, dafür aber in einem Depot eine Gruppe Skulpturen. Obwohl die Villa ab 1964 nur zu einem Teil ausgegraben werden konnte (ein kompletter Flügel liegt noch unter der Straße), verblüffen ihre gewaltigen Dimensionen. Ein Labyrinth eleganter Salons, Gärten, Ess- und Schlafzimmer und ein Wasserbecken von olympischen Dimensionen verweisen auf imperialen Repräsentationsanspruch.

Rundgang ▸ Der Rundgang führt hinab in einen noch immer großzügigen Garten, der einstmals kilometerweite Perspektiven in die kampanische Natur bot. Besonders reizvoll sind die Zimmerfluchten neben dem **Atrium**. Neben Baderäumen finden sich hier verschiedene Speisezimmer mit einigen sehr qualitätsvollen Fresken, z.B. gemalte Fruchtkörbe, von durchsichtigen Schleiern bedeckt, oder aufwendige Scheinarchitekturen im großen Festsaal, die ein Apollonheiligtum rahmen. Anders als in Pompeji und Herculaneum, wo die vor Ort belassenen Fresken seit Jahrzehnten unter Witterungseinflüssen leiden, sind die Malereien in Oplontis in bemerkenswert gutem Zustand. Dank der späten Entdeckung der Villa wurde ihre Restaurierung mit modernsten wissenschaftlichen Methoden durchgeführt. Im östlich gelegenen Gebäudetrakt befinden sich weitere, höchst raffiniert angelegte Zimmer mit Fenstern und Wanddurchbrüchen, die einen Blick durch die gesamte Raumflucht erlauben. Das fast 100 m lange Wasserbecken war von Skulpturen umgeben. Im **Garten der Villa** sind Wurzelreste der ursprünglichen Bepflanzung mit Oleander erhalten. Diese waren zum Zeitpunkt der Verschüttung über hundert Jahre alt und von Gärtnern zu Bäumen beschnitten worden.

? WUSSTEN SIE SCHON ...?

- Die Tavola Peutingeriana, eine Abschrift des 13. Jh.s, ist die einzige aus der römischen Antike erhaltene Landkarte. Auf 11 Pergamentbögen ist das gesamte Römische Reich des 4. Jh.s n. Chr. erfasst. Dank der Ortsbezeichnung Oplonti konnte das heutige Torre Annunziata als das antike Oplonti identifiziert werden. Die Karte ist nach ihrem zeitweiligen Besitzer, dem Augsburger Wissenschaftler und Humanisten Konrad Peutinger (1465–1547), benannt.

Boscoreale Ende des 19./Anfang des 20. Jh.s wurden in Boscoreale (4 km nordöstlich von Pompeji) sieben römische Villen ausgegraben. Von ihrer einstigen Ausstattung ist so gut wie nichts mehr vorhanden. Die Fresken und Kunstschätze sind in den Museen der Welt verstreut. Der illegale Verkauf des **Tesoro di Boscoreale**, eines 109-teiligen Silberservices aus der **Villa della Pisanella**, durch den privaten Besitzer des Geländes war einer der großen Skandale seiner Zeit. 1977 wurde die **Villa Regina** entdeckt, konserviert und als Beispiel eines ländlichen Gutshofes der Öffentlichkeit zugänglich gemacht. In dieser **Villa Rustica** wurde Wein hergestellt, wovon die 18 Dolia genannten Vorratsgefäße zeugen, die zusammen 10 000

Liter Wein fassen konnten. Das Gebäude ist bescheiden, liegt aber in einer riesigen Grube, die das Ausmaß der Verschüttung eindrucksvoll verdeutlicht. Im angrenzenden Antiquario di Boscoreale ist eine Dauerausstellung über antikes Leben in der Vesuvregion eingerichtet. Zugleich sind die nicht mehr vorhandenen Villen von Boscoreale in Modellen, Zeichnungen und Fundstücken dokumentiert (Nov. bis März, tgl. 8.30 – 15.30, Apr. – Okt. tgl. 8.30 – 18.00 Uhr).

✶ ◄ Antiquario di Boscoreale

Sehenswertes an den Nordhängen des Vesuv

Leben auf dem Vulkan

Auf der Nordseite des Vesuv liegen wie auf einer Perlenschnur aufgereiht einige Ortschaften, die sich von ihren Heiligen Schutz vor dem Vulkan versprechen: San Sebastiano al Vesuvio, Sant'Anastasia, Somma Vesuviana oder San Giuseppe Vesuviano. Hauseigentum kann hier nicht versichert werden, auch ist keiner der Orte an das neapolitanische Gasnetz angeschlossen.

Sant'Anastasia

In Sant'Anastasia ist die Kirche Madonna ad Arco bemerkenswert. Sie ist alljährlich am Ostersonntag Schauplatz einer der größten Prozessionen Kampaniens. Von **Somma Vesuviana** führt eine steile Staubstraße, als Wanderweg ausgezeichnet, auf den Vesuv. Weitaus schöner ist es, durch den mittelalterlichen, von einer Mauer umgebenen Borgo Casamale zu streifen. Die Ausblicke sind einzigartig und an Sommerwochenenden sind die vielen Restaurants und Trattorien stark frequentiert. **San Giuseppe Vesuviano** ist traditionell ein Zentrum der textilverarbeitenden Kleinindustrie. Seit einigen Jahren jedoch bekommen die ansässigen Familienbetriebe Konkurrenz aus China. Die Straßen sind gesäumt von Geschäften, die mit roten Laternen und chinesischen Schriftzeichen geschmückt sind. Von hier aus werden die Textilmärkte ganz Kampaniens beliefert.

? WUSSTEN SIE SCHON ...?

- Norman Lewis schildert in seinem Buch »Napoli 44« den Ausbruch des Vesuv, als dessen Schlackenströme das kleine Städtchen San Sebastiano al Vesuvio erreichten: »Ein Haus, vorsichtig eingekreist und dann überwältigt, verschwand aus dem Blick, ohne zu zerbrechen, und ein feines, fernes Mahlgeräusch folgte, als die Lava mit der Verdauung begann.«

Nola

Von Nolas einstiger Größe und Bedeutung zeugt nur noch die Ausdehnung des historischen Zentrums, das dem der antiken Stadt etwa entspricht. Die große Attraktion der Stadt (33 000 Einw.) sind die frühchristlichen Basiliken von Cimitile. In römischer Zeit war Nola eines der wesentlichen Handels- und Agrarzentren Süditaliens. Schon in prähistorischer Zeit besiedelt, erlebte die romtreue Stadt ab dem 2. Jh. v. Chr. wirtschaftliche Blütezeiten. Vergil besaß hier ein Landgut ebenso wie die Familie des Augustus. Von der großen Vergangenheit Nolas blieb oberirdisch kaum etwas erhalten. Das **Anfiteatro** (1. Jh. v. Chr.) ist nur zu einem Drittel ausgegraben und wäh-

Festa degli Gigli in Nola, ein lebhaftes Volksfest

rend des Maggio dei Monumenti zugänglich. Verteilt in der Stadt finden sich dagegen römische Spolien. Der sehr schöne **Palazzo Orsini** an der Piazza Giordano Bruno (der Dichter und Philosoph wurde 1548 in Nola geboren) ist gänzlich aus antikem Baumaterial errichtet. Die **San Felice geweihte Kirche** steht an der Stelle eines römischen Tempels. Der heutige neubarocke Bau entstand nach einem Brand im Jahr 1870. Das Bronzestandbild des Augustus (Kopie) auf der Piazza wurde in den Jahren des Faschismus aufgestellt. Im Archäologischen Museum sind Funde aus der Bronze- sowie aus römischer Zeit zu sehen (Via Sen. Cocozza; Di. – So. 9.00 – 19.00 Uhr).

★ Museo Archeologico ▶

★★ **Die Festa dei Gigli**

Am 1. Sonntag nach dem 22. Juni – und das seit 431 n. Chr. – findet in Nola ein lebhaftes Volksfest statt. Die Legende erzählt eine anrührende Geschichte: 409 n. Chr. plünderte Alarich die Stadt und verschleppte einen Großteil der Bevölkerung, darunter auch einen kleinen Jungen, dessen Mutter sich um Hilfe an den **Bischof von Nola, Paolino** wandte. Dieser bot sich im Austausch gegen das Kind als Geisel an und wurde in die Sklaverei nach Afrika – andere Quellen nennen die Türkei – verkauft. Nach vielen Jahren und einigen in der Fremde vollbrachten Wundern konnte Paolino seine Freilassung erreichen und nach Nola zurückkehren. Hier erwartete den späteren Heiligen eine begeisterte Bevölkerung. Das Fest wird bis heute mit beeindruckendem Aufwand betrieben.

Villagio Preistorico di Nola

Die Archäologen sprachen von einem zweiten, wesentlich älteren Pompeji, als sie 2002 in der Nähe von Nola eine bronzezeitliche Siedlung ausgruben. Das Dorf wurde vor ca. 3800 Jahren durch einen Ausbruch des Monte Somma verschüttet. Diese Naturkatastrophe hat bronzezeitliches Leben ebenso gut konserviert wie rund 1900 Jahre später der Ausbruch des Vesuv. Die Ausgrabungsstätte soll dem Publikum zugänglich gemacht werden.

*** Cimitile**

Nördlich an Nola schlossen sich in der Antike ausgedehnte Nekropolen an. Hier befindet sich auch das frühchristliche Grab des hl. Felix. Um das Grab entstanden verschiedene Kirchen und im 4./5. Jh. war der Komplex neben Rom der wichtigste Wallfahrtsort Italiens. Heute zählt Cimitile ca. 7000 Einwohner, der Ortsname verweist auf den antiken Friedhof (lat. coemeterium). Die baulichen Reste der Basiliche Paleocristine und erhaltenen Fresken sind **bedeutende Zeugnisse des frühen Christentums**.
Kern des vor allem aus Gebäuderuinen bestehenden Komplexes (tgl. 9.00 bis 13.00, 15.30 – 19.30, So. 9.00 bis 13.30 Uhr) ist das von Paulinus verehrte Grab des hl. Felix. Der benachbarte **Campanile** (im 13. Jh. erneuert) gilt als erster Glockenturm der Christenheit. Nördlich des Felixgrabs liegt die ebenfalls von Paulinus in Auftrag gegebene **Basilica Nova**. Von größter kunsthistorischer Bedeutung ist neben dem Felixgrab die kleine **Basilica dei Martiri** aus dem 3. Jh.: Ihre Fresken, darunter eine Darstellung Adams und Evas in spätantiker, göttergleicher Pose, sind ein seltenes Zeugnis frühchristlicher Malerei. Ein ähnliches Fresko ist in den Katakomben San Gennaros in Neapel erhalten.

***Cimitile** Orientierung*

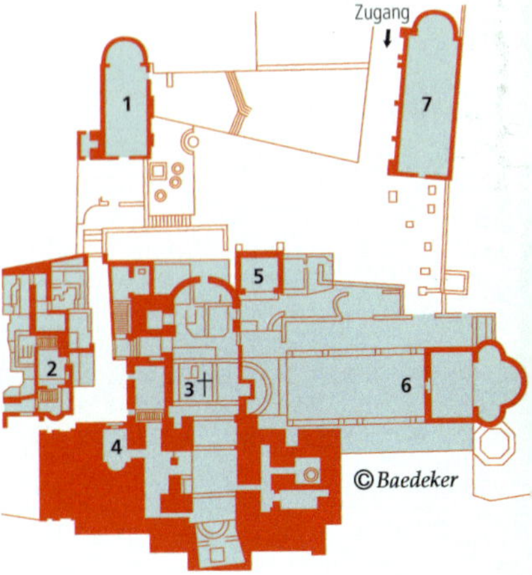

1 San Tommaso
2 SS. Martiri
3 Basilika Vetus, Grab des hl. Felix
4 Separate Apsis der Basilica Vetus
5 SS. Vergine Incoronata
6 Basilika Nova mit Annexbauten
7 SS. Stefano e Lorenzo

Vulcano Buono

Eine Sehenswürdigkeit ist auch das 2008 eingeweihte Il Vulcano Buono: Das nach Plänen des Stararchitekten Renzo Piano gebaute **größte Einkaufszentrum** Süditaliens mit über 150 Läden ist ein »Nachbau« des Vesuvs im Maßstab 1 : 50 (Via Boscofangone, www.vulcanobuono.it).

Glossar zu Kunst & Architektur

Ábakus Quadratische Platte über dem Echinus, mit dem sie zusammen das Säulenkapitell der dorischen Ordnung bildet (►Grafik S. 341)

Ábaton, Ádyton Den Priestern vorbehaltenes Allerheiligstes eines Tempels

Agorá Marktplatz, Mittelpunkt des öffentlichen Lebens einer Stadt

Akánthus Bärenklaupflanze, deren zerlappte Blätter als Schmuck des korinthischen und byzantinischen (justinianischen) Kapitells verwendet wurden

Akropolis Oberstadt, in der Regel ein hoch liegender Tempelbezirk

Akrotér Figürliche oder ornamentale Bekrönung von First und Giebelecken (►Grafik S. 341)

Ambo Podest zur Lesung liturgischer Texte oder Kanzel für die Predigt

Ante Pfeilerartige Mauerstirn der vorgezogenen Cellawand eines Tempels

Antentempel Tempel mit Säulen zwischen den Antenmauern an der vorderen Schmalseite

Apotheose Vergöttlichung eines Menschen

Apsis Meist halbrunder Raum am Ende einer Kirche

Architrav Auf den Säulen aufliegender waagerechter Steinbalken

Arena Ellipsenförmiger Kampfplatz im Amphitheater

Arkade 1. Ein Bogen, der sich auf Pfeiler oder Säulen stützt
2. Eine fortlaufende Reihe dieser Bogenstellungen

Atrium 1. Hauptraum des römisches Hauses
2. Vorhof einer altchristlichen Basilika

Atriumhaus Römisches Haus, das um einen offenen Innenhof (Atrium) herum angelegt ist; an das Atrium grenzen Cubiculum (Schlaf- und Ruhezimmer) und Tablinum (Empfangsraum). Die Mitte des Atriums bildet das Impluvium, in dem Regenwasser gesammelt wurde.

Baptisterium Taufkirche

Basileus König

Basilianer Bezeichnung für orthodoxe Mönche, da deren Regel auf den Kirchenlehrer Basilius den Großen (um 330 – 379) zurückgeht

Basilika 1. Königshalle (Stoá basiliké; meist mehrschiffig), Stätte des Handels und/oder der Gerichtsbarkeit
2. Im 4. Jh. n. Chr. ausgebildete drei- oder fünfschiffige Grundform christlichen Kirchenbaus
3. Vom Papst verliehener Ehrentitel einer Kirche, unabhängig von ihrem Bautyp

Béma 1. Rednertribüne
2. Altarraum einer christlichen Kirche

Blendarkade, Blendbogen Ein aus ästhetischen Gründen einer Mauer vorgeblendeter Bogen

Bosse 1. Grob behauener Stein einer Mauer
2. Vorsprung eines Steines zum Versetzen mithilfe von Seilen und Winden
3. Schutzmantel behauener Steine, der erst nach dem Versetzen abgearbeitet wird

Bouleuterion, Buleutérion Sitz des städtischen Rates (Bulé)

Campanile Frei stehender Glockenturm italienischer Kirchen
Cardo Nord-Süd-Achse einer römischen Stadt, verläuft quer zum Decumanus
Cávea Muschelförmiger Raum der Sitzreihen eines Theaters (vgl. Kóilon)
Cella Innenraum eines Tempels
Cherubim Engel, himmlischer Wächter mit vier, manchmal mit sechs Flügeln
Chor Raum zwischen Langhaus bzw. Querschiff und Hauptapsis einer christlichen Kirche
Chorbogen, Triumphbogen Bogen, der Langhaus bzw. Querschiff vom Chor trennt
Chthonisch Der Erde zugehörig, unterirdisch, Bezeichnung für Gottheiten wie Persephone
Columbarium Meist unterirdische Grabanlage mit übereinandergelegenen Nischen zur Aufbewahrung der Urnen
Cryptoporticus In die Erde eingetiefter und überdachter Wandelgang
Decumanus Ost-West-Achse eines römischen Castrums und einer römischen Stadtanlage, verläuft quer zum Cardo
Echinus Ursprünglich kissenartiger, später stereometrisch gestraffter Wulst; bildet mit dem darüberliegenden Ábakus das dorische Kapitell (►Grafik S. 341)
Eckkontraktion Das Zusammenziehen der Ecksäulen des dorischen Tempels als Folge des Eckkonflikts: Die Achse der Ecktriglyphe fluchtet nicht mit der Säulenachse.
Éntasis Schwellung der Säule im unteren Drittel (►Grafik S. 341)
Epiphanie Erscheinung einer Gottheit
Epistýl Auf den Säulen aufliegendes Gebälk eines Tempels; oben außen ein Fries (►Grafik S. 341)
Éxedra Meist halbkreisförmiger Raum mit Sitzbänken
Forum Hauptplatz und politischer Mittelpunkt römischer Städte
Fries Schmuckzone über dem Architrav eines Tempels; in der dorischen Ordnung aus Metópen und Triglyphen bestehend, in der ionischen Ordnung glatt oder skulptiert durchlaufend (►Grafik S. 341)
Geison Gesims eines Tempeldaches. Das Traufgeison ist der untere Dachrand der Langseiten. Im Giebelfeld stehen die Giebelfiguren auf dem Horizontalgeison unter dem der Dachneigung folgenden Schräggeison (►Grafik S. 341).
Gigantomachie Kampf zwischen Göttern und Giganten
Griechisches Kreuz Kreuz mit vier gleich langen Armen
Gymnasion Anlage für sportliche Übungen sowie die Erziehung überhaupt (vom Griechischen »gymnós« = nackt)
Heraion Heiligtum der Hera
Heroon Kult- oder Grabstätte eines Heroen
Hierón Heiligtum
Hippodamisches Prinzip Prinzip einer Stadtanlage mit geraden, sich rechtwinklig schneidenden Straßen; benannt nach Hippódamos von Milet (5. Jh. v.Chr.)
Hippodrom Rennbahn für Pferde- und Wagenrennen, bestehend aus zwei gegenläufigen Bahnen, die durch die Spina getrennt werden
Hypogäum Unterirdisches Gewölbe, Kultraum

Hypokausten Unter dem Fußboden liegende Heizungsanlage für Bäder oder Wohnräume

Ikonostásis, Ikonostase Bilderwand in der byzantinischen Kirche, die den Gemeinderaum vom Altarraum trennt

Inkrustation Verkleidung einer Wand mit kostbarem Material, v. a. Marmor

In situ In Fundlage; vor Ort

Interkolumnium Lichte Weite zwischen zwei Säulen

Joch Abstand zwischen zwei Säulenachsen

Kämpfer Würfelförmiges Zwischenglied zwischen Kapitell und Bogen

Kannelierung, Kannelur Senkrechte Eintiefung am Säulenschaft (►Grafik S. 341)

Kapitell Kopf einer Säule oder eines Pfeilers (►Grafik S. 341)

Karyatíde Weibliche Gestalt als Gebälkträgerin anstelle einer Säule

Káthedra Bischofsthron

Kathedrale Kirche mit Bischofsthron, Bischofskirche

Klassische Säulenordnungen

In der **dorischen Ordnung** steht der sich nach oben verjüngende, mit 16 bis 20 Kanneluren versehene Säulenschaft unmittelbar auf dem Stylobát über dem dreistufigen Unterbau. Charakteristisch ist die Éntasis (Schwellung) der Säulen, die ebenso wie die oft angewendete Kurvatur des Stufenunterbaus dem Bau die kalte Strenge nimmt. Das dorische Kapitell aus dem vorgewölbten Ring (Echinus) und der quadratischen Platte (Ábakus) trägt den Architravbalken mit dem darüberliegenden Fries aus eingekerbten Triglyphen und glatten oder skulptierten Metopen. Das Giebeldreieck (Tympanon) wird durch waagerechtes Kranzgesims und Schräggeison gerahmt und nimmt meist die Komposition der Giebelfiguren auf. Bildschmuck in Form von Reliefs findet sich an den Metopen und am Giebeldreieck. Wo nicht Marmor, sondern Kalkstein verwendet wurde, hat man ihn mit einer glättenden Stuckschicht überzogen und das Bauwerk farbig gefasst, wobei Blau und Rot neben Weiß dominierten.

Die **ionische Ordnung** bevorzugt schlankere, weichere Formen als die dorische. Bei den Säulen kommt dieser Eindruck u. a. dadurch zustande, dass sie auf einer Basis stehen und schmale Stege zwischen den Kanneluren den vertikalen Charakter betonen. Das charakteristische Element der ionischen Kapitelle sind die an beiden Enden schneckenförmig eingerollten Voluten. Über dem dreiteiligen Architrav wird der Fries ohne Triglyphen herumgeführt.

Die **korinthische Ordnung** stimmt bis auf das Kapitell mit der ionischen überein. Den plastischen Schmuck des korinthischen Kapitells bilden große, zerlappte Ákanthusblätter, die den runden Kapitellkörper umschließen. Zu den Ecken der konkaven Deckplatte schwingen sich Ranken hinauf. Die korinthische Ordnung fand besonders während der römischen Kaiserzeit weite Verbreitung, in der auch das aus ionischen und korinthischen Formen zusammengesetzte Kompositkapitell entstand und immer reichere Dekorationssysteme entwickelt wurden.

Klíne Ruhebett

Kóilon Muschelförmiger Raum der Sitzreihen eines Theaters (►Cávea)

Kolossalordnung Säulen oder Pilaster, die über mehrere Geschosse reichen

Säulenordnung

Dorische Ordnung

Bemaltes dorisches Kapitell

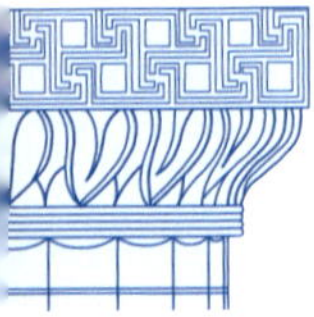

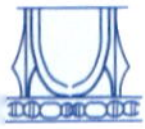

Dorisches Kyma

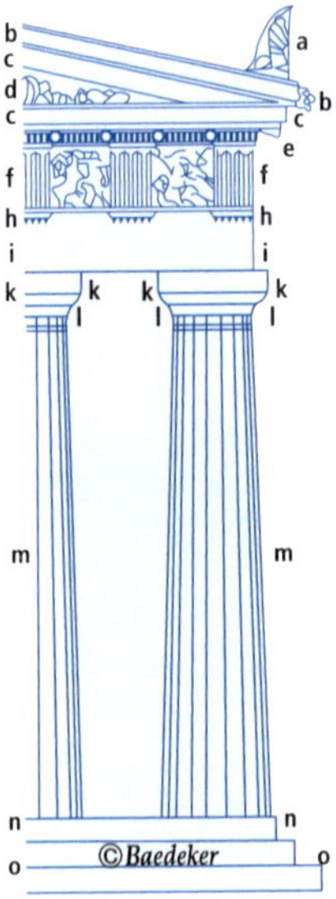

Konstruktion des dorischen Gebälks

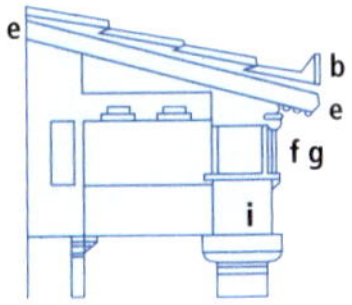

a Eckakroterion (Stirnziegel)
b Sima (mit wasserspeiendem Löwenkopf)
c Geison (Kranzgesims)
d Tympanon (Giebelfeld)
e Hängeplatte mit Guttae (Tropfen)
f Triglyphen
g Metophen
h Regulae
i Architrav (Epistyl; einteilig)
k Abakus (Plinthos)
l Echinus (Wulst)
m Säulenschaft (mit scharfkantigen Kanneluren)
n Stylobat
o Krepis (Krepidoma)

Ionische Ordnung

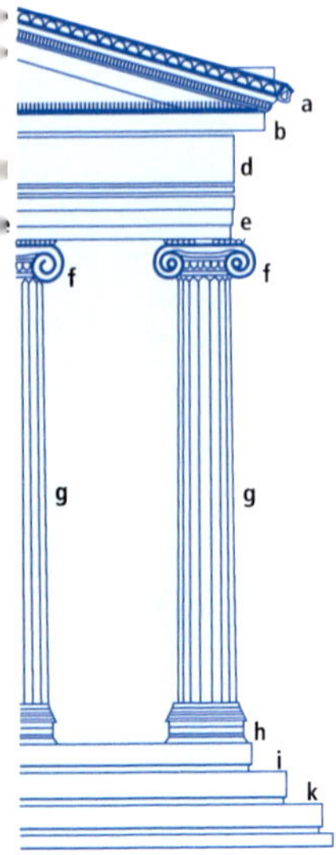

Deckenkassettierung

Lesbisches Kyma

Sima
Geison
Tympanon
Fries
(Zophoros)
Architrav
(Epistyl; dreiteilig)
Kapitell
(mit Voluten)
g Säulenschaft
(mit 24 durch breite Stege getrennten Kanneluren)
h Attische Basis
(mit doppeltem Wulst/ Torus und einer Einkehlung/ Trochilus)
i Stylobat
k Krepis (Krepidoma)

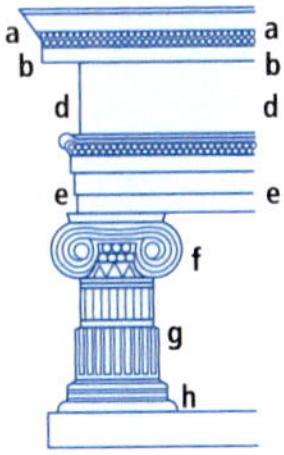

Korinthische Ordnung

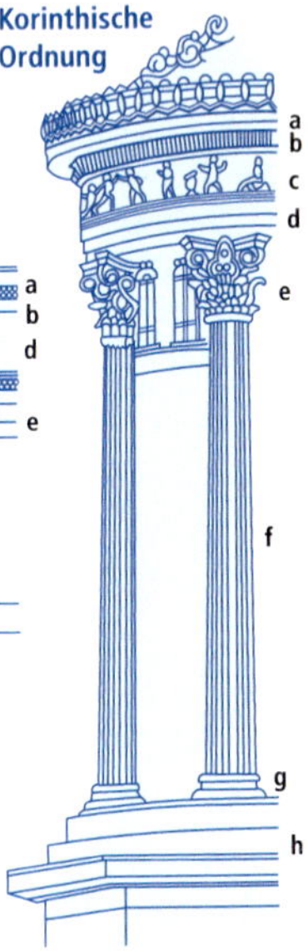

a Geison
b Zahnschnitt
c Fries
d Architrav
e Kapitell
f Säulenschaft
g Basis
h Krepis

Kompositkapitell Siehe Säulenordnungen
Kore Mädchen, Mädchenstatue; auch Bezeichnung für Persephone
Krepís, Krepídoma Dreistufiger Unterbau eines Tempels (krépis = »Schuh«; ►Grafik S. 341)
Kreuzkuppelkirche Byzantinischer Kirchenbautypus mit einer Zentralkuppel über dem Schnittpunkt von vier gleich langen Kreuzarmen
Krypta Unterkirche
Kurvatur Leichtes Ansteigen der oberen Stufe eines Tempelunterbaus (Krepis) nach der Mitte hin
Kyma Antikes Ornament. Die 3 »klassischen« Formen sind Dorisches, Ionisches und Lesbisches Kyma.
Lateinisches Kreuz Kreuz mit einem längeren und drei kurzen Armen
Lisene Flache Wandvorlage, die die Mauerfläche gliedert
Lünette Bogenfeld über Fenster und Türen
Mäander Bandornament, benannt nach dem kleinasiatischen Fluss Maiandros (heute auf Türkisch Büyük Menderes)
Maßwerk Geometrische Dekoration gotischer Zeit zum Schmuck u. a. von Fenstern und Brüstungen
Mégaron Hauptraum mykenischer Paläste; wird auch als Grundform des griechischen Tempels angesehen
Metópe Rechteckige Platte zwischen den Triglyphen am Fries eines dorischen Tempels; glatt oder mit Relief versehen (►Grafik S. 341)
Monópteros Rundtempel ohne Naós (Cella)
Naós Tempel, Tempelinneres (Cella)
Nárthex Vorhalle einer byzantinischen Kirche
Nekropole Totenstadt, Begräbnisplatz, Friedhof
Nymphaeum Den Nymphen geweihter Bezirk; eine reich ausgestattete Brunnenanlage
Odéon, Odeion Überdachtes Gebäude für musikalische Aufführungen
Oktogón Achteckiger Bau
Olympieion Heiliger Bezirk des Olympischen Zeus
Orchéstra Tanzplatz des Chores; runde oder halbrunde Fläche zwischen Bühne und Zuschauerraum im Theater
Palästra Gebäude für sportliche Übungen (u. a. Ringkampf)
Pantokrátor »Allherrscher«, »Weltenherrscher« (Christus)
Perípteros Tempel mit umlaufenden Säulenreihen, Ringhallentempel
Peristyl Säulenumgang, Säulenhalle, Säulenhof
Pfeilerbasilika Basilika, deren Schiffe durch Pfeiler getrennt werden; Gegenstück ist eine Säulenbasilika
Pilaster Pfeiler, der einer Wand vorgelegt ist
Piscina Taufbecken im Baptisterium; künstliche Teichanlage zur Fischzucht in einer römischen Villa
Polis Wirtschaftlich autarker und politisch autonomer griechischer Stadtstaat
Polychromie Vielfarbigkeit antiker Skulpturen und Tempel
Polygonal Mauerwerk aus vieleckig geschnittenen Steinen
Polyptychon Flügelaltar mit mehr als zwei Flügeln
Portikus Säulenhalle
Prónaos Vorhalle eines Tempels

Próstylos Tempel mit Säulenvorhalle
Rustica Steinmauer mit rauer (»bäuerischer«) Oberfläche
Säulenbasilika Basilika, die von Säulen gestützt wird
Síma Traufgesims am Tempel, mit Löwenköpfen als Wasserspeiern (▶Grafik S. 341)
Spolien Wiederverwendete Bruchstücke älterer Bauten
Stadion 1. Längenmaß: 600 Fuß = ca. 185 m
2. Laufbahn gleicher Länge
3. Laufbahn und Wälle bzw. Sitzreihen für die Zuschauer
Stalaktitengewölbe Islamisches Gewölbe mit Zierwerk, das tropfenförmig herabhängt
Stéle Frei stehender Pfeiler, meist mit Inschrift, oft mit Relief
Stoá Säulenhalle
Stylobát Obere Stufe des Tempelunterbaus; auf ihr stehen die Säulen (▶Grafik S. 341)
Témenos Heiliger Bezirk
Theater 1. Das griechische Theater besteht aus dem Bühnenhaus (Skene), der Bühne (Proskenion) und der runden oder halbrunden Orchestra, um die sich die etwas mehr als halbrunde, eine natürliche Bergmulde ausnutzende Cavea mit den Sitzreihen legt.
2. Das römische Theater hat eine ähnliche Grundform, doch ist die Bühnenwand (Scenae frons) so hoch gezogen wie der obere Abschluss des Zuschauerraums, der – die seitlichen Chorzugänge überbauend – bis an die Bühnenwand herangeführt ist; dadurch entsteht ein geschlossener Raum ohne Dach. Die Orchestra ist halbrund, die Bühne in späterer Zeit erhöht auf einem Podium angebracht. Der Zuschauerraum wird in der Regel von Substruktionen getragen, in denen die Zugänge zu finden sind.
Therme Badeanlage im Privathaus oder als öffentliche Einrichtung, bestehend aus Auskleideraum (Apodyterium), Kaltwasserbad (Frigidarium), lauwarmem Luftbad (Tepidarium), Heißwasserbad (Caldarium), Fußbodenheizung (Hypokaustum) sowie weiteren Erholungsräumen
Thermopolium Garküche, einfache Gastwirtschaft
Thesaurós Schatz, Schatzhaus
Thólos Rundbau
Triclinium Speisesaal in einem römischen Haus
Triglyphe Steinplatte mit zwei Einschnitten; trennt die Metopen der dorischen Ordnung (▶Grafik S. 341)
Triumphbogen 1. Ein- oder mehrbogiges Monumentaltor der römischen Antike
2. Chorbogen einer christlichen Basilika
Tympanon 1. Flacher Dreiecksgiebel des griechischen Tempels (▶Grafik S. 341)
2. Bogenfeld über einem Kirchenportal
Vierung Raumquadrat, das durch die Überkreuzung von Lang- und Querhaus einer Kirche entsteht
Volute Spiralelement des ionischen Kapitells (▶Grafik S. 341)
Zentralbau Gebäude, dessen Hauptachsen gleich lang sind, z. B. Achteck- oder Rundbau (Oktogon bzw. Rotunde)

REGISTER

a

b

c

d

e

f

VERZEICHNIS DER KARTEN & GRAFISCHEN DARSTELLUNGEN

BILDNACHWEIS

akg-images 28/29, 55
Peter Amann 10, 12 (oben), 53, 70, 137, 222, 277, 240, 279, 292, 318, 323, 336
HB-Verlag/W. Fabig 8/9, 155, 173, 213, 271, 313
HB-Verlag/R. Kiedrowski 4, 12 (unten), 13, 45, 95, 102/103, 142, 149, 229
Huber 19 (Bernhart), 245 (Ripani)
IFA-Bilderteam 11 (Mitte), 309 (Jon Arnold),
Interfoto 18 (oben links, Bärbel; oben rechts, Sammlung Rauch)
Rainer Kiedrowski 139, 180, 299
laif/Zanettini 18
Mauritius 75 (Cubolimages), 317 (Hiroshi Higucchi)
picture-alliance/akg-images 18 (unten links), 50, 289
picture-alliance/CM Dixon 18 (unten rechts)
picture-alliance/dpa 34, 60, 205
Wolfram Schleicher Umschlag vorne innen, 1, 2, 6, 7, 9, 11 (oben, unten), 12 (Mitte), 14, 17, 22, 23, 24, 33, 38, 40, 43, 48, 58, 61, 62, 64/65, 65, 79, 87, 89, 98, 103, 105, 106, 111, 113, 114, 116/117, 117, 119, 121, 123, 125, 131, 133, 150, 151, 156, 160, 162, 165, 170, 186, 191, 195, 200, 201 (rechts, oben links, unten links), 202, 203, 209, 211, 216, 217, 227, 231, 233, 237, 246, 248, 254, 257, 259, 264, 266, 269, 281, 283, 291, 286, 294, 301, 305, 307, 325, 329, 332, 333 (3 x), 334, Umschlag hinten innen und außen
Andreas Schlüter 219

Titelbild: Panther Media/Avenue Images

IMPRESSUM

Ausstattung:
142 Abbildungen, 39 Karten und grafische Darstellungen, eine große Reisekarte
Text:
Andreas Schlüter, Peter Amann
Bearbeitung:
Baedeker Redaktion
(Anja Schliebitz)
Kartografie:
Christoph Gallus, Hohberg; Franz Huber, München;
MAIRDUMONT, Ostfildern (Reisekarte)
3D-Illustrationen:
jangled nerves, Stuttgart
Gestalterisches Konzept:
independent Medien-Design, München
(Kathrin Schemel)

Sprachführer in Zusammenarbeit mit Ernst Klett Sprachen GmbH, Stuttgart, Redaktion PONS Wörterbücher

Chefredaktion:
Rainer Eisenschmid,
Baedeker Ostfildern

3. Auflage 2011

Urheberschaft:
Karl Baedeker Verlag, Ostfildern

Nutzungsrecht:
MAIRDUMONT GmbH & Co KG; Ostfildern

Printed in China
Gedruckt auf 100% chlorfrei gebleichtem Papier

atmosfair

Reisen bereichert und verbindet Menschen und Kulturen. Jedoch, wer reist erzeugt auch CO_2. Dabei trägt der Flugverkehr mit bis zu 10% zur globalen Erwärmung bei. Wer das Klima schützen will, sollte sich somit nach Möglichkeit für die schonendere Reiseform entscheiden (wie z. B. die Bahn). Wenn keine Alternative zum Fliegen besteht, kann man mit atmosfair handeln und klimafördernde Projekte unterstützen.

atmosfair ist eine gemeinnützige Klimaschutzorganisation unter der Schirmherrschaft von Klaus Töpfer. Die Idee: Flugpassagiere spenden einen kilometerabhängigen Beitrag für die von ihnen verursachten

nachdenken • klimabewusst reisen
atmosfair

Emissionen und finanzieren damit Projekte in Entwicklungsländern, die dort den Ausstoß von Klimagasen verringern helfen. Dazu berechnet man mit dem Emissions-rechner auf **www.atmosfair.de** wieviel CO_2 der Flug produziert und was es kostet, eine vergleichbare Menge Klimagase einzusparen (z.B. Berlin – London – Berlin 13 Euro). atmosfair garantiert die sorgfältige Verwendung Ihres Beitrags. Auch Karl Baedeker Verlag fliegt mit *atmosfair.* Unterstützen auch Sie unser Klima. Alle Informationen dazu auf www.atmosfair.de.

BAEDEKER VERLAGSPROGRAMM

- Ägypten
- Algarve
- Allgäu
- Amsterdam
- Andalusien
- Argentinien
- Athen
- Australien
- Australien • Osten
- Bali
- Baltikum
- Barcelona
- Bayerischer Wald
- Belgien
- Berlin • Potsdam
- Bodensee
- Brasilien
- Bretagne
- Brüssel
- Budapest
- Bulgarien
- Burgund
- Chicago • Große Seen
- China
- Costa Blanca
- Costa Brava
- Dänemark
- Deutsche Nordseeküste
- Deutschland
- Deutschland • Osten
- Djerba • Südtunesien
- Dominik. Republik
- Dresden
- Dubai • VAE
- Elba
- Elsass • Vogesen
- Finnland
- Florenz
- Florida
- Franken
- Frankfurt am Main
- Frankreich
- Frankreich • Norden
- Fuerteventura
- Gardasee
- Golf von Neapel
- Gomera
- Gran Canaria
- Griechenland
- Griechische Inseln
- Großbritannien
- Hamburg
- Harz
- Hongkong • Macao
- Indien
- Irland
- Island
- Israel
- Istanbul
- Istrien • Kvarner Bucht
- Italien
- Italien • Norden
- Italien • Süden
- Italienische Adria
- Italienische Riviera
- Japan
- Jordanien
- Kalifornien
- Kanada • Osten
- Kanada • Westen
- Kanalinseln
- Kapstadt • Garden Route
- Kenia
- Köln
- Kopenhagen
- Korfu • Ionische Inseln
- Korsika
- Kos
- Kreta
- Kroatische Adriaküste • Dalmatien
- Kuba
- La Palma
- Lanzarote
- Leipzig • Halle
- Lissabon
- Loire
- London
- Madeira
- Madrid
- Malediven
- Mallorca
- Malta • Gozo • Comino
- Marokko
- Mecklenburg-Vorpommern
- Menorca
- Mexiko
- Moskau
- München

- Namibia
- Neuseeland
- New York
- Niederlande
- Norwegen
- Oberbayern
- Oberital. Seen • Lombardei • Mailand
- Österreich
- Paris
- Peking
- Piemont
- Polen
- Polnische Ostseeküste • Danzig • Masuren
- Portugal
- Prag
- Provence • Côte d'Azur
- Rhodos
- Rom
- Rügen • Hiddensee
- Ruhrgebiet
- Rumänien
- Russland (Europäischer Teil)
- Sachsen
- Salzburger Land
- St. Petersburg
- Sardinien
- Schottland
- Schwäbische Alb
- Schwarzwald
- Schweden
- Schweiz
- Sizilien
- Skandinavien
- Slowenien
- Spanien
- Spanien • Norden • Jakobsweg
- Sri Lanka
- Stuttgart
- Südafrika
- Südengland
- Südschweden • Stockholm
- Südtirol
- Sylt
- Teneriffa
- Tessin
- Thailand
- Thüringen
- Toskana
- Tschechien
- Tunesien
- Türkei
- Türkische Mittelmeerküste
- Umbrien
- Ungarn
- USA
- USA • Nordosten
- USA • Nordwesten
- USA • Südwesten
- Usedom
- Venedig
- Vietnam
- Weimar
- Wien
- Zürich
- Zypern

BAEDEKER ENGLISH

- Andalusia
- Austria
- Bali
- Barcelona
- Berlin
- Brazil
- Budapest
- Cape Town • Garden Route
- China
- Cologne
- Dresden
- Dubai
- Egypt
- Florence
- Florida
- France
- Gran Canaria
- Greece
- Iceland
- India
- Ireland
- Italy
- Japan
- London
- Mexico
- Morocco
- New York
- Norway
- Paris
- Portugal
- Prague
- Rome
- South Africa
- Spain
- Thailand
- Tuscany
- Venice
- Vienna
- Vietnam

LIEBE LESERINNEN, LIEBE LESER,

ein herzliches Dankeschön, dass Sie sich für einen Baedeker Allianz Reiseführer entschieden haben. Er wird Sie zuverlässig auf Ihrer Reise begleiten und Sie nicht im Stich lassen.
Natürlich beschreibt er die wichtigen Sehenswürdigkeiten, aber er empfiehlt auch die schönsten Strände, dazu Hotels für den großen und kleinen Geldbeutel, gibt Tipps für Restaurants, Shopping und für vieles mehr, was eine Reise zum Erlebnis macht. Dafür haben die Autoren und die Redaktion Sorge getragen. Sie sind für Sie regelmäßig an den Golf von Neapel gereist und haben all ihre Erfahrungen und Kenntnisse in diesen Reiseführer gepackt.

Trotzdem: Die Erfahrung zeigt, dass Fehler und Änderungen nach Drucklegung, für die der Verlag keine Haftung übernehmen kann, nicht ausgeschlossen werden können. Für Kritik, Berichtigungen und Verbesserungsvorschläge sind wir Ihnen außerordentlich dankbar. Schreiben Sie uns, mailen Sie uns oder rufen Sie an:

▶ **Verlag Karl Baedeker GmbH**
Redaktion
Postfach 3162
D-73751 Ostfildern
Tel. (0711) 4502-262, Fax -343
E-Mail: info@baedeker.com

Besuchen Sie uns auch im Internet unter www. baedeker.com. Hier finden Sie jeden Monat den aktuellen Reisetipp der Redaktion und das gesamte Verlagsprogramm. Hier können Sie auch lesen, wer Karl Baedeker war und wie er seinen ersten Reiseführer geschrieben hat. Mit seinen über 180 Jahren ist der Karl Baedeker Verlag der älteste Reiseführer-Verlag der Welt.

www.baedeker.com

ZU GEWINNEN: STADTREISE NACH LONDON

Unter allen Einsendungen verlost der Verlag am Jahresende – unter Ausschluss des Rechtswegs – eine Städtekurzreise für zwei Personen nach London.
Freuen Sie sich auf ein spannendes Wochenende in London. Natürlich ist ein Baedeker Allianz Reiseführer London auch dabei!